COUSU MAIN

CARL HIAASEN

Cousu main

ROMAN TRADUIT DE L'ANGLAIS
PAR YVES SARDA

ALBIN MICHEL

Édition originale américaine :
SKIN TIGHT

REMERCIEMENTS

Pour leurs conseils d'experts et leur bonne humeur, je suis hautement redevable au Dr Gérard Grau et à son assistante, Connie — ma femme, par ailleurs.

1

Le 3 janvier, sous un ciel plombé et par grand vent, deux touristes, originaires de Covington, Tennessee, déambulaient sur la plage de Key Biscayne, ayant ôté leurs chaussures de marche.

À hauteur de l'ancien phare du cap Floride, le jeune homme et sa fiancée s'installèrent sur le sable mouillé pour regarder l'océan se fracasser avec violence parmi les énormes rochers noirs de la pointe de l'île. L'air salé, chargé d'embruns, picotait les yeux du garçon. Après avoir repéré l'objet flottant, il mit un bon moment à distinguer ce dont il s'agissait.

— On dirait un gros poisson crevé, dit sa fiancée. Un marsouin peut-être.

— Ça m'étonnerait, répondit-il.

Il se leva, fit tomber le sable du fond de son pantalon et gagna le bord de l'eau. Plus la chose se rapprochait et plus le jeune homme s'interrogeait sur ses responsabilités légales si, toutefois, ses yeux ne l'avaient pas trompé. Bien sûr, on lui en avait raconté de belles sur Miami : ce genre de truc y arrivait tous les jours.

— Allez, on rentre maintenant, dit-il brusquement à sa fiancée.

— Ah non ! je veux voir ce que c'est. Ça n'a vraiment pas l'air d'un poisson.

Le garçon jeta un œil alentour : ils étaient toujours seuls sur la plage. Heureusement qu'il faisait ce temps de chien ! Il avait lu dans une brochure de l'hôtel que le phare était à l'abandon depuis longtemps : personne ne risquait donc de les avoir épiés de là-haut.

— C'est un cadavre, dit-il d'un ton sinistre.

— Tu déconnes !

Au même moment, emporté sur la crête d'une grosse vague déferlante, le mort vint s'échouer sur la plage, le nez fiché dans le sable comme la quille d'un bateau.

La jeune fille regarda, bouche bée, le corps à ses pieds.

— Merde, mais t'as raison ! s'exclama-t-elle.

Son fiancé, le souffle coupé, fit un pas en arrière.

— Et si on le retournait ? suggéra-t-elle. Il est peut-être encore vivant.

— Le touche pas. Je te dis qu'il est mort.

— Qu'est-ce que t'en sais ?

Le jeune homme montra le corps du bout de son orteil.

— Tu vois ce trou dans son dos ?

— Ah bon ! c'est un trou ?

Elle se pencha pour voir de plus près la tache couleur de rouille, de la taille d'un oursin, qui maculait la chemise.

— En tout cas, il ne s'est sûrement pas noyé, déclara le garçon.

Sa fiancée eut un petit frisson et reboutonna son chandail.

— Bon. On fait quoi maintenant ?

— On se tire.

— On devrait peut-être appeler la police ?

— Écoute, Cheryl, on est en vacances. En plus, le

téléphone le plus proche est à une demi-heure de marche.

Le jeune homme devenait nerveux : il crut entendre le moteur d'un bateau quelque part au-delà de la pointe de l'île, du côté de la baie.

— Attends une minute ! dit sa compagne.

Elle défit la boucle de l'étui de son fidèle Canon.

— Mais qu'est-ce que tu fais ? Tu es folle ?

Elle avait déjà l'œil collé au viseur.

— Je vais prendre une photo, Thomas, sinon personne ne voudra nous croire chez nous. Au moins on sera pas venus à Miami pour rien. Tu te rappelles les histoires macabres de ton frère quand on est partis ? J'ai l'impression de rêver. Pousse-toi un peu sur la droite, Thomas, et fais comme si tu l'examinais.

— Fais comme si, tu en as de bonnes.

— Allez, une photo, rien qu'une...

— Non, dit-il, toisant le corps.

— S'il te plaît ! Toi, tu as bien gâché toute une pellicule pour Flipper le Dauphin !

La jeune femme appuya sur le déclic et dit :

— Bon, maintenant, c'est mon tour.

— D'accord, mais dépêche-toi, grommela-t-il.

Le vent se mit à souffler plus fort du nord-est, faisant gémir le boqueteau de pins d'Australie, derrière eux. Le bruit du bateau à moteur s'était évanoui.

Cheryl prit la pause près du cadavre : elle le montrait du doigt avec dégoût, fronçant son nez enduit de crème solaire.

— J'arrive pas à y croire, dit le jeune homme, en cadrant la photo.

— Moi non plus, Thomas. Un cadavre pour de vrai comme à la télé. Beurk !

— Ouais, répliqua-t-il. Beurk, c'est le mot, putain !

Au lever du jour, une brise fraîche soufflait faiblement vers les Bahamas et des nuages framboise, épars, frangeaient le ciel. Stranahan, tôt levé, avait fait frire des œufs et chassé les mouettes du toit. Il habitait une vieille maison sur pilotis dans les marécages peu profonds de la baie de Biscayne, à deux kilomètres environ de la pointe du cap Floride. La baraque, équipée d'un petit générateur alimenté par une éolienne à quatre pales, n'avait pas l'air conditionné. Mais, quelques journées en août et septembre mises à part, la brise soufflait toujours suffisamment. C'était l'un des agréments de la vie sur l'eau.

Il y avait une dizaine d'autres maisons sur cette partie de la baie de Biscayne qu'on appelait Stiltsville, mais aucune n'était habitée ; leurs riches propriétaires y donnaient des fêtes, le week-end, et leurs rejetons venaient s'y soûler, pendant l'été. Le reste du temps, elles servaient de chiottes de luxe aux mouettes et aux cormorans.

Stranahan avait acheté la sienne pour une bouchée de pain à une vente aux enchères fédérale. L'ancien propriétaire était un trafiquant de cocaïne vénézuélien qui avait écopé de treize balles dans le corps au cours d'un sérieux règlement de comptes et qu'on avait condamné à titre posthume. À peine avait-on rapatrié le corps par avion à Caracas que les agents des douanes avaient saisi la maison sur pilotis, trois appartements en multipropriété, deux Porsche, un ara borgne au plumage écarlate plus un yacht équipé d'un jacuzzi. C'était dans le jacuzzi que le Vénézuélien avait trouvé une mort si spectaculaire : aussi les enchères furent-elles passionnées. De même, l'ara, témoin oculaire du meurtre de son maître, atteignit des sommets ; avant la vente, des douaniers sardoniques lui avaient appris à répéter : « Planque-toi, tête de nœud ! »

Quand vint le tour de la maison sur pilotis, plus personne n'était intéressé. Stranahan l'avait raflée pour quarante mille dollars et des poussières.

Il convoitait la solitude des marécages et se réjouissait d'être le seul habitant de Stiltsville. La maison, rouge brique aux persiennes marron, se trouvait à trois cents mètres du chenal principal, si bien que les plaisanciers du dimanche restaient à distance. De temps à autre, un ivrogne ou un idiot congénital tentait de passer outre avec son yacht de croisière mais n'allait jamais bien loin, échouant à s'attirer la sympathie ou même les secours du colosse planté sur la terrasse de sa tanière sur pilotis.

Le 3 janvier était un jour ouvrable et le ciel était noir à l'est ; il n'y avait pas à redouter que les plaisanciers tentent une sortie. Stranahan savourait cette certitude, assis sur la terrasse, en mangeant ses œufs au bacon, à même la poêle. Deux mouettes grasses, au plumage sale, s'abattirent sur lui pour lui disputer les restes et il s'empara de sa carabine à air comprimé ; il fit feu et les oiseaux, avec des cris perçants, s'envolèrent vers l'horizon, vers Miami, et Stranahan se prit à espérer qu'ils y fileraient d'une seule traite.

Après le petit déjeuner, il enfila une paire de jeans élimés, coupés au genou, et se mit à faire des pompes. Il s'arrêta à cent cinq et entra boire un jus d'orange. De la cuisine, il entendit s'approcher un bateau et mit le nez à la fenêtre. C'était un skiff jaune, lancé à toute allure à travers les marais. Stranahan sourit : il connaissait tous les guides de pêche de la région. Parfois, quand ils transportaient une cliente trop coincée pour pisser par-dessus bord, il leur permettait d'utiliser sa salle de bains.

Stranahan versa du café brûlant dans deux tasses et regagna la terrasse. Le skiff ralentit en approchant de l'appontement qui servait de garage à bateaux, au-dessous de la maison. Le guide fit un signe de la main à

Stranahan et amarra le skiff. Son client, un type blanc comme un cachet d'aspirine, avait, semblait-il, un grave problème à résoudre : duquel des quatre flacons d'écran total à sa disposition allait-il badigeonner ses bras laiteux ? Le guide bondit sur le ponton et grimpa jusqu'à la terrasse.

— Salut, capitaine, dit Stranahan en lui tendant une chope de café ; l'autre l'accepta avec un grognement amical. Les deux hommes se connaissaient depuis des lustres mais le capitaine rendait rarement visite à Stranahan dans sa maison sur pilotis. Ce dernier attendit qu'il lui en donne la raison.

Après avoir vidé sa tasse, le guide lui demanda :

— Dis-moi, Mick, tu attends de la compagnie ?

— Non.

— Parce que, ce matin, un homme posait des questions pour savoir où était ta maison.

— Où ça ? À la marina ?

— Non, par ici.

Le guide jeta un coup d'œil sur son client par-dessus la balustrade. Ce dernier s'entraînait à présent avec sa canne à pêche, en faisant claquer la ligne comme un fouet.

Stranahan éclata de rire.

— M'a tout l'air d'un crack !

— M'a tout l'air que la journée va être foutrement longue, maugréa le capitaine.

— Comment il était ce type ?

— Il m'a arraisonné près des tours de la radio. Il conduisait un Chris-Craft blanc, long de six mètres. J'ai cru qu'il avait un problème de moteur, mais il voulait simplement savoir où tu habitais. Je l'ai expédié vers Elliott Key. J'espère que c'était pas un de tes amis, comme il l'a prétendu.

— Il t'a donné son nom ?

— Tim, à ce qu'il m'a dit.

Le seul Tim que connût Stranahan était un ex-flic de la criminelle, qui s'appelait Gavigan.

— C'est ça ! s'exclama le guide. Tim Gavigan, c'est le nom qu'il m'a donné.

— Un maigrichon, un rouquin ?

— Non, non.

— Merde, dit Stranahan.

Évidemment, il ne pouvait s'agir de Tim Gavigan. Celui-ci faisait tous ses efforts pour mourir d'un cancer du poumon sur un lit d'hôpital.

— Tu veux que je reste dans les parages, aujourd'hui ? demanda le capitaine.

— Mais non, bon Dieu ! ton sportif piaffe d'impatience.

— Putain, Mick, il distinguerait pas une ablette d'un cachalot. Et je connais quelques bons coins par ici — on va peut-être y aller tenter notre chance.

— Pas avec cette brise, mon vieux : les marécages sont déjà dans une vraie purée de pois. Descends plus au sud : t'en fais pas pour moi, ce type est probablement un huissier.

— Sûr que quelqu'un finira bien par lui indiquer ta maison.

— Ouais, j'imagine, dit Stranahan. Il a un Chris-Craft blanc, c'est bien ça ?

— Long de six mètres, répéta le guide. Ah ! j'oubliais, ce mec est une armoire à glace, ajouta-t-il, avant de redescendre les marches.

— Merci du renseignement !

Stranahan regarda le skiff filer vers le sud, à travers les marécages, jusqu'à ce que le trait d'écume de son sillage ressemble à une fermeture Éclair. Le guide allait se diriger vers Sand Key, pensa Stranahan, ou pousser peut-être jusqu'à Caesar Creek — hors d'atteinte de tout contact radio. Comme si cette putain de radio marchait encore !

Vers trois heures de l'après-midi, le vent avait fraîchi ; l'eau et le ciel avaient pris une teinte uniforme, d'un violet tirant sur le gris. Stranahan enfila une paire de jeans et un blouson de toile : il chaussa ses baskets machinalement. Il en comprit la raison plus tard : les échardes qu'on récoltait à marcher pieds nus sur la terrasse en bois mal équarri. Mieux valait porter des baskets au cas où il lui faudrait courir.

Le Chris-Craft était bruyant. Stranahan l'entendit venir de loin. Il braqua ses jumelles sur la tache blanche et la regarda fendre bravement les flots. Le bateau fonçait droit sur les pilotis de Stranahan, tout en suivant prudemment les chenaux.

Tu parles, pensa Stranahan avec amertume. L'un des gardes du parc, là-bas à Elliott Key, avait probablement indiqué la maison au type : histoire de rendre service. Il se leva et ferma les volets de l'extérieur. Il reprit ses jumelles et observa longuement l'homme dans le bateau. Il était encore à un bon kilomètre. Stranahan ne le connaissait pas mais, à première vue, seul un Yankee pouvait mettre son point d'honneur à rester en manches de chemise un jour pareil et à porter les plus absurdes lunettes de soleil de la création.

Stranahan se faufila dans la maison et referma la porte derrière lui. Aucun moyen de la verrouiller de l'intérieur : d'ailleurs, aucune raison de le faire en temps normal.

Les volets clos, il faisait noir comme dans un four, mais Stranahan connaissait chacune des pièces dans le moindre recoin. Il y avait soutenu victorieusement l'assaut de deux cyclones — des bébés cyclones mais de sales gosses tout de même. Il avait tenu bon, et dans une obscurité totale, car le vent, s'engouffrant au travers des murs, faisait valser les lanternes comme un beau diable. Et il n'aurait plus manqué que la maison flambe.

Il se planqua et attendit.

Quelques minutes plus tard, la baisse de régime du moteur avertit Stranahan que le bateau ralentissait. Le type était sans doute en train d'inspecter les lieux pour découvrir le moyen d'accès le plus propice. Il existait une passe étroite dans la marne, profonde d'un mètre cinquante à marée haute, et assez large pour un bateau. Si le type s'en apercevait et choisissait ce chemin-là, il repérerait à coup sûr le skiff en aluminium de Stranahan amarré sous la citerne. Et il se tiendrait sur ses gardes.

Stranahan entendit le moteur du bateau mordre en raclant le fond. Le type avait raté la passe.

Puis le bateau heurta avec un bruit sourd les pilotis du côté ouest. Le type s'agita à grand bruit à l'avant tout en pestant contre la marée qui baissait à toute allure. Il lui fallait amarrer au plus vite.

Stranahan entendit l'homme sauter du bateau et gagner la terrasse.

— Y a quelqu'un ? cria-t-il.

L'homme avait le pas lourd. Le capitaine avait raison — c'était un costaud. Aux vibrations du plancher, Stranahan pouvait suivre les déplacements de l'intrus.

Finalement, le type frappa à la porte.

— Hé, là-dedans !

N'obtenant pas de réponse, il ouvrit. Il se dessina dans la lumière de l'après-midi — enfin, ce qu'il en restait —, et Stranahan put l'examiner à loisir. L'homme avait retiré ses lunettes de soleil et, scrutant l'obscurité, il porta la main droite à sa ceinture.

— Qu'est-ce qui me vaut l'honneur ? lui demanda Stranahan, tapi dans l'ombre.

— Holà !

L'homme recula d'un pas sur la terrasse. Son visage ne disait décidément rien à Stranahan : déformé par des protubérances bizarres, peau tendue à l'extrême sur des pommettes saillantes, nez mal assorti aux yeux et au menton. Stranahan se demanda si ce type n'avait pas été victime d'un terrible accident de voiture.

— Je suis à court de carburant, dit l'homme. Vous ne pourriez pas me dépanner de quelques litres pour que je regagne la marina ? Je vous les paierai, bien entendu.

— Je regrette.

Le type cherchait à localiser la voix mais il n'y voyait que dalle.

— Hé ! mon vieux, ça va ? dit-il.

— Merci, et vous ?

— Eh bien, alors, ça vous ferait rien de vous montrer ?

De la main gauche, Stranahan saisit le pied d'un tabouret de bar et le fit rouler sur le plancher, au hasard. Il voulait juste vérifier ce qu'allait faire le trouduc et son attente ne fut pas déçue. Le mec tira un revolver à canon court de son froc et le dissimula derrière son dos. Puis il fit deux pas en avant et pénétra tout à fait dans la maison. Il avança lentement vers l'endroit où avait atterri le pied du tabouret. Maintenant, il pointait son revolver devant lui.

Stranahan, coincé entre le buffet et le congélateur, n'avait que trop vu ce putain de revolver.

— Par ici, dit-il à l'inconnu.

Au moment où le type fit volte-face, s'apprêtant à viser l'endroit d'où provenait la voix, Mick Stranahan bondit sur lui hors de l'ombre et le perça de part en part avec la tête empaillée d'un espadon qu'il avait décrochée du mur. C'était un bel espadon bleu qui pesait bien ses quatre cents livres : et celui qui l'avait pêché avait décidé d'en faire naturaliser la tête jusqu'à l'épine dorsale. Ce trophée faisait partie des meubles de la maison du Vénézuélien. Stranahan s'était habitué à ses rayures indigo, à son œil de verre féroce et à son effrayante lame noire. C'était vraiment une honte de le saloper, mais il savait que sa carabine à air comprimé ne ferait pas le poids contre un vrai revolver.

Le poisson n'était pas aussi lourd que Stranahan l'aurait cru, mais il était encombrant. Mick s'était concentré sur sa cible en chargeant l'intrus et ça avait payé.

La lame défonça le sternum du type, trancha l'aorte et brisa sa colonne vertébrale. Il mourut avant même que Stranahan ait eu une chance de l'interroger. La perplexité inscrite sur son visage suggérait qu'il s'était attendu à tout sauf à être saigné à mort par la tête naturalisée d'un poisson géant.

L'intrus n'avait sur lui aucun papier d'identité, ni portefeuillle ni alliance : simplement les clés d'une Thunderbird de location. A bord du Chris-Craft, de location lui aussi, Stranahan décrouvrit une glacière, deux packs de six bouteilles de bière, et deux cannes à pêche au lancer bon marché que le type avait trimbalées juste pour la frime.

Stranahan hissa le corps dans le bateau et mit le cap sur le chenal de Biscayne. Une fois là, il poussa le corps par-dessus bord et balança le revolver en eau profonde : après avoir nettoyé le pont, il plongea et repartit à la nage. Un quart d'heure plus tard, ses genoux heurtaient le banc de boue et il pataugea sur les cent derniers mètres qui le séparaient de chez lui.

Ce soir-là, il n'y eut pas à proprement parler de

coucher de soleil, vu le morne état du ciel : mais Stranahan demeura tout de même assis sur la terrasse. Tout en regardant fixement le couchant, il chercha à comprendre qui pouvait bien vouloir sa mort et pourquoi. A son humble avis, c'était primordial.

2

Le 4 janvier, le soleil se montra et le Dr Rudy Graveline retrouva le sourire. Le soleil était excellent pour ses affaires. Il cuisait, cramait, ravinait les visages et semait dans les pores de la peau de minuscules tumeurs malignes qui, avec un peu de chance, pousseraient comme des champignons et nécessiteraient une excision. Le Dr Graveline était chirurgien esthétique et il adorait voir le soleil briller dans le ciel.

Le simple fait d'être en janvier le mettait de bonne humeur. En Floride, le premier mois de l'année tombe au cœur de la saison touristique d'hiver et représente un filon prospère pour les plasticiens. Des milliers d'hommes et de femmes du troisième âge descendent se chauffer au soleil et profitent de l'occasion pour se faire arranger le portrait. Rectification des bourrelets, correction du nez, des nénés, du fessier, absorption des graisses, liftings — faites votre choix ! Et ils mendiaient toujours un rendez-vous en janvier pour avoir fini de cicatriser quand ils remontaient dans le Nord, au printemps.

Le Dr Graveline ne pouvait se charger de tous ces oiseaux de passage mais s'y employait avec un bel acharnement. Les quatre salles d'opération de son centre de Whispering Palms tournaient à plein régime du matin au soir, en janvier, février, et la première quinzaine de mars. Presque tous les patients réclamaient les soins du Dr Graveline, dont la réputation excédait de beaucoup les talents. Rudy confiait habituellement la plupart des cas aux huit autres chirurgiens de l'équipe : cependant, nombreux étaient les patients persuadés d'avoir été opérés par Graveline en personne, car ce dernier venait souvent tenir leur main ridée avant qu'ils ne succombent au délicieux sommeil provoqué par le valium en intraveineuse. Rudy les abandonnait alors aux mains de l'un de ses protégés plus jeunes et bien plus compétents.

Le Dr Graveline se réservait pour les plus riches de ses patients. Les habitués se faisaient charcuter chaque hiver et Rudy comptait sur leur pratique. Il tranquillisait ces hypocondriaques de l'esthétique en leur assurant qu'il n'y avait rien d'anormal à subir une cinquième, une sixième, voire une septième blépharoplastie aussi rapprochée. *Vous sentez-vous mieux dans votre peau?* avait-il coutume de leur demander. *Donc, ça en vaut la peine, non?*

Madeleine Margaret Wilhoit était une patiente de ce type. Elle avait soixante-neuf ans et venait de Palm Beach Nord. Depuis qu'ils étaient entrés en relation, il n'y avait pas un centimètre carré de la peau de Madeleine sur lequel Graveline n'eût apposé sa marque. Peu importaient les résultats et les honoraires. Madeleine était toujours enchantée. Et l'année suivante, elle en redemandait. Même si le visage de Madeleine rappelait en tout point au Dr Graveline la trogne d'un chameau, il l'aimait bien. Elle faisait partie de cette clientèle fidèle qui assure de bons placements *off-shore*.

Le 4 janvier donc, cette douce matinée ensoleillée ravigota le Dr Graveline pendant qu'il roulait vers sa clinique de Whispering Palms ; là, il s'attela à la cinquième, sixième, voire septième — il ne s'en souvenait plus exactement — correction des paupières de Madeleine Margaret Wilhoit. Étant donné l'épiderme de dromadaire de cette dernière, cette tentative était vouée à l'échec et Rudy ne le savait que trop. Toute amélioration esthétique notable serait le fruit exclusif de l'imagination de Madeleine ; et Rudy, conscient qu'elle se pâmerait d'aise, persévéra.

À mi-parcours de l'opération, le téléphone mural émit deux bip-bip. L'infirmière donna un coup de coude adroit sur le bouton de l'interphone et informa la personne qui appelait que le Dr Graveline était dans l'impossibilité de lui répondre.

— Dites-lui que c'est important, bordel !

Rudy reconnut sur-le-champ cette voix d'homme revêche et pria l'infirmière et l'anesthésiste de quitter la salle d'opération pour quelques minutes. Dès qu'elles furent sorties, il dit dans l'appareil :

— C'est moi, vous pouvez parler, je suis seul.

On l'appelait d'une cabine située à Atlantic City, New Jersey. Rudy, à vrai dire, s'en foutait éperdument, désirant en savoir le moins possible.

— Vous voulez entendre mon rapport ? demanda l'homme.

— Évidemment.

— Ça a foiré.

Rudy poussa un soupir tout en jetant un œil distrait sur les vecteurs violets qu'il avait tracés autour des yeux de Madeleine.

— À quel point de vue ? dit-il dans l'appareil.

— À tous les points de vue, putain !

Rudy essaya de se représenter le visage de son interlocuteur à l'autre bout du fil, dans le New Jersey. Autrefois, il arrivait à visualiser n'importe qui au simple son de sa voix. Celle-là, en particulier, lui évoquait un gros lard, aux sourcils en bataille, à l'œil noir et méchant.

— Bon alors, qu'est-ce qu'on fait maintenant? demanda le médecin.

— Gardez l'autre moitié de la somme.

La classe, se dit Rudy.

— Et si je vous propose d'essayer encore une fois?

— C'est O.K. pour moi.

— Et ça me coûtera *combien*?

— Pareil, rétorqua Sourcils en Bataille. Quand c'est dit, c'est dit!

— Je peux réfléchir?

— Sûr. Je vous rappelle demain.

— C'est simplement que je n'avais pas prévu qu'il y aurait un problème, ajouta Rudy.

— Vous n'y êtes pour rien. Ça a foiré de toute façon.

— Je comprends, dit Graveline.

L'homme du New Jersey raccrocha. Madeleine Margaret Wilhoit se mit à se tortiller sur la table d'opération et Rudy songea que cette vieille peau ne dormait peut-être pas et avait surpris toute la conversation.

— Madeleine, lui murmura-t-il à l'oreille.

— Arrgh!

— Ça va?

— Oui, papa, dit-elle d'une voix pâteuse, quand est-ce que tu m'emmènes en bateau?

Graveline ne put réprimer un sourire et sonna l'infirmière et l'anesthésiste afin qu'elles reviennent l'aider à terminer sa besogne.

Du temps où il travaillait au bureau de l'attorney général de Floride, Mick Stranahan avait contribué à mettre nombre d'individus à l'ombre. La plupart d'entre eux, criminels y compris, étaient aujourd'hui lâchés dans la nature, suite à un arrêté fédéral enjoignant à l'État de Floride de procéder à une purge saisonnière de sa surpopulation carcérale. Stranahan acceptait comme allant de soi que certains de ces ex-taulards nourrissent à son endroit une légère rancune et que plus d'un se réjouisse au récit de sa mort. Pour cette raison, Stranahan était excessivement prudent sur le chapitre des visiteurs. Sans être paranoïaque, il avait une vision pratique des risques qu'il courait : quand quelqu'un se présente devant votre porte avec un flingue, ça ne sert vraiment à rien de lui demander ce qu'il veut. La réponse est évidente, la solution ne l'est pas moins.

Le flingueur qui s'était pointé chez Stranahan était le cinquième individu qu'il avait tué au cours de son existence.

Il y avait d'abord eu les deux Nord-Vietnamiens de l'armée régulière : ils posaient des fils de mines près de la ville de Dak Mat Lop dans le massif montagneux du centre. Stranahan surprit ces jeunes soldats en utilisant son arme de poing au lieu de son M 16, et en ne manquant pas sa cible. On était dans la seconde semaine de mai 1969 et Stranahan avait à peine vingt ans.

Le troisième qu'il avait descendu était un braqueur de Miami, appelé Thomas Henry Thomas, qui commit l'erreur d'attaquer un fast-food où Stranahan faisait la queue pour un double Big Mac. Pour arrondir son butin de soixante-dix-huit dollars puisé dans la caisse, Thomas Henry Thomas décida de confisquer les portefeuilles et autres sacs à main des clients. Il avait écumé la file sans encombre quand il arriva à la hauteur de Mick : ce dernier s'empara calmement du calibre 38 de Thomas Henry Thomas et le lui déchargea par deux fois dans le lobe temporal droit. En guise de remerciement, la chaîne offrit à Stranahan trois mois de consommation gratuite et lui proposa de faire figurer sa photo sur l'emballage de chaque hamburger vendu au cours du mois de décembre 77. Fauché comme les blés et victime d'un divorce sauvage, Stranahan accepta de consommer à l'œil mais déclina une célébrité d'autocollant.

L'homicide de Thomas Henry Thomas — une fois mis de côté les défauts de caractère patents de l'individu — fut jugé assez sérieux pour dissuader la police urbaine de Miami et celle de Dade County de compter Mick Stranahan dans leurs rangs. Son refus virulent de se soumettre aux tests psychologiques de routine joua également en sa défaveur. Cependant, comme le bureau de l'attorney général avait un besoin urgent d'un véritable enquêteur de terrain, il fut ravi de s'assurer les services d'un vétéran de guerre copieusement décoré et qui n'avait pas dépassé l'âge relativement tendre de vingt-neuf ans.

Le quatrième — et de loin, le plus important — était un juge ripou de Dade County, du nom de Raleigh Goomer. Ce dernier avait pour spécialité de faire casquer les avocats de la défense en échange de peines dérisoires, ce qui permettait à de dangereux criminels de sortir de prison et de quitter la ville. Stranahan surprit le juge se livrant à ce petit jeu et l'arrêta alors qu'il encaissait un pot-de-vin dans une boîte de strip-tease, près de l'aéroport de Miami. Sur le chemin de la prison, le juge Goomer, apparemment pris de panique, sortit un 22 de ses basques et tira à trois reprises sur Stranahan. Malgré une double blessure à la cuisse droite, Mick se débrouilla pour s'emparer de l'arme dont il fourra le canon sous le nez du juge, avant de faire feu.

Un procureur, dépêché spécialement de Tampa, soutint l'affaire devant le grand jury, qui admit que l'homicide du juge Goomer relevait de la légitime défense, même si tirer à bout portant dans le nez d'un individu paraissait une circonstance limite. Malgré sa disculpation, Stranahan ne pouvait plus décemment dépendre du bureau de l'attorney général. Les pressions les plus vives en faveur de sa révocation furent le fait d'autres juges ripoux, dont plusieurs prétendirent être morts de trouille à la seule idée de retrouver Stranahan à la barre des témoins de leur tribunal.

Le 7 juin 1988, Mick Stranahan présenta sa démission, que le communiqué de presse qualifia de retraite anticipée ; il révélait également que Stranahan recevrait une indemnité d'incapacité totale, suite aux blessures qu'il avait récoltées dans l'affaire. Mick n'avait rien d'un invalide mais sa parenté notoire avec un avocat spécialisé dans les préjudices corporels suffit à terroriser le comté, qui le paya rubis sur l'ongle. Quand Stranahan déclara qu'il ne voulait pas de l'argent, le comté doubla aussitôt ses offres, assorties d'un fauteuil roulant électrique. Mick abandonna la partie.

Peu après, il alla vivre à Stilstville et y fit ami ami avec les poissons.

Un bateau de patrouille de la police maritime coupa son moteur devant chez Stranahan, vers midi et demi. Ce dernier, installé sur la terrasse, taquinait de sa ligne les sébastes de la mangrove.

— Z'avez une minute ? cria l'officier du patrouilleur, un jeune Cubain finaud appelé Luis Córdova que Mick aimait bien.

— Arrivez donc, répondit-il.

Stranahan remonta l'hameçon avant de ranger sa canne à pêche. Il puisa quatre sébastes morts dans son seau et se mit à les vider, l'un après l'autre, lançant leurs entrailles crémeuses dans l'eau.

Córdova parlait du corps que la mer avait rejeté au Cap Floride.

— Les Rangers l'ont découvert hier au soir, disait-il, un requin lui a bouffé le pied gauche.

— Ce sont des choses qui arrivent, commenta Mick, détachant un filet de poisson.

— D'après le médecin légiste, on l'a salement entaillé.

— Je vais les mettre à frire et faire des sandwiches, dit Stranahan, ça vous intéresse d'y goûter ?

Córdova fit non de la tête.

— Merci, Mick, mais il y a une bande de zozos qui braconnent le homard par là-bas à Boca Chita et faut que j'y aille voir. Les flics de l'urbaine m'ont chargé de fureter dans le coin et de tâcher de savoir si quelqu'un avait vu quelque chose. Et puisque vous êtes le seul à habiter par ici...

Stranahan leva les yeux de sa besogne.

— Si je me rappelle bien, y a pas eu des masses d'allées et venues hier, observa-t-il. Il faisait un temps dégueulasse, ça je m'en souviens.

Il balança les squelettes des poissons munis de leurs têtes par-dessus la balustrade.

— À vrai dire, les mecs de l'urbaine ont pas l'air de s'y intéresser plus que ça, lâcha Córdova.

— Ah bon ! C'est qui le macchab' ?

— S'appelle Tony Traviola. La police du New Jersey a un dossier épais comme ça sur lui. Tony l'Anguille, le genre qui récupère les fonds. Pas vraiment le mec aimable, à ce que j'ai pigé.

— Ils pensent que c'est la victime d'un contrat ? demanda Stranahan.

— J'en sais trop rien de ce qu'ils pensent.

Mick entra avec les filets de poisson et les passa sous le robinet. Il était économe avec l'eau, la citerne étant presque à sec. Córdova accepta un verre de thé glacé ; posté aux côtés de Stranahan dans la cuisine, il le regarda rouler les filets dans la mie de pain et le jaune d'œuf. En temps normal, Mick préférait cuisiner en solitaire, mais il ne voulait pas que Luis reparte tout de suite.

— On a retrouvé aussi le bateau du mec, ajouta ce dernier, un Chris-Craft de location. Blanc.

Stranahan précisa qu'il n'en avait vu aucun dans les parages récemment.

— À part de minuscules taches de sang, quelqu'un l'avait plutôt bien nettoyé, dit Córdova.

Mick déposa les sébastes dans un peu d'huile au fond de la poêle. Les brûleurs n'avaient pas l'air de marcher et il s'agenouilla pour vérifier la veilleuse d'allumage — morte, comme d'habitude. Il craqua une allumette et bientôt le poisson se mit à grésiller.

Córdova s'affala sur l'un des tabourets de bar en osier.

— Alors pourquoi ils croient pas que c'était un contrat ? demanda Stranahan.

— J'ai jamais dit qu'ils y croyaient pas, Mick.

Stranahan sourit et décapsula une bouteille de bière.

— Ils me donnent pas tous les détails, dit Luis en haussant les épaules.

— Primo, ils l'auraient pas fait venir en Floride pour ça, vous pensez pas, Luis ? Ils ont le même océan là-haut dans le New Jersey. Donc Tony l'Anguille était ici pour affaires.

— Ça se tient jusque-là, approuva du chef Córdova.

— Deuxio, pourquoi ils se sont pas contentés de le descendre ? Les coups de couteau, c'est bon pour les mômes, c'est pas du travail de pro.

Luis mordit à l'hameçon.

— On a pas fait ça avec un couteau, d'après le médecin légiste, la blessure était bien trop large. Plutôt avec un javelot.

— Pas trop le genre des Italos.

— Non, concéda Córdova.

Stranahan confectionna trois sandwiches au poisson et lui en donna un ; Luis avait oublié les braconniers de homard s'ils avaient jamais existé.

— L'autre truc bizarre, dit-il la bouche pleine, c'est la tête du type.

— Pourquoi ?

— Elle colle pas avec celle des photos anthropométriques. Ils l'ont identifié grâce à ses empreintes digitales et à ses dents. Mais quand ils ont récupéré les photos du FBI, ç'avait l'air d'un autre mec. Alors ils ont appelé le Bureau pour leur dire qu'ils s'étaient gourés mais on les a envoyés paître en leur confirmant que c'était bien Tony Traviola. Ils ont tourné en rond pendant deux bonnes heures avant que quelqu'un ait l'idée d'appeler le médecin légiste.

Córdova s'interrompit pour avaler une gorgée de thé glacé, le poisson fumant dans sa bouche.

— Et alors ? l'encouragea Stranahan.

— Chirurgie esthétique.

— Sans déconner ?

— Pas moins de cinq opérations différentes, des yeux jusqu'au menton. Tony l'Anguille ou le nouveau Michael Jackson. Sa propre mère ne l'aurait pas reconnu.

Stranahan ouvrit une autre bière et s'assit.

— Pourquoi un minable comme ce Traviola se serait fait retoucher le portrait ?

— Traviola a écopé de cinq ans de taule pour extorsion de fonds, il a quitté Rahway dans le New Jersey, y a deux ans environ. Peu après, un fourgon blindé a été attaqué et trois jours plus tard, on a retrouvé le corps de ceux qui avaient fait le coup — mais aucune trace du magot. Règlement de comptes classique. Les fédéraux ont lancé un mandat contre Traviola et ont placardé sa photo dans tous les bureaux de poste de la côte Est.

— Bonne raison pour se faire raboter le tarin, en conclut Stranahan.

— C'est ce qu'ils se sont dit.

Córdova se leva et rinça son assiette dans l'évier.

— C'est pas les flics de l'urbaine qui vous ont donné tous ces renseignements, je me trompe ? dit Stranahan d'un air impressionné.

— Les ordinateurs ne sont pas faits pour les chiens, déclara Córdova dans un éclat de rire.

C'était un gosse bien et un bon flic, songea Stranahan ; il y avait peut-être encore un espoir pour ce monde, après tout.

— Je vois que vous êtes sorti acheter le journal, remarqua le bon flic. Pourquoi, vous avez un cheval qui court à Gulfstream ?

Merde, se dit Stranahan, quelle erreur grossière ! Le numéro du *Herald* était posé sur le comptoir du bar, ouvert à la page où l'on parlait du mort flottant. Miami étant ce qu'elle est, l'article ne faisait que deux colonnes sous un chapeau minuscule, coincé entre la saisie d'une tonne de cocaïne et un double meurtre sur la rivière. Il y avait une chance que Luis ne le remarque pas.

— Vous avez dû vous lever tôt pour faire l'aller retour jusqu'à la marina, dit-il.

— Une course à l'épicerie, mentit Stranahan, en plus c'était une belle matinée pour une balade en bateau. Alors ce poisson, fameux ?

— Délicieux, Mick.

Córdova lui frappa sur l'épaule en lui disant au revoir.

Stranahan sortit sur la terrasse et regarda Luis détacher son hors-bord gris muni d'un gyrophare bleu au centre du pupitre de commande.

— S'il arrive quoi que ce soit, je vous passerai un coup de fil, Luis.

— Vous faites pas suer, c'est l'urbaine qui s'en charge. De toute façon, ce mec m'avait tout l'air d'une belle ordure.

— Ouais, opina Stranahan, je plains ce pauvre requin qui lui a bouffé le pied.

— C'est sûr, dit Luis en gloussant, il va avoir la gerbe pendant une bonne semaine.

Stranahan salua le départ du bateau d'un geste de la main. Il fut ravi de voir Córdova mettre le cap au sud, vers Boca Chita, comme il l'avait annoncé. Ravi également que le jeune flic ne lui ait posé aucune question sur la tête d'espadon accrochée au mur du salon, ni demandé pourquoi sa lame noire était consolidée avec du chatterton neuf.

Pendant une bonne partie de son existence, Timmy Gavigan avait eu une tête de déterré. A présent, il avait une bonne raison pour ça.

Ses cheveux cuivrés étaient tombés par poignées, révélant des plaques de peau tachée de rousseurs. Son visage autrefois rond et coloré s'était dégonflé comme un ballon crevé.

— Mick, t'imagines cette boustifaille ? lança Timmy Gavigan du fond de son lit d'hôpital.

Il saisit entre deux doigts un morceau de viande grisâtre sur le plateau et l'exhiba comme une pièce à conviction de première.

— Et voilà le résultat de ton gouvernement, Mick. Ces enfoirés qui rêvent d'envoyer des lasers dans l'espace intersidéral sont pas foutus de faire cuire correctement un pâté en croûte.

— Je vais nous chercher des sandwiches, proposa Stranahan.

— Pas la peine.

— T'as pas faim ?

— Je me suis pris à peu près vingt litres de poison dans le sang, Mick. Une nouvelle super-formule, pur jus expérimental garanti. Je leur ai dit de surtout pas se gêner ; même si ça détruit qu'une seule de ces foutues cellules, c'est déjà ça de gagné.

Stranahan lui sourit et prit une chaise.

— Un type m'a rendu visite l'autre jour. Il s'est fait passer pour toi, Tim.

— Pas très malin de sa part, fit Gavigan avec un rire étranglé, il savait pas qu'on était amis ?

— Si. Ce que je veux dire, c'est qu'il s'est servi de ton nom pour qu'on lui indique ma maison.

— Mais il n'a pas prétendu être moi devant *toi* ?

— Non, dit Stranahan.

Le regard bleu de Gavigan parut s'éclairer.

— Il a découvert où tu habitais ?

— Malheureusement.

— Et alors ?

Stranahan réfléchit à la meilleure manière de présenter les choses.

— Hé ! Mick, j'ai pas des masses de temps, pigé ? Je peux y passer d'une seconde à l'autre, donc m'oblige pas à t'arracher cette histoire mot à mot, bordel !

— Il s'est avéré que c'était un méchant venu de la côte Est. Un liquidateur, répondit Stranahan.

— *C'était ?* ricana Gavigan, alors nous y voilà, et moi qui m'imaginais que tu passais juste pour prendre des nouvelles de ton vieux pote.

— Pour ça aussi, précisa Stranahan.

— Mais d'abord, tu veux que je t'aide à débrouiller l'affaire, à découvrir ce qui nous relie à ce mafioso de mes deux.

— J'aime pas qu'il se soit servi de ton nom.

— Et moi, tu crois que ça me fait plaisir, par hasard ?

Gavigan tendit à Stranahan son plateau-repas et lui demanda de le poser à terre. Il replia ses mains frêles au creux de sa poitrine, par-dessus la mince couverture de laine.

— Comment il a su que nous étions amis, Mick ? Tu m'appelles jamais, tu m'envoies jamais de chocolats ; tu m'as même pas souhaité mon anniversaire depuis trois ans.

— Ça, c'est pas vrai, Timmy. Il y a deux ans, je t'ai expédié un strip-o-gramme.

— C'est toi qui m'as envoyé cette nana ? J'ai cru qu'elle s'était pointée d'elle-même pour lever le plus beau flic du poste. Putain ! Mick, je l'ai emmenée à la Grande Bahama pendant une semaine, et j'ai même failli l'épouser.

Stranahan se sentit beaucoup mieux ; Timmy savait quelque chose. Il pouvait lire dans ses yeux que ça lui était revenu.

— Mick, cette fille avait les plus beaux nichons que j'aie jamais vus, poursuivit Gavigan, je te revaudrai ça un de ces jours.

— Quand tu veux !

— Des nénés gros comme des dollars de l'époque de Susan B. Anthony, et de la même forme. Octogonaux.

Gavigan cligna de l'œil.

— Tu te souviens de l'affaire Barletta ?

— Tu parles.

Une affaire de disparition qui avait viré au kidnapping probable. La victime était une étudiante de l'université de Miami, âgée de vingt-deux ans, Victoria Barletta : signalement : yeux marron, cheveux bruns, un mètre cinquante-huit, soixante-cinq kilos. Elle avait disparu par une pluvieuse après-midi de mars. Le mystère n'était toujours pas éclairci.

— Nos noms ont paru dans le journal, dit Gavigan, j'ai gardé l'article.

Stranahan se souvint : il y avait eu une conférence de presse. Les parents de Victoria avaient offert une récompense de dix mille dollars. Timmy représentait la criminelle et Stranahan, le bureau de l'attorney général. Ils étaient cités tous les deux dans les articles qui firent la une du *Herald* et du *Miami News*.

Gavigan toussa d'une façon qui fit sursauter Mick. Comme si les poumons de Timmy s'étaient transformés en îles flottantes.

— Passe-moi cette tasse, tu veux ? dit Gavigan. Tu sais quoi ? C'est la seule et unique fois que les journaux ont parlé de nous deux.

— Timmy, on a pas cessé d'être mentionnés dans la presse !

— Ouais, mais jamais plus ensemble.

Il avala bruyamment une gorgée de ginger-ale et pointa un doigt décharné sur Stranahan.

— Jamais plus ensemble, mon pote, tu peux me croire. J'ai mis de côté tous les articles pour les coller dans mon album. Pas toi ?

Stranahan dit que non.

— Arrête ton char ! hoqueta Gavigan.

— Alors tu penses que ce macaroni a dégotté ton nom dans le journal ?

— Pas lui, répliqua-t-il, mais celui qui l'a engagé. Y a de fortes chances.

— L'affaire Barletta remonte à quatre ans, Timmy.

— Hé ! Je suis pas le seul qui collectionne les coupures de presse, dit-il en bâillant ; réfléchis bien, Mick, c'est certainement important.

Stranahan se leva.

— Faut que tu te reposes, mon vieux.

— Je suis content que tu te sois chargé de cette tête de nœud qui m'a fauché mon nom.

— Hé ! Je vois pas de quoi tu parles !

— Mais si, répliqua Gavigan avec un sourire : de toute façon, je suis content que tu lui aies réglé son compte à ce foutu menteur.

Stranahan remonta la couverture sous le menton de son ami.

— Bonne nuit, Timmy.

— Fais gaffe à toi, Mick, lui dit ce dernier. Dis-moi, quand je crèverai, tu veux bien découper l'avis de décès dans le journal ? O.K. ? Comme ça, tu pourras le coller à la dernière page de mon album.

— Promis.

— A moins que ça ne fasse pas une ligne dans le journal.

— Ça n'en fera pas qu'une, putain, et dans la rubrique des chiens écrasés, encore ! lança Stranahan.

Timmy Gavigan éclata de rire si fort qu'il dut sonner l'infirmière pour qu'elle lui fixe son masque à oxygène.

3

Quatre jours après la visite du tueur de la Mafia, Mick Stranahan se leva de bon matin et se rendit en skiff à la marina. Une fois là, il sauta dans sa vieille Chrysler Imperial, démarra sur les chapeaux de roue et fonça à Pignon-sur-Mer, luxueuse bourgade qui portait mal son nom. Sa sœur Kate y vivait avec son dégénéré de mari et ses trois filles, adolescentes nées de ses deux mariages précédents (à lui, pas à elle). L'endroit ne donnait absolument pas sur l'océan mais sur une série de canaux artificiels qui se déversaient dans la baie de Biscayne. Personne ne se plaignait de cette supercherie publicitaire, car il était évident qu'aux oreilles des acheteurs comme des vendeurs, Pignon-sur-Mer sonnait mieux que Pignon-sur-Canal. Le prix du mètre carré reflétait parfaitement cette exagération.

La sœur de Stranahan habitait une grande maison à ressauts qui comptait cinq chambres à coucher, une piscine, un sauna et un terrain de golf dans la cour. Son avocat de mari, pourtant incapable de distinguer bâbord de tribord, avait même acheté un voilier de neuf mètres pour justifier le bassin de mouillage, situé à l'arrière de la maison. À la vue du mât blanc rutilant, qui pointait par-dessus le toit, Mick ne put s'empêcher de hocher la tête en stoppant dans l'allée : le mari de Kate était né pour vivre en Floride du Sud. Indéniablement.

Celle-ci ouvrit la porte en s'exclamant :

— Eh bien, pour une surprise...

— Jocko est là ? fit Mick en l'embrassant.

— Arrête de lui donner ce nom de chimpanzé !

— Il lui va pourtant comme un gant, Katie...

— Laisse tomber, tu veux ?

— Où est passée la Buick bleue ?

— On l'a échangée.

Stranahan suivit sa sœur dans le salon où l'une des filles regardait MTV. Elle ne leva pas les yeux.

— Échangée contre quoi ?

— Une Maserati, répondit Kate, en précisant : la limousine, pas le coupé sport.

— Super ! fit Mick.

Kate se renfrogna et Stranahan la serra un instant contre lui : ça le rendait malade que sa petite sœur ait épousé un minable qui tirait ses revenus de la chasse aux ambulances. Le visage de Kipper Garth s'étalait en long et en large sur des panneaux publicitaires au bord de toutes les autoroutes de la Gold Coast : « Si vous avez eu un accident, quelque part, quelqu'un vous doit de l'argent ! Appelez le 555-TORT. » Le cabinet juridique de Kipper Garth, les Avocats de Bon Conseil, se livrait à ce racket merveilleusement lucratif. Il suffisait de faire le tri parmi des milliers de plaignants rapaces, de rejeter les causes perdues et de sous-traiter celles qui étaient juteuses à des avocats spécialisés dans les préjudices corporels, qui partageaient le montant de leurs honoraires avec Kipper Garth. *Fifty-fifty*. Ce dernier gagnait de la sorte des centaines de milliers de dollars sans jamais poser le pied dans l'enceinte d'un tribunal ; ce qui était une bénédiction pour ses clients, vu l'étendue restreinte de ses connaissances en matière de droit.

— Il est allé jouer au tennis, dit Kate.

— Excuse-moi pour tout à l'heure, mais tu connais ma façon de penser, lui dit Stranahan.

— J'aimerais que tu lui donnes une chance, Mick. Il n'est pas si mauvais que ça, dans le fond.

À condition d'apprécier le genre ténia, songea Stranahan. Comme il avait du mal à comprendre ce que disait Kate, à cause du clip de Def Leppard diffusé à la télévision, il l'entraîna dans la cuisine.

— Je suis venu récupérer mon fusil de chasse, lui dit-il.

Les yeux verts de sa sœur s'assombrirent ; dans leur enfance, c'était signe qu'elle lui en voulait.

— Les mouettes me causent des problèmes, précisa-t-il.

— Ah bon ? répliqua-t-elle, et tes chouettes en plastique ?

— Ça n'a pas marché : elles leur ont chié dessus.

Ils pénétrèrent dans le bureau de Kipper Garth, aussi grand à lui seul que la maison de Stranahan. Le fusil de ce dernier, un Remington à pompe, était enfermé avec des carabines à filigrane dans une vitrine en bois d'érable. Kate prit la clé dans un tiroir du bureau de son mari. Mick s'empara de son Remington et l'examina.

— Kipper s'en est servi une fois ou deux quand il est allé chasser le faisan dans le Nord, dit Kate en surprenant l'expression contrariée de son frère.

— Il aurait pu au moins le nettoyer. Il y a encore de la boue.

— Excuse-le, Mick.

— Décidément, on le changera pas.

Kate posa sa main sur son bras.

— Il va rentrer d'ici une heure. Tu veux bien l'attendre ?

— Je ne peux pas.

— S'il te plaît, pour me faire plaisir. J'aimerais que vous régliez une bonne fois pour toutes vos chicaneries.

— Régler quoi, Katie ? Ce ouistiti veut me poursuivre. O.K. qu'il y aille !

Le différend prenait sa source dans une procédure de radiation en cours à l'encontre de Kipper Garth, accusé d'escroquerie par une compagnie d'assurances. L'un des clients de Garth, après avoir marché sur un râteau au dix-septième trou d'un parcours de golf, avait réclamé une prime d'invalidité à quatre-vingts pour cent. Trois jours après le dépôt de la plainte, le type avait été assez con pour participer aux vingt-six kilomètres de l'Orange Bowl, assez con pour arriver troisième et encore plus con pour accorder des interviews à plusieurs journalistes de télé.

C'était tellement énorme que même l'ordre des avocats de Floride ne pouvait laisser passer ça. Sans qu'on ait besoin de l'encourager, Mick Stranahan avait proposé de témoigner contre son beau-frère. Une partie de ses déclarations était purement factuelle, l'autre représentait son opinion personnelle ; Kipper Garth n'avait apprécié aucune des deux et avait menacé de le poursuivre en diffamation.

— Ça devient vraiment ridicule, ajouta Kate.

— Ne t'en fais pas, il n'ira pas jusque-là. Il serait infoutu de trouver le tribunal, même avec un plan, plaisanta Stranahan.

— Tu t'arrêteras un jour ? Je te rappelle que c'est de mon mari que tu parles.

Mick haussa les épaules.

— Il est gentil avec toi ?

— Il me traite comme une princesse. Alors, pouce ?

— Pouce, Katie.

Devant la porte, elle lui lança, d'un air préoccupé :

— Fais attention avec le fusil, Mick.

— Te bile pas. Dis à Jocko que je suis passé.

— Tu veux que je lui dise bonjour de ta part ? Et bonne année, tant que j'y suis ?

— Non, dis-lui simplement que je suis passé. Un point, c'est tout.

Stranahan regagna la marina, enveloppa son fusil dans un morceau de toile cirée et le glissa sous le siège du skiff. Il mit le cap au sud : le vent avait viré à l'aigre et le bateau embarquait des embruns par bâbord en rebondissant au creux des vagues. Il lui fallut vingt-cinq minutes pour rentrer chez lui : comme la marée était basse, il coupa le moteur. À peine eut-il amarré le skiff, que des voix et des bruits de pieds nus lui parvinrent de la terrasse.

Il s'empara du fusil et grimpa les marches en catimini. Trois jeunes femmes complètement nues prenaient le soleil. L'une d'elles, mince et brune, tourna la tête et poussa un cri. Les deux autres, par réflexe, se précipitèrent sur leurs serviettes de bain.

— Qu'est-ce que vous faites ici ? Vous êtes chez moi, fit Stranahan.

— Vous comptez nous tirer dessus ? s'enquit la petite brune.

— Plutôt.

— On savait pas que c'était chez vous, dit l'une des deux autres, une blonde oxygénée à l'opulente poitrine.

Stranahan décadenassa la porte en jurant entre ses dents. Ça arrivait de temps à autre — des baigneurs ou des gamins qui avaient bu investissaient les lieux en son absence. Il rangea le fusil et se servit une bière fraîche avant de ressortir sur la terrasse. Entre-temps, les jeunes femmes s'étaient rhabillées et ramassaient leurs flacons d'huile solaire et leurs walkmans.

— Il est où votre bateau ? demanda Mick.

— Par là-bas, répondit la brunette, joignant le geste à la parole.

Stranahan plissa les yeux dans la lumière aveuglante et distingua un grand Formula rouge, tirant deux skieurs.

— Ce sont vos petits copains ? demanda-t-il.

La blonde platine acquiesça.

— Ils nous ont dit que l'endroit était désert. Je vous jure, on savait pas. Ils reviendront nous chercher à quatre heures.

— Ça va, vous pouvez rester. L'eau doit être bonne, aujourd'hui.

Sur ces mots, il rentra nettoyer son fusil. Peu après, la troisième jeune femme, une vraie blonde elle, vint lui demander un verre d'eau.

— Prenez une bière, fit Stranahan, j'économise l'eau.

Elle avait retrouvé sa nudité première et Mick s'efforçait de rester concentré sur sa tâche.

— Je suis mannequin, déclara-t-elle tout de go, en commençant à lui raconter sa vie.

Nom : Tina, âge : dix-neuf ans ; née à Detroit mais sa famille s'installe dans la région quand elle n'est encore qu'un bébé. Elle aime poser mais déteste certains vicelards qui la prennent en photo.

— Ma carrière démarre vraiment, ajouta-t-elle.

Elle se percha sur l'un des tabourets, jambes croisées et bras repliés sous la poitrine.

— Et vous, vous faites quoi ? lui demanda-t-elle.

— Je suis à la retraite.

— Vous me paraissez drôlement jeune pour un retraité. Vous êtes riche alors ?

— Milliardaire, dit Stranahan, jetant un œil dans le canon bleuté du fusil, peut-être même multimilliardaire, allez savoir.

— Je vois, fit Tina en souriant. Vous avez déjà regardé *Deux Flics à Miami* ? J'ai joué dans deux épisodes. Les deux fois je faisais une pute, mais j'avais de bonnes répliques.

— Je n'ai pas la télévision, fit Mick, je regrette d'avoir loupé ça.

— Vous savez quoi ? Je suis sortie avec Don Johnson.

— Je parie que c'est un bon point pour votre CV.

— C'est vraiment un type adorable, précisa Tina, contrairement à ce qu'on raconte.

Stranahan, relevant la tête, lui lança :

— J'ai comme l'impression que votre bronzage fout le camp.

Tina ne put s'empêcher de vérifier. Une idée parut soudain la préoccuper.

— Je peux vous demander un service ?

Mick se sentit gagné peu à peu par une migraine, qui lui prenait déjà la nuque, comme une mauvaise herbe.

Tina descendit du tabouret.

— J'ai envie que vous regardiez mes seins, dit-elle.

— C'est déjà fait. Ils sont très mignons.

— Je vous en prie, regardez-les mieux. De plus près.

Stranahan referma le fusil et le posa sur ses genoux. Il se redressa et fixa Tina droit dans les seins. Ils avaient l'air absolument parfaits.

— Ils sont bien symétriques ? dit-elle.

— À première vue, oui.

— Si je vous le demande, c'est qu'on m'a fait une de ces opérations, vous savez, où on vous requinque les nichons. Pour le genre de photos que je fais, c'était indispensable : je prenais du 80 A, si vous voyez ce que je veux dire.

Mick se contenta de hocher la tête. Il se sentait incapable d'alimenter cette conversation.

— Bref, je les ai payés trois mille dollars mais ça m'a

vraiment aidée dans mon boulot. Sauf l'autre jour, quand j'ai passé cet essai pour *Penthouse,* leur photographe m'a fait une remarque sur mes lolos. Il m'a dit que j'avais un problème de gravité du côté gauche.

Stranahan examina les deux seins et dit :

— Vous voulez parler de celui qui est à ma gauche ?

— Non, à la mienne.

— Alors, il est barje, décréta Mick. Ils sont tous les deux parfaits.

— Vous ne dites pas ça juste pour me faire plaisir ?

— Je vais vous le prouver, ajouta-t-il.

Mick songeait : je rêve, c'est pas moi qui fais ça. Il alla farfouiller dans le placard jusqu'à ce qu'il mette la main sur son niveau de charpentier.

— J'ai déjà vu un de ces trucs ! s'exclama Tina en l'apercevant.

— Tenez-vous tranquille, dit Stranahan.

— Qu'est-ce que vous allez faire ?

— Regardez seulement la bulle.

Le niveau était une règle d'acier galvanisé avec, fixé en son centre, un cylindre transparent plein d'un liquide ambré. À l'intérieur du cylindre, une bulle d'air se déplaçait en fonction de l'angle mesuré. Si la surface était plane, la bulle demeurait au point central du cylindre.

Mick plaça l'engin sur la poitrine de Tina, faisant en sorte que chaque extrémité appuie légèrement sur la pointe d'un sein.

— Et maintenant, Tina, baissez les yeux, doucement.

— D'ac.

— Où est la bulle ? demanda-t-il.

— Pif-paf, en plein milieu.

— Bien, dit Stranahan. Vous voyez — ils sont parfaitement symétriques.

Il déposa le niveau sur le bar. Tina, rayonnante, fit

bomber sa poitrine d'une façon vraiment sensationnelle. Et Mick se décida à nettoyer son fusil encore une fois.

— Bon, je vais me remettre au soleil, dit Tina en riant et en sprintant, à poil, vers la terrasse.

C'est ça, va te remettre au soleil, se dit Stranahan qui songeait qu'aucun spectacle ne valait celui d'une jeune femme parfaitement bien dans sa peau, même si elle avait dû débourser la coquette somme de trois mille dollars pour ça.

À quatre heures et demie, le Formula rouge, nanti de sa cargaison de petits copains baraqués, se pointa à l'horizon en rugissant. Stranahan lisait au soleil sur la terrasse, prêtant une attention distraite aux jeunes femmes dénudées. Comme le niveau de l'eau était trop bas, le hors-bord coupa son moteur à une cinquantaine de mètres de la maison sur pilotis. Après une mêlée des plus viriles, l'un de ses occupants bondit à l'avant et hurla en direction de Mick :

— Hé toi ! Qu'est-ce que tu fous là ?

Stranahan leva les yeux de son journal, sans lui répondre. Tina mit ses mains en porte-voix.

— C'est O.K. Il habite ici, fit-elle.

— Rhabille-toi ! beugla l'un des types du bateau ; le petit ami de Tina, probablement.

Tina enfila son tee-shirt en se trémoussant. Les petits copains paraissaient complètement perturbés par la présence de Stranahan au milieu de leurs amies en tenue légère. Mick se leva et dit aux filles que l'eau n'était pas assez profonde pour le hors-bord.

— Je vais vous y conduire avec mon skiff, proposa-t-il.

— Vaut mieux pas. Richie est vraiment hors de lui, dit Tina.

— Richie devrait faire davantage confiance à son prochain.

Les trois jeunes femmes rassemblèrent serviettes de bain et flacons d'ambre solaire avant de grimper maladroitement à bord du skiff de Mick. Il haussa le moteur de deux crans afin que l'hélice ne racle pas le fond et mit le cap sur le Formula rouge, stoppé dans le chenal. Une fois rangé le long du hors-bord, il aida les filles à y monter tour à tour. Tina lui donna même un petit baiser d'adieu sur la joue.

Les petits copains étaient aussi stupides et infatués d'eux-mêmes que Stranahan se l'était imaginé. Chacun d'entre eux portait une grosse chaîne en or sur la poitrine, ce qui voulait tout dire.

— Qu'est-ce que ça signifie ? grogna le beau Richie, qui avait surpris la bise de Tina à Mick.

— Mais rien du tout, répondit Tina, c'est un type tout ce qu'il y a de bien.

Le skiff de Stranahan était déjà à quelques mètres du hors-bord quand Richie balança une gifle à Tina en la traitant de salope. Puis il menaça du poing Mick en l'injuriant de façon extrêmement grossière.

Les play-boys virent avec ahurissement le skiff en aluminium revenir vers eux dare-dare. Ils furent de même stupéfaits devant l'agilité déployée par le gigantesque inconnu pour sauter à bord.

Richie porta un swing impressionnant au type mais, en deux temps trois mouvements, ses acolytes l'aperçurent étendu sur le pont, les deux pieds ficelés avec le câble de traction du ski. Soudain, on le jeta à l'eau, le bateau démarra, et Richie, tiré en remorque dans une gerbe d'écume salée, beuglait à pleins poumons. Les deux autres play-boys tentèrent de s'emparer des manettes, mais l'étranger les mit rapidement hors de combat, avec un minimum d'efforts.

Au bout d'un kilomètre environ, Tina et ses amies supplièrent Mick d'arrêter le canot automobile et il obtempéra. Il saisit le câble et hissa Richie à bord. Ils le regardèrent tous vomir de l'eau de mer pendant dix minutes d'affilée.

— Espèce de jeune con, ne reviens plus rôder par ici, lui conseilla Mick.

Là-dessus, il remonta dans son skiff et s'en retourna dans sa maison sur pilotis. Le Formula s'éloigna pleins gaz. Mick se servit à boire et alla s'allonger sur la terrasse. Ce que devenait la baie le chagrinait, quand une cargaison d'imbéciles s'avisait de venir gâcher votre après-midi. C'était une nuisance qui se répétait régulièrement et Mick prévoyait qu'un jour ou l'autre, il lui faudrait quitter l'endroit.

En fin d'après-midi, la plupart des bateaux avaient déserté Stiltsville, à l'exception d'un yacht de croisière, ancré au sud des tours de la radio par un mètre cinquante de fond. Drôle de bassin de mouillage, songeait Stranahan. À bord du bateau, il dénombra trois personnes ; l'une d'entre elles paraissait pointer quelque chose de noir et de volumineux dans sa direction.

Mick alla chercher son fusil de chasse à l'intérieur. Ce dernier ne lui servirait à rien à cinq cents mètres de distance, mais ce ne serait pas le cas de la paire de jumelles qu'il avait rapportée par la même occasion. Il fit entrer rapidement le yacht dans son champ de vision et constata qu'on ne braquait pas sur lui un gros calibre mais une caméra vidéo portable.

Les occupants du yacht lui tiraient le portrait.

C'était le bouquet. Primo, le tueur à gages de la Mafia, deuxio, les naturistes et leurs boys friends primates, et maintenant une équipe de télé de merde. Stranahan tourna le dos au yacht et baissa son froc. Ça leur donnerait matière à réflexion : lever de lune sur Miami. Il était tellement déprimé qu'il ne jeta même pas un coup d'œil par-dessus son épaule, en se baissant, pour guetter leur réaction.

Tout en regardant le soleil glisser dans la mer, Mick Stranahan prit conscience que tous ces événements s'étaient télescopés de façon providentielle : sur l'eau, les choses avaient changé, finie la tranquillité. Le sentiment qui l'accompagnait n'était ni la peur, ni même l'anxiété, mais la déception. Tous ces jours paisibles coulés sur la baie, son éclatante beauté de tous les instants l'avaient bercé dans l'illusion que le monde n'était pas si moche, au bout du compte.

La caméra à bord du yacht le rappelait à l'ordre. Stranahan n'avait pas la moindre idée de ce que voulaient ces salauds et il fut diablement tenté de sauter dans son skiff et d'aller voir de quoi il retournait. Mais, finalement, il se contenta de terminer son gin-tonic et de rentrer chez lui, dans sa maison sur pilotis. Au crépuscule, le bateau leva l'ancre et disparut.

4

Après sa démission du bureau de l'attorney général, Stranahan avait conservé son insigne doré d'enquêteur pour rappeler aux autres son passage en ces lieux, au cas où, comme aujourd'hui, il lui faudrait y pénétrer.

Un jeune attorney adjoint, du nom de Dreeson, introduisit Stranahan dans une salle de consultation et lui tendit le dossier Barletta, qui pesait ses deux bons kilos. D'un ton zélé, le jeune procureur lui précisa :

— Vous pouvez vous asseoir ici pour prendre des notes, Mr. Stranahan. Mais comme l'affaire n'est pas close, je vous demanderai de ne sortir aucun document.

— Autrement dit, je ne peux pas m'en servir comme Kleenex ?

Le visage de Dreeson se ferma et il partit en claquant la porte.

Stranahan ouvrit la chemise ; la première chose qui lui tomba sous les yeux fut une photographie de Victoria Barletta. Photo de classe, découpée dans l'album annuel des étudiants de l'université de Miami 1985. Longs cheveux bruns, lustrés par un brushing, grands yeux noirs et long nez pointu, qu'elle tenait probablement de son papa ; merveilleux sourire italien, chaleureux, gai et honnête.

Stranahan posa la photo de côté. Il n'avait pas connu cette fille et ne la connaîtrait jamais.

Il parcourut les dépositions recueillies, il y avait déjà longtemps, par ses soins ou ceux de Timmy Gavigan : celles de ses parents, de son petit ami, des filles de sa promotion. Les détails de l'affaire resurgirent dans sa mémoire en un flot rapide et glacé.

12 mars 1986. Victoria Barletta s'était levée de bonne heure, avait fait un jogging de six kilomètres autour du campus, pris une douche, assisté, à neuf heures du matin, à un cours supérieur de relations publiques, retrouvé son petit ami pour le petit déjeuner près de Mark Light Field, s'était rendue ensuite à bicyclette à un séminaire d'histoire des *news* télévisées. Puis elle avait regagné la cité universitaire, enfilé un jean, des baskets et un sweat-shirt, et demandé à une amie de la conduire à un rendez-vous médical à Miami Sud, à six kilomètres seulement de l'université.

Le rendez-vous était fixé à treize heures trente au Centre médical Durkos. En descendant de voiture, Vicky pria son amie de venir la reprendre au même endroit, vers dix-sept heures. Elle pénétra ensuite dans le bâtiment pour s'y faire rectifier le nez. On ne devait plus jamais la revoir.

D'après les déclarations d'un médecin et d'une infirmière de la clinique, Vicky Barletta avait quitté leur service vers cinq heures moins dix et était allée attendre sur un banc le bus pour rentrer au campus. Son visage était tout bariolé, ses yeux gonflés se réduisaient à deux fentes et son nez arborait un gros pansement — pas exactement de quoi exciter le violeur occasionnel moyen, avait souligné Timmy Gavigan.

Mais ils savaient bien pourtant qu'aucune hypothèse n'était à écarter. À un moment donné, la fille était sur le banc et le moment d'après, elle n'y était plus.

Trois autobus s'étaient succédé à cet arrêt entre seize heures cinquante et dix-sept heures quatorze, heure à laquelle l'amie de Vicky avait fini par rejoindre la clinique. Aucun des conducteurs de bus ne se souvenait d'avoir chargé à son bord une jeune femme au visage esquinté.

Les flics en furent réduits à supposer qu'un individu avait enlevé Victoria Barletta à l'arrêt du bus, peu après son départ du centre Durkos.

On assimila cette affaire à un kidnapping, malgré les soupçons contraires de Gavigan et Stranahan. La famille Barletta n'avait pas d'argent et aucun moyen de s'en procurer : le père de Vicky possédait, en tout et pour tout, la moitié des parts d'un lave-auto, à Evanston, Illinois. Un ou deux appels de plaisantins mis à part, ni la famille ni la police ne reçurent de demande de rançon. La jeune fille avait tout bonnement disparu et était morte, sans l'ombre d'un doute.

En relisant le dossier quatre ans plus tard, Mick Stranahan sentit renaître sa frustration d'alors. Le plus incroyable de l'histoire était que Vicky n'avait soufflé mot à quiconque (parents, petit ami, etc.) de cette opération de chirurgie esthétique, elle avait voulu apparemment leur faire une surprise.

Stranahan et Timmy Gavigan avaient interrogé quinze heures d'affilée le petit ami de Vicky et avaient fini par le croire. Le gosse avait sangloté de façon pitoyable ; il n'arrêtait pas de charrier Vicky à propos de son pif. « Mon petit fourmilier chéri », la surnommait-il. Il avait été bouleversé par ce qui s'était passé et s'en rendait responsable, son anniversaire tombant le 20 mars. Il était évident, dit-il entre deux crises de larmes, que Vicky avait voulu lui faire cadeau de son nouveau nez.

D'un strict point de vue d'enquêteur, le secret dont

Victoria Barletta avait entouré ce rendez-vous médical signifiait autre chose : ça limitait les suspects à un psychopathe de passage.

Un tueur sur lequel on n'avait jamais mis la main.

Une victime dont on n'avait jamais retrouvé le corps.

Voilà ce qu'en retenait Mick Stranahan. Il gribouilla sur son bloc quelques noms et quelques numéros, renfourna les documents dans la chemise qu'il rapporta à un employé au visage grêlé de petite vérole.

— J'aimerais savoir une chose, lui demanda Stranahan, comment se fait-il que vous ayez ce dossier, ici, en ville ?

— Que voulez-vous dire ? répliqua l'employé.

— Ce service et l'efficacité, ça a toujours fait deux. Il fallait au moins une quinzaine pour déterrer une vieille affaire comme celle-là.

— Vous avez eu de la chance, fit l'employé, on a sorti le dossier du placard la semaine dernière.

— Ce dossier-là ? demanda Stranahan en tapotant la chemise verte.

— Mr. Eckert voulait y jeter un coup d'œil.

Gerry Eckert était l'attorney général. Ce dernier n'avait pas mis les pieds dans un tribunal depuis une bonne quinzaine d'années et Stranahan se demanda s'il savait encore lire un dossier.

— Et comment va ce bon vieux Gerry ?

— Il se porte comme un charme, répondit le préposé, comme si Eckert était l'un de ses plus proches et chers amis. Et il se débrouille même très bien.

— Ne me dites pas qu'il va finir par pincer quelqu'un dans cette affaire ?

— Je ne crois pas, Mr. Stranaham. Il voulait simplement se rafraîchir la mémoire avant de passer à la télé dans l'émission de Reynaldo Flemm.

Mick émit un petit sifflement admiratif. Reynaldo

Flemm était un journaliste de télévision, spécialisé dans les affaires criminelles à sensation. Il était réputé pour se faire casser la gueule en direct par les malfrats qu'il tentait d'interviewer. Ses déguisements élaborés ne servaient à rien car Reynaldo Flemm était trop fier de son physique pour dissimuler les traits de son visage. Naturellement, les truands qu'il traquait le reconnaissaient sur-le-champ et lui flanquaient une branlée pas piquée des vers. Pour les séquences d'action, question métrage, il était imbattable ; les émissions spéciales de Reynaldo Flemm comptaient parmi les programmes les plus appréciés de la télévision.

— Alors, comme ça, Gerry a décroché le gros lot ? fit Stranahan.

— Voui, approuva l'employé.

— Et qu'est-ce qu'il a raconté sur cette affaire ?

— Mr. Eckert ?

— Ouais, qu'est-ce qu'il a dit à ce mec de la télé ?

— Ben, j'ai pas assisté à l'enregistrement, fit l'employé, mais d'après ce que j'ai entendu, Mr. Eckert a dit que le mystère était toujours entier.

— Eh bien, c'est la vérité vraie.

— Et Mr. Eckert a dit aussi à Mr. Flemm qu'il ne serait pas du tout surpris si on découvrait un beau jour que Victoria Barletta avait fait une fugue. Qu'elle avait jeté un coup d'œil dans un miroir et s'était enfuie à toutes jambes. Autrement, pourquoi n'avait-on pas retrouvé le corps ?

Stranahan songea : Eckert n'a pas changé d'un pouce, il est toujours aussi con qu'un crapaud-buffle.

— Il me tarde de voir cette émission, laissa tomber Stranahan.

— Elle est programmée à vingt et une heures, le 12 mars.

L'employé lui tendit une feuille de papier.

— Mr. Eckert nous a envoyé une note de service, aujourd'hui.

L'homme du New Jersey ne rappela pas le Dr Rudy Graveline de quatre jours. Et puis, dans l'après-midi du 8 janvier, Rudy reçut un message sur son beeper de poche. Cet appel tombait plutôt mal car Rudy était en train de s'envoyer l'épouse d'un receveur avant des Miami Dolphins. La jeune femme était venue à Whispering Palms pour une simple consultation — y avait-il moyen de faire disparaître cette minuscule estafilade rose sur sa mâchoire ? —, et avant qu'elle ait pu dire ouf, le docteur l'avait fait parler d'un tas de choses personnelles, par exemple de sa solitude, pendant la saison footbalistique, quand Jake, son mari, ne pensait à rien d'autre qu'à ses matches. Et puis, avant qu'elle ait pu dire ouf, le docteur l'avait emmenée déjeuner à Bal Harbour, dans sa Jaguar noire équipée en Dolby stéréo. Et l'épouse du footballeur découvrit avec stupeur que l'odeur puissante des sièges en cuir l'excitait au plus haut point — alors, comme s'il avait pu lire dans ses pensées, Rudy avait quitté la Julia Tuttle Causeway, garé la Jag dans un bouquet de poivriers et s'était mis à tirer sur sa petite culotte à pleines dents. Le nez fourré entre ses cuisses, il faisait même de mignons petits bruits d'écureuil.

Peu après, Rudy la pilonnait avec entrain tandis qu'elle le voyait au-dessus d'elle à travers les branches du volant en ronce de noyer, sous lequel sa tête s'était malencontreusement coincée.

Quand le beeper se déclencha à la ceinture de Graveline, il ralentit à peine son rythme. Il jeta un œil sur le numéro de téléphone, affiché en chiffres digitaux vert clair, et s'empara du récepteur dans la boîte à gants. Il se débrouilla pour composer d'une seule main le numéro longue distance tout en finissant ses ébats avec l'épouse du footballeur ; cette dernière avait entamé un compte à rebours silencieux et espérait qu'il allait accélérer la cadence : elle avait eu plus que son content des effluves de cuir neuf.

Le Dr Graveline se retira au moment précis où le téléphone se mit à sonner quelque part dans le New Jersey.

L'homme répondit à la quatrième sonnerie.

— Ouais, c'est qui ?

— C'est moi, Rudy.

— Vous venez de faire un jogging ou quoi ?

— Quelque chose dans ce genre.

— On dirait que vous êtes à deux doigts de la crise cardiaque.

— Laissez-moi reprendre mon souffle, dit Graveline.

Sa partenaire enfilait son pantalon en se tortillant sur le siège. L'expression peinte sur son visage suggérait une certaine déception quant aux prouesses du docteur, mais Rudy n'y prit pas garde.

— Pour en venir à notre affaire, fit-il, je ne marche plus.

— Votre problème est donc réglé ? rétorqua Sourcils en Bataille du New Jersey.

— Pas vraiment.

— Alors quoi ?

— Je vais trouver quelqu'un sur place.

Le type du New Jersey éclata de rire. Il rit tant et si bien qu'il se mit à siffler, comme un asthmatique.

— Vous commettez une grosse erreur, toubib. Vous ne trouverez personne de bien dans le coin.

— J'ai quelqu'un en vue, dit Graveline.

— Un Cubain, pas vrai ? Un de ces sales dingos de Cubains, je le savais.

— Non, ce n'est pas un Cubain.

— Alors un des nôtres ?
— Non, fit Rudy, il travaille à son compte.
Sourcils en Bataille recommença à rire de plus belle.
— Personne ne travaille à son compte dans ce genre de boulot, toubib.
— Lui, c'est quelqu'un de différent.
Différent n'était pas le mot exact.
— De toute façon, je voulais vous prévenir de ne m'envoyer personne d'autre, ajouta Graveline.
— Comme vous voudrez.
— Et je regrette pour le type de l'autre fois.
— Bouclez-la, vous entendez ? Je parie que vous me téléphonez depuis votre voiture. Je déteste ces trucs-là, toubib, ils sont pas sûrs. Ils émettent des putains de micro-ondes que n'importe qui peut capter.
— Je ne pense pas, répliqua Rudy.
— Ouais, tu parles, j'ai lu qu'il y a des gens qui vous entendent dans leurs mixeurs, leurs sèche-cheveux et tous ces appareils de merde. Faites gaffe à toutes vos paroles.
L'épouse du footballeur se remaquillait de frais grâce au petit miroir fixé au dos du pare-soleil.
— Avec un peu de chance, y a une nana qui nous reçoit cinq sur cinq sur son vibro-masseur, s'obstina le type du New Jersey.
— Je vous rappellerai plus tard, le coupa Graveline.
— Laissez-moi vous donner un petit conseil, continua Sourcils en Bataille, ce type que vous avez en vue pour votre job, lui racontez pas votre vie. Je parle sérieusement, toubib. Contentez-vous de lui donner le nom, l'adresse et puis le fric. Rien de plus.
— Oh ! mais je peux lui faire confiance.
— Ne tentez pas le diable ! dit l'homme du New Jersey en éclatant de rire.
Là-dessus, il raccrocha.

L'épouse du footballeur replia le pare-soleil et ferma son poudrier.

— Bizness ? demanda-t-elle.

— Oui, je touche un peu à l'immobilier, fit Rudy en remontant la fermeture Éclair de sa braguette. J'ai décidé de m'associer avec un agent de Miami.

La jeune femme haussa les épaules. Elle aperçut sa petite culotte rose sur le tapis de sol et la fit disparaître prestement dans son sac. Elle était foutue. Le docteur l'avait déchirée en la mordillant.

— Je peux conduire en revenant ? s'enquit-elle.

— Non, fit Rudy, pas question.

Il sortit et contourna la voiture pour gagner la place du conducteur. L'épouse du footballeur se laissa glisser sur son siège et Rudy s'installa au volant.

— J'en ai presque oublié ma cicatrice, fit-elle en effleurant sa mâchoire.

— C'est une peccadille, affirma Graveline, nous pouvons y remédier sous anesthésie locale et rendre la peau aussi douce que de la soie.

— C'est vrai ? demanda l'épouse du footballeur, aux anges.

— Bien sûr, rien de plus facile, continua Rudy, en engageant la Jaguar sur la nationale. Mais je pensais à autre chose, je me demandais...

— Oui, quoi donc ? fit-elle.

— Vous ne voyez pas d'inconvénient à ce que je vous donne un conseil de professionnel et d'ami ?

— Bien sûr que non, dit-elle d'une voix où perçait une légère inquiétude.

— Eh bien, en vous faisant l'amour, dit Graveline, je n'ai pas pu m'empêcher de remarquer...

— Oui ?

Sans quitter la route des yeux, il étendit la main et lui flatta la croupe.

— On pourrait procéder à une petite liposuccion dans votre culotte de cheval.

La femme du footballeur se détourna, les yeux papillotants.

— Ne soyez pas gênée, je vous en prie, la réconforta le docteur, après tout, c'est ma spécialité. Croyez-moi, ma chérie, la perfection c'est mon rayon, et vous êtes très peu en deçà. À deux ou trois centimètres près.

— Autour des cuisses ? lâcha-t-elle, après avoir repris son souffle.

— C'est le seul point noir.

— Et ça irait chercher dans les combien ? demanda-t-elle, reniflant un pleur.

Rudy Graveline arbora un sourire chaleureux et lui tendit un mouchoir orné de son monogramme.

— Bien moins que vous n'imaginez, lui dit-il.

Le yacht et son équipe de télé revinrent mouiller au même endroit. Stranahan soupira et lança un gros crachat dans la marée montante. Il n'était guère d'humeur à supporter ça.

Planté sur l'embarcadère, une canne au lancer à la main, il pêchait les épinoches autour des pilotis de sa maison. Au-dessous de lui, immobile dans l'eau claire comme du gin, flottait — aurait conclu du moins le touriste moyen — une bûche bleuâtre d'un mètre cinquante de long. Quand il était convenablement motivé, ce morceau de bois pouvait fendre les eaux à la vitesse de soixante nœuds pour liquider sa proie. Les dents étaient l'emblème du grand barracuda. Ce monstrueux spécimen, que Mick avait baptisé Liza, avait laissé treize de ses incisives, affûtées comme des poignards, dans un gros mulet en plastique qu'un sombre crétin avait traîné dans le chenal de Biscayne. Depuis cette mésaventure, le barracuda avait, peu ou prou, établi son campement en dessous de la maison de Stranahan. Chaque après-midi, ce dernier venait pêcher pour le dîner de Liza quelques épinoches de la taille d'un dollar, les balançait depuis l'embarcadère au barracuda qui les dévorait en un éclair, dans un bouillonnement d'écume qui envoyait aux abris les sébastes de la mangrove. Ça faisait beau temps que les dents de Liza avaient repoussé.

Préoccupé par la réapparition du studio flottant, Mick laissa la dernière épinoche frétiller au bout de sa ligne plus longtemps que prévu ; scintillant à fleur d'eau, elle donnait des saccades çà et là. Finalement, le barracuda perdit patience. Avant que Stranahan ait pu réagir, le monstre marin s'élança comme une flèche et, tel un scalpel, trancha l'épinoche en deux moitiés inégales ; Mick se retrouva avec, en tout et pour tout, une paire d'ouïes frémissantes au bout de l'hameçon.

— Bien visé, marmonna-t-il, en rangeant sa canne à pêche.

Il sauta dans le skiff et traversa le marécage en direction du yacht. L'opérateur lâcha immédiatement sa caméra vidéo ; Stranahan le vit conférer avec le reste de l'équipe. Une brève et maladroite tentative pour lever l'ancre s'accompagna du mugissement d'impuissance d'un moteur à froid. L'équipe se résigna en fin de compte à attendre le colosse du skiff, qui se trouvait, à présent, à portée de voix.

Un type trapu, casqué de cheveux bruns gominés, et à la moustache en goupillon de bouteille, se tenait à la proue.

— Ohé ! du navire ! cria-t-il.

Stranahan coupa le moteur et laissa le skiff accoster le yacht. Il s'amarra à un tasseau du pont et se redressa de toute sa hauteur.

— Ai-je bien entendu ? Vous m'avez vraiment hélé en disant : *Ohé ! du navire !* fit-il.

Le moustachu opina du chef, visiblement mal à l'aise.

— Vous avez appris ça où ? Dans un film de pirates ? Nom de Dieu ! J'arrive pas à en croire mes oreilles ! *Ohé ! du navire !* Faut que je reprenne mon souffle.

Stranahan était franchement exaspéré. Il bondit à bord du yacht.

— Alors, bande de connards, lequel d'entre vous est Reynaldo Flemm ? Non, laissez-moi deviner. C'est vous, Cap'taine Blood ?

Le court sur pattes à moustache gonfla son poitrail.

— Minute, mon vieux ! intima-t-il.

Ce qui réclamait un certain courage, car Mick Stranahan était armé dans sa main droite d'un harpon en acier inoxydable. L'équipe de Flemm — un cameraman trop gros et une jeune femme athlétique en blue-jeans — surveillait d'un œil son précieux matériel et de l'autre l'étranger au crochet d'acier.

— Pourquoi me filmez-vous ? demanda Stranahan.

— C'est pour un reportage de télévision, précisa Flemm.

— Un reportage sur quoi ?

— Je ne suis pas autorisé à vous répondre.

— Qu'est-ce que ça a à voir avec Vicky Barletta ? répliqua Mick, en fronçant les sourcils.

Reynaldo Flemm hocha la tête en signe de dénégation.

— Chaque chose en son temps, Mr. Stranahan. Quand nous serons prêts, nous vous interviewerons.

— Mais moi, je suis prêt. Interviewez-moi tout de suite ! fit Mick.

— Je regrette, rétorqua Flemm avec un petit sourire de supériorité.

Stranahan glissa alors l'extrémité du harpon entre les

jambes de Reynaldo Flemm en donnant une légère poussée. La pointe perça non seulement l'étoffe du pantalon de Reynaldo, digne d'une république bananière, mais également le maillot de bain rouge flamenco qu'il avait acheté trente dollars dans une boutique de Coconut Grove. L'acier froid effleura les bourses de Flemm qui, en cet instant critique, laissa ses intestins ponctuer d'un vent aigu la requête de Stranahan.

— Vous voulez bien m'interviewer ? demanda-t-il, une fois encore, à Flemm — qui acquiesça en agitant la tête avec l'énergie du désespoir.

Mais les mots manquèrent au présentateur vedette de la télé. Malgré ses efforts, il n'arriva à bredouiller que des bribes de phrases. Fouaillé par la peur et sans ses précieuses fiches, il était incapable de mener un entretien suivi.

La jeune femme en jeans sortit de la cabine.

— Je vous en prie, Mr. Stranahan, nous n'avions pas l'intention de vous déranger.

— Bien sûr que si.

— Je m'appelle Christina Marks. Je suis la productrice de ce magazine.

— Quel magazine ? demanda Mick.

— L'émission de Reynaldo Flemm. *À visage découvert.* Vous avez dû la voir ?

— Jamais de la vie !

Stranahan savait pertinemment que, pour Reynaldo, sa réponse était pire qu'un coup de harpon dans les couilles.

— Oh, arrêtez ! fit Christina.

— Sérieux. Regardez le toit de ma maison, vous voyez une antenne ?

— Non, en effet.

— Bon. Et maintenant, ça rime à quoi tout ce

cirque ? Et dépêchez-vous, car votre patron m'a tout l'air d'avoir une crampe dans les jambes.

En effet, Reynaldo Flemm tremblait des pieds à la tête. Mick daigna reculer la pointe du harpon de quelques millimètres.

— Connaissez-vous une infirmière du nom de Maggie Gonzalez ? lui demanda Christina.

— Non, fit Stranahan.

— Vous en êtes sûr ?

— Précisez...

— Elle travaillait au Centre médical Durkos.

— D'ac', maintenant, je m'en souviens.

Il avait pris sa déposition le lendemain de la disparition de Victoria Barletta. Timmy Gavigan avait interrogé le médecin et Stranahan, l'infirmière. Il avait relu leurs déclarations dans le dossier de l'affaire, le matin où il s'était rendu chez l'attorney général.

— Vous êtes certaine de son nom de famille ? demanda Stranahan.

— Pardon — Gonzalez est le nom de son mari. À l'époque, elle s'appelait Orestes.

— Ensuite ?

— Il y a un mois, elle est venue nous trouver à New York.

— Me trouver, moi, rectifia Reynaldo Flemm d'une voix rauque.

— La ferme ! lui intima Mick.

— Elle nous a raconté, continua Christina, qu'elle possédait des informations de première main sur l'affaire Barletta. Elle a précisé qu'elle accepterait de nous parler, tout en étant filmée.

— De me parler à moi ! lança Flemm, avant que Mick n'ait le temps de le taquiner du bout de son harpon.

— Mais avant toute chose, elle a prétendu qu'elle devait vous parler, à vous, Mr. Stranahan, dit Christina.

— Me parler de quoi ?

— Elle s'est contentée de nous dire qu'elle devait s'entretenir avec vous d'abord, parce que vous pouviez faire quelque chose. Et ne me demandez pas quoi, parce que je n'en sais rien. Nous lui avons donné six cents dollars, l'avons mise dans un avion pour la Floride et ne l'avons plus revue depuis. Elle était censée rentrer, ça a fait quinze jours lundi dernier.

Christina enfonça ses mains dans ses poches.

— Voilà, vous savez tout. Nous sommes à la recherche de Maggie Gonzalez et vous êtes notre meilleure piste.

Stranahan éloigna le harpon du bas-ventre de Reynaldo et le jeta à l'avant du skiff. Presque aussitôt, Flemm fila comme un dératé vers la cabine.

— Filme-moi cet enculé ! cria-t-il au cameraman, comme ça, on pourra l'attaquer, l'enfoiré !

— Laisse tomber, Ray ! fit Christina Marks.

Stranahan apprécia sa manière de rabattre le caquet à la « star ».

— Prévenez-le, dit-il à Christina, que s'il braque encore une fois son putain d'objectif dans ma direction, il pourra passer sans problème une audition pour le rôle d'Elephant Man à Broadway. Voilà comment je compte lui arranger le portrait.

— Tu as entendu, Ray ? lui demanda-t-elle.

— Tourne ! Mais tourne donc ! hurlait Flemm, tarabustant son cameraman.

Mick regagna le skiff, soudainement las.

— L'interview est terminée, Miss Marks.

C'était maintenant à son tour d'être furieuse. Elle courut à la poupe et ses tennis crissèrent sur le pont en teck.

— Attendez une minute, voulez-vous ?

Stranaham releva la tête vers elle.

— Je n'ai pas revu Maggie Gonzalez depuis le lendemain du jour où Victoria Barletta a disparu. C'est la triste vérité. J'ignore pourquoi elle vous a arnaqués et s'est tirée dans le Sud ou Dieu sait où, mais elle ne m'a pas donné de ses nouvelles.

— Il ment ! ricana Reynaldo Flemm, avant de se claquemurer dans la cabine pour y bouder à loisir.

Une rafale de vent venait de le décoiffer comiquement.

Stranahan lança le moteur manuellement et embraya.

— Je suis descendue au Sonesta, précisa Christina Marks, au cas où Maggie Gonzalez voudrait me rendre visite.

Ça m'étonnerait, songea Mick, ça m'étonnerait même beaucoup.

— A propos, comment avez-vous fait pour me foutre la main dessus ? cria-t-il à la jeune productrice de télé.

— Votre ex-femme, lui répondit en hurlant Christina, depuis le yacht.

— Laquelle ?

— La numéro quatre !

Il devait s'agir de Chloé, naturellement.

— Et ça vous a coûté combien ? beugla-t-il.

Christina, manifestant un certain embarras, écarta les cinq doigts de la main.

— Vous vous en êtes bien tirée ! brama Stranahan avant de virer de bord.

5

Christina Marks, couchée, lisait un vieux numéro du *New Yorker* quand quelqu'un frappa à la porte de sa chambre d'hôtel. Elle espéra vaguement qu'il s'agissait de Mick Stranahan. Espoir déçu.

— Salut, Ray !

Reynaldo Flemm entra en coup de vent, non sans lui flatter la croupe au passage.

— Charmant, fit Christina en refermant la porte, j'allais éteindre.

— J'ai apporté du vin.

— Non, merci, très peu pour moi.

Reynaldo alluma la télévision et se posta devant, en terrain conquis. Il portait une nouvelle paire de pantalons kaki, très république de bananes, et une chemise en jean flottante. D'un seul élan, il croisa les jambes et balança ses baskets blanches sur la table basse. Il empestait « Brut pour Homme ».

Christina resserra la ceinture de son peignoir et alla s'asseoir à l'autre extrémité du canapé.

— Je suis fatiguée, Ray, dit-elle.

Flemm fit celui qui n'avait rien entendu.

— Ce type, Stranahan, c'est la clé de tout, lança-t-il, je pense que nous devrions le filer dès demain.

— Oh, je t'en prie !

— Il faut louer une camionnette avec des vitres fumées. On mettra la caméra sur pied à l'arrière. Je prendrai le volant et Willie pourra cadrer par-dessus... attends voir, par-dessus mon épaule droite. Ça fera un plan-séquence fabuleux à travers le pare-brise, la filature de ce grand connard.

— Willie est malade en voiture, lui rappela Christina.

Reynaldo émit un petit rire méprisant.

— C'est une idée qui me dégoûte, fit-elle.

Elle voulait qu'il s'en aille. Immédiatement.

— Quoi, ne me dis pas que tu fais confiance à ce Stranahan ?

— Non, répondit-elle.

Mais, en un certain sens, elle lui faisait confiance. Beaucoup plus, en tout cas, qu'à Maggie Gonzalez. Il y avait quelque chose de bizarroïde dans ce soudain besoin qu'elle avait manifesté de s'envoler pour Miami. Pourquoi avait-elle prétendu qu'elle devait voir Stranahan ? Et où était-elle allée, en réalité ?

Reynaldo Flemm se souciait comme d'une guigne des motifs de Maggie — une bonne émission était une bonne émission —, mais Christina Marks aurait aimé en savoir plus long sur cette femme. Elle avait mieux à faire que de rester assise dans une camionnette surchauffée à suivre à la trace un type qui, s'il les apercevait, détruirait tout leur matériel vidéo, sans l'ombre d'un remords.

— Quelles autres pistes avons-nous, tu peux me le dire ? lui demanda Reynaldo.

— Maggie a probablement de la famille ou des amis, par ici, dit Christina.

— Dur, dur, dur...

— Il faut savoir parfois se donner du mal, le coupa Christina, mais comment pourrais-tu le savoir ?

Flemm se redressa en aboyant comme un chihuahua.

— Arrête de me parler sur ce ton ! C'est moi la vedette, ne l'oublie pas !

— Et toi, n'oublie pas qui t'écrit tout ton texte et se tape toutes les recherches à la con ; dur, dur ! Rappelle-toi qui te souffle les questions à poser et qui fait le montage pour t'éviter de passer pour un m'as-tu-vu !

Sauf que Reynaldo donnait cette impression la plupart du temps. Pas moyen d'y couper ; aucun tour de magie en post-production ne pouvait empêcher sa véritable personnalité de transparaître à l'écran.

Reynaldo Flemm haussa les épaules, son attention captée par la télévision : Mike Wallace de CBS était l'invité du *Letterman Show*. Flemm augmenta le volume sonore et posa ses fesses à l'extrême bord du canapé.

— Tu sais quel âge il a ce vieux débris ? demanda-t-il, en désignant Wallace, le double du mien.

Christina Marks ne moufta pas.

Reynaldo ajouta, en lui jetant un regard en biais :

— Je parie qu'il n'a qu'à claquer des doigts pour que sa productrice couche avec lui.

Christina se leva, se dirigea vers la porte et la tint grande ouverte.

— Retourne dans ta chambre, Ray !

— Oh, écoute ! Je plaisantais.

— Tu mens.

— D'accord, je plaisantais pas. Allez, Chris, referme la porte, on va déboucher cette bouteille.

— Bonne nuit, Ray !

Il alla éteindre la télévision d'un air boudeur.

— Je regrette, fit-il.

— Pas qu'un peu !

Christina Marks avait tous les atouts dans son jeu. Reynaldo Flemm avait davantage besoin d'elle qu'elle de lui. Outre son immense talent, elle savait sur le compte du personnage bien des choses qu'il désirait par-dessus tout que le petit monde de la télévision n'apprenne jamais. Par exemple, elle l'avait surpris une fois en train de se tabasser lui-même. Ça s'était passé à Atlanta. Flemm était soi-disant sorti interviewer les membres d'une bande qui écumait les rues, et Christina l'avait découvert dans la salle de bains de sa chambre d'hôtel, occupé à s'administrer de grands coups de chaussette bourrée de jetons de parking, en pleine figure. Reynaldo avait dans l'idée d'obtenir ainsi un magnifique œil au beurre noir avant de raconter, à bout de souffle, devant la caméra, qu'il s'était fait agresser par Otis le Rappeur, l'abominable chef de gang.

Flemm avait supplié Christina de ne souffler mot de l'incident de la chaussette aux producteurs exécutifs et elle avait obtempéré. Elle ne supportait pas de voir un homme pleurer.

Parce qu'elle était dépositaire de ce secret — et d'autres du même tonneau —, Christina ne craignait nullement de perdre son boulot ; elle le craignait même si peu qu'elle pouvait envoyer Reynaldo se faire cuire un œuf chaque fois qu'il lui faisait du plat.

— Je continue à penser qu'on devrait se lever tôt et filer le train à ce Stranahan, dit-il en se dirigeant vers la porte.

— Et moi, je continue à penser le contraire.

— Mais, Chris, il *sait* quelque chose.

— Ouais, Ray, il sait comment faire du mal à son prochain.

Christina n'aurait pu le jurer mais elle crut apercevoir une lueur de gourmandise dans le regard de Reynaldo.

Le lendemain matin, Stranahan abandonna le skiff à la marina, prit la Chrysler et regagna la terre ferme par la Rickenbacker Causeway. Son bloc-notes jaune était posé près de lui sur le siège avant, ouvert à la page où il avait relevé les noms et les numéros du dossier Barletta. Il se rendit en premier lieu à l'adresse du Centre médical Durkos, pour apprendre qu'il n'existait plus. L'immeuble n'abritait à présent que des cabinets dentaires — Stranahan en dénombra neuf sur le répertoire du bureau d'accueil. Il partit à la recherche de l'administrateur du bâtiment.

Portes et couloirs réverbéraient la plainte lancinante des roulettes électriques ; Mick commença bientôt à éprouver une douleur dans les molaires en même temps qu'un net sentiment de claustrophobie. Il s'assura le concours d'un concierge complaisant qui le mena auprès de la surintendante, une femme à peau olivâtre et au gabarit de mammouth du nom de Marlee Jones.

Stranahan lui tendit sa carte et lui dit le but de sa visite. Elle jeta un œil sur la carte et haussa les épaules.

— J' suis pas obligée de vous répondre, fit-elle en déployant cet esprit de coopération si caractéristique des citoyens de Miami et que Mick avait fini par apprécier.

— Non, vous-z-y-êtes pas obligée, lui dit-il, mais moi, je peux m'arranger pour qu'un inspecteur des normes de sécurité vienne animer dès demain toutes vos matinées jusqu'au jour de votre mort.

Stranahan s'empara d'un balai et donna des coups avec le manche dans le plafond de polystyrène expansé.

— Pour moi, c'est comme de l'amadou, lui assena-t-il, j' suis sûr que les fédés vont apprécier.

Marlee Jones grimaça, faisant étalage d'une collection impressionnante de dents en or — étrennes de ses locataires, sans nul doute. Elle traîna les pieds jusqu'à un bureau métallique, dont elle ouvrit le tiroir du bas. Elle en extirpa un registre noir.

— Alors, gros malin, c'était quoi ce nom déjà ?

— Durkos, répondit Stranahan en épelant, un

groupe médical. Ils étaient encore ici, le 12 mars, il y a quatre ans.

— Eh bien, à partir du 1er avril, il y a quatre ans, ils n'y ont plus été.

Marlee fit mine de fermer le registre mais Stranahan posa sa main sur la page.

— Je peux jeter un œil ?

— C'est rien que des chiffres, Mister.

— Bah ! passez-le-moi tout de même.

Mick prit le registre des mains de Marlee Jones et laissa courir son index le long des colonnes. Pendant deux ans, le Trust Médical Durkos, Inc., avait été le seul locataire de l'immeuble. Il avait vidé les lieux huit jours après la disparition de Victoria Barletta. Le registre indiquait que la compagnie avait payé le loyer et les dépôts de garantie jusqu'au mois de mai. Stranahan trouva curieux qu'à la suite du déménagement, le groupe n'ait pas pris la peine de se faire rembourser.

— P't-être qu'ils-z-ont pas réclamé, observa Marlee Jones.

— Les toubibs sont les mecs les plus rats, répliqua Stranahan, pour quinze mille dollars, ils se contentent pas de réclamer, ils engagent un bataillon d'avocats.

Marlee Jones haussa les épaules encore une fois.

— Y a des gens qui ont le feu aux fesses.

— Vous vous rappelez quoi, au juste ?

— Qui vous a dit que j'étais là ?

— Votre écriture. C'est la même dans le registre que sur ces reçus, lui répondit Mick, en tapotant une pile de quittances.

Marlee Jones devint écarlate, comme si elle subissait une crise d'hypertension.

— Alors, ça vous revient ? la questionna une fois encore Stranahan.

Avec un gros soupir, Marlee alla poser son postérieur sur la chaise derrière le bureau.

— Une nuit, ils ont filé, raconta-t-elle. Ils ont dû amener un semi-remorque ou Dieu sait quoi. Quand je suis arrivée, l'endroit était nettoyé. Ils avaient laissé que des tableaux mochards sur les murs — des chats avec des gros yeux, des merdes comme ça.

— Ils étaient tous chirurgiens ?

— On aurait dit. Mais ils étaient pas associés.

— Durkos, c'était le nom de celui qui dirigeait ?

— Jamais entendu parler d'un Durkos. Le grand patron s'appelait le Dr Graveleux ou quelque chose d'approchant. Les quatre autres bossaient pour lui. Je sais ça parce que le lendemain du jour où ils se sont tirés, deux des docteurs ont rappliqué en tenue de travail. Ils pouvaient pas en croire leurs yeux quand ils ont vu leur bureau complètement vide.

Le chirurgien qui avait opéré Vicky Barletta s'appelait Graveline mais Mick jugea inutile de corriger Marlee Jones sur ce point.

— Ce Dr Graveleux, il n'avait même pas prévenu les autres médecins du déménagement ? lança Stranahan.

— On est à Miami et y a plein de gens qui ont le feu aux fesses par ici.

— Ouais, mais ils sont pas des masses à payer d'avance.

Finalement, Marlee Jones éclata de rire :

— Là, vous-z-avez bien raison.

— Quelqu'un a laissé une adresse pour faire suivre le courrier ?

— Non.

Stranahan rendit le registre à Marlee Jones.

— Vous-z-avez fini ?

— Oui, m'dame.

— Pour de bon ?

— Ça m'en a tout l'air.
— Alors je peux savoir pour qui vous travaillez ?
— Pour ma pomme, dit Mick.

Quand le Centre médical Durkos cessa son existence, celle de Maggie Orestes, l'infirmière, se compliqua singulièrement. Elle avait trouvé du travail au service des urgences de Jackson Hospital où, une belle nuit, elle avait rencontré le dénommé Ricky Gonzalez. La raison qui avait conduit Ricky aux urgences, c'était qu'une Ferrari turbo l'avait renversé accidentellement, lors du Grand Prix annuel de Miami. Ricky s'occupait de la promotion de voitures de course et tout en posant pour des photos en compagnie de Lorenzo Lamas, aux abords du circuit, il n'avait pas entendu arriver la Ferrari rugissante qui lui avait écrasé les deux pieds. Ricky s'en tira avec quatorze fractures et Lorenzo Lamas, sans une égratignure.

Maggie Orestes s'occupa de Ricky Gonzalez avant qu'on l'endorme pour l'opérer. Il était jeune, plein d'allant et d'avenir — et d'une gaieté si réconfortante, eu égard à ce qui lui était arrivé.

Un mois plus tard, ils se marièrent dans une église catholique d'Hialeah. Ricky persuada Maggie d'abandonner les urgences et de devenir hôtesse à plein temps dans les diverses manifestations mondaines que les promoteurs de voitures de course sont tenus d'organiser. Maggie avait espéré qu'elle finirait par aimer les courses de voitures et le petit monde qui gravitait autour. Mais sans succès. C'était bruyant, stupide et chiant. Et les gens étaient pires. Maggie et Ricky eurent quelques sérieuses prises de bec à ce sujet. Et elle était à deux doigts de casser son mariage, quand survint le second accident.

Cette fois-ci, la voiture était une Porsche et Ricky fut

beaucoup moins chanceux. Après le service religieux, on l'incinéra, revêtu de la superbe combinaison argentée, dont on lui avait fait cadeau, et qui, se révélant ignifugée à l'usage, rendit une seconde crémation obligatoire. Lorenzo Lamas envoya une couronne depuis Malibu, Californie. Lors de la veillée funèbre, l'avocat de Ricky annonça de mauvaises nouvelles à Maggie : primo, son mari n'avait pas contracté d'assurance vie et, secundo, il avait vidé leur compte commun pour se payer ses doses de cocaïne. Maggie avait tout ignoré de ce problème de drogue mais, rétrospectivement, ceci expliquait à la perfection l'état euphorique irrépressible de feu son mari comme ses imprudences aux abords des circuits.

Un veuvage dans le dénuement était une perspective qui ne souriait guère à Maggie. Elle reprit son métier d'infirmière avec, derrière la tête, l'idée de mettre le grappin sur un docteur fortuné ou à tout le moins sur sa fortune. En dix-huit mois, trois spécimens se succédèrent — avec un résultat désastreux —, un pédiatre déjà marié, un radiologue divorcé et un urologue qui portait des dessous féminins et finit par gratifier Maggie d'une maladie vénérienne coriace. Quand elle laissa tomber ce dernier, il la fit renvoyer de l'hôpital et porta contre elle des accusations mensongères auprès du bureau de l'association des infirmières.

Toutes ces mésaventures provoquèrent chez Maggie Gonzalez une haine sanglante des hommes et un désir de se venger d'eux.

Les problèmes d'argent la poussèrent à bout. Le paiement de l'emprunt pour son duplex venait à échéance et son compte courant n'était crédité que de quatre-vingt-huit dollars ; alors Maggie décida de franchir le pas. Si son désespoir financier ne rentrait pas pour rien dans sa décision, elle ressentit également une délicieuse excitation à l'idée de payer de retour le fils de pute qui était à l'origine de tous ses malheurs.

Tout d'abord, Maggie s'offrit un billet d'avion pour New York avec sa carte Visa. A l'aéroport, elle monta dans un taxi qui la déposa devant les bureaux de Reynaldo Flemm, le célèbre journaliste de télévision. Elle raconta ensuite à Christina Marks l'histoire de Victoria Barletta et conclut un marché.

Pour cinq mille dollars, elle s'engagea à redire toute l'histoire devant les caméras — la production de Reynaldo ne voulut pas dépasser ce prix plafond. Maggie fut très déçue — après tout, elle leur apportait une sacrée histoire sur un plateau.

Cette nuit-là, Christina Marks prit une chambre pour Maggie au Goreham Hotel. Cette dernière, couchée devant la télévision, songea avec angoisse aux risques qu'elle courait. Elle se souvint de l'enquêteur des services de l'attorney général qui l'avait questionnée quatre ans plus tôt et des mensonges qu'elle lui avait servis. Mon Dieu, à quoi pensait-elle ? Flemm et son équipe s'envoleraient tout droit pour Miami pour aller l'interviewer — il s'appelait Stranahan — et il leur dirait qu'elle n'avait soufflé mot de cette histoire quand elle s'était produite. Elle perdrait toute crédibilité et les cinq mille dollars lui passeraient sous le nez. Autant les jeter par la fenêtre.

Maggie comprit qu'elle devait faire quelque chose au sujet de Stranahan — et du Dr Graveline également.

Graveline était un fou dangereux. Si elle balançait Rudy — eh bien, il l'avait prévenue qu'il lui en cuirait. D'autre part, il l'avait bien récompensée de son silence : prime de licenciement correcte, certificats de travail enthousiastes. Tous ces détails avaient été réglés après la fermeture du Centre Durkos.

A force de réfléchir ainsi, couchée sur le dos, une

autre idée vint à Maggie. C'était dingue, mais ça pouvait marcher tout aussi bien. Le lendemain matin, elle retourna voir Christina Marks et lui servit une vague histoire d'après laquelle il lui fallait rencontrer immédiatement Stranahan, l'enquêteur, sinon elle ne se laisserait pas filmer. La productrice lui avait procuré à regret un billet d'avion et six cents dollars pour ses frais.

Bien évidemment, Maggie n'avait pas la moindre intention de rendre visite à Stranahan. A peine de retour en Floride, elle se rendit directement au Centre de Whispering Palms, situé dans le cadre magnifique de Bal Harbour. Le Dr Rudy Graveline fut très surpris de la revoir. Il la conduisit dans son bureau personnel, dont il ferma soigneusement la porte.

— Vous avez l'air terrifiée, remarqua le chirurgien.

— C'est que je le suis.

— Et votre postérieur s'est rembourré.

— Quand j'ai peur, je mange beaucoup, répliqua Maggie, en gardant son sang-froid.

— Eh bien ! que se passe-t-il ? lui demanda Rudy.

— Quelqu'un est en train de faire des histoires à propos de Vicky Barletta, lâcha-t-elle.

— Ah ! fit Graveline, sans se départir de son calme, semblait-il. Et qui ça ?

— L'un des enquêteurs. Il s'appelle Stranahan.

— Je ne me souviens pas de lui, dit Rudy.

— Moi, si. Et il me fout la trouille.

— Il vous a parlé ?

Maggie fit non de la tête.

— C'est pire, ajouta-t-elle, des gens de la télé se sont pointés chez moi. Ils font une émission spéciale sur les personnes disparues.

— Ah merde ! C'est pas vrai !

— Stranahan doit y participer.

— Mais que sait-il ? demanda Rudy.

— Je suis angoissée, docteur Graveline. Tout va remonter au grand jour, murmura Maggie en battant des paupières.

— Impossible !

L'idée de Maggie était d'écarter Stranahan de son chemin. Que Graveline achète son silence, le terrorise ou lui fasse encore pire était le cadet de ses soucis. Rudy était capable de tout. Ceux qui se dressaient sur sa route, ou bien marchaient avec lui, ou bien étaient balayés. Un jour, un de ses confrères avait pratiqué une rhinoplastie corrective sur une patiente que Graveline avait loupée ; peu après, il n'avait pas caché tout le mal qu'il pensait de Rudy, lors d'un cocktail réunissant le corps médical. Graveline, fou furieux, paya deux malabars qui mirent à sac le cabinet de son antagoniste, non sans lui avoir préalablement dérobé son fichier. Sur ce, les patients de ce chirurgien reçurent des lettres personnelles, les remerciant de leur compréhension devant le combat sans relâche qu'il avait livré contre son addiction à l'héroïne, jugulée à présent, semblait-il. Enfin, presque… A la fin du mois, le confrère de Rudy avait mis la clé sous la porte, faute de clientèle, et avait émigré en Colombie britannique.

Forte de cet exemple, Maggie Gonzalez avait misé sur une réaction exagérée de Rudy Graveline ; elle voulait qu'il se focalise sur Stranahan à l'exclusion du reste. Quand, en allumant la télévision, le docteur découvrirait qui le menaçait vraiment, Maggie serait loin. Et hors d'atteinte.

— Ils veulent pas me laisser tranquille, ces gens de télé, poursuivit-elle, ils m'ont dit que l'affaire ira devant un grand jury et que Stranahan y apportera son témoignage.

Elle pêcha un Kleenex dans son sac.

— J'ai pensé qu'il fallait vous mettre au courant.

Rudy la remercia de sa venue et lui dit de ne pas s'inquiéter, que tout se passerait bien. Il lui suggéra de quitter la ville pour quelques semaines et elle lui répondit que c'était une bonne idée. Il lui demanda s'il y avait un endroit en particulier où elle aimerait se rendre et elle cita New York. Graveline convint que New York était une ville idéale pour y passer Noël et il lui signa un chèque de deux mille cinq cents dollars. Il recommanda à Maggie de rester absente au moins un mois en ajoutant qu'elle pouvait l'appeler si elle était dans le besoin. *Quand* elle serait dans le besoin, précisa Maggie.

Le même jour, en fin d'après-midi, le Dr Rudy Graveline avait verrouillé la porte de son bureau et appelé un restaurant de fruits de mer du New Jersey. Il eut un entretien avec un homme, aux sourcils en bataille selon toute probabilité, qui lui promit d'envoyer quelqu'un aux alentours du 1er janvier.

Le jour où Tony Traviola, le premier tueur à gages, débarqua à Miami pour régler son compte à Mick Stranahan, Maggie Gonzalez occupait, au dixième étage de l'hôtel Essex House, une chambre donnant sur Central Park. Elle prenait des cours de patinage à la patinoire Donald Trump. Elle avait prévu de se faire oublier quelques semaines encore et de contacter, qui sait, l'émission *20/20.* Faire jouer la concurrence était de bonne guerre. Peut-être que Reynaldo Flemm serait suffisamment contrarié pour augmenter le montant de ses offres. Cinq mille dollars, vraiment, ça craignait un max.

Le Dr Rudy Graveline fixa rendez-vous au second tueur, le 10 janvier, à trois heures de l'après-midi. L'homme se présenta à Whispering Palms avec une demi-heure d'avance et s'installa tranquillement dans la salle d'attente, flanquant une trouille bleue aux autres patients.

Rudy ne le connaissait que sous son surnom, Chimio, cruellement approprié, car il paraissait avoir atteint le stade terminal d'une chimiothérapie funeste. Des touffes noires jaillissaient, çà et là, de son crâne veiné de bleu. Ses lèvres minces et parcheminées avaient la couleur du ciment frais. Ses yeux bordés de rouge renvoyaient aux curieux un regard morne et indifférent ; ses paupières tombantes clignaient lentement, translucides comme celles d'une salamandre. Mais c'était surtout l'aspect de son épiderme qui faisait sursauter les gens et qui contribua à vider la salle d'attente de Whispering Palms. La peau de Chimio évoquait les céréales du petit déjeuner, un peu comme si quelqu'un s'était amusé à coller du pop-corn sur chaque centimètre carré de son visage.

Ajouter qu'il mesurait, une fois déplié, un bon mètre quatre-vingt-neuf, aidait à comprendre pourquoi Chimio offrait une vision si mémorable.

Il ne provoqua aucune alarme chez Graveline qui savait à quoi Chimio devait ce look : il ne s'agissait pas d'un mélanome mais d'un accident incroyable survenu lors d'une électrolyse, à Scranton, quelques années auparavant. Alors qu'il brûlait les deux poils sous-cutanés qui déparaient l'extrémité nasale de Chimio, un dermatologue d'un âge certain avait subi une attaque de paralysie, qui l'avait privé de toute coordination entre l'œil et la main. Le vieillard avait vaillamment tenté de mener à son terme l'opération mais, ce faisant, avait cramé tous les pores sains à portée de son aiguille électrifiée. Chimio, qui avait avalé cinq Valium au petit déjeuner, dormait à poings fermés sur le billard, à cet instant tragique. A son réveil, en voyant son visage enflammé comme une langouste à l'américaine, il strangula illico le vieux dermato et quitta la Pennsylvanie pour toujours.

Pendant cinq ans, Chimio avait passé le plus clair de son temps, en cavale, à chercher un soulagement médical ; les pommades se révélèrent inefficaces et il devait même à une prescription erronée cet effet de pop-corn si renversant. Chimio en vint finalement à penser que son dernier espoir résidait dans la chirurgie esthétique ; et en quête d'un miracle, il était naturellement arrivé en Floride et s'était naturellement adressé au Dr Graveline.

A trois heures pétantes, Rudy introduisit Chimio dans sa salle de consultation. Chimio baissa la tête pour entrer et referma la porte derrière lui. Il prit place sur un siège trop rembourré et jeta un regard mouillant à Graveline.

— Alors, comment allons-nous aujourd'hui ? lui demanda Rudy.

— A votre avis ? grommela Chimio.

— Quand vous êtes venu me voir, il y a quelques semaines, nous avons discuté d'un traitement, vous vous souvenez ?

— Voui, fit Chimio.

— Ainsi que d'un plan de financement.

— Comment j'aurais pu oublier ça ? ricana Chimio.

Graveline ignora le sarcasme ; ce type avait de bonnes raisons d'être aigri.

— Une dermabrasion est excessivement chère, fit-il.

— Je me demande bien pourquoi, répliqua Chimio, vous n'avez qu'à me coller la tête dans une ponceuse, non ?

Rudy esquissa un sourire patient.

— C'est un tout petit peu plus sophistiqué que ça...

— Mais le principe est le même.

— Grosso modo, acquiesça Graveline.

— Alors comment ça peut coûter deux cents dollars la séance ?

— Deux cent dix dollars, précisa Rudy ; eh bien, parce que ça requiert une sûreté de main hors du commun. Vous êtes bien placé pour apprécier cela, n'est-ce pas ?

Chimio sourit à cette remarque ; Rudy aurait préféré qu'il s'en abstînt : ce sourire était déchirant, une arme mortelle à lui tout seul. Chimio semblait s'être affûté les dents sur une meule.

— Je me suis dégotté un job, fit-il.

Graveline admit que c'était un début.

— Au Gay Bidet, dit Chimio, une boîte punk tout en bas de South Beach. Je suis à l'accueil.

A nouveau, tout sourires.

— A l'accueil, tiens, tiens, fit Rudy.

— Je vire la vermine, expliqua Chimio.

Graveline se renseigna sur son salaire. Chimio déclara qu'il gagnait six dollars de l'heure, sans compter les pourboires.

— Pas mal, dit Rudy, mais c'est encore…

Il griffonna quelques chiffres sur un carnet, sortit une calculette de son bureau et pianota sur ses touches un petit moment. Très théâtralement.

Chimio allongea le cou pour suivre ses calculs.

— Quelque chose qui coince ?

— J'ai prévu vingt-quatre séances minimum, répondit Rudy, à raison de quelques centimètres carrés chaque fois.

— Eh merde, faites-moi la totale d'un seul coup !

— Impossible en cas de dermabrasion, mentit Graveline ; nous disons donc, vingt-quatre visites à deux cent dix dollars pièce, ce qui nous fait…

— Cinq mille quarante dollars, murmura Chimio, nom de Dieu !

— Je n'ai pas besoin de la totalité de la somme d'avance, le réconforta Rudy ; je me contenterai de la moitié au départ.

— Nom de Dieu !

Graveline remisa sa calculette.

— Je viens tout juste de commencer à travailler dans cette boîte, expliqua Chimio, et faut bien que je m'achète de quoi bouffer.

Rudy fit le tour du bureau et vint s'asseoir sur le rebord.

— Vous n'avez pas de mutuelle ? demanda-t-il d'un ton paternel.

— Mais, putain, je suis en cavale, vous avez oublié ?

— Bien sûr, où avais-je la tête ?

Graveline fit mine de réfléchir à voix haute : c'est tellement triste qu'un grand pays comme le nôtre ne puisse assurer une prise en charge médicale minimale à l'ensemble de ses citoyens.

— Alors, c'est foutu, lâcha Chimio.

— Pas nécessairement, dit Rudy en se caressant le menton, j'ai une idée.

— Ah, ouais ?

— J'ai un travail qui a besoin d'être fait.

Si Chimio avait eu encore des sourcils, ils auraient pris la forme d'un point d'interrogation.

— Si vous acceptiez de vous en charger, continua Graveline, je crois que nous pourrions trouver un terrain d'entente quant aux tarifs.

— Un rabais ?

— Pourquoi pas…

Chimio passa la main sur ses joues écailleuses, d'un air rêveur.

— C'est quoi, ce boulot ?

— Il faut me tuer quelqu'un, lâcha Rudy.

— Qui ça ?

— Un type qui pourrait me faire avoir des ennuis.

— Quel genre d'ennuis ?

— M'obliger à fermer mon centre de Whispering Palms, par exemple, m'empêcher d'exercer. Et ça ne serait qu'un début...

Chimio passa une langue exsangue sur ses lèvres.

— C'est qui ce type ?

— Il s'appelle Mick Stranahan.

— Et je peux le trouver où ?

— Je ne sais pas exactement, avoua Rudy, il vit quelque part, ici, à Miami.

Chimio objecta que le renseignement était vague.

— D'après moi, un meurtre, ça va chercher dans les cinq mille dollars, ajouta-t-il.

— Holà ! c'est pas un flic ou quelqu'un dans ce genre. C'est un mec tout ce qu'il y a d'ordinaire. Trois mille dollars grand maximum.

Quand on parlait fric, Rudy sortait ses griffes. Chimio croisa ses énormes mains osseuses.

— Vingt séances, pas un sou de moins, fit-il.

Graveline se livra à un rapide calcul mental.

— Mais ça fait quatre mille deux cents dollars !

— Tout rond.

— Vous êtes dur en affaires, y a pas à dire, fit Rudy.

Chimio ne put réprimer un rictus triomphant.

— Alors vous vous attaquerez quand à mon visage ?

— Dès que vous vous serez débarrassé de cette corvée.

— Je suppose qu'il vous faudra une preuve, dit Chimio, en se levant.

En fait, Graveline n'avait pas pensé à ce détail.

— Une coupure de journal suffira, fit-il.

— Vous êtes sûr que vous ne voulez pas que je vous ramène quelque chose ?

— Comme quoi ?

— Un doigt, lança Chimio, ou bien une de ses couilles, peut-être.

— Ce ne sera pas nécessaire, fit Rudy. Non, vraiment pas nécessaire.

6

Stranahan obtint l'adresse de Maggie Orestes Gonzalez de l'une de ses amies qui travaillait à l'association des infirmières de Tallahassee. Bien qu'elle ait maintenu à jour ses cotisations, aucun emploi régulier ne figurait dans son dossier.

L'adresse était celle d'un duplex, situé dans un quartier vieillot et tranquille, au-delà de Coral Way, dans le district de Little Havana, à Miami. Une clôture en treillis protégeait une cour dénudée, où se dressait une statue de sainte Barbara dans un parterre de fleurs. Les fenêtres étaient munies des traditionnels barreaux antivols. Stranahan poussa la porte-moustiquaire et frappa à trois reprises au lourd battant de pin. Il ne fut pas surpris de n'obtenir aucune réponse.

Pour pénétrer par effraction dans l'appartement de Maggie Gonzalez, Stranahan se servit d'un rossignol en acier inoxydable de neuf centimètres de long ; il avait récupéré — et confisqué — cet instrument dans la bouche d'un abominable cambrioleur d'immeubles en multipropriété du nom de Willie Jeeter dit le Mouillé. Ce dernier devait son surnom au fait qu'il n'opérait que les jours de pluie ; quand il faisait grand soleil, il était caddy sur le terrain de golf du Doral Country Club. Lors de la perquisition qui suivit l'arrestation de Willie, la police dénicha dans son appartement dix-sept photos dédicacées de Jack Nicklaus, remontant jusqu'au Masters de 1967. Mais les flics ne réussirent pas à mettre la main sur son outillage de cambrioleur, suite au fait que Willie le planquait sous sa langue.

Stranahan découvrit le pot aux roses au cours d'une visite à Willie le Mouillé à la prison de Dade County, deux semaines avant son procès. Stranahan avait pour mission de faire comprendre à Willie qu'il se montrerait avisé en plaidant coupable et en évitant ainsi aux contribuables de supporter le coût de ce procès. Était passé sous silence le fait que le bureau de l'attorney possédait très peu d'éléments dans cette affaire et cherchait désespérément à traiter à l'amiable. Willie remercia Stranahan de s'être déplacé, tout en lui affirmant qu'il aimait autant courir sa chance devant un jury. Stranahan s'inclina et lui offrit un chewing-gum que le cambrioleur enfourna et commença à mastiquer, sans réfléchir : les minuscules clés d'acier se fichèrent aussitôt dans le chewing-gum et le tout alla se loger au fond du gosier du pauvre Willie. Pendant quelques instants congestionnés, Mick songea qu'il allait devoir pratiquer une trachéotomie de fortune mais, saisi par miracle d'une quinte de toux, le Mouillé cracha ces minuscules outils et une confession complète. Stranahan avait conservé l'un des rossignols de Willie le Mouillé en souvenir.

Crocheter la serrure de la porte de Maggie fut un jeu d'enfant.

Stranahan se faufila à l'intérieur de l'appartement et nota l'ordre qui y régnait. Quelqu'un — une voisine ou une parente, sans doute — avait entassé soigneusement le courrier non décacheté sur une table, près de la porte d'entrée. Sur le comptoir de la cuisine, trônaient un téléphone et un répondeur branché. Stranahan pressa la touche retour avant d'appuyer sur play. La voix de Maggie s'éleva : « Salut ! Je suis absente pour le moment et vous êtes en communication avec un de ces répondeurs à la con. Laissez-moi un petit message, s'il vous plaît, et je vous rappellerai aussi vite que possible. Bye ! »

Stranahan fit défiler le reste de la bande, qui était vierge. Ou bien Maggie Gonzalez ne recevait aucun message, ou quelqu'un les relevait à sa place, ou bien encore elle pouvait les écouter à distance. Quoi qu'il en soit, cela signifiait presque à coup sûr qu'elle n'était pas morte.

Il y avait d'autres signes dans l'appartement d'un départ en voyage : aucun bagage dans les placards, ni soutien-gorge ni sous-vêtement dans les tiroirs de la chambre, pas de produit de maquillage sur la tablette du lavabo de la salle de bains. Stranahan découvrit la pièce à conviction la plus intéressante, chiffonnée dans la corbeille à papiers du salon : un reçu de dépôt bancaire d'un montant de deux mille cinq cents dollars, en date du 27 décembre.

Bon voyage ! songea Stranahan.

Il se glissa dehors en refermant soigneusement la porte derrière lui. Puis il roula trois blocs plus loin jusqu'à une cabine téléphonique. Il composa le numéro de Maggie et laissa un message très important sur son répondeur.

En fin de journée, Christina Marks abandonna sa Ford Escort de location au portier de l'hôtel, acheta le *New York Times* au kiosque du hall d'entrée et prit l'ascenseur pour regagner sa chambre. Avant même qu'elle ait pu retirer la clé de la serrure, Mick Stranahan ouvrit la porte de l'intérieur.

— Entrez donc, lui dit-il.
— Trop aimable de me faire les honneurs de ma chambre, rétorqua Christina.
Mick remarqua qu'elle portait en bandoulière une de ces serviettes en cuir à la mode d'où dépassaient deux carnets grand format.
— Vous rentrez du travail ?
— Vous buvez quelque chose ?
— Un gin-tonic, je veux bien, dit Stranahan.
Il ajouta après un léger temps :
— J'ai eu peur que Reynaldo le Magnifique ne m'aperçoive si je vous attendais dans le hall.
— Alors vous vous êtes procuré une clé de ma chambre ?
— Pas tout à fait.
Christina lui tendit un verre. Puis elle se versa une bière et alla s'asseoir dans une chaise en rotin, garnie de coussins à énormes motifs floraux, censés évoquer les tropiques.
— Je suis allée rendre visite à la famille de Maggie, aujourd'hui, dit-elle.
— Et ça a donné quelque chose ?
— Rien du tout. Ils ne parlent malheureusement pas anglais.
Stranahan sourit en hochant la tête.
— Qu'est-ce que ça a de drôle que je ne parle pas espagnol ?
— Sa grand-mère mise à part, répondit Mick, toute la famille de Maggie parle parfaitement l'anglais. Eh oui !
— Quoi ?
— Son père est professeur de physique au lycée de Palmetto. Sa mère est opératrice à la Southern Bell Company. Sa sœur Consuelo est secrétaire juridique et son frère, dont le nom m'échappe...
— Tomas.

— Ouais, c'est ça, Tommy, il est chef comptable chez Merrill Lynch.

Christina Marks reposa son verre de bière avec une telle brusquerie qu'elle faillit briser la surface en verre de la table basse.

— J'ai parlé à ces gens-là, assise dans leur salon, et ils se sont contentés de me regarder en répétant...

— *No habla english, señora.*

— Parfaitement.

— C'est un coup classique à Miami, dit Stranahan, ils ne voulaient rien dire, simplement. Ne vous faites pas de bile, ils ont essayé avec moi aussi.

— Et vous parlez espagnol, je suppose ?

— Juste assez pour leur faire croire que je le parle mieux. Ils se font vraiment du souci pour Maggie. Ils sont inquiets depuis quelque temps. Maggie a eu des problèmes personnels, et aussi des problèmes d'argent — c'est ce que j'ai réussi à découvrir avant que sa mère ne commence à se plaindre de douleurs dans la poitrine.

— Qu'est-ce que c'est que cette blague ?

— Encore un coup classique, répondit Stranahan en souriant, mais, de toute façon, j'avais fini. Honnêtement, je ne pense pas qu'ils sachent où elle se trouve.

Christina acheva sa bière et alla en chercher une autre dans le petit frigidaire de l'hôtel. En se rasseyant, elle envoya valser ses chaussures à travers la pièce.

— Si je comprends bien, vous nous avez devancés, fit-elle.

— Qui ça, nous ? Reynaldo et vous ?

— Toute l'équipe, répliqua Christina d'un air piqué.

— Non, je n'ai aucune avance sur vous, dit Stranahan ; et si vous me disiez ce que sait Maggie Gonzalez de l'affaire Barletta.

— Je ne peux pas.

— Combien avez-vous promis de lui donner ?

Christina refusa à nouveau de répondre, faisant non de la tête.

— Vous voulez mon avis ? fit Stranahan. Je pense que vous et Ray vous êtes embarqués dans le coup le plus tordu de votre carrière.

— Pardon ?

— D'après moi, Maggie est en train de vous entuber dans les grandes largeurs.

— Vous pourriez bien avoir raison, se surprit à dire Christina.

Mick se radoucit :

— Laissez-moi faire une hypothèse : cette fameuse Maggie Gonzalez, que vous ne connaissiez ni d'Ève ni d'Adam, rapplique un beau jour à New York et vous offre sur un plateau un fait divers sensationnel concernant la disparition d'une étudiante. D'après elle, cette fille a connu une fin tragique assez horrible. Son récit ne peut être, fort à propos, ni infirmé ni confirmé. Et pourquoi ? Parce que tout ça, c'est de l'histoire ancienne et qu'il y a toutes les chances, Christina, pour que Victoria Barletta soit morte. Il y a donc gros à parier que le coupable ne sortira pas de l'ombre pour claironner que Reynaldo Flemm a tout faux, quand il déballera l'histoire à la télé.

Christina se pencha en avant.

— Bien vu. Mais il y a un hic. Elle a donné des noms.

— Maggie ?

— Oui. Elle a décrit exactement ce qui s'est passé et qui en porte la responsabilité.

— Et ces gens…

— Cette personne.

— Il ou elle ?

— Il, dit Christina.

— Il vit encore ?

— Bien sûr.

— Ici, à Miami ?
— Exact.
— Eh merde ! lâcha Stranahan.
Il se leva et alla se préparer un autre gin. Ses mains tremblaient tellement qu'il laissa échapper un glaçon ou deux. Ça ne valait rien de se mettre dans un état d'énervement pareil, se répétait-il, vraiment rien. Il regagna le salon avec son verre.
— C'est le docteur ? demanda-t-il.
— Je ne peux pas vous le dire.
Cela reviendrait à violer un secret professionnel, lui expliqua Christina. Les journalistes devaient protéger leurs sources. Mick avala la moitié de son verre avant de reprendre la parole.
— Vous êtes bonne ?
Christina le questionna du regard.
— Dans votre métier, ajouta-t-il, avec une certaine irritation, vous êtes une putain de pro ou quoi ?
— Oui, je crois.
— Est-ce que vous pouvez éviter que le grand Reynaldo me colle aux talons ?
— J'essaierai. Pourquoi ?
— Parce que, fit Stranahan, il serait dans notre intérêt commun que nous nous rencontrions, de temps en temps, vous et moi.
— Pour comparer nos notes ?
— Quelque chose comme ça. Je ne sais pas pourquoi mais je crois que je peux vous faire confiance.
— Merci.
— Attention ! Je n'ai pas dit que je vous faisais confiance, simplement que c'était une possibilité.
Il posa son verre et se leva.
— Quel est votre intérêt dans cette affaire ? lui demanda Christina Marks.
— La vérité, la justice, et cætera.

— Non, c'est plus important que ça.

Elle se montrait plutôt maligne, il devait l'admettre. Mais il n'était pas prêt à lui parler de Tony l'Anguille et de la tête d'espadon.

— J'ai compulsé les collections de journaux une bonne partie de la journée, lui dit Christina, en le raccompagnant.

— Lecture instructive, je parie.

— Il y a de quoi remplir un album entier avec tous les articles qui vous sont consacrés, fit-elle, il me semble que je devrais avoir peur de vous.

— Vous ne croyez pas tout ce qui vous tombe sous les yeux ?

— Bien sûr que non.

Christina Marks ouvrit la porte de sa chambre.

— Dites-moi seulement ce qu'il y a de vrai là-dedans.

— Malheureusement pour moi, dit Mick Stranahan, tout est vrai.

Une seule des cinq ex-femmes de Stranahan avait choisi de garder son nom — la quatrième, Chloé Simpkins Stranahan. Même après s'être remariée, Chloé n'avait pas voulu lâcher le nom de Mick par pure malveillance. Comme elle figurait dans l'annuaire de Miami, Stranahan l'avait priée de bien vouloir se mettre sur liste rouge ; Chloé lui rétorqua que cela irait à l'encontre du but recherché.

— Avec ton nom dans l'annuaire, n'importe quelle fille pourra m'appeler pour se renseigner sur toi et je leur dirai toute la vérité. Je les avertirai que tu es un fou dangereux ; voilà ce que je leur raconterai quand elles me passeront un coup de fil, Mick — *mon chou, c'était un de ces dangereux maniaques, vous voyez le genre.*

Christina Marks avait obtenu tous les numéros correspondant au nom de Stranahan par les renseignements.

Quand elle avait appelé Chloé de New York, cette dernière en avait conclu qu'il s'agissait de la dernière conquête de Mick et l'avait gratifiée d'un récit au vitriol, très enjolivé, de leurs huit mois de mariage et de leurs neuf mois de divorce. Christina l'avait finalement interrompue en lui expliquant qui elle était et ce qu'elle voulait. Chloé Simpkins Stranahan avait simplement répondu :

— Ça vous coûtera mille dollars.

— Cinq cents, riposta Christina.

— Salope, siffla Chloé.

Mais quand le chèque de banque arriva l'après-midi suivant en express, Chloé décrocha docilement son téléphone, appela Christina Marks en P.C.V. à New York et lui indiqua comment localiser son fou dangereux d'ex-mari.

— Flanquez-lui la vérole de ma part, vous voulez bien ? avait ajouté Chloé avant de raccrocher.

Chimio, le tueur à gages, n'était pas aussi ingénieux que Christina Marks mais bien assez pour vérifier dans l'annuaire : il y figurait cinq Stranahan et Chimio releva leurs adresses.

Le lendemain de son entrevue avec le Dr Graveline, Chimio alla faire un tour en voiture. Il possédait une Bonneville 1980 bleu roi, avec des vitres teintées. Ces dernières servaient essentiellement à dissimuler le visage de Chimio qui, à peine entr'aperçu, aurait pu causer un carambolage instantané au moindre carrefour.

Louis K. Stranahan était le premier de la liste. D'après l'adresse, un natif de Miami aurait deviné qu'il habitait au beau milieu de Liberty City. Mais pas Chimio. En arrivant dans le coin, il songea qu'il aurait dû faire préciser au Dr Graveline si l'homme qu'il devait abattre était noir ou blanc ; ça lui aurait fait gagner du temps.

L'adresse où se rendait Chimio faisait partie du

lotissement James Scott, clapier sinistre et sinistré, où se risquaient peu d'étrangers, quelle que fût la couleur de leur peau. Même par une belle journée d'hiver, l'endroit dégageait l'atmosphère sombre et menaçante d'un quartier chaud. Chimio n'y prit pas garde ; il ne pensait pas au danger mais à son travail. Il gara sa voiture le long d'un terrain de basket grillagé. À peine eut-il claqué la portière, que les gosses, sur l'aire de jeux, arrêtèrent la partie. Le ballon heurta le rebord du panier et rebondit paresseusement hors des limites, mais aucun d'entre eux ne courut le ramasser. Ils avaient tous l'œil fixé sur Chimio. On n'entendait que le rap du groupe Run-D.M.C. qui s'échappait, lancinant comme une roulette de dentiste, d'un *ghetto-blaster* quadriphonique.

— Salut, là-dedans ! fit Chimio.

Les gosses du lotissement échangèrent un regard pour décider d'un plan d'action ; c'était la première fois qu'ils voyaient un aussi grand enculé-de-ta-mère de blanc s'aventurer dans le coin. Et un aussi moche.

— Manque pas de joueurs ! déclara l'aîné des gamins, avec une feinte autorité.

— Oh ! je suis pas venu pour ça, déclara Chimio.

Les gosses eurent soudain l'air soulagé et l'un d'entre eux alla récupérer le ballon au pas de course.

— Je cherche un certain Louis Stranahan.

— Il est pas ici.

— Où il est ?

— Parti.

— Il a un frère qui s'appelle Mick ? demanda Chimio.

— Il a six frangins, dit spontanément l'un des joueurs de basket, mais aucun s'appelle Mick.

— Y en a un qui s'appelle Dick, fit un autre ado.

— Et un autre, Lawrence.

Chimio sortit la liste de sa poche en fronçant les

sourcils. Un Lawrence Stranahan arrivait bien en second et son adresse était dans les environs également.

Pendant que Chimio restait planté là, comme une grue de chantier, à loucher sur son bout de papier, les petits blacks se remuèrent. Ils se mirent à faire des tirs au panier, en poussant des beuglantes. Ce mec blanc n'était pas si terrifiant que ça après tout ; et puis merde, ils étaient à huit contre un.

— Où je pourrais trouver Louis ? essaya encore une fois Chimio.

— À Raiford, dirent deux des gamins, avec un bel ensemble.

— À Raiford, répéta Chimio, mais c'est une prison, non ?

Là-dessus, tous les gamins se plièrent en deux, s'en tapant cinq dans la main, charriant avec des hurlements hystériques ce monstre de foire, long comme un jour sans pain, avec ses pelotes de tifs sur la tête.

— Eh ouais ! putain, j' te crois que c'est une prison ! lâcha finalement l'un d'entre eux.

Chimio barra les deux premiers Stranahan de sa liste. Au moment où il ouvrait la portière, le petit black qui faisait des dribbles avec le ballon lui gueula :

— Hé ! balèze, t'es une star de ciné ?

— Non, fit Chimio.

— Je parie que si.

— Et moi je te jure que non.

— Alors comment ça s' fait que j' t'ai vu dans *Halloween 3* ?

Le gamin se cassa en deux à force de se bidonner, trouvant ça foutrement drôle. Chimio attrapa sous le siège un calibre 22 muni d'un silencieux acheté par correspondance. Sans dire un mot, il visa par-dessus le toit de la Bonneville et fit voler le ballon des mains du gamin. Le coup retentit comme un pet géant mais les gamins ne songeaient plus à rire. Ils s'enfuirent comme s'ils avaient le diable aux trousses.

En s'éloignant au volant de sa voiture, Chimio décida en son for intérieur qu'il venait de donner une bonne leçon à ces jeunots : ne vous payez jamais la bobine de quelqu'un.

À midi trente, Chimio dénicha la troisième adresse, une maison de deux étages, de style méditerranéen, à Coral Gables. Un berger allemand mal luné était enchaîné au tronc d'un olivier dans la cour d'entrée, mais Chimio passa à grandes enjambées devant le molosse sans incident ; la bête se contenta de dresser la tête et de le suivre des yeux, pas vraiment persuadée, peut-être, que cette étrange créature disgraciée appartienne à la race qu'on l'avait entraîné à attaquer.

Chloé Simpkins Stranahan était en conversation téléphonique avec la secrétaire de son mari, quand on sonna à la porte.

— Dites-lui bien que s'il n'est pas rentré à huit heures, je vends le Dali. Faites-lui la commission immédiatement !

Chloé raccrocha violemment et se dirigea avec majesté vers la porte.

Elle regarda Chimio sous le nez.

— Le clebs vous a laissé passer ? l'apostropha-t-elle.

Chimio haussa les épaules. Il portait des Ray-ban de soleil pour atténuer quelque peu, espérait-il, l'effet déplorable produit par son faciès. Il était prêt, si nécessaire, à expliquer ce qui l'avait mis dans cet état ; ce ne serait pas la première fois.

Chloé Simpkins Stranahan n'y fit cependant aucune allusion.

— Vous vendez quoi ? dit-elle.

— Je cherche un dénommé Mick Stranahan.

— C'est un fou dangereux, lança-t-elle, mais donnez-vous la peine d'entrer.

Chimio ôta ses lunettes noires et les glissa dans la poche-poitrine de sa chemise. Il alla s'asseoir dans le salon et posa ses mains sur ses genoux osseux. Chloé lui prépara un ginger-ale glacé au bar portatif. Elle agissait comme si elle n'avait pas remarqué ce qui clochait dans son apparence.

— Qui vous êtes ? lui demanda-t-elle.

— Un créancier, fit Chimio.

En observant les allées et venues de Chloé dans le salon, il prit conscience que c'était une très belle femme : cheveux auburn, longues jambes et jolie silhouette. Mais à l'écouter parler, il comprenait qu'elle était dure comme les pierres.

— Mick, c'est mon ex, dit Chloé, et j'ai rien de positif à dire sur son compte. Pas ça !

— Il vous doit de l'argent à vous aussi ?

Elle eut un petit rire féroce.

— Oh ! non. Je l'ai nettoyé jusqu'à l'os. J' m' suis bien vengée.

Elle tambourinait de ses ongles rubis contre le verre de ginger-ale.

— J'ai épousé un conseiller fiscal qui possède son propre cabinet, fit-elle.

— Ravi de l'apprendre, dit Chimio.

— Chiant comme la pluie, mais pas fou, lui, au moins.

Chimio changea de position sur sa chaise.

— Fou ! Vous n'avez que ce mot à la bouche. Que voulez-vous dire ? Que Mr. Stranahan est un violent ? Qu'il vous a frappée ?

— Mick ? Jamais de la vie ! Pas moi ! rétorqua Chloé, mais il s'en est pris à un type de mes amis.

Chimio se figura qu'il avait intérêt à en savoir le plus long possible sur l'homme qu'il était censé assassiner.

— Et je peux savoir ce que Mick a fait exactement à ce monsieur de vos amis ? demanda-t-il à Chloé.

— C'est pénible pour moi d'en parler.

Chloé se leva et rallongea son ginger-ale d'une bonne rasade de vodka.

— Il était toujours en vadrouille, Mick. Jamais là. A baiser à droite et à gauche, sans doute.

— Vous en êtes sûre ?

— Sûre et certaine.

— Alors vous avez pris un... petit ami.

— Vous êtes un gros malin, vous, lui lança Chloé d'un ton caustique, une putain de flèche, je dirais même. Oui, j'ai pris un petit ami. Et il m'aimait, ce type. Il me traitait comme une reine.

— Et une nuit, continua Chimio, Mr. Stranahan est rentré de voyage plus tôt que prévu et vous a surpris tous les deux...

— En pleine action, acheva Chloé, mais comprenez-moi bien, je n'y étais pour rien ; Dieu sait que je ne voulais pas qu'il nous surprenne — faut connaître Mick, c'est pas quelqu'un de tout repos.

— Il part au quart de tour ?

— Au tour d'avant.

— Alors qu'est-ce qui s'est passé ?

Chloé poussa un soupir.

— J'arrive pas à croire que je raconte tout ça à un inconnu, et à un encaisseur par-dessus le marché !

Elle éclusa son verre et s'en servit un autre. Quand elle revint au bar, cette fois-ci, elle s'assit près de Chimio sur le divan ; assez près pour qu'il puisse respirer son parfum.

— J'aime parler, dit-elle avec un gentil sourire.

Ce sourire ne collait pas très bien avec le son de sa voix.

— Et moi, j'aime écouter, dit Chimio.

— Et je vous aime bien.

— Vraiment ?

Cette nana est givrée, bonne à soigner, songea-t-il.

— Je vous aime bien, continua Chloé, et j'aimerais bien vous aider à résoudre votre problème.

— Alors dites-moi seulement où je peux trouver votre ex-mari, fit Chimio.

— Et vous êtes prêt à mettre combien ?

— Ah, nous y voilà !

— Chaque chose a son prix, affirma Chloé, surtout les renseignements de première.

— Malheureusement, Mrs. Stranahan, je n'ai pas d'argent, puisque c'est pour cette raison que je cherche Mick.

Chloé croisa les jambes et Chimio remarqua qu'une très fine maille filait ses bas nylon ; elle paraissait ne pas avoir de fin, quand on la suivait du regard en remontant le long de sa cuisse. Qui sait où était le terminus ? In petto, il se gendarma contre ce genre de distractions. A tout moment, maintenant, elle allait lui lancer une vanne sur son visage criblé de pop-corn — Chimio en était convaincu.

— Vous n'êtes pas un encaisseur, dit Chloé d'un ton sec, arrêtez vos conneries.

— D'accord, fit Chimio.

Il mit fiévreusement en branle son imagination limitée pour lui servir une autre craque.

— Je me fous de qui vous êtes.

— Ah bon ?

— Voui. Tant que vous n'êtes pas un ami de Mick.

— Je ne suis pas un de ses amis, fit Chimio.

— Alors, je vous aiderai... peut-être, dit Chloé.

— Et le fric ? demanda Chimio, je peux vous donner cent, cent cinquante dollars maximum.

— Vendu.
— Vendu ?
Merde, cette femme était trop. Cent dollars et hop ! dans la poche.
— Mais, auparavant, je dois vous mettre au courant de tout. Je serais irresponsable si je ne vous avertissais pas à qui vous vous attaquez.
— Je saurai bien me débrouiller tout seul, dit Chimio, avec un sourire à faire froid dans le dos.
Même ça — son rictus cadavérique, fracassé — ne parut pas indisposer beaucoup Chloé Simpkins Stranahan.
— Alors vous voulez vraiment pas savoir ? fit-elle.
— Bon, allez-y, si vous y tenez. Qu'est-ce que Stranahan a fait subir à votre si précieux petit ami ?
— Il lui a enduit les couilles de colle forte.
— Quoi ?
— Un tube entier, précisa Chloé, puis il l'a collé au capot de sa voiture. Par les couilles. Complètement à poil, collé au capot de son Eldorado décapotable.
— Nom de Dieu ! lâcha Chimio.
— Vous avez déjà vu ce qui enjolive le capot d'une Cadillac ?
Chimio fit oui de la tête.
— Réfléchissez-y bien, dit Chloé d'un ton sinistre.
— En plus, la colle forte, ça brûle du feu de Dieu, observa Chimio.
— Tu parles !
— Alors, comme ça, Mick est rentré, vous a pris la main dans le sac...
— Ici même, sur ce divan.
— Peu importe, fit Chimio, et donc, il a entraîné Monsieur l'Étalon de Service dehors et l'a collé nu comme un ver au capot de sa Cadillac...
— Par les testicules.

— Et ensuite ?

— C'est tout, dit Chloé, Mick a fait sa valise et s'est tiré. Le Samu a rappliqué. Quoi d'autre ?

— Et votre ami — c'est lui que vous avez épousé ?

— Non, non, fit Chloé, mon ami ne s'est jamais remis de sa rencontre avec Mick Stranahan. Il n'a jamais *entièrement récupéré,* si vous voyez ce que je veux dire.

— Je vois.

— Les docteurs ont insisté là-dessus : sur le plan strictement médical, aucun problème, je veux dire, on a dilué la colle à l'acétone et au bout de quelques jours, la peau avait cicatrisé et était comme neuve. Et pourtant, lui, il n'a plus jamais été le même.

— C'est un traumatisme grave, Mrs. Stranahan, fit Chimio, ça prend probablement du temps...

Il sursauta en voyant Chloé balancer son cocktail contre le mur.

— Du temps ? hurla-t-elle, je lui en ai donné à revendre, du temps, Mister ! Et j'ai essayé sur lui toute ma panoplie. Non, après cette nuit-là, il est resté éteint. Autant essayer de baiser avec un vermicelle.

Chimio pouvait facilement imaginer cette scène infernale dans la chambre à coucher. Il s'en ratatinait rien que d'y penser.

— J'aimais cet homme, continua Chloé, je pouvais au moins m'accrocher à ça. Et Mick a tout détruit. Il a pas pu se contenter de lui flanquer la trouille, en bon mari jaloux. Non, il a fallu qu'il le torture.

En un sens, Chimio éprouvait une certaine admiration devant la réaction de Stranahan. Lui, face au même cas de figure, aurait eu recours au meurtre. Une bonne balle dans la nuque. A tous les deux.

Chloé Simpkins Stranahan s'était levée ; elle allait et

venait, bras croisés sur la poitrine, faisant claquer ses hauts talons sur le carrelage à l'espagnole.

— Voilà pourquoi, dit-elle, je hais autant mon ex-mari, vous comprenez ?

Il devait y avoir encore beaucoup à dire, mais qui s'en souciait ?

— Vous voulez lui rendre la monnaie de sa pièce ? demanda Chimio.

— Mince, vous avez la comprenette rapide ! Bien sûr que je veux lui rendre la monnaie de sa pièce !

— Alors pourquoi je devrais vous payer ? C'est vous qui devriez me payer, moi !

Chloé ne put réprimer un sourire.

— Touché !

Elle se baissa pour ramasser un débris de verre dans l'épais tapis de laine. Puis releva la tête vers Chimio.

— Vous êtes qui au juste ?

— Aucune importance, Mrs. Stranahan. J'ai une seule question à vous poser : jusqu'où êtes-vous prête à aller pour vous venger de votre ex-mari ?

— Je pense que c'est une bonne question, répondit Chloé d'un air pensif, vous reprendrez bien un autre ginger-ale ?

7

Des quatre chirurgiens qui avaient travaillé aux côtés du Dr Rudy Graveline au Centre Durkos, un seul était resté à Miami après la fermeture de la clinique. Il se nommait George Ginger et Stranahan le dénicha sur un court de tennis par un après-midi ouvrable. Doubles mixtes, naturellement.

Mick regarda le petit homme rondouillard s'époumoner au fond du court et s'émerveilla de la mocheté de sa moumoute. C'était un de ces machins synthétiques qu'on vous croit capable de coiffer sous la douche. Dans le cas du Dr Ginger, le truc qui couronnait sa tête semblait être passé, de fraîche date, sous les roues d'une bagnole.

Chaque point de la partie donnait lieu à une petite comédie et Stranahan se demanda s'il perdait réellement son temps ou s'il s'arrangeait inconsciemment pour le perdre. Il savait parfaitement à présent où localiser Graveline ; le problème venait du fait qu'il ignorait quelle question lui poser pour faire éclater la vérité. Il y avait une marge de Vicky Barletta à Tony l'Anguille et Mick n'avait toujours pas trouvé ce qui les reliait ; si lien il y avait. D'une façon ou d'une autre, le Dr Graveline était au cœur du mystère et Stranahan ne voulait pas qu'il prenne peur. Pour l'heure, il aimait mieux le savoir à l'abri et content de l'être à Whispering Palms.

Mick avança d'un pas traînant dans l'un des couloirs du court.

— Docteur Ginger ? appela-t-il.

— Vouais ! fit le docteur, en soufflant comme un phoque.

Mick savait à quoi s'en tenir sur les mecs qui disaient *vouais*.

— Il faut que nous parlions.

— Maintenant ? dit Ginger, en ratant un revers enfantin.

Sa partenaire, une femme hyperbronzée et efflanquée, jeta un regard noir à Stranahan.

— C'est l'affaire d'un instant, dit Mick.

Le Dr Ginger ramassa deux balles.

— Excusez-moi, je dois faire le service.

— Non, répliqua Stranahan, d'ailleurs le set est fini.

Il avait suivi le match du haut d'une chaise d'arbitre, à deux courts de là.

Tandis que le Dr Ginger se concentrait sur la balle qu'il faisait rebondir entre ses jambes, les autres joueurs ramassèrent leurs serviettes-éponges frappées du logo du club et les housses en veau de leurs raquettes avant de quitter le court lentement.

— Le grand type, là, c'est mon avocat, lança avec une certaine solennité George Ginger.

— Tout membre du corps médical se doit d'avoir un avocat. Les chirurgiens, en particulier, dit Mick Stranahan.

Ginger fourra les balles dans les poches de son short blanc, trempé de sueur.

— Si nous en venions aux faits.

— Rudy Graveline.

— J'ai déjà entendu ce nom-là.

Ça promettait d'être amusant, songea Mick. Il adorait y aller avec des pincettes.

— Vous avez travaillé pour lui au Centre Durkos. Et si vous me racontiez toute l'histoire, comme un gentil garçon ?

George Ginger fit signe à Stranahan de le suivre dans le patio. Il choisit une table à l'écart, munie d'un parasol, près de la boutique d'accessoires.

— Qui vous envoie ? s'enquit le docteur à voix basse.

— L'association, fit Stranahan.

Pas la peine de préciser laquelle ; Ginger n'aurait pas le front d'insister. Après avoir essuyé son front en soupirant pour la énième fois, le médecin se lança :

— Nous étions quatre : Kelly, Greer, Shulman et moi. Graveline était le patron.

— Les affaires marchaient ?

— Ça roulait.

— Alors pourquoi a-t-il fermé le Centre ?

— Je ne sais toujours pas bien, dit George Ginger.

— Mais vous êtes au courant des rumeurs ?

— Oui, on a raconté qu'il y avait eu un problème avec l'une des patientes. Le genre de problème susceptible d'entraîner une intervention des autorités.

— Il s'agissait d'une patiente de Rudy ?

George Ginger fit oui de la tête.

— Une jeune femme, à ce qu'on a dit.

— Elle s'appelait ?

— Je n'en sais rien.

Le docteur était un fieffé menteur.

— Et c'était grave, ce problème ? renchérit Stranahan.

— Je n'en sais rien non plus. Nous en avons déduit que c'était une grosse emmerde, sinon pourquoi Graveline aurait-il plié bagage aussi vite ?

— Et aucun d'entre vous n'a daigné lui demander le pourquoi et le comment ?

— Foutre non ! Je suis déjà passé devant un tribunal, mon pote, et ça n'a rien de particulièrement drôle. Aucun de nous ne voulait se retrouver embarqué dans cette galère. De toute façon, nous nous sommes présentés un jour pour travailler et l'endroit avait été vidé. Plus tard nous avons reçu un chèque certifié de Rudy, avec un mot d'excuse pour l'embarras qu'il nous causait et en nous souhaitant bonne chance pour l'avenir. Le temps de se retourner, il a refait surface à Bal Harbour — fallait oser ! —, à la tête d'un complexe chirurgical où l'on opère à la chaîne. Genre dix prothèses de nibards par jour.

— Pourquoi ne pas l'avoir rappelé ? fit remarquer Stranahan.

— En quel honneur ? Du bon vieux temps ?

— Ce chèque certifié devait être d'un montant appréciable.

— Oui. Rudy s'est montré fort généreux, concéda le Dr Ginger.

Mick s'empara de la raquette en graphite du médecin et en pinça machinalement les cordes. George Ginger l'observait d'un air chagrin.

— Vous vous souvenez du jour où la police est venue ? Ce jour-là, une jeune patiente avait disparu à l'arrêt du bus, juste en face de la clinique, ça ne vous dit rien ? dit Stranahan.

— J'étais absent ce jour-là.

— Ce n'est pas ce que je vous ai demandé.

Mick le dévisagea à travers le quadrillage de la raquette.

— Je me rappelle en avoir entendu parler, convint Ginger, l'air de rien.

— C'est arrivé juste avant que Graveline se casse, n'est-ce pas ?

— Je crois que oui.

— Vous vous considérez comme un homme intelligent, docteur Ginger ? lui demanda Stranahan. Ne prenez pas cet air insulté, c'est une question sérieuse.

Mick reposa la raquette sur la table du patio.

— Oui, je juge que je suis intelligent.

— Eh bien, alors, le timing ne vous a pas interpellé quelque part ? On kidnappe une fille sous les fenêtres de la clinique et deux semaines plus tard votre patron plie boutique. Ne s'agirait-il pas là de l'emmerde dont vos collègues et vous avez entendu parler ? A votre avis ?

— Je ne vois pas le rapport, répondit Ginger, d'un ton revêche.

Il ramassa sa raquette et, un brin piqué, la glissa dans sa housse dont il remonta la fermeture Éclair.

Stranahan se leva.

— Bon, l'important après tout, c'est que vous ayez toujours l'autorisation d'exercer, pas vrai ? Vous savez où je peux trouver les autres mousquetaires ?

Le Dr Ginger se drapa sa serviette autour du cou ; un geste de vrai pro.

— Kelly est parti dans le Michigan, Shulman est monté à Atlanta où il travaille dans un quelconque service de santé. Quant au Dr Greer, il est malheureusement décédé.

— Racontez-moi ça.

— Ce n'est pas inscrit dans vos fichiers ? Je veux dire, quand un médecin meurt ?

— Pas toujours, bluffa Stranahan.

— C'est arrivé environ six mois après la fermeture du Centre Durkos. Un accident de chasse du côté d'Ocala.

— Qui d'autre se trouvait là ?

— Je n'en sais vraiment rien, fit Ginger avec un

haussement d'épaules las, je crains de ne pas avoir beaucoup de détails.

— Pour une surprise, ça c'est une surprise !

Le système Rudy Graveline était d'une brillante simplicité : frapper, persuader, opérer et enfin, flatter.

Son credo était accroché au mur de chaque salle d'attente de Whispering Palms : « VANITÉ ÉGALE BEAUTÉ ». Des maximes de la même eau ornaient les couloirs et les salles d'examen. « POURQUOI LA PERFECTION SERAIT-ELLE UN MAL ? » était l'une de celles que préférait Rudy. Une autre — « AMÉLIOREZ-VOUS, AMÉLIOREZ VOTRE APPARENCE ! » — était encadrée dans le centre de remise en forme, où les patients récupéraient pendant la période cruciale qui suivait leur opération et où ils ne désiraient pas se montrer en public. Rudy s'était finement avisé qu'un séjour thermal postopératoire représenterait une source de profits considérable, tout en ayant un effet retour globalement positif sur le rétablissement de ses clients. Tout un chacun y exhibait cicatrices et ecchymoses si bien qu'aucun d'entre eux n'était en état de critiquer les résultats qu'il avait sous les yeux.

Reynaldo Flemm, dans la mesure de ses moyens, prit mentalement des notes sur Whispering Palms quand il alla y pousser une reconnaissance. Il se fit passer pour un danseur exotique dont un grain de beauté déparait la fesse droite. Dans ce dessein, Flemm avait teint ses cheveux en brun et les avait peignés en arrière, après les avoir enduits de gomina ; ce fut tout ce à quoi il put consentir pour altérer son apparence. En son for intérieur, il adorait que les gens le dévisagent parce qu'ils le reconnaissaient pour l'avoir vu à la télévision.

Il se trouva que l'infirmière qui le reçut à Whispering Palms ne regardait apparemment jamais *À visage décou-*

vert. Elle traita Flemm comme n'importe quel autre client potentiel. Après l'avoir promené rapidement dans les diverses installations, elle le conduisit dans une salle de consultation, éteignit la lumière et lui projeta une bande vidéo vantant les miracles de la chirurgie esthétique. Après avoir rallumé, elle lui demanda s'il avait des questions à poser.

— Combien cela me coûtera-t-il ? lui demanda Reynaldo.

— Ça dépend de la taille de votre grain de beauté.

— Oh, il est aussi gros qu'une olive, précisa-t-il, mesurant entre le pouce et l'index cette prétendue disgrâce.

— Je peux y jeter un coup d'œil ? fit l'infirmière.

— Ah non !

— Ne me dites pas que vous êtes timide, voyons ; pas avec le métier que vous faites.

— Je le montrerai au docteur et à personne d'autre, s'entêta Flemm.

— Très bien. En ce cas, je vais vous fixer un rendez-vous.

— Avec le Dr Graveline, s'il vous plaît.

L'infirmière sourit.

— Vraiment, Mr. Le Tigre ?

Flemm avait trouvé tout seul ce nom de Johnny Le Tigre. Il semblait aller comme un gant à un danseur olé olé.

— Le Dr Graveline n'opère pas les grains de beauté, laissa tomber l'infirmière d'un ton glacial. L'un de nos excellents praticiens peut s'en charger très facilement.

— Ce sera le Dr Graveline ou personne, dit Reynaldo fermement, ma carrière de danseur, ma vie même sont en jeu.

— Je regrette. Le Dr Graveline n'est pas disponible.

— Pour dix mille dollars, je parie qu'il le sera.

L'infirmière tâcha de contenir sa surprise.

— Je reviens, dit-elle d'un ton léger.

Resté seul, Reynaldo Flemm vérifia dans le miroir si son déguisement tenait le coup. Il lui suffisait d'obtenir un rendez-vous avec le docteur puis de revenir avec Willie et sa caméra pour le grand déballage — qui devrait avoir lieu dans la clinique, pas à l'extérieur. Et si Graveline leur montrait la porte, Reynaldo et Willie emprunteraient celle du Centre, sans cesser de filmer. Ce reportage serait de la dynamite ; même Christina devrait en convenir.

L'infirmière réapparut.

— Suivez-moi, Mr. Le Tigre, fit-elle.

— Où ça ?

— Le Dr Graveline a accepté de vous recevoir.

— Maintenant ? couina Flemm.

— Il n'a que quelques minutes à vous consacrer.

C'est avec des sueurs froides que Reynaldo suivit l'infirmière le long d'un couloir bleu pâle. Il était sur le point de toucher au but de son enquête et il se retrouvait sans défense aucune — pas de caméra, pas de bloc, pas de magnéto. Il pouvait tout gâcher s'il ne se montrait pas prudent. Son seul avantage était d'être également démuni de script. Il ne saurait quelle question poser, même si l'occasion se présentait.

L'infirmière l'abandonna dans un bureau spacieux, qui s'ouvrait amplement sur la partie nord de la baie de Biscayne et ses brisants couverts d'écume. Reynaldo eut à peine le temps de fureter dans les coins avant que le Dr Graveline n'entre et se présente. Flemm l'examina de pied en cap, au cas où il lui faudrait plus tard le désigner à Willie dans la camionnette : de taille moyenne, mince, cheveux cendrés, bronzé sur les terrains de golf mais pas très musclé. Globalement, pas désagréable à regarder.

Rudy Graveline ne perdait jamais de temps.
— Voyons voir votre petit problème, Mr. Le Tigre.
— Un instant, s'il vous plaît.
— Il ne s'agit que d'un grain de beauté, après tout.
— Pour vous, peut-être, rétorqua Reynaldo. Avant que nous n'allions plus avant, j'aimerais vous poser quelques questions.
Il marqua un temps avant d'ajouter :
— Des questions sur votre formation.
Le Dr Graveline s'installa derrière son bureau d'onyx étincelant et croisa les mains.
— Allez-y, fit-il avec amabilité.
— Où avez-vous fait vos études de médecine ?
— À Harvard, répondit Rudy.
Reynaldo eut un hochement de tête approbateur.
— Et depuis combien de temps exercez-vous ?
— Seize ans, fit Graveline.
— Ah ! ponctua Flemm.
Il ne voyait pas quelle autre question lui poser, ce qui faisait bien l'affaire de Rudy. Certains de ses patients voulaient savoir à quel rang il avait intégré (bon dernier) ou bien encore s'il était homologué par une association nationale des chirurgiens esthétiques (la réponse était non). En réalité, Rudy était venu à peine à bout d'un internat en radiologie et n'avait reçu aucune formation en chirurgie plastique. Et pourtant aucune loi ne l'empêchait de prétendre que c'était sa spécialité ; voilà ce qu'il y avait de beau dans la profession médicale : une fois votre diplôme obtenu, vous pouviez vous essayer à tout ce qui vous faisait foutrement plaisir, de la chirurgie du cerveau à la gynécologie. Les hôpitaux pouvaient à la rigueur se livrer à des vérifications, les patients, eux, jamais. Et au cas où, comme Rudy, vous vous plantiez dans une spécialité ou une autre, vous aviez toujours la possibi-

lité de quitter la ville et d'aller ailleurs exercer vos talents, dans un autre domaine.

Reynaldo Flemm, cherchant à gagner du temps, demanda à Rudy :

— Comment se passe une opération de ce type ?

— On insensibilise d'abord la zone de traitement à l'aide d'un anesthésique léger, ensuite on extirpe le grain de beauté d'un petit coup de bistouri. Plus quelques points de suture, si nécessaire.

— Et pas de traces ?

— Aucun risque de cicatrice, je vous le garantis, affirma le Dr Graveline.

— Pour dix mille dollars, il vaut mieux.

— Je n'imaginais pas que les danseurs de strip se faisaient autant d'argent.

— Vous aviez raison. J'ai hérité.

Si Flemm avait été plus attentif, il aurait surpris un soupçon de rapacité dans l'expression de Graveline.

— Mr. Le Tigre, accepteriez-vous un conseil professionnel et amical ?

— Tout à fait.

— Votre nez, hasarda Rudy, je veux dire, puisque vous n'êtes pas à une intervention chirurgicale près...

— Bon sang ! Qu'est-ce qu'il a qui va pas, mon nez ?

— Il est presque deux fois trop gros pour votre visage. Et pour être tout à fait franc, on pourrait réduire votre brioche de quelques bons centimètres. Après l'excision de votre grain de beauté, je pourrais pratiquer une liposuccion.

— Vous plaisantez, j'espère ! s'exclama Reynaldo. Rien ne cloche chez moi.

— Je vous en prie, ne le prenez pas mal, ajouta Rudy, simple déformation professionnelle. J'ai pensé simplement qu'une personne avec un job comme le vôtre devait désirer se montrer au mieux de sa forme.

Flemm se sentit gagné par la fureur.

— Mais, je suis au mieux de ma forme !

Le Dr Graveline s'accouda sur le bureau et, se penchant en avant, dit avec douceur :

— Avec tout le respect que je vous dois, Mr. Le Tigre, nous nous voyons rarement avec les yeux d'autrui. C'est un trait de la nature humaine.

— J'en ai assez entendu comme ça, lança Reynaldo Flemm, d'un ton cassant.

— Si c'est une question d'argent, tenez, je peux vous faire un prix de gros pour l'excision du grain de beauté et la liposuccion ; quant à la rhinoplastie, elle vous coûtera trois fois rien, d'accord ?

— Mais j'ai pas besoin de votre rhinoplastie de merde !

— S'il vous plaît, fit Graveline, rentrez chez vous et songez-y à tête reposée. Et examinez-vous d'un œil vraiment critique dans la glace.

— Allez vous faire foutre ! cria Reynaldo Flemm, en se ruant hors du bureau.

— Ce n'est pas un crime d'avoir un gros pif, lui balança Rudy Graveline. Personne n'est né parfait !

Une heure plus tard, Rudy était en train d'ajuster une prothèse mammaire colloïdale Modèle Mentor 7 000 au sein gauche de la future Miss Équateur ; il dut quitter le bloc opératoire pour répondre à un téléphone urgent de New York.

À l'autre bout du fil, malgré son ton hystérique, il reconnut la voie de Maggie Gonzalez.

— Respirez profondément à plusieurs reprises, lui conseilla Rudy.

— Non, faut m'écouter ! J'ai trouvé un message sur mon répondeur ; celui qui est chez moi, à Miami.

— Qui vous l'a laissé ?

— Stranahan. Ce fameux enquêteur.

— Tiens donc.

Le Dr Graveline se donnait du mal pour garder son calme et il fut fier de son sang-froid.

— Que disait le message, Maggie ? demanda-t-il.

— Seulement trois mots : *Ça marchera pas.*

Rudy répéta ce message tout haut. Si l'on se fiait à sa voix, Maggie semblait avoir perdu les pédales.

— Ne revenez pas par ici pour le moment, lui dit Graveline. Je vais vous envoyer de l'argent.

Il ne pouvait réfléchir clairement avec Maggie qui s'hyperoxygénait dans le récepteur. Et il avait besoin de réfléchir. *Ça marchera pas.* Bon Dieu de merde, il n'aimait pas ça du tout. Qu'est-ce que Stranahan savait au juste ? Et si c'était un coup de bluff ? Rudy Graveline se demanda s'il devait appeler Chimio et lui dire d'activer les choses.

— Qu'est-ce qu'on va faire ? insista Maggie.

— C'est déjà en train.

— Bon.

Maggie ne lui demanda pas de préciser ce qui était en train. Car, précisément, elle ne voulait pas le savoir.

Après déjeuner, Mick Stranahan se rendit à l'hôpital, mais pour la deuxième fois consécutive, les infirmières lui dirent que Timmy Gavigan dormait. Elles lui apprirent qu'il avait une fois de plus passé une mauvaise nuit et que le nouveau médicament lui donnait encore de la fièvre.

Stranahan brûlait d'entendre ce que son ami se rappelait du Dr Rudy Graveline. Comme la plupart des bons flics, Timmy n'oubliait jamais un interrogatoire ; et comme la majorité des flics, il était le seul à pouvoir relire son écriture. Le dossier Barletta était rempli de griffonnages gaviganesques.

Après avoir quitté l'hôpital, Mick regagna en voiture la marina de Key Biscayne. En rentrant en skiff à Stiltsville, il passa mentalement en revue toutes les données en sa possession.

Vicky Barletta avait disparu et était probablement morte.

Le docteur qui s'était occupé d'elle avait plié boutique quelques semaines plus tard et racheté leurs parts à ses quatre associés, moyennant cinquante mille dollars par tête de pipe.

L'un d'entre eux, le Dr Kenneth Greer, n'avait jamais encaissé son chèque — selon le fichier informatique de la banque.

Sept mois environ après la fermeture du Centre Durkos par Rudy Graveline, le Dr Kenneth Greer était tué sur le coup en chassant le daim dans le parc national d'Ocala. Le bureau du shérif avait conclu à un accident.

Le chasseur, qui s'était arrangé pour confondre Kenneth Greer avec un chevreuil à queue blanche, avait décliné l'identité suivante : T. B. Luckner, 1333 Carter Boulevard, Decatur, Géorgie. Si le shérif d'Ocala s'était donné la peine de vérifier, il aurait découvert qu'il n'existait aucun individu portant ce nom et, *a fortiori*, nulle adresse de ce type.

L'infirmière qui avait assisté à l'opération de Victoria Barletta, s'était rendue récemment à New York pour vendre son témoignage à une productrice de télévision.

Peu après, un tueur à gages appelé Tony l'Anguille s'était pointé, avec un visage flambant neuf, pour assassiner Mick Stranahan.

Sur ces entrefaites, la productrice de télé était descendue à Miami tirer le portrait à Stranahan pour son émission spéciale en prime time.

Toutes les pistes convergeaient vers un kidnapping vieux de quatre ans que Mick Stranahan n'avait jamais élucidé.

Pour engager le bateau dans le chenal de Biscayne, Mick obliqua en diagonale et emballa le moteur. Il fila en droite ligne vers sa maison sur pilotis. La marée était haute et on pouvait traverser les marécages sans risque.

En chemin, il songea à Rudy Graveline.

À supposer que le docteur ait tué Vicky. Mick rectifia : Victoria, pas Vicky. Ou mieux, Barletta, tout simplement. Il n'y avait pas lieu de personnaliser l'affaire outre mesure.

À supposer que le docteur l'ait tuée et que Greer l'ait su ou découvert. Greer avait été le seul à ne pas encaisser son chèque — peut-être espérait-il davantage de fric ou peut-être encore était-il prêt à tout balancer aux flics.

Dans les deux cas, le Dr Graveline aurait eu plein de bonnes raisons de le faire taire.

Et si, pour un motif quelconque, le Dr Graveline avait été amené à croire que Mick Stranahan représentait une menace semblable, qu'est-ce qui l'aurait empêché de tuer à nouveau ?

Stranahan ne put s'empêcher de s'émerveiller devant cette éventualité. Si l'on considérait le nombre de taulards et d'ex-taulards qui auraient aimé le voir mort — malfrats, dealers, arnaqueurs, voleurs à l'arraché et artistes de l'attaque à main armée —, c'était une ironie du sort qui voulait que le suspect le plus vraisemblable fût un charlatan plein aux as qu'il n'avait jamais rencontré.

Plus Mick en apprenait sur cette affaire et plus il

réfléchissait sur ce qu'il avait appris, plus il se sentait saisi d'un haut-le-cœur.

Son moral remonta un tantinet quand il aperçut son amie Tina, le mannequin, étendue au soleil sur la terrasse de la maison. Et il fut particulièrement soulagé de voir qu'elle était seule.

8

Stranahan pêcha quatre petits sébastes et les fit frire pour le dîner.

— Richie m'a plaquée, expliquait Tina, je veux dire, il m'a foutue dehors et il s'est tiré. C'est pas croyable, non ?

Mick faisait semblant de l'écouter tout en fourrageant dans la glacière.

— Tu préfères avec du citron ou avec du sel aillé ?

— Avec les deux, lui dit Tina. On s'est bagarrés et il m'a obligée à descendre du bateau. Puis il est parti.

Elle portait un tee-shirt ample sur le bas d'un bikini. Ses cheveux blonds comme les blés étaient coiffés en queue de cheval. Un porte-bonheur brillait à son cou : on aurait dit un minuscule marsouin doré.

— Richie deale un peu de coke, poursuivit Tina, c'est à propos de ça qu'on s'est disputés. Enfin, en partie seulement.

— Ne laisse pas brûler les petits pains, surveille-les ! lui enjoignit Mick.

— T'en fais pas. Tu veux savoir à propos de quoi on s'engueulait aussi ? C'est si con que tu voudras pas le croire.

Stranahan découpait en dés un poivron sur le comptoir de la cuisine. Il était pieds nus et portait son jean coupé aux genoux ainsi qu'une chemisette kaki, ouverte sur son torse. Ses cheveux étaient encore humides, suite à la douche qu'il avait prise. En gros, il se sentait beaucoup mieux et sa situation lui paraissait moins sombre.

— J'ai trouvé ce boulot de mannequin, dit Tina, et Richie, il est devenu comme fou. Tout ça, tu vois, parce que je devais poser nue, oh ! pour quelques photos. Des trucs de plage, rien que moi et le photographe. Richie me dit pas question, tu peux pas le faire. Et je lui réponds c'est pas à toi de me dire ce que je dois faire. Alors — alors ! — il me traite de salope et je lui balance que c'est la meilleure de la part d'un dealer à deux balles. Ensuite, il m'a flanqué un coup de poing dans le ventre en me disant de pousser mon cul du bateau.

Tina marqua une pause en soupirant :

— Ta maison était la plus près.

— Tu peux rester ici cette nuit, dit Mick d'un ton tout à fait paternel.

— Et si Richie revient ?

— Alors on lui apprendra les bonnes manières.

— Il est encore en rogne à cause de l'autre fois, quand tu l'as remorqué dans l'eau.

— Les petits pains, lui rappela Stranahan.

— Ah ! ouais, pardon.

Tina sortit le plat brûlant du four.

Pendant le quart d'heure qui suivit, elle ne dit plus un mot ; le poisson était excellent et elle avait une faim de loup. Mick dénicha une bouteille de vin blanc et en remplit deux verres. Tina sourit en lui demandant :

— Tu as des chandelles ?

Stranahan joua le jeu, même si la nuit ne devait commencer à tomber qu'une heure plus tard. Il alluma deux grosses bougies-tempête qu'il posa sur la nappe en toile cirée.

— C'est vraiment très joli, fit Tina.

— Oui.

— Je n'ai pas trouvé une seule arête, continua-t-elle en mâchant avec application.

— Parfait.

— Tu es marié, Mick ?

— Divorcé, répondit-il, cinq fois.

— Wouah !

— Chaque fois, de ma faute, ajouta-t-il.

Il y croyait jusqu'à un certain point. La même chose s'était produite chaque fois : il se réveillait un beau matin et il ne ressentait plus rien ; ni culpabilité, ni jalousie, ni colère, rien qu'une implacable torpeur, ce qui était bien pire. Comme si, au cours de la nuit, tout son sang s'était changé en novocaïne. Il regardait la femme couchée près de lui, frappé d'incrédulité qu'elle soit son épouse, qu'il se soit marié avec cette personne. Il se sentait piégé et avait du mal à le dissimuler. A la cinquième reprise, les rapports avec les avocats exceptés, divorcer était devenu une expérience extra-sensorielle.

— Tu courais à droite et à gauche ou quoi ? lui demanda Tina.

— C'était pas ça le problème, fit Stranahan.

— Alors quoi ? Tu es plutôt beau mec, je vois pas pourquoi une nana aurait envie de te planter là.

Mick leur reversa du vin.

— C'est pas très drôle de m'avoir dans les pattes.

— Oh ! je suis pas d'accord, dit Tina d'un ton dégagé qui le fit tressaillir.

Ses yeux se posèrent sur la masse qui ornait le mur du salon.

— Qu'est-ce qu'il est arrivé à Monsieur le Poisson-Épée ?

— C'est un espadon, précisa Stranahan. Il est tombé du mur et s'est cassé le bec.

— Le chatterton, ça fait moche, Mick.

— Ouais, je sais.

Après le dîner, ils sortirent sur la terrasse pour regarder le soleil disparaître derrière Coconut Grove. Mick attacha un hameçon de douze au bout de sa ligne et l'appâta avec un petit morceau de crevette congelée. En un quart d'heure, il attrapa cinq épinoches frétillantes, qu'il jeta dans un seau en plastique. Tina, enchantée, s'assit en tailleur pour observer les petits poissons nager frénétiquement en cercle dans le récipient.

Stranahan alla ranger sa canne à pêche à l'intérieur et revint prendre le seau.

— À tout de suite.

— Où vas-tu ?

— En bas, près du bateau.

— Je peux venir ?

— Je sais pas si ça te plaira, dit-il en haussant les épaules.

— Quoi ça ? demanda Tina, en le suivant avec hésitation au bas de l'escalier en bois, à fleur d'eau.

Liza flottait, formidable, à sa place habituelle. Mick désigna l'énorme barracuda à Tina.

— Tu vois ?

— Wouah ! C'est un requin ?

— Non.

Il mit la main dans le seau et s'empara de l'une des épinoches, repliant soigneusement sa nageoire dorsale pour protéger ses doigts des piqûres.

— Je pige, maintenant.

— Je l'ai apprivoisée, dit Stranahan.

Il lança l'épinoche dans l'eau et le barracuda, tous crocs dehors, la dévora en un éclair silencieux. Quand le tourbillon s'apaisa, ils virent que le monstre marin avait repris sa position première, comme s'il n'avait jamais bougé.

Mick lança une autre épinoche d'un air impassible et le barracuda répéta son manège meurtrier.

Tina était si près de lui que Mick pouvait sentir la tiédeur de son souffle sur son bras nu.

— Ils mangent les gens ? demanda-t-elle.

Il eut envie alors de la prendre contre lui.

— Non, dit-il, ils ne les mangent pas.

— C'est une bonne chose !

— Tout ce qui brille les attire et ils attaquent. Si tu plonges, enlève tes bracelets.

— Sérieux ?

— Ça peut arriver à ce qu'on dit.

Cette fois, il cueillit deux épinoches et les lança à la volée dans l'eau, simultanément ; le barracuda n'en fit qu'une bouchée.

— Je l'appelle Liza, fit Mick, Liza avec un *z*.

Tina opina du chef, comme si elle trouvait ce nom tout à fait mignon. Puis elle lui demanda si elle pouvait essayer à son tour.

— Chiche !

Stranahan s'empara de la dernière épinoche et la déposa délicatement au creux de la paume de Tina.

— Jette-la où tu veux !

Elle se pencha sur l'eau et appela :

— Liza ! C'est par ici que ça se passe. Liza !

Le petit poisson tomba avec un léger plouf, décrivant un huit zigzagant sous le ponton. Le barracuda ne bougea pas.

Mick sourit. L'épinoche, groggy, poursuivit sa course en tire-bouchon jusqu'au fond et alla se réfugier dans une vieille coquille vide.

— J'ai fait quoi de travers ? s'étonna Tina.

— Mais rien. Elle n'a plus faim, c'est tout.

— C'est peut-être moi qui lui coupe l'appétit.

— Peut-être bien, convint Stranahan.

Il la prit par la main et la fit remonter. Il alluma les lumières dans la maison et rabattit les volets des deux côtés pour laisser entrer la brise fraîche du soir. Sur le toit, l'éolienne se mit à craquer, tournant plus vite.

Tina se lova sur le canapé défoncé, aux couleurs fanées.

— Je me suis toujours demandé comment c'est par ici quand il fait noir, dit-elle.

— Y a pas grand-chose à faire, j'en ai peur.

— T'as pas la télé ?

— Non, répondit Mick.

— Et si on faisait l'amour ?

— C'est une idée.

— Tu m'as déjà vue nue.

— Je n'ai pas oublié, avoua Stranahan, la seule chose c'est que...

— Te tracasse pas à cause de Richie. De toute façon, c'est histoire de passer le temps agréablement, pas plus. D'ac' ?

— Le problème, c'est que je ne fais rien par-dessus la jambe, dit Mick.

Il tombait amoureux continuellement ; comment expliquer autrement ses cinq mariages, chaque fois avec une barmaid.

Tina se dépouilla de son tee-shirt tropical et le drapa sur un tabouret du bar. Se déhanchant comme une Rockette du Radio-City de New York, elle s'extirpa de son bikini, qu'elle abandonna tout chiffonné sur le sol.

— On voit les marques du maillot sur mon bronzage, non ?

— Où ça ? demanda-t-il.

Tina tira sur l'élastique qui retenait sa queue de

cheval et libéra sa chevelure en secouant la tête. Puis elle se réinstalla sur le canapé.

— Regarde un peu, dit-elle.

Elle adopta une pose langoureuse : dressée à demi sur un coude, jambes repliées en ciseaux, masquant de son bras la pointe de ses seins.

— Magnifique ! approuva Stranahan, partagé entre l'amusement et la gêne.

— C'est dur de faire pareil sur une plage, raconta Tina, le sable se faufile dans des endroits pas possibles. Faut être professionnelle, malgré tout, dans ce boulot.

— J'en doute pas.

— Grâce à toi, j'ai retrouvé ma confiance en moi. En mes lolos, tu te souviens ?

Elle se jeta un regard appréciateur.

— La confiance en soi, c'est indispensable quand t'es mannequin. Si quelqu'un te balance que t'as le cul en goutte d'huile ou que tes nichons sont pas symétriques, c'est un désastre sur le plan émotionnel. J'en étais malade jusqu'à ce que tu les mesures avec ce truc de menuisier.

— Heureux de t'avoir rendu service, dit Stranahan, en essayant de trouver autre chose, n'importe quoi, de beaucoup plus romantique.

— On t'a déjà dit que tu as le nez de Nick Nolte ?

— Que le nez ? dit-il.

Nick Nolte, c'était nouveau.

— Tes yeux, poursuivit Tina, ils font plutôt penser à ceux de Sting. Je l'ai croisé une fois sur le Strand.

— Merci, fit Stranahan.

Il ignorait de qui elle parlait. Peut-être d'un de ces catcheurs pro de la télé par câble.

Tout en gardant sa pose, Tina lui fit signe de venir la rejoindre sur le canapé. Elle lui saisit les mains, les guida sur sa poitrine flambant neuve et les y maintint. Mick supposa qu'un compliment ne serait pas malvenu.

— Ils sont parfaits, dit-il, en tâtant poliment les seins de Tina.

Là-dessus, cambrant le dos, elle se renversa en arrière et Mick se retrouva dans la posture de l'alpiniste accroché à la paroi.

— Pendant que nous y sommes, dit-il, je peux savoir le nom de ton chirurgien ?

Avant même l'accident d'électrolyse, les temps avaient été durs pour Chimio. Ses parents avaient été membres d'une secte portée sur la bigamie, le régime végétarien, les objets volants non identifiés et le refus de payer ses impôts ; ses père et mère, et trois de leurs conjoints respectifs, furent tués par le FBI, après avoir soutenu un siège sanglant de dix jours dans un bureau de poste, à la sortie de Grand Forks, dans le Dakota du Nord. Chimio, âgé de six ans à l'époque, partit vivre avec son oncle et sa tante chez les Amish, à l'ouest de la Pennsylvanie. Une période très rigoriste s'ensuivit, car l'oncle et la tante de Chimio n'étaient pas encore alors des Amish purs et durs, mais des presbytériens bon teint, fuyant une condamnation pour fraude postale, récoltée à Bergen County, dans le New Jersey.

Grâce au fruit durement gagné de leur escroquerie, le couple avait fait l'acquisition d'une modeste ferme et s'était débrouillé pour s'immiscer dans la société hermétiquement close d'une bourgade Amish. Au départ, ce ne fut qu'une autre forme d'arnaque, qu'un refuge temporaire en attendant que les choses se tassent. Au fil des années, cependant, la conversion de l'oncle et de la tante de Chimio devint authentique. Ils se prirent à aimer cette vie simple et pastorale, la cordialité réelle de cette communauté de fermiers ; Chimio fut anéanti par leur transformation. En grandissant, il supporta de plus en plus difficilement les grimaces de sa famille et par suite, les Amish en bloc. S'il goûtait déjà peu leurs vêtements amples et sévères et leur façon stricte de se tenir à table, leurs habitudes capillaires le rendaient positivement furieux. Chez les Amish, les hommes ne se rasaient pas et l'oncle de Chimio insista, au moment de sa puberté, pour qu'il se plie à cette coutume. Comme les motifs religieux n'avaient aucune prise sur Chimio, son oncle avança une vue pratique de la chose : tout fugitif devant adopter un déguisement, porter la barbe s'avérait la meilleure solution.

Chimio se soumit en rechignant, mais le jour de ses vingt et un ans, au volant de la camionnette de son oncle, il se rendit au siège régional de la Chemical Bank, menaça un caissier d'une fourche (les Amish ne possédaient pas d'arme à feu) et quitta les lieux sans se presser, après avoir empoché sept mille dollars et des poussières. Sa première emplette fut un rasoir Bic jetable.

Le *Philadelphia Inquirer* signala que c'était la première fois, depuis la fondation de la communauté, qu'un Amish attaquait une banque. Si Chimio ne fut jamais inquiété pour ce délit, son oncle et sa tante furent démasqués, extradés dans le New Jersey, jugés, condamnés, puis expédiés dans une prison trois étoiles au nord de la Floride. Le gouvernement US saisit leur ferme et la vendit aux enchères.

Une fois libéré des Amish, Chimio s'employa à relever le défi principal de son âge adulte, à savoir éviter tout travail manuel, pour lequel il souffrait d'une aversion chronique. Opter pour le crime lui parut le moyen le plus efficace de se faire de l'argent sans trop se fatiguer ; aussi s'y essaya-t-il. Malheureusement, la nature l'avait doté d'un cruel désavantage : si mesurer un mètre quatre-vingt-neuf était un plus pour un basketteur professionnel, ça devenait un inconvénient désastreux pour un cambrioleur de métier. Chimio demeura coincé dans la toute première fenêtre qu'il força ; la fracturer n'avait posé aucun problème, mais entrer par effraction se révéla impossible.

Les quatre mois qu'il coula dans la prison du comté passèrent trop lentement à son goût. Il pensa souvent à son oncle et sa tante et se morigéna de n'avoir pas su tirer profit de leur vaste expérience. Ils auraient pu lui apprendre nombre de leurs secrets sur le crime en col blanc que, suite à son insolence et son esprit de rébellion, il n'avait pas jugé bon de leur demander. À présent, c'était trop tard — leur carte postale la plus récente du pénitencier d'Eglin se terminait par un bout-rimé d'inspiration religieuse et le dessin d'un visage souriant. Chimio sut qu'ils étaient perdus à jamais.

Après avoir accompli son temps pour son cambriolage avorté, il gagna une petite ville non loin de Scranton, où il décrocha un travail dans le service municipal des parcs et loisirs. Peu après, grâce à un *curriculum vitae* bidon mais impressionnant, il obtint le poste d'administrateur adjoint, job qui lui donnait droit à une secrétaire et à une voiture de fonction. Si son salaire plafonnait à vingt mille dollars par an, sa seconde source de revenus, provenant des pots-de-vin et autres dessous-de-table, était substantielle. Chimio devint artiste en la matière et prospéra. Et la ville prospéra itou. Il fut ravi de découvrir comment les intérêts respectifs de l'entreprise privée et de l'administration publique paraissaient souvent se recouper.

L'apogée de la carrière municipale de Chimio fut marqué par son habileté à contourner le plan local d'occupation des sols ; ce qui permit à une usine de pâtée pour chiens, gérée et possédée par la Mafia, de s'implanter dans la banlieue. Trois cents nouveaux emplois furent créés à cette occasion et on commença à parler de la candidature de Chimio à la mairie. Cette idée lui agréa fort et il se mit immédiatement à lever, en toute illégalité, des fonds à but politique auprès des entrepreneurs et fournisseurs, ayant passé des marchés avec la municipalité. Bientôt, on mit sur pied une campagne d'affichage, mais Chimio fit marche arrière en voyant le produit fini : l'agrandissement photographique de son visage magnifiait les deux follicules pileux ornant l'extrémité de son nez, normal par ailleurs ; Chimio, en une métaphore reflétant son anxiété, décréta qu'ils faisaient penser à « deux tiques se baisant en duel ». Il ordonna la destruction de toutes les affiches de la campagne, prit date pour une seconde séance de pose et courut à Scranton se soumettre au traitement par électrolyse qui devait se révéler fatal.

Son effroyable mésaventure et le meurtre du praticien responsable qui en résulta mirent un terme à la carrière politique de Chimio. Il jura de renoncer pour toujours à la fonction publique.

Ils louèrent un Aquasport et le mirent à quai à Sunday's-on-the-Bay. Ils choisirent une table sous la marquise, au bord de l'eau. Chimio commanda un ginger-ale et Chloé Simpkins Stranahan, une double vodka-soda.

— On va attendre le crépuscule, dit Chimio.

— C'est O.K. pour moi.

Chloé lampa son verre comme un coyote mourant de soif. Elle portait un ridicule costume marin de chez Lord and Taylor ; il n'y manquait même pas la casquette. Ce n'était pas une tenue idéale pour faire du bateau.

— J'ai travaillé dans cette boîte, fit Chloé, comme pour illustrer le chemin qu'elle avait parcouru.

— C'est ici que vous avez rencontré Mick ? lui demanda Chimio.

— Pour mon malheur.

Le bar était plein à craquer pour le bonheur des dames. S'ajoutait au rassemblement habituel d'étalons latinos en chaussures de lézard, une dizaine de marins blonds et baraqués, appartenant à l'équipage de bateaux charters. Formant contraste avec les Travolta de bazar, ces derniers portaient des tee-shirts et des sandales, arboraient un bronzage garanti Gulf-Stream et ne buvaient que de la bière. La compétition pour attirer l'attention de la gent féminine faisait rage. Chimio avait prévu d'être loin avant que n'éclate la première bagarre. En outre, il n'aimait pas être assis en terrasse, car les passants pouvaient l'observer.

— Vous avez un plan ? demanda Chloé.

— Moins vous en saurez, mieux ça vaudra.

— Oh ! excusez-moi, fit-elle d'un ton caustique, excusez-moi, Mister James Bande 007.

Il accusa le coup en se contentant de cligner des yeux. Près de là, un jeune pélican se lissait les plumes sur un poteau du quai et Chimio trouva ce spectacle infiniment plus fascinant que la vision de Chloé Simpkins Stranahan, coiffée d'une casquette de marin à la Shirley Temple, éclusant vodka sur vodka. Ça le choquait qu'une telle beauté puisse être l'apanage d'une personne aussi odieuse et répugnante ; ça paraissait sacrément injuste. D'autre part, elle ne lui avait pas encore lancé de vanne sur son physique ; alors elle possédait peut-être une qualité qui rachetait le reste.

— Ça ne va pas aller trop loin ? fit-elle.

— Qu'entendez-vous par loin ?

Chloé jouait avec son verre d'un air pensif.

— Vous pourriez peut-être vous contenter de lui flanquer la frousse.

— Comptez sur moi, dit Chimio.

— Mais pas trop fort, d'accord ?

— Qu'est-ce qu'il y a ? Vous vous faites du souci pour lui, tout à coup ?

— On peut détester quelqu'un jusqu'à l'os et continuer à se faire du souci pour lui, quand même.

— Nom de Dieu !

— Relax, Max, O.K. ? Je me dégonflerai pas.

Chimio tournicotait l'une des rares mèches attachées à son crâne.

— Votre mari sait où vous êtes ? demanda-t-il.

— Il croit que je fais des courses.

— Toute seule ?

— Bien sûr.

Chimio passa sa langue sur ses lèvres et fouilla la pièce du regard.

— Vous connaissez quelqu'un ici ?

Chloé jeta un œil autour d'elle.

— Non. Pourquoi cette question ?

— Pour être sûr. Je ne veux pas avoir de mauvaise surprise. Vous non plus, je présume.

Chimio paya l'addition, aida Chloé à monter à bord de l'Aquasport et largua les amarres. Il vérifia l'heure à sa montre : dix-sept heures quinze. Ce qui leur donnait une heure avant la tombée de la nuit, environ. Il tendit à Chloé une carte plastifiée de la baie de Biscayne où figuraient, cerclées à l'encre rouge, les balises des chenaux à emprunter.

— Gardez ça à portée de la main, lui cria-t-il pour couvrir le bruit du moteur, au cas où je me perdrais.

Elle tapota la carte d'un ongle effilé comme un stylet.

— Pas moyen de rater ces putains de trucs, ils dépassent de l'eau d'une bonne dizaine de mètres.

Un quart d'heure plus tard, après avoir coupé le

moteur, ils dérivaient dans un chenal de Stiltsville. Chloé Simpkins Stranahan se plaignait que le sel ait rendu ses cheveux poisseux, tandis que Chimio démêlait les cordages de l'ancre, vieillerie rouillée à la pointe tordue, énorme. Il la hissa hors du panneau avant de l'Aquasport et la laissa tomber sur le pont.

Puis il sortit une paire de jumelles d'un sac de toile et se mit à observer les maisons sur pilotis.

— C'est laquelle ? demanda-t-il.

— Je vous l'ai déjà dit, celle qui a une éolienne.

— Il y en a trois dans ce cas, alors laquelle c'est ? J'aimerais jeter l'ancre avant qu'on se retrouve à Nassau, putain !

Chloé, excédée, s'empara des jumelles. Au bout de quelques instants, elle décréta :

— Ben, elles se ressemblent toutes.

— Sans déconner ?

Elle reconnut qu'elle n'avait jamais mis les pieds chez son ex-mari, mais qu'elle s'en était approchée en bateau.

— Comment vous avez su que c'était sa baraque ?

— Parce que je l'ai aperçu en train de pêcher.

— Il y a longtemps ?

— Trois, quatre mois. Quelle importance ?

— Mick ne vous a pas vue sur le bateau ? fit Chimio.

— Bien sûr que si. Il en a même baissé son froc.

Chloé rendit les jumelles à Chimio.

— Regardez, c'est celle-là, lui dit-elle en désignant l'un des pilotis.

— Vous êtes sûre ?

— Sûre, cap'taine Achab, c'est Moby Dick.

Chimio inspecta les lieux à la jumelle. L'éolienne tournait et il aperçut un skiff amarré sous la citerne. Mais il n'y avait personne en vue.

— Alors, qu'est-ce qu'on fait maintenant ? demanda Chloé.

— Je réfléchis.

— Vous savez ce qui me plairait ? J'ai envie que vous lui fassiez ce qu'il a fait à mon ami. Engluez-moi cet enculé !

— Un partout, hein ?

Chloé devint grave.

— Stranahan a détruit un homme sans le tuer. Vous pouvez imaginer pire ?

— Ben, fit Chimio, attrapant le sac de toile, j'ai pas mon tube de colle forte sur moi, mais j'ai apporté ça.

Il sortit le calibre 22 et vissa le silencieux. Chloé en avala sa salive et s'agrippa à la rambarde. Bonjour le sang-froid, songea Chimio.

— Vous en faites pas, Mrs. Stranahan, c'est juste mon au-cas-où, dit-il en posant l'arme sur le tableau de bord. Tout ce qu'il me faut vraiment, c'est un grattoir.

Il lui montra avec un sourire une pochette d'allumettes du bar de Sunday's, etc...

— Vous allez mettre le feu à la baraque ? C'est génial ! s'exclama Chloé avec un certain soulagement. S'il voit sa maison brûler, ça va lui foutre une trouille bleue !

— Ce sera un grand moment, concéda Chimio.

— C'est tout ce que mérite ce fou dangereux.

— J' suis d'accord.

Chloé lui lança un regard espiègle.

— Vous m'avez promis de me dire qui vous êtes pour de vrai.

— Pas du tout.

— Dites-moi au moins pourquoi vous faites ça.

— Je suis payé pour, avoua Chimio.

— Et par qui ?

— Vous connaissez pas.

— Une autre de ses ex, je parie.
— Qu'est-ce que je viens de dire ?
— Oh ! ça va ! j'ai compris.
Chloé se leva et, se penchant par-dessus le plat-bord, regarda les eaux vertes et grasses. Chimio s'imagina qu'elle se mirait dans son propre reflet.
— Vous avez apporté quelque chose à boire ?
— Non, répliqua Chimio, y a rien à boire.
Elle croisa les bras pour bien lui montrer comme elle était en rogne.
— Vous voulez dire qu'il va falloir que je reste ici sans boire une goutte jusqu'à la tombée de la nuit ?
— Et même plus longtemps que ça, dit Chimio ; jusqu'à minuit.
— Mais Mick dormira à ce moment-là.
— J'y compte bien, Mrs. Stranahan.
— Mais alors comment il saura qu'il doit quitter la maison ?
Chimio éclata d'un gros rire.
— Et maintenant, c'est qui la flèche ?
Chloé se rembrunit et fit la moue.
— Hé ! minute ! Je veux pas que vous le tuiez.
— On vous a pas demandé votre avis.
Chloé changea d'attitude ; elle considéra Chimio d'un autre œil, comme si elle le voyait pour la première fois. Elle le dévisageait et Chimio n'appréciait pas du tout d'être dévisagé de la sorte. Surtout par une femme aux sourcils épilés.
— Vous êtes un tueur, lui dit-elle, sur un ton de reproche.
Chimio eut un clignement d'yeux équivoque et tira sur l'une des excroissances de chair de sa joue. Il la fixait d'un œil rond et luisant, l'air absent.
— Vous êtes un tueur, répéta Chloé, et vous m'avez roulée.

— Puisque vous le détestez tant, qu'est-ce que ça peut vous faire que je le tue ou pas ? fit Chimio.

— Ça me fait que, tant qu'il est vivant, ce fils de pute m'envoie un chèque tous les mois, rétorqua Chloé, hors d'elle. S'il meurt, je toucherai que dalle.

Chimio en resta comme deux ronds de flan.

— Vous touchez une pension alimentaire ? Et en étant remariée à un putain de conseiller fiscal !

— Il faut croire que Mick n'a pas pu se payer le meilleur avocat de la planète.

— Dans le genre rapace, vous vous posez un peu là ! dit Chimio d'un ton aigre.

— Hé ! c'est cent cinquante dollars par mois. Ça paye à peine l'entretien de la pelouse.

Elle n'avait pas remarqué l'hostilité grandissante de Chimio.

— Il est hors de question de tuer Stranahan, décréta-t-elle. Foutez le feu à sa bicoque, d'accord, mais je veux pas qu'il meure.

— Vous attigez, dit Chimio.

— Écoutez, je sais pas qui vous êtes...

— Asseyez-vous et fermez-la, bordel de merde, lui intima Chimio.

Le vent se levait et il craignait que les échos de leur dispute ne parviennent jusqu'à la maison.

Chloé consentit à s'asseoir, quant à se taire...

— Vous, vous allez m'écouter...

— Je t'ai dit de fermer ton putain de clapet !

— Et toi, va te faire mettre avec ta gueule en Velcro !

Les joues de Chimio tremblotèrent et des rides creusèrent son front. Il rougit probablement, quoique l'état naturel de son faciès empêchât d'être catégorique sur ce point.

Gueule en Velcro — ça y était, elle avait fini par l'insulter. La garce n'avait pas pu résister au bout du compte.

— Qu'est-ce qu'il y a encore ? demanda Chloé Simpkins Stranahan. Vous avez le mal de mer ?

— Non, je vais bien, répondit Chimio, mais vous devriez pas traiter les gens de tous les noms.

Il souleva alors l'ancre de quinze kilos et la lui balança en pleine poitrine. Il la regarda basculer par-dessus bord dans son petit ensemble marin soyeux. La traînée de bulles en staccato laissait croire qu'elle continua de l'injurier tout en coulant au fond de la baie.

9

Tina se réveilla seule dans le lit. Elle s'enroula dans un drap et, un peu sonnée, tâtonna, à pas feutrés, à la recherche de Mick. Elle le trouva à l'extérieur, assis en équilibre sur la balustrade de la terrasse, mains sur les hanches. Il regardait le pilotis du Vieux Chitworth illuminer le ciel ; une torche orange crépitante, qu'on devait voir à des kilomètres à la ronde. La maison semblait osciller sur ses pattes en bois, illusion due aux vapeurs de chaleur flottant sur l'eau.

Tina trouva que c'était la chose la plus époustouflante qu'elle ait jamais vue ; ça battait même l'Old Faithful, le geyser du parc de Yellowstone. Dans la lueur du brasier, elle leva les yeux vers Stranahan et vit qu'il avait l'air soucieux.

— Quelqu'un habite là-bas ? fit-elle.

— Non.

Mick regarda s'écrouler l'éolienne du Vieux Chitworth ; ses ailes en flammes tournoyèrent plus vite en chutant et allèrent s'abattre sur l'eau avec un grésillement sifflant.

— Comment le feu a pris ? demanda Tina.

— C'est un incendie criminel, répondit Mick, terre à terre. J'ai entendu un moteur de bateau.

— Peut-être que c'est par accident, suggéra-t-elle. Quelqu'un qui a jeté une cigarette.

— J'ai senti une odeur d'essence, fit Stranahan.

— Wouah ! Celui à qui appartient cet endroit doit avoir de sacrés ennemis, à mon avis.

— Le propriétaire vient de fêter ses quatre-vingt-trois ans. Il survit sous perfusion dans une clinique, complètement dans le coltard. Il se prend pour Nelson Rockefeller.

Un coup de vent obligea Tina à réajuster le drap. Elle frissonna un peu et se rapprocha de Mick.

— Ça m'a l'air d'un vieux schnock inoffensif. Alors je pige plus, fit-elle.

— Pas la bonne baraque, c'est tout, lâcha Stranahan en sautant à bas de la balustrade. Quelqu'un s'est planté.

Fini le paradis, songea-t-il. Finies la paix et la tranquillité.

À travers la baie, du côté de Dinner Key, arrivait la plainte de sirènes miniatures. Mick n'eut pas besoin de jumelles pour apercevoir les éclairs bleus des bateaux de police qui se rapprochaient.

Tina lui agrippa la main. Elle ne pouvait détacher ses yeux du brasier.

— Mick, tu as des ennemis capables de ça ?

— Eh merde ! j'ai même des amis qui en sont capables !

En milieu de matinée, la baraque de Chitworth avait fini de brûler. Les flammes s'étaient éteintes en atteignant la surface de l'eau. Ne dépassaient plus que les moignons carbonisés des pilotis, dont certains fumaient encore.

Tina lisait, allongée sur un pliant, et Mick faisait des pompes, quand le bateau de patrouille stoppa au bas de la terrasse. Luis Córdova était accompagné d'un individu que Stranahan n'attendait pas.

— Voilà quelque chose qu'on voit pas tous les jours, claironna Mick, deux Cubains dans un bateau, sans bouteilles de bière !

Luis Córdova grimaça un sourire. L'autre homme se hissa sur le ponton à grand fracas.

— Et voici autre chose qu'on voit pas tous les jours, un Irlandais debout avant midi et pas encore ivre mort ! lança ce dernier.

Il s'appelait Al García et appartenait à la police criminelle de Dade County. Il portait son veston sur le bras et avait défait sa cravate rutilante, dont le nœud lui battait la poitrine à hauteur du sternum. García n'était pas fou de balades en bateau, aussi était-il d'une humeur plutôt massacrante.

— Sans compter l'affaire du cadavre.

— Quel cadavre ? fit Mick.

García escalada les marches, soufflant comme un phoque et traînant les pieds. Stranahan et Luis Córdova lui emboîtèrent le pas, à la queue leu leu. García gratifia l'endroit d'un coup d'œil et s'inclina avec courtoisie devant la chaise longue de Tina. Il se tourna à demi vers Mick pour lui glisser à voix basse :

— Alors comme ça on a ouvert un pensionnat de jeunes nanas ! Tu es un sacré lascar, Mick, je te jure !

Ils pénétrèrent à l'intérieur de la maison en fermant la porte derrière eux.

— Parle-moi de ce cadavre, fit Mick.

— Commence par t'asseoir. Hé ! Luis, je me boirais bien une tasse de café.

— Y a à peine une minute, vous aviez le mal de mer, grogna Luis Córdova.

— Je me sens beaucoup mieux, O.K. ?

García haussa les sourcils théâtralement tandis que le

jeune officier de police maritime se dirigeait vers la cuisine.

— Coopération entre services, on n'a que ce mot à la bouche aujourd'hui. Ce foutu café, c'est un bon début de coopération.

— Doucement, mec, Luis est un gosse intelligent.

— Je sais. J'aimerais bien qu'il travaille avec nous.

— Alors, ce cadavre… ? insista Stranahan.

García agita une main bronzée et grassouillette dans les airs, comme pour chasser un moustique invisible.

— Qu'est-ce que tu peux bien foutre par ici, Mick ? Je te vois mal jouer les Robinson Crusoé en sirotant du lait de noix de coco avec une paille.

— C'est vraiment calme dans le coin.

Luis Córdova revint avec trois tasses de café brûlant.

Al García fit claquer sa langue en buvant.

— Calme ! Tu as bien dit « calme » ? Merde alors, qu'est-ce qu'il te faut ? Entre les malfrats refroidis qui flottent entre deux eaux et les baraques qui flambent toutes seules… !

— C'est encore au sujet de Tony l'Anguille ?

— Non, fit Luis avec gravité.

García reposa sa tasse et fixa Mick droit dans les yeux.

— Quand as-tu vu Chloé pour la dernière fois ?

Stranahan, tout à coup, n'eut plus guère envie de faire le faraud.

— Il y a quelques mois… elle a fait un tour en bateau par ici avec un type. J'ai supposé que c'était son mari actuel. Pourquoi tu me poses cette question ?

— Tu leur as montré ton cul.

— Et même ? Tu me donnes tort ?

— Son mec nous a raconté cet épisode ce matin.

Mick se raidit en prévision de ce qui allait suivre. Luis Córdova ouvrit un carnet à spirale mais y écrivit peu.

Stranahan écouta García d'un air sombre, jetant à l'occasion un regard vers le chenal où la chose avait eu lieu, soi-disant.

— Avec une ancre pleine de rouille ? fit Mick d'un ton incrédule.

— Elle s'est prise dans le machin en soie qu'elle portait, expliqua García. Chloé a dû couler comme un sac de ciment.

La délicatesse n'était pas le fort de l'inspecteur.

— C'est le cordage qui a fait découvrir le pot aux roses, ajouta Luis Córdova ; un des badauds venus voir l'incendie l'a aperçu qui flottait au gré du courant.

— Il l'a hissée comme une nasse à homard, précisa García.

— Bon Dieu !

— En fait, on devrait pas te raconter tout ça, continua-t-il.

— Et pourquoi ?

— Parce que tu es le principal suspect.

— Elle est bien bonne celle-là ! rétorqua Mick, lançant un regard à Luis Córdova. Il plaisante ou quoi ?

Ce dernier fit non de la tête.

— Mick, tes antécédents sont pas fameux. J' veux dire que t'as quelques bavures à ton actif.

— Je n'ai assassiné personne.

— Chloé t'en voulait à mort, fit García comme pour lui rafraîchir la mémoire.

— Et c'est ça le mobile ? Elle m'en voulait à mort ?

— Et puis il y a cette histoire de fric.

— Tu crois sérieusement que je l'aurais tuée pour cent cinquante malheureux dollars par mois ?

— Pour le principe, dit Al García en démaillotant un cigare. Je te crois capable de l'avoir fait uniquement pour le principe.

Stranahan s'étira avec un soupir de lassitude. La mort

de Chloé le mettait plus que mal à l'aise. Mais la curiosité l'emportait. Qu'est-ce qu'elle pouvait bien être venue foutre dans les parages en pleine nuit ?

— J'ai toujours entendu parler de toi en bien, fit García, en particulier par Timmy Gavigan.

— Ouais, et il te rendait la pareille.

— Et Eckert t'a viré du bureau de l'attorney d'une façon plutôt moche.

Stranahan haussa les épaules.

— Pas moyen de se faire oublier quand on descend un juge. Ça en rend certains nerveux, c'est fatal.

García se livra à tout un rituel pour allumer son cigare. Après les deux premiers ronds de fumée, il ajouta :

— Ça vaut ce que ça vaut, mais Luis pense que c'est pas toi qui as fait le coup.

— C'est cette histoire d'ancre, expliqua Córdova, tellement bizarre.

Il tâchait de garder un ton professionnel, comme si l'amitié n'entrait pas en ligne de compte.

— Ce meurtre doit avoir un rapport avec l'incendie, fit Mick.

— C'est un incendie criminel, fit Luis ; de l'essence de bateau et une allumette ont suffi. Ces baraques flambent comme un rien.

Pour appuyer ses dires, il tapa du pied sur le plancher de pin.

— Je crois qu'il vaut mieux que je vous mette tous les deux au courant : y a quelqu'un qui veut ma peau.

C'est pour le coup que García fronça les sourcils, faisant rouler son cigare d'un coin de sa bouche à l'autre.

— Qui ça, *chico* ? S'il te plaît, facilite-moi le travail !

— À mon avis, c'est un médecin qui s'appelle Rudy Graveline. Note bien ce nom, Luis, tu veux.

— Et pourquoi il veut te tuer, ce toubib ?

— Je ne sais pas trop, Al.

— Et tu veux que je l'asticote sur un simple soupçon ?

— Non, ça me suffit que son nom figure quelque part dans un dossier. Je veux que tu saches qui c'est, rien qu'au cas où.

García se tourna vers Luis Córdova.

— Est-ce que t'aimes pas entendre cette putain d'expression ? *Au cas où !* Je crois, Luis, que c'est le moment ou jamais de donner une bonne leçon à Môssieur Stranahan sur les inconvénients à se faire justice soi-même.

— Faut pas se faire justice soi-même, Mick, répéta Luis docilement.

— Merci, Luis.

Al García lissa d'un doigt boudiné sa moustache noire.

— Et maintenant, juste pour mon rapport, tu n'aurais pas invité des fois la ravissante Chloé à une romantique réconciliation autour d'une friture et d'une bouteille de vin ?

— Non, dit Stranahan.

Une friture arrosée de pinard — cet enfoiré de García avait dû repérer les assiettes sales.

— Et vous n'êtes pas non plus allés vous promener en bateau tous les deux ?

— Non, Al.

— Et vous ne vous êtes pas lancés dans une de ces disputes d'ivrognes ?

— Non.

— Et tu ne l'as pas accrochée à l'ancre et jetée par-dessus bord ?

— Non plus.

— Luis, tu as noté tout ça ?

Luis Córdova acquiesça silencieusement tout en écrivant dans son carnet. En sténo, par-dessus le marché ; Mick en fut impressionné.

García se leva et commença à mettre la maison sens dessus dessous — ce qui eut le chic de rendre Stranahan très nerveux. Quand Al s'arrêta enfin de fouiner, ce fut exactement sous la tête d'espadon empaillée.

— Mick, j'ai pas besoin de te rappeler qu'il y a plusieurs gus de la Crime qui sont persuadés que tu as rectifié le vieux Goomer de sang-froid.

— Je le sais, Al. Certains d'entre eux fricotaient avec le juge.

— Je sais ; je sais ça aussi. Ce que je veux dire, c'est qu'ils vont mettre le paquet sur l'histoire de Chloé. Beaucoup plus qu'en temps normal.

— Il n'y a aucune chance que ce soit un accident ? demanda Mick.

— Non. Aucune, lança Luis Córdova.

— Donc, ajouta García, tu vois la situation dans laquelle je me trouve. Tant qu'on n'aura pas d'autre suspect sous la main, tu l'as dans le baba. Le seul bon point pour toi, c'est qu'il n'y a aucune preuve tangible. Le mauvais point, c'est que nous avons un témoignage de la manucure de Chloé.

— Merde, je veux entendre ça, grogna Stranahan.

García alla tranquillement jusqu'à la fenêtre, passa son bras au-dehors et secoua la cendre de son cigare dans l'eau.

— Chloé s'est fait faire les ongles de ses doigts de pieds, hier matin. Et elle a dit à cette fille qu'elle venait ici pour te sonner les cloches.

— Charmant, fit Mick.

On frappa légèrement à la porte et Tina entra, en tripotant la bretelle de son bikini. Le visage d'Al

García s'illumina comme s'il venait de gagner à la loterie ; cette journée maussade s'éclairait soudain.

Stranahan se leva.

— Tina, j'aimerais te présenter le sergent García et l'officier de police Córdova. Ils sont venus pour enquêter. Al, Luis, j'aimerais vous présenter mon alibi.

— Enchanté, dit Luis Córdova, en serrant fort civilement la main de Tina.

García jeta un nouveau regard en biais à Stranahan.

— Il y a des jours où j'adore vraiment ce boulot ! s'exclama-t-il.

Christina Marks apprit la mort de Chloé Simpkins Stranahan aux informations de six heures. La seule chose qu'elle put imaginer, c'était que Mick avait fait le coup pour lui apprendre d'avoir rencardé l'équipe de télé. C'était pénible à admettre, mais l'unique autre possibilité était trop tirée par les cheveux — à savoir que le meurtre de Chloé était une coïncidence et n'avait aucun lien avec Mick ou Victoria Barletta. Christina Marks ne pouvait pas accepter ça ; elle devait s'attendre au pire.

Si Mick était l'assassin, ça allait poser un problème.

Si Chloé avait blablaté qu'elle avait touché cinq cents dollars pour les tuyaux qu'elle avait donnés à l'émission de Reynaldo Flemm, ça poserait également un problème. La police voudrait être mise au courant de tout, la presse s'emparerait de l'affaire et l'histoire Barletta éclaterait au grand jour prématurément.

Ensuite venait le problème de taille que posait la personnalité de Reynaldo Flemm ; Christina pouvait déjà l'entendre faire mousser à qui mieux mieux le meurtre de Chloé dans son speech d'introduction : « L'affaire que nous allons vous retracer est tellement explosive que l'une des personnes qui nous a transmis, sous le sceau du secret, des informations de première importance a été sauvagement assassinée quelques jours plus tard... » *Sauvagement assassiné* était l'un des pléonasmes favoris de Reynaldo. Christina lui avait demandé un jour, d'un ton ironique, s'il avait déjà entendu parler de quelqu'un qui aurait été *délicatement* assassiné. Mais il n'avait pas saisi l'astuce.

Parfois, quand une histoire le passionnait particulièrement, Flemm essayait d'en écrire le script lui-même. Le résultat était toujours du plus haut comique. Le meurtre de l'ex-femme de Stranahan était le genre de scoop à inspirer la muse de Reynaldo ; aussi Christina décida-t-elle de lancer une contre-attaque préventive. Elle allongeait déjà la main en travers du lit pour atteindre le téléphone, quand il se mit à sonner.

C'était Maggie Gonzalez qui l'appelait en P.C.V., quelque part dans Manhattan.

— J'ai un petit problème, Miss Marks.

— Nous vous avons cherchée partout, répliqua Christina. Qu'est-ce qui s'est passé pendant votre voyage à Miami ?

— J'ai fait un aller retour, répondit Maggie, et je vous répète qu'il y a un problème.

— Mais qu'est-ce que vous avez fabriqué pendant tout ce temps, à part claquer l'argent que nous vous avons donné ? fit Christina, qui en avait soupé de ce cirque.

Elle commençait à penser que Mick avait raison, que cette fille les arnaquait dans les grandes largeurs.

— Bon, je m'excuse de pas avoir appelé plus tôt, dit Maggie, mais j'étais terrorisée. J'avais perdu la tête.

— On vous croyait morte.

— Oh non ! fit Maggie d'une voix à peine audible.

Suivit un long silence suggérant qu'elle ruminait cette éventualité sinistre.

— Vous n'avez même pas envie de savoir comment évolue cette affaire ? lui demanda Christina avec méfiance.

— C'est là qu'il y a un problème, rétorqua Maggie, c'est de ça que je veux vous parler.

— Ah !

— Qui avez-vous interviewé jusqu'à présent ? dit-elle, comme après coup.

— Personne, assura Christina. Nous devons d'abord faire un sacré boulot de préparation.

— Vous me ferez pas croire que vous n'avez interviewé personne !

Maggie tournait autour du pot, Christina l'aurait parié.

— On y va doucement, dit Christina, cette affaire est délicate.

— Sans rire, fit Maggie, elle est vraiment délicate.

Christina coinça le récepteur au creux de son épaule et pêcha un de ses grands carnets et un feutre dans son sac à bandoulière, posé sur la table de nuit.

— Je risque d'être tuée dans cette histoire et ça vaut beaucoup plus que cinq mille dollars, poursuivit Maggie.

— C'est pourtant la somme dont nous étions convenus, dit Christina, tout en griffonnant la teneur de cet échange.

— Mais je n'avais pas encore reçu de message de menaces sur mon répondeur, ajouta Maggie Gonzalez.

— Qui vous menace ?

— Je n'en sais rien, mentit Maggie. On aurait dit le Dr Graveline.

— Quel genre de menace ? Qu'est-ce qu'on vous dit ?

— Une menace, c'est une menace, s'impatienta Maggie. On m'en a dit assez pour me flanquer une trouille bleue, d'ac' ? Vous m'avez bien eue vous autres en me faisant croire que je ne risquais rien.

— On ne vous a jamais dit une chose pareille.

— Ouais, passons, en tout cas je marche plus pour cinq mille dollars. Quand tout sera fini, il me faudra probablement prendre mes cliques et mes claques et quitter Miami. Vous avez une idée de ce que ça va me coûter ?

— Où voulez-vous en venir, Maggie ?

— Je veux en venir que j'ai contacté *20/20.*

Parfait, songea Christina. La fin rêvée d'une journée de rêve.

— J'ai rencontré l'un des producteurs exécutifs, continua Maggie.

— Vous êtes vernie ! fit Christina. Combien vous offrent-ils ?

— Dix mille.

— Dix mille ?

— Oui, dit Maggie. Plus un mois au Mexique après la diffusion de l'émission... le temps que les choses se tassent, vous comprenez.

— Vous avez trouvé ça toute seule ou vous avez pris un agent ?

— Un quoi ?

— Un agent. Tout témoin oculaire d'un meurtre devrait prendre un agent, vous ne croyez pas ?

— Dix mille, ça me paraissait un bon chiffre, bredouilla Maggie, paraissant confuse. Bien sûr, on pourrait faire mieux.

Christina Marks mourait d'envie de savoir ce que Maggie Gonzalez avait raconté exactement au producteur de *20/20.* Mais au lieu de lui poser directement la question, elle laissa tomber négligemment :

— Dix mille dollars, ça me paraît très bien, Maggie. De toute façon, cette histoire ne nous intéresse plus du tout.

Pendant le long silence qui succéda à cette phrase, Christina essaya d'imaginer la tête de Maggie.

— Comment ça, « cette histoire ne vous intéresse plus du tout » ? dit-elle finalement.

— C'est trop vieux, trop embrouillé, trop difficile à prouver, dit Christina. Le fait que vous ayez attendu quatre ans pour parler nous ôte vraiment toute crédibilité.

— Une minute...

— À propos, est-ce qu'ils soumettent toujours leurs sources au détecteur de mensonges à *20/20* ?

Mais Maggie était trop fûtée pour mordre à l'hameçon.

— Pour en revenir à l'argent, fit-elle, êtes-vous en train de me dire que vous ne songez pas à me faire une contre-proposition ?

— Parfaitement exact.

— Et vous en avez discuté avec Mr. Reynaldo Flemm ?

— Évidemment, bluffa Christina, fonçant dans le brouillard.

— C'est très bizarre, fit remarquer Maggie Gonzalez, car je viens de parler avec lui, il y a à peine dix minutes.

Christina se laissa aller sur le lit et ferma les yeux.

— Et alors ?

— Il m'a offert quinze mille dollars, plus six semaines à Hawaii.

— Je vois, fit Christina faiblement.

— Il m'a dit de vous appeler immédiatement pour mettre au point tous les détails.

— Par exemple ?

— Mes réservations, fit Maggie Gonzalez. J'aimerais me rendre à Maui pour commencer.

10

L'une des particularités les plus extraordinaires de la Floride, songeait Rudy Graveline en mastiquant une énorme crevette, c'était son climat de corruption éhontée : il n'y avait absolument aucun mauvais pas d'où l'argent ne pouvait vous tirer.

Rudy avait découvert cette loi, des années plus tôt, quand le conseil de l'Ordre de Floride avait tenté une première fois de lui interdire d'exercer la médecine. L'Ordre s'était livré à une longue et difficile enquête, examinant les plaintes de patients défigurés, comparant les photos « avant » et « après », passant au crible les menus détails des treize actions judiciaires intentées pour négligence chirurgicale. Comme le conseil se composait principalement de confrères, Rudy Graveline s'était attendu à une relaxe pleine et entière — le corps médical se serrant les coudes comme la merde colle à la semelle de vos chaussures.

Mais l'énormité des fautes professionnelles de Rudy crevait tellement les yeux que même ses pairs ne pouvaient les fermer ; ils recommandèrent qu'on lui interdise à vie d'approcher d'une table d'opération. Rudy engagea un avocat de Tallahassee et porta l'affaire devant une juridiction administrative. Le fonctionnaire faisant office de juge n'était pas médecin, mais un connard qui gagnait à tout casser vingt-huit mille dollars par an. Au bout de trois jours d'audience, où certains témoignages furent si horribles qu'ils donnèrent la nausée au propre avocat de Rudy, ce dernier aperçut le modeste fonctionnaire monter dans une vieille Ford Fairmont délabrée pour aller retrouver sa femme et ses quatre enfants. Ceci donna une idée à Graveline. Le lendemain, quatrième jour du procès, il passa un coup de fil. Le surlendemain, un break Volvo flambant neuf fut livré au domicile du chargé d'audience. Et le sixième jour, le Dr Rudy Graveline fut déchargé de toutes les accusations portées contre lui.

Le conseil de l'Ordre autorisa aussitôt Rudy à reprendre ses activités et interdit l'accès de son dossier au public et à la presse — se montrant ainsi digne de la philosophie adoptée de longue date par l'establishment médical de Floride, qui veut que les derniers informés de l'incompétence de l'un de ses membres soient les patients.

Ayant échappé aux sanctions et aux regards de ses confrères, Rudy Graveline considérait toute menace extérieure comme un problème réglable à l'amiable — autrement dit, par la corruption. Voilà pourquoi il déjeunait longuement avec Roberto Pepsical, Commissionnaire * de Dade County, en bavardant de la prochaine élection.

— Sont bonnes ces crevettes, trouvez pas? fit Roberto, qui s'en était calé une dans chaque joue.

— Excellentes, reconnut Rudy.

Il poussa de côté le plateau de fruits de mer et se tamponna le coin des lèvres de sa serviette.

* Membre d'une commission municipale. Dénomination adoptée pour faciliter la lecture. (N.d.T.)

— Bobby, j'aimerais vous verser à chacun vingt-cinq mille.

Roberto Pepsical ouvrit tout grand une bouche aux dents pleines de miettes de crevette.

— Vingt-cinq mille dollars ? Vous êtes sérieux ?

Roberto était goinfre comme un porc ; il avait le teint coloré, des bajoues flasques, le nez camus et les yeux chassieux. À donner des cauchemars à un chirurgien esthétique. Rudy Graveline supportait difficilement de le voir manger.

— Pas si fort, lui conseilla-t-il. Je connais le règlement de la campagne, mais il y a moyen de le tourner.

— Super ! s'exclama Roberto.

Comme tous les autres membres de la Commission à l'exception de Lillian Atwater qui expérimentait un « blind trust » bidon à la Dominique, il possédait un compte aux îles Caïman.

— Mais je dois vous demander d'abord une faveur, fit Rudy.

— Allez-y !

Le docteur se pencha vers lui, tâchant d'oublier son haleine fétide, fleurant le gombo tiède.

— Il s'agit du vote concernant les Tours du Vieux Cyprès, précisa Rudy, ce truc sur le P.O.S.

Roberto Pepsical s'empara d'une patte de crabe et l'ouvrit d'un coup de dents.

— Ooocun problème, fit-il, la bouche pleine.

Les Tours du Vieux Cyprès était l'un des nombreux projets immobiliers (et « tax-shelters ») du Dr Rudy Graveline : il s'agissait d'un immeuble de luxe de trente-trois étages que couronneraient un night-club et un centre sportif et de remise en forme. Mais il y avait un problème : selon le plan d'occupation des sols, le terrain était classé actuellement zone d'utilité publique à faible densité de population — à savoir réservé en priorité à des jardins publics, des écoles, des terrains de jeux et autres conneries du même acabit. Rudy avait besoin de cinq voix dans la Commission du comté pour contourner cette législation.

— Pas de difficulté, répéta Roberto, je vais en parler aux autres.

Les « autres » étaient les quatre membres de la Commission qui trempaient déjà dans les malversations de Roberto Pepsical. Le système fonctionnait de telle sorte que chacun des neuf membres de la Commission avait ses petites combines bien à lui et sa propre série de votes bloqués. Ainsi le score était toujours de cinq à quatre, mais les joueurs changeaient de camp constamment. Le but avoué de la manœuvre était d'embrouiller les journalistes qui ne cessaient de vouloir démêler le bon grain de l'ivraie au sein de la Commission.

— Une chose encore, dit Rudy Graveline.

— Que diriez-vous d'une autre bière? demanda Roberto, en zieutant sa chope vide et embuée. Ça vous dérange si j'en commande une autre?

— Faites, dit Rudy, refoulant son dégoût.

— Un peu de crabe? fit Roberto en brandissant une nouvelle patte dégoulinante de graisse.

— Sans façon.

Rudy attendit que l'autre l'ait enfoncée dans sa bouche avant d'aller plus loin.

— Bobby, j'ai besoin également que vous soyez à l'écoute.

— Et pourquoi ça?

— Quelqu'un qui a travaillé pour moi menace d'aller trouver les flics pour me couper les couilles. On est en train de monter en épingle une vieille affaire que j'ai eue.

Roberto hocha la tête tout en mâchouillant, parfaitement synchrone, comme un joujou à ressort de tableau de bord. Rudy trouvait ça très perturbant.

— À franchement parler, c'est de la connerie pure et simple, dit-il, une employée qui se venge.

— Oh, je connais !

— Mais dans le cas d'un médecin comme moi, Bobby, ce pourrait être désastreux pour ma réputation et mes revenus, vous comprenez, j'en suis sûr. C'est pourquoi j'ai besoin de savoir si jamais les flics sont sur le coup.

— J'en toucherai un mot au chef de la police, dit Roberto Pepsical.

— Seulement si vous entendez parler de quelque chose.

— Je vais me rencarder à droite à gauche, fit Roberto en clignant de l'œil.

— J'apprécierais beaucoup, continua Graveline ; je ne peux pas me permettre un scandale, Bobby. Si ça devait arriver, il me faudrait probablement quitter la ville.

Le Commissionnaire fronça les sourcils à la perspective de voir ses vingt-cinq mille dollars s'envoler à tire-d'aile.

— Ne vous tracassez donc pas, dit-il au docteur d'un ton confiant. Et goûtez-moi de ce beignet de strombe !

Chimio était assis dans la salle d'attente quand Rudy Graveline regagna Whispering Palms.

— C'est fait, lui annonça-t-il.

Rudy l'entraîna prestement dans son bureau.

— Vous avez eu Stranahan ?

— Hier au soir, fit Chimio, terre à terre. Alors on commence quand à s'occuper de mon visage ?

Incroyable, songeait Rudy. Ce type lui flanquait les jetons.

— Vous voulez parler du traitement par dermabrasion ?

— Tout juste, Auguste ! fit Chimio, nous avons conclu un marché.

Rudy appela sa secrétaire et lui demanda de lui apporter le *Herald* du jour. Quand elle quitta la pièce, Chimio déclara :

— Ça s'est passé très tard, c'est probablement pas encore dans le journal.

— Hummm ! fit Graveline, scrutant la page des nouvelles locales. C'était trop tard apparemment. Racontez-moi tout, vous voulez bien ?

Chimio humecta de sa langue ses lèvres parcheminées.

— J'ai incendié sa baraque, lança-t-il sans manifester la moindre émotion, pendant qu'il dormait.

— Vous en êtes certain ?

— J'ai surveillé de loin. Personne n'est sorti.

Chimio croisa ses longues jambes et jeta un regard inexpressif au médecin. Ses paupières tombantes laissaient croire qu'il était à deux doigts de faire un petit somme.

Rudy replia le journal.

— Je vous crois, dit-il à Chimio, mais j'aimerais en être sûr. Demain, ça devrait paraître dans le journal.

Chimio se frotta la joue de la paume de sa main, ce qui rendit un son de papier de verre et donna des envies de meurtre à Rudy Graveline.

— Et la télé ? s'enquit Chimio. Ça compte si on en parle à la télé ?

— Bien sûr.

— Et à la radio aussi ?

— Évidemment, fit Rudy. Je vous l'ai déjà dit, j'en fais pas une affaire. Je n'ai pas besoin de voir le cadavre, compris ? Mais il me faut être sûr. C'est très important car ce type est dangereux.

— *Était*..., précisa Chimio.

— D'accord. C'était un type dangereux.

Rudy ne mentionna pas que Stranahan avait laissé un message inquiétant sur le répondeur de Maggie Gonzalez. Valait mieux, en ce qui concernait Chimio, passer sous silence le reste du casting. Pour ne pas lui faire perdre de vue son objectif.

— Peut-être que la radio en parle déjà, fit Chimio, avec une pointe d'espoir.

Rudy ne désirait pas mettre Chimio de mauvaise humeur.

— Je vais vous dire ce que nous allons faire, dit-il, jouant les généreux, nous commencerons le traitement dès cet après-midi.

Chimio se redressa, plein d'excitation.

— Sans déconner ?

— Pourquoi pas ? dit Rudy en se levant. Nous allons essayer d'améliorer un tout petit peu votre menton.

— Et mon nez ? fit Chimio en tâtant son appendice.

Rudy chaussa ses lunettes et contourna son bureau pour se rapprocher de Chimio. Même assis, ce dernier était assez grand pour éviter à Rudy de se pencher en examinant de près la masse caséeuse et crevassée, qui lui tenait lieu de nez.

— Hum ! Le terrain me paraît plutôt accidenté, fit Graveline. Mieux vaut y aller lentement mais sûrement.

— Je préférerais vite fait, bien fait !

Rudy retira ses lunettes et adopta l'attitude bonasse d'un vieil oncle.

— Il faut faire très attention, dit-il à Chimio, vous êtes un cas extrêmement difficile à traiter.

— Ah bon ! vous avez remarqué ?

— La machine dont je me sers est un dermabraseur Stryker...

— Pour ce que j'en ai à foutre, ça pourrait être aussi bien un Black & Decker. Allons-y et basta !

— Les tissus abîmés sont retors. Certains types de peau réagissent mieux que d'autres au ponçage, poursuivit Rudy sans se laisser démonter.

Il ne pouvait s'empêcher de se souvenir du sort que Chimio avait réservé à celui qui lui avait esquinté le portrait. Être assassiné était bien pire que d'être poursuivi pour faute professionnelle.

— N'allons pas plus vite que la musique, faites-moi confiance, avertit Rudy.

— Bon, alors on commence par le menton, quelle importance, fit Chimio avec un geste fataliste de sa main pâlichonne. Après tout, c'est vous le toubib.

La formule magique.

Rudy ne se lassait jamais de l'entendre.

Contrairement à d'autres, le bureau juridique de Kipper Garth avait résolu le problème des frais généraux : agence centrale, ni associés ni actionnaires, et encore moins de bailleurs « de conseils » en tout genre. Les dépenses principales concernaient l'affichage publicitaire, le câblogramme, les vingt lignes téléphoniques et, bien entendu, la quinzaine de secrétaires qui allaient avec (que Kipper Garth avaient rebaptisées assistantes juridiques). Pour ce dernier, la pratique de la loi s'associait, intrinsèquement, à celle d'un courtier marron de haute volée.

Le téléphone sonnait sans cesse. En effet, Kipper Garth avait habilement placardé ses affiches aux carrefours les plus dangereux de la Floride méridionale. Si bien que tout accidenté non comateux n'échappait aux griffes de la mort que pour mieux tomber dans celles de Kipper Garth, dont il voyait, en revenant à la vie, le numéro de téléphone en chiffres rouges de trois mètres de haut : 555-TORT.

Comme l'examen minutieux des nouvelles affaires formait le fond de son activité, Kipper Garth déléguait cette tâche à ses secrétaires qui étaient, de toute façon, beaucoup plus qualifiées que lui. Kipper Garth, quant à lui, consacrait toute son énergie au choix des experts : certains avocats spécialistes en dommages corporels spécifiques, blessures de la moelle épinière, orthopédie, démembrements ayant entraîné la mort, etc. Bien que Garth fût peu à même de juger du talent d'un confrère devant un tribunal (n'ayant mis les pieds dans aucun depuis au moins dix ans), il savait ce que voulait dire un partage *fifty-fifty* des honoraires et en avait fait son critère de sélection.

Le standard du cabinet de Kipper Garth bourdonnait comme celui d'un grand magasin de vente par correspondance. Par contraste, l'intérieur de son bureau privé, cossu et classieux, plongé dans la pénombre, était aussi calme que la salle de lecture d'une vieille bibliothèque. C'est là que Mick Stranahan rejoignit son beau-frère, s'exerçant à putter sur le tapis.

— Alors on ne frappe plus aux portes ? fit Kipper Garth, visant d'un fer n° 10 une chope de bière.

— Je suis venu passer un petit marché, annonça Mick.

— Je suis curieux d'entendre ça.

Kipper Garth portait un pantalon gris ample, à l'européenne, une cravate en soie à motif cachemire et une chemise ivoire, dont les poignets mousquetaires étaient retroussés jusqu'au coude. Il avait teint sa chevelure poivre et sel en gris argent pour paraître plus digne de confiance sur les affiches.

— Oublions cette histoire de radiation, dit Stranahan.

Kipper Garth émit un gloussement.

— C'est un peu tard, Mick. Tu as déjà témoigné, si je ne m'abuse ?

— Et que dirais-tu si je m'en abstenais la prochaine fois ?

Kipper Garth cessa de putter et leva les yeux.

— La prochaine fois ?

— Il y a d'autres plaintes auprès de l'Ordre qui traînassent, exact ?

— Mais comment… ?

— Les avocats, ça parle, Jocko !

Stranahan vida les balles de golf de la chope sur le tapis et les envoya rouler l'une après l'autre aux pieds de son beau-frère.

— J'ai encore quelques amis dans cette ville qui me tiennent au courant, dit-il.

Kipper Garth alla poser sa canne de golf dans le coin derrière son bureau.

— Tu sembles oublier que, moi, je t'attaque en diffamation.

— Me fais pas rire.

L'avocat fronça le sourcil.

— Je vais te dire pourquoi tu es venu, Mick. Chloé a été assassinée et tu as peur de porter le chapeau. Comme il te faut un avocat, tu ramènes ta fraise pour t'en payer un à l'œil.

— Me fais pas marrer, je t'ai déjà dit !

— Alors de quoi est-il question ?

— Qui se charge de tes dossiers de négligence médicale, en ce moment ?

Kipper Garth consulta son Rolodex ; Stranahan n'avait jamais vu d'aussi gros agenda volant, de la taille d'un jarret de bœuf.

— J'ai plusieurs mecs à ma disposition, pourquoi ?

— Ces mecs-là, est-ce qu'ils peuvent avoir accès aux dossiers fédéraux ?

— Quel genre de dossiers ?

Merde, qu'il était long à la détente !

— Disciplinaires, expliqua Mick, ceux de l'Ordre des médecins de Floride.

— Ma foi, j'en sais rien.

— Ça risque de faire du bruit !

— Qu'est-ce qui se passe, Mick ?

— Attends que je t'explique : si tu m'aides à m'en tirer, je te foutrai dorénavant une paix royale.

Kipper Garth ricana.

— Et faudra que je te sois reconnaissant, par-dessus le marché, je parie ? Excuse-moi, mais j'en ai rien à branler !

Naturellement, songea Stranahan, il faudrait en passer par là. Il avait fourré les documents compromettants dans la poche arrière de son pantalon. Il les en extirpa, les défroissa du plat de la main et les étala soigneusement, comme les cartes d'une réussite, sur le bureau de Garth.

— Eh merde ! qu'est-ce que ça signifie ? marmonna-t-il.

— Prête-moi attention, lui enjoignit Mick. Nous avons ici l'acte de vente de ta Maserati dernier modèle, et là, une photocopie du chèque. Cinquante-sept mille huit cents dollars et des poussières, excusez du peu ! Seulement, ce chèque a été tiré sur le fonds de garantie de tes clients, Jocko ! Nous voilà dans la merde jusqu'au cou. Oublie la radiation, nous en sommes au crime fédéral !

La lèvre supérieure de Kipper Garth fut agitée d'un étrange tic.

— Je suis en train de rembourser, dit-il d'une voix rauque.

— Aucune importance, fit Mick. Et maintenant voyons le reste de tes saloperies : j'ai ici une note d'hôtel du Grand Bay de Coconut Grove. Elle date du week-end où tu avais raconté à Katie que tu assistais à une réunion de l'Association du barreau américain à Boston. Peu importe, c'est pas mes oignons, mais t'as pas l'air d'un type qui pourrait se siffler trois bouteilles de Dom Pérignon en solo dans sa chambre. Tu vois, c'est marqué là, sur la note.

Stranahan joignit le geste à la parole mais le regard de Kipper Garth était tourné ailleurs, bien loin de là. A présent, sa lèvre frémissait comme la queue d'un lézard vert.

— Espèce de..., espèce de salopard, lança-t-il à Mick.

— Et ce dîner pour deux, c'était quoi au juste, Jocko ? Ma sœur se trouvait chez Mère-Grand avec les enfants, ce soir-là, si ma mémoire est bonne. Un dîner pour deux personnes chez Max, hein ? Rien qu'un client, probablement ?

Kipper Garth se ressaisit.

— Suffit, Mick.

— Tu comprends la situation.

— Oui.

— Ça a été plus facile que tu n'imagines, ajouta Stranahan. Une fois qu'on a été branché, tu sais, c'est difficile de se débrancher tout à fait, j' veux dire, quand on sait ce qu'on cherche, ben on trouve.

Une demi-douzaine de coups de fil avaient suffi.

Kipper Garth se mit à rassembler les papiers, en les froissant violemment.

— Qu'est-ce qui te fout le plus la trouille, Jocko ? Le barreau de Floride, la prison du comté ou un divorce qui te coûterait les yeux de la tête ? persifla Mick.

— Tes premières propositions étaient sérieuses, quand tu m'as parlé de la radiation et de tout le bazar ? interrogea Garth avec lassitude.

— Tu me demandes ça parce que t'as compris que tu

n'as plus rien à marchander, tu m'interromps si je me trompe. Peut-être que c'est vrai — peut-être que tu me ferais cette fleur pour rien. Mais je suis plutôt du genre donnant, donnant, tu obtiendras quelque chose en retour. Eh bien, ouais ! je laisserai tomber. Comme je te l'ai promis.

— Alors je vais dire à mes gars de mettre la main sur ces foutus dossiers, répliqua Garth. Tu n'as qu'à me donner le nom qui t'intéresse, si tu veux bien.

— Graveline, fit Stranahan, le Dr Rudy Graveline.

Kipper Garth tressaillit.

— Bon sang, j'ai déjà entendu ce nom-là quelque part ! Je crois qu'il fait partie de mon yacht-club.

Mick Stranahan applaudit à tout rompre.

— Hip, hip, hip, hourra !

Plus tard, alors qu'ils se rendaient chez son chirurgien esthétique, Tina posa une question à Mick :

— Pourquoi tu m'as pas fait l'amour, hier soir ?

— Il me semble que tu as pris ton pied, quand même.

— Oui, c'était bien, mais pourquoi tu t'es arrêté en route ?

— A cause de l'horrible manie que j'ai de tomber amoureux, répondit Mick.

— Après une seule nuit ? fit Tina en ouvrant de grands yeux.

— Sans rire. Les cinq femmes que j'ai épousées, je les ai demandées en mariage la première nuit que j'ai passée avec elles.

— Avant ou après ? s'enquit Tina.

— Après. C'est comme une maladie. Et le plus effrayant de tout, c'est que les femmes ont tendance à me dire oui.

— Ce serait pas mon cas.

— Je ne peux pas courir le risque.

— T'es dingue, conclut Tina. Alors ça veut dire qu'on fera jamais rien ensemble ?

Mick soupira. Il se sentait vieux, hors du coup. On venait d'assassiner une de ses ex-femmes, un enfoiré de toubib essayait de le tuer et une équipe de télé rôdait autour de chez lui — rien que ça ! Et tout ce que Tina voulait savoir, c'était quand et où il la baiserait ! Pourquoi ne le croyait-elle pas quand il lui parlait de ses ex- ?

Il s'arrêta dans une station Shell self-service et remplit trois jerricanes en plastique d'ordinaire sans plomb. Quand il alla régler, personne ne lui fit de remarque. Il enferma les bidons dans le coffre de l'Impérial en les recouvrant d'une vieille bâche.

Comme il reprenait le volant, Tina lui lança un regard de reproche.

— Tu n'as pas répondu à ma dernière question.

— Tu as un petit ami, fit Stranahan, qui aurait préféré trouver un argument plus convaincant ou plus original.

— Qui ça ? Richie ? Y a pas de malaise !

Ça sidérait toujours Mick la façon qu'elles avaient toutes de faire disparaître leurs petits copains, d'un claquement de doigts, comme par enchantement.

— Alors ? insista Tina. Et si on disait ce soir ?

— Et si on disait que je te ferai signe quand les choses se seront tassées ?

— Ouais, c'est ça, maugréa Tina.

Stranahan fut heureux d'arriver devant le cabinet médical. Il se trouvait dans une ancienne demeure restaurée de deux étages, en stuc couleur pêche, à Coral Gables. Le plasticien s'appelait Dicer. Craig E. Dicer ; un jeune type sympa, bien trop sympa pour critiquer d'emblée Rudy Graveline. Stranahan sortit son badge et fit une nouvelle tentative. Le Dr Dicer jeta un long regard dépourvu d'aménité sur l'insigne doré d'enquêteur des services de l'attorney général avant de déclarer :

— Tout ceci restera *off the record* ?

— Bien entendu, confirma Stranahan, s'étonnant *in petto* : où ces types apprenaient-ils donc à parler comme ça ?

— Graveline est un vrai boucher, dit Dicer, un massacreur de première. N'importe qui dans cette ville a dû un jour ou l'autre passer derrière lui pour réparer les dégâts. Par bonheur, il n'opère plus beaucoup lui-même. Il est devenu raisonnable et a loué les services d'une bande de petits malins, tous dûment homologués. C'est une véritable usine là-bas.

— A Whispering Palms ?

— Vous y êtes déjà allé faire un tour ? demanda Dicer.

Stranahan dit que non, que ce serait sa prochaine visite.

— Si tout le monde à Miami sait que Graveline est un boucher, comment se fait-il qu'il ait encore des patients ?

Le Dr Dicer partit d'un rire sarcastique.

— Hé ! mon vieux, les patients n'en savent rien. Vous croyez que la première ménagère venue, qui veut se faire regonfler les nichons, va aller au tribunal vérifier s'il a été poursuivi ? Inimaginable ! Rudy Graveline a une sacrée bonne réputation parce qu'il a des relations mondaines. Il a remodelé le menton de la nièce du maire, ça je le tiens de source sûre. Et je ne parle même pas de Carberry, l'ancien membre du Congrès ; Graveline a rectifié les paupières de sa bonne amie. Lui ou l'un de ses acolytes de Whispering Palms. Peu importe, c'est toujours à Graveline qu'en incombe le mérite.

Tina, qui n'avait guère ouvert la bouche depuis le trajet en voiture, finit par se mêler à la conversation :

— Y a qu'à en parler aux mannequins et aux actrices, Whispering Palms c'est in. Comme le tofu.

— Nom de Dieu ! gémit Stranahan.

— Je peux vous demander pourquoi vous vous y intéressez ? dit le Dr Dicer.

— Vous ne tenez pas vraiment à le savoir, lui rétorqua Mick.

— Je ne crois pas.

— Mais moi j'y tiens ! s'écria Tina.

Stranahan fit mine de n'avoir rien entendu.

— Encore une question, fit-il à Dicer, puis nous vous laisserons retourner travailler. Il s'agit plutôt d'une hypothèse.

Le Dr Dicer acquiesça d'un signe de tête, croisa les mains et adopta un air très étudié.

— Est-il possible de tuer quelqu'un pendant qu'on lui refait le nez ?

En guise de réponse, le Dr Dicer s'empara de la réplique en coupe d'une tête humaine en néoprène rose, d'un maillet de bronze et d'un petit burin. Puis il fit une démonstration précise de la manière dont on pouvait mettre fin aux jours d'une personne en lui rectifiant le nez.

Quand Chimio arriva au Gay Bidet, les musiciens d'un groupe punk, Les Saigneurs de Poulets, venaient juste d'achever de tordre leurs strings, trempés de sueur, dans un verre à cocktail, avant de le lamper sur scène.

— T'es en retard, fit le boss de Chimio, un type qu'on appelait Freddie. Vient d'y avoir trois bastons.

— J'ai eu un problème avec le tuyau du radiateur de ma bagnole, fit Chimio.

Il s'excusait pas, il expliquait.

Freddie montra du doigt le petit pansement.

— Qu'est-ce qu'est arrivé à ton menton ?

— J'ai chopé un bouton, fit Chimio.

— Pas plutôt un suçon ? plaisanta Freddie.

— Tu cherches à dire quoi là ?

— Rien du tout, battit en retraite Freddie, qui savait qu'il valait mieux pas trop lancer de vannes à Chimio.

Ce dernier le rendait nerveux comme un toton. Ce cadavre ambulant de deux mètres de haut ! Les autres boîtes s'entre-tueraient pour un videur de cet acabit !

— Tiens, y a un message pour toi, fit Freddie.

Chimio le remercia et sortit. Il entra dans une cabine sur Collins et composa le numéro du beeper de poche de Graveline. Après avoir obtenu la tonalité, Chimio martela le numéro de la cabine d'appel, raccrocha et attendit. Même de là où il se trouvait, il put entendre le groupe suivant attaquer son premier morceau. Les Excités du Croupion, on aurait dit. Leur tube numéro un s'intitulait *Amour et Lubrifiant.* Chimio y trouva un bon dérivatif.

Le téléphone se mit à sonner. Chimio attendit la troisième sonnerie avant de décrocher.

— Nous avons un problème, fit Rudy Graveline, d'une voix rauque, au bord de la terreur.

— Vous me demandez pas comment va mon menton ?

— Non !

— Eh bien, il me démange du feu de Dieu !

— Je vous avais prévenu, dit Graveline.

— Combien de temps faudra que je porte cette Bande d'Aide ?

— Tant que la cicatrisation n'est pas commencée, bon sang de bonsoir ! Écoutez-moi, je suis dans une situation gravissime et si vous ne m'en tirez pas, le prochain qui vous arrangera le portrait, ce sera un croque-mort de merde ! Si vous vous trouvez plus regardable avec un centimètre carré parfait au menton, songez à l'excellente mine que vous vous payerez dans votre cercueil !

Chimio toucha son pansement d'un air absent.

— Pourquoi vous êtes aussi nerveux ?

— Mick Stranahan est toujours vivant !

Chimio songea : cette salope en costume marin, elle s'est gourrée de bicoque.

— Soit dit en passant, ajouta Graveline avec colère, je vous remercie beaucoup de ne pas m'avoir raconté comment vous avez noyé sa femme dans la baie de Biscayne. D'après ce qu'en a dit la télé, j'ai déduit que vous aviez fait le coup. J'ai reconnu parfaitement votre doigté.

Comme Chimio ne se manifesta plus pendant quelques instants, le docteur lança :

— Vous dormez ?

— C'est bien une sirène que j'entends par chez vous ? demanda Chimio.

— Oui, rétorqua Graveline ironiquement, ça pourrait bien être une sirène. Alors, vous ne me demandez pas comment je sais que Stranahan est toujours vivant ?

— Bien sûr que si, comment vous le savez ? fit Chimio, docilement.

— Parce que cet enfoiré vient de faire sauter ma Jag !

11

Christina Marks frappa deux fois à la porte ; n'obtenant pas de réponse, elle entra. L'homme étendu sur le lit d'hôpital portait un masque à oxygène. Couché comme ça, la couverture remontée jusqu'au menton, il avait l'air d'un petit enfant. Les traits de son visage étaient tirés et couverts de tavelures. Christina s'approcha du lit, l'homme ouvrit ses yeux bleus et la salua de la main. Quand il retira son masque à oxygène, elle vit qu'il souriait.

— Inspecteur Gavigan ?

— Le seul et l'unique.

— Je me présente, Christina Marks.

Elle l'informa du but de sa visite. Quand elle mentionna le nom de Vicky Barletta, Timmy Gavigan lui fit comprendre par une mimique qu'il resterait bouche cousue.

— Où est le problème ? lui demanda Christina.

— L'affaire n'est pas classée, ma belle. Je ne peux rien vous dire.

Timmy Gavigan s'exprimait d'une voix caverneuse, comme si elle sortait d'un tuyau planté dans ses poumons morts.

— Il y a un règlement concernant les interviews par les médias, ajouta-t-il.

— Vous connaissez Mick Stranahan ? demanda Christina.

— Si je le connais ! Mick est passé me voir, il y a quelque temps.

— Au sujet de cette affaire ?

— Mick figure dans mon recueil de coupures de presse, fit Timmy Gavigan, en détournant les yeux.

— Il a des ennuis, insista Christina.

— Me dites pas qu'il s'est encore marié, l'enfoiré !

Pas ce genre d'ennuis, précisa Christina. Cette fois, ils étaient reliés à l'affaire Barletta.

— Mick est un grand garçon, dit Timmy Gavigan. A mon avis, il peut très bien se débrouiller tout seul.

Puis il lui sourit à nouveau.

— Vous êtes vraiment jolie à regarder, ma parole.

— Merci, dit Christina.

— C'est pas croyable, il y a six mois à peine, j'aurais essayé de vous draguer vite fait, bien fait. Et maintenant, je peux même pas me lever pour aller pisser un coup. Une femme magnifique vient dans ma chambre et je peux même pas redresser la tête et autre chose encore moins.

— Désolée, dit-elle.

— Je sais ce que vous pensez. C'est un mourant, il peut bien dire tout ce qui lui passe par la tête. Mais je le pense vraiment, vous êtes spéciale. Je suis difficile, croyez-moi, je l'ai toujours été. Eh merde ! ce que je veux dire, c'est que je suis mourant peut-être, mais pas encore aveugle !

Christina rit doucement. Timmy Gavigan s'empara du masque à oxygène, respira à fond deux ou trois fois avant de le reposer.

— Donnez-moi votre main, s'il vous plaît ! N'ayez pas peur, ce que j'ai ne s'attrape pas.

La main de Timmy Gavigan était froide et parcheminée. Christina la pressa légèrement puis voulut retirer la sienne. Mais Timmy la retint. Elle s'aperçut que ses yeux pétillaient de malice.

— Vous avez lu le dossier ?

Elle opina du chef.

— C'est moi qui ai enregistré la déposition de ce médecin, Rudy Machin-chose.

— Oui, je sais.

— Rafraîchissez-moi la mémoire, fit Gavigan, que la concentration faisait loucher. Qu'est-ce qu'il m'a raconté déjà ?

— Il vous a dit que c'était une opération de routine, rien d'extraordinaire.

— Ouais, je m'en souviens maintenant, fit Timmy, c'était un beau parleur, très bizness is bizness. Il m'a dit qu'il avait cinq mille opérations du nez à son actif et que celle-là n'était qu'une parmi d'autres. Je lui ai répondu peut-être pas, car ce coup-ci, votre patiente a disparu dans la nature. Alors il a ajouté qu'elle était en pleine forme, la dernière fois qu'il l'avait vue. Qu'elle avait quitté son bureau sur ses deux jambes. Et je lui ai fait, ouais, c'est ça, elle s'est barrée tout droit dans la cinquième dimension, putain de merde ! Excusez-moi, ma langue a fourché.

— Vous avez une excellente mémoire, fit remarquer Christina Marks.

— Dommage qu'elle m'aide pas à respirer ! dit Gavigan, en prenant une nouvelle bouffée d'oxygène. En fait, on n'avait aucune raison de penser que ce médecin était impliqué dans cette affaire. D'ailleurs, l'infirmière a confirmé ses dires. Mais comment s'appelait-il, bon sang ?

— Graveline.

Timmy Gavigan eut un hochement de tête d'assentiment.

— Il m'avait fait l'effet d'un petit merdeux, mais ça a jamais été une raison pour arrêter les gens.

Là-dessus, il toussa ou encore s'étrangla de rire, difficile de trancher.

— Au fait, je vais mourir, vous savez ?

Christina répondit que oui, qu'elle le savait.

— Vous passez à la télé, c'est bien ça que vous m'avez dit ?

— Non, je suis seulement productrice.

— Ben, vous êtes assez jolie pour passer à la télé.

— Merci encore.

— Je vous aide pas beaucoup, je sais, enchaîna Timmy Gavigan, ils m'ont bourré de morphine. Mais j'essaie de me souvenir d'un détail que j'aurais laissé échapper.

— Ça ne fait rien, vous m'avez bien aidée.

Elle pouvait voir qu'à chacune de ses respirations, il souffrait le martyre.

— D'après vous, c'est le toubib qui a fait le coup, n'est-ce pas ? Voyons voir, c'est une nouvelle façon d'envisager les choses...

— C'est une simple hypothèse, dit Christina.

Timmy Gavigan s'agita sous les couvertures et se tourna légèrement pour lui faire face.

— Il avait un frère, c'est mentionné dans le dossier ?

Christina répondit que non, ça n'y figurait pas.

— Évidemment, fit Timmy. Ça a paru sans importance, à l'époque, puisque on ne soupçonnait pas le docteur.

— Je comprends.

— Mais il avait un frère. Je lui ai parlé une dizaine de minutes. Mais ça ne valait pas le coup de dactylographier ses propos.

Timmy Gavigan tendit la main vers un verre d'eau et Christina l'aida à boire.

— Bon Dieu ! Je dois offrir un de ces spectacles ! Bref, la raison pour laquelle j'y fais allusion... disons que le toubib a zigouillé Vicky. J' sais pas pourquoi, mais supposons qu'il l'a fait. Comment s'est-il débarrassé du corps ? C'est toujours un gros problème à résoudre. Y a que Jimmy Hoffa qui ait fait exception.

— Que fait donc le frère du docteur ?

Le visage de Gavigan se fendit d'un rictus et ses joues reprirent des couleurs.

— J'y viens, ma belle. Le frérot était émondeur d'arbres.

Christina fit mine d'être ravie par cette nouvelle information, mais elle cachait mal sa confusion.

— Vous ne connaissez rien à l'émondage, pas vrai ? la taquina Gavigan, avant de prendre une nouvelle goulée d'oxygène.

— Pourquoi être allé voir le frère du docteur ?

— J'ai pas eu beaucoup de chemin à faire. Je l'ai rencontré à l'extérieur de la clinique — dont j'ai oublié le nom.

— Le Centre médical Durkos.

— Ça m'a l'air d'être ça.

Timmy s'arrêta de parler un instant et porta une main à sa gorge. Il attendit que la douleur ait diminué avant de reprendre le fil de son discours.

— J'ai aperçu ce type qui taillait les oliviers à l'extérieur de la clinique et je lui ai demandé s'il était dans le coin le jour où Vicky avait disparu, s'il avait remarqué quelque chose d'anormal. Naturellement il m'a répondu que non. Puis je lui ai demandé son nom et il a dit George Graveline. Et moi, génial comme d'habitude, je lui fais : Vous êtes un parent du docteur ? Ouais, il m'a fait, et on en est resté là.

— George Graveline, répéta Christina, en inscrivant ce nom.

Timmy Gavigan leva les yeux et aperçut le carnet.

— Émondeur d'arbres, répéta-t-il, notez-le bien.

— Dites-moi ce que tout ça signifie, je vous en prie.

— Non, vous demanderez à Mick.

— Comment pouvez-vous être sûr que j'irai le voir ?

— J'ai comme un pressentiment.

Puis, Timmy Gavigan ajouta quelque chose que Christina Marks ne put entendre. Elle se pencha sur lui et le pria, dans un murmure, de bien vouloir répéter.

— J'ai dit que vous êtes très belle, ça c'est sûr.

Il cligna de l'œil et referma ses paupières lentement.

— Merci de m'avoir tenu la main, dit-il.

Et alors, il se laissa aller.

Chaque fois qu'une bombe explosait à Dade County, un quidam du bureau central appelait le sergent García à la rescousse ; c'était dû en premier lieu à son origine cubaine, car on rattachait systématiquement tout attentat à la bombe aux réfugiés politiques. Al García avait laissé des instructions pour ne plus être dérangé dans ce cas de figure, sauf s'il y avait mort d'homme — un cadavre étant d'ordinaire la condition préalable au déclenchement d'une enquête criminelle. Il avait aussi rédigé plusieurs mémoires circonstanciés où il expliquait que les Cubains n'étaient pas les seuls à régler leurs comptes à la bombe en Floride méridionale ; suivait une liste des attentats des dix dernières années où les Cubains n'avaient rien à voir, mais où la Mafia ou les syndicats en tout genre étaient impliqués. Comme personne au bureau central n'accordait beaucoup d'attention aux plaidoyers de García, on continuait à le convoquer pour la moindre explosion à la con.

C'est ce qui arriva quand la Jaguar noire du Dr

Graveline vola en éclats. García était à deux doigts d'envoyer son interlocuteur se faire paître, quand le nom de la victime lui tira l'oreille. Un quart d'heure à peine après les voitures de pompiers, il se rendit d'une traite à Whispering Palms.

Voici ce qui s'était passé : Rudy était allé à l'aéroport pour y réceptionner une patiente potentielle d'envergure ; il s'agissait d'une actrice mondialement célèbre qui, un beau matin au saut du lit, s'était regardée, nue, dans son miroir et avait éclaté en sanglots, dans sa demeure de Bel Air. Elle avait obtenu le nom du Dr Graveline de l'ami d'un ami du piscine-boy de Pernell Roberts et avait téléphoné au chirurgien qu'elle s'envolait pour Miami pour le consulter de toute urgence. Étant donné son renom et sa fortune (due en grande partie à son divorce tumultueux d'avec l'un des Dodgers de Los Angeles), Rudy avait accepté de la retrouver à l'aéroport et de lui faire les honneurs de Whispering Palms. En se garant en double file devant le hall de la Pan Am, il remarqua pour la première fois la vieille Chrysler cabossée : elle pila derrière lui, son coffre gênant la circulation. En revenant vers la plage, Rudy aperçut à nouveau la voiture, tandis qu'à ses côtés, l'actrice lui racontait avec volubilité le bon tour qu'elle avait joué à Richard Chamberlain pendant le tournage d'un téléfilm quelconque ; Rudy jeta un regard contrarié dans le rétroviseur, car l'Imperial collait à son pare-chocs arrière.

La Chrysler disparut quelque part sur Alton Road et Rudy l'oublia jusqu'au moment où il ressortit de Whispering Palms, une main posée amicalement sur le bras de l'actrice, qui croulait sous les brochures sur papier glacé. L'Imperial stationnait juste en face du parking réservé de Rudy, avec le même colosse derrière le volant. L'actrice n'avait rien constaté d'anormal jusque-là. L'homme descendit alors de sa Chrysler et siffla un Yellow Cab, garé fort à propos sous un énorme figuier, à l'extrémité nord du parking. Quand le taxi stoppa à sa hauteur, le conducteur de l'Imperial ouvrit la porte arrière et pria l'actrice de monter, en lui disant que le taximan la déposerait directement à son hôtel. Elle lui répondit qu'elle n'était pas descendue à l'hôtel puisqu'elle avait loué, à Golden Beach, une villa qu'avait occupée autrefois Eric Clapton ; le colosse lui dit très bien, le taximan connaissait le chemin.

L'actrice finit par monter dans le taxi qui démarra et s'éloigna. L'inconnu et Rudy Graveline se retrouvèrent seuls face à face sur le parking. Quand l'homme se présenta, Rudy fit d'énormes efforts sur lui-même pour contenir sa panique. Mick Stranahan lui déclara qu'il ne savait pas encore pourquoi au juste il cherchait à le faire assassiner mais qu'il trouvait, d'une manière générale, que c'était une fort mauvaise idée. Graveline répliqua qu'il ne voyait absolument pas de quoi il voulait parler. Mick Stranahan retraversa alors le parking, monta dans la Chrysler, tourna la clé de contact, coinça l'accélérateur avec une noix de coco, sortit de l'habitacle et par l'ouverture de la portière, passa la première. Puis il s'écarta d'un bond et regarda la Chrysler aller emboutir l'arrière de la Jaguar noire de Rudy. Sous le choc, les trois jerricanes d'essence, que Mick avait disposés stratégiquement dans le coffre de la Jaguar, causèrent une explosion des plus spectaculaires.

Quand Rudy Graveline fit sa déposition au sergent García, il omit deux détails : le nom du coupable et les raisons de son geste.

— Il ne vous a pas dit du tout pourquoi ? insista García, plongé dans une perplexité sans bornes.

— Il n'a pas prononcé un mot, mentit Graveline, il a

détruit ma voiture puis il est parti, c'est tout. Ce type avait un grain visiblement.

García grommela en croisant les bras. De la fumée s'élevait encore de la Jaguar, couverte de mousse carbonique. Rudy paraissait désespéré de la perte de sa voiture, mais García ne se laissa pas prendre à cette comédie. Cet enfoiré se coltinait la police rapport uniquement à sa compagnie d'assurances.

— Vous ne connaissez vraiment pas le type qui a fait ça ?

— Je l'ai vu aujourd'hui pour la première fois.

— Ce n'est pas ça que je vous ai demandé.

— Je ne vois pas où vous voulez en venir, sergent, répondit Graveline.

García fut tenté de dévoiler ses batteries et de lui demander s'il était vrai qu'il cherchait à buter Mick Stranahan, comme ce dernier le lui avait confié. C'était le genre de question marrante que García adorait poser, mais le moment était mal choisi. Pour l'instant, il voulait passer aux yeux de Rudy Graveline pour un flic idiot et balourd, qui ne le menaçait en rien.

— Alors on vous a attaqué par hasard, purement et simplement, murmura García d'un ton rêveur.

— Ça m'en a tout l'air, l'appuya Rudy.

— Et vous m'avez bien dit que l'homme était court sur pattes et maigrichon ?

— Oui, confirma Graveline.

— Quelle taille ?

— Un mètre cinquante, à peu près. Et il était noir.

— Noir comment ?

— Très noir. Aussi noir que les pneus de ma Jaguar.

Al García s'accroupit et braqua le faisceau de sa

torche électrique sur le moyeu de la roue avant de la Jaguar en fusion.

— Michelin, nota-t-il. Ce type était noir comme des pneus Michelin.

— C'est ça et il ne parlait pas anglais.

— Tiens, tiens, quelle langue alors ?

— Créole, j'en suis presque sûr, affirma Rudy Graveline.

García se caressa le menton.

— Si je vous suis bien, votre incendiaire est un nabot haïtien sous-alimenté, fit-il.

Rudy fronça les sourcils.

— Non, dit-il avec sérieux, il était quand même un peu plus grand que ça.

García déclara que cet homme avait trouvé apparemment le moyen de forcer la serrure du coffre de la Jaguar pour y fourrer les bidons d'essence.

— Ce qui dénote une certaine intelligence, conclut l'inspecteur.

— Ça ne l'empêche pas d'être dingue, objecta Rudy, les fous peuvent toujours vous surprendre.

L'un des dépanneurs fixait ses crochets sur les débris de la Jaguar de Rudy. Un autre contemplait l'épave de la Chrysler Imperial que García ne cessait de qualifier de gros tas de tôle pourrie. Sa haine des Chrysler remontait à l'époque où il effectuait des patrouilles.

Lennie Goldberg, un agent des renseignements généraux, se pointa.

— Alors, qu'est-ce que t'en dis, Al ? Les Cubains sont dans le coup ?

— Non, Lennie. Je crois bien que c'est le Sentier lumineux ou peut-être même des Brigades rouges de merde !

Lennie Goldberg mit quelques secondes à piger la plaisanterie.

— Tu pourrais pas arrêter ces conneries sur les Cubains ? continua García, passablement irrité. On a fait sauter une bagnole. Affaire de routine, des plus banales ; ça s'arrête là, vu ? Pas la peine d'y mêler la politique, Castro, la CIA et *tutti quanti*. Rien à voir avec Cuba, compris ?

— Bon Dieu de merde, Al, je te posais simplement la question.

Lennie songea que García devenait décidément de plus en plus susceptible.

— Fais marcher un peu ta cervelle, lui dit García en désignant l'épave. Est-ce que ça ressemble vraiment à un acte de terrorisme international ? Ça donne pas plutôt l'impression qu'un peigne-cul est devenu barje au volant d'un tas de ferraille ?

— Ça pourrait être l'un ou l'autre, Al, fit Lennie. Dans les attentats à la bombe, faut y regarder souvent à deux fois avant de dénicher le symbole. Peut-être qu'il y a un message là-dessous, c'est pas en Angleterre qu'on fabrique les Jaguar ? Et si c'était un coup de l'IRA !

García étouffa une plainte. Un message, nom de Dieu ! Un symbole ! Voilà ce qui arrive quand on admet un crétin dans un service de renseignements : il devient encore plus con.

Un flic en uniforme tendit une copie du rapport à Rudy. Le docteur le plia soigneusement en trois, comme s'il voulait l'envoyer par la poste, et le glissa dans la poche intérieure de sa veste.

Al García tourna le dos à Lennie Goldberg.

— Ne craignez rien, nous allons le retrouver, dit-il à Graveline.

— Ah oui ?

— Sans problème, ajouta García qui enregistra la nervosité de Rudy. Nous allons relever le numéro d'immatriculation de la Chrysler et alpaguer votre lilliputien d'Haïti ou un autre.

— Il s'agit probablement d'un véhicule volé, objecta Rudy.

— Probablement pas, fit Al García.

Véhicule ! Voilà qu'à présent ce type jouait les Jack Webb !

— Non, monsieur, c'était un acte totalement prémédité, continua-t-il, l'acte d'un individu violent et instable. Nous ferons de notre mieux pour tirer cette affaire au clair, je vous en donne ma parole, docteur.

— Ce n'est vraiment pas d'une importance capitale.

— Pour nous, si, c'est d'une importance capitale, dit García.

— Eh bien, je sais que vous êtes terriblement occupé.

— Oh, mais jamais trop pour une affaire de ce genre, rétorqua García sur un ton des plus jovials. Un attentat perpétré contre un savant de votre calibre — vous plaisantez ? À partir de maintenant, docteur Graveline, votre affaire est prioritaire.

García s'en donnait à cœur joie dans le rôle du flic zélé ; Rudy était blême, comme s'il était atteint de dyspepsie.

— Vous entendrez parler de moi d'ici peu, dit-il pour l'achever.

— Ah oui ? fit Rudy d'une voix blanche.

Reynaldo Flemm avait ruminé des idées noires depuis sa visite clandestine à Whispering Palms. Le Dr Graveline avait porté un coup mortel à son ego ; et cela, dans l'ignorance absolue de sa véritable identité et de l'étendue de sa célébrité. Trois jours s'étaient écoulés et Reynaldo avait à peine osé mettre le nez hors de sa chambre d'hôtel, à Key Biscayne. De fait, il avait cessé de s'alimenter de façon consistante et s'était rabattu sur un régime à base de céréales et de protéines, arrosé de limonade light. Chaque fois que Christina Marks frappait à sa porte, Reynaldo lui criait qu'il était dans la salle de bains, avec un mal de ventre de chien, ce qui n'était pas loin de la vérité. Il ne pouvait s'arracher de devant la glace. L'avis impitoyable que le chirurgien avait porté sur son nez — « deux fois trop gros pour votre visage » — était déjà assez terrible en lui-même, mais ce qui le paralysait, c'était surtout l'allusion négligente qu'il avait faite à son poids.

Flemm, nu comme un ver, s'examinait une fois de plus dans le miroir de la salle de bains, quand Christina revint à la charge.

— Je suis malade, s'écria-t-il encore.

— Ray, cette situation est stupide, le morigéna Christina depuis le couloir.

Elle ignorait tout de son excursion à la clinique.

— Il faut que nous parlions ensemble de Maggie, ajouta-t-elle.

Il y eut un bruit de tiroirs ouverts puis fermés, et celui d'un placard peut-être. Un court instant, Christina songea qu'il se préparait avant de faire son apparition.

— Ray ?

— Qu'est-ce qui se passe avec Maggie ? fit-il, semblant parler à présent derrière le battant de la porte. Tu n'as pas encore réglé cette emmerde à propos de *20/20* ?

— C'est précisément de ça que nous devons discuter, répondit Christina, quinze mille dollars, c'est grotesque. Laisse-moi entrer, Ray.

— Je ne suis pas bien.

— Ouvre cette putain de porte ou j'appelle New York !

— Non, Chris. Je ne suis pas au mieux de ma forme.

— Écoute-moi, Ray, je t'ai déjà vu au mieux de ta forme, et c'est pas si terrible que ça. Laisse-moi entrer ou je défonce la porte à coups de pied.

Et elle commença à joindre le geste à la parole. Reynaldo Flemm n'en croyait pas ses yeux : cette putain de porte menaçait de sortir de ses gonds.

— Hé ! stop ! cria-t-il, entrouvrant le battant.

Christina vit qu'il ne portait rien d'autre qu'une serviette-éponge autour de la taille. Une paire de shorts cyclistes vert fluo gisait sur le sol.

— Et Hawaii ? l'apostropha Christina. Quand je pense que tu as promis à cette évaporée de l'expédier là-bas !

— Est-ce que j'avais le choix ? Tu veux que cette histoire nous échappe ? se défendit Reynaldo.

— Oui, avoua Christina, cette histoire va nous causer de sérieux ennuis, Ray. J'ai envie de boucler mes valises et de rentrer à New York.

— Et refiler le bébé à ABC ? T'es barje ou quoi ?

Il ouvrit un peu plus grand la porte.

— On est si près du but.

Christina tenta de l'appâter.

— Et si on s'envolait demain pour Spartanburg s'occuper de ce sujet sur les motards, comme on l'avait prévu ?

Reynaldo adorait les gangs motorisés, qui le prenaient presque toujours à partie, pendant que la caméra tournait. L'histoire de Spartanburg pouvait être en outre abordée sous l'angle sado-maso ; mais Flemm ne mordit pas à l'hameçon.

— Ça peut attendre, dit-il.

Christina jeta un œil à droite et à gauche pour vérifier que personne n'approchait dans le couloir.

— Tu es au courant pour Chloé Simpkins ?

Reynaldo Flemm secoua négativement la tête.

— Je n'ai pas regardé les infos depuis deux ou trois jours, reconnut-il.

— Eh bien, elle est morte. On l'a assassinée, lui assena Christina.

— Mon Dieu !

— Du côté de Stiltsville.

— Sans déc' ? Putain, quelle intro !

— Oublie ça, Ray, c'est un sac de nœuds.

Elle poussa la porte d'un coup d'épaule et entra dans la chambre. Il se laissa choir sur le lit, en serrant les genoux sous la serviette-éponge. Il tenait roulé dans sa main gauche un ruban de couturière.

— C'est pour quoi faire ? lui demanda Christina en le montrant du doigt.

— Rien du tout, dit Reynaldo.

Il n'avait aucune intention de lui dire qu'il avait mesuré son nez devant la glace. En fait, il avait relevé les dimensions exactes de chaque trait de son visage, pour comparer leurs proportions.

— Quand a lieu l'enterrement de Chloé ? demanda-t-il. On prend Willie avec nous et on va filmer la cérémonie.

— Hors de question.

Elle lui expliqua que les flics allaient remonter de toute façon jusqu'à eux et leur poser des questions à propos des cinq cents dollars. Et pire, on pourrait même les accuser d'avoir contribué à l'assassinat de Chloé, en la mettant sur un coup dangereux.

— Mais c'est pas vrai, gémit Reynaldo. Tout ce qu'on a obtenu d'elle, c'est de localiser Stranahan — et encore ! Il a une maison sur la baie avec une éolienne sur le toit, voilà ce qu'elle nous a dit. Elle a jamais gagné aussi facilement cinq billets de sa vie !

— Je vais me répéter : cette histoire est un sacré

merdier dont il faut nous dépêtrer au plus vite. Et envoie Maggie se faire voir chez les Grecs.

— On peut attendre encore quelques jours.

Il ne supportait pas l'idée d'abandonner la partie ; on ne l'avait pas encore tabassé une seule fois au cours de ce reportage.

— Attendre quoi ? fit Christina, contrariée.

— Faut que je réfléchisse. Je peux penser à rien quand je suis malade.

Elle fut tentée de lui mettre les points sur les i.

— Qu'est-ce qui se passe exactement ? lui demanda-t-elle.

— Rien dont j'aie envie de parler, fit Flemm.

— Ah ! je vois, un de ces petits problèmes typiquement masculins.

— Va te faire foutre !

En sortant, Christina lui demanda quand il pensait quitter sa chambre d'hôtel pour affronter la réalité en face.

— Quand je serai à nouveau en forme, répliqua Reynaldo, sur la défensive.

— Prends tout ton temps, Ray. L'interview de demain n'aura pas lieu.

— Pourquoi ? Tu l'as annulée ?

— Elle s'est annulée d'elle-même. L'homme est mort.

— Encore un meurtre ! dit Flemm, le souffle coupé.

— Non, Ray, pas cette fois. Désolée de te décevoir, lui lança-t-elle en faisant un geste d'adieu.

— Ça ne fait rien, dit-il avec la voix d'un homme sur le chemin de la guérison, on pourra toujours l'accommoder à notre sauce !

12

Après l'enterrement de Timmy Gavigan, García proposa à Mick Stranahan de le raccompagner en voiture jusqu'à la marina.

— J'ai constaté que tu as pris un taxi pour venir, dit-il.

— Al, tu as un œil d'aigle, ma parole !

— Alors ? où est ta voiture ?

— Je crois qu'on me l'a volée, dit Stranahan.

Pour un bel enterrement, ç'avait été un bel enterrement. Timmy Gavigan aurait bien ri. Le chef s'était levé et avait dit quelques bonnes paroles, puis une bande de flics, assez jeunes pour être les petits-fils de Timmy, avaient tiré une salve en son honneur et touché par mégarde un transformateur électrique, privant une bonne moitié de Coconut Grove de courant. Stranahan avait revêtu pour l'occasion un jean repassé de frais, une veste de sport anthracite, et portait des mocassins marron sans chaussettes. C'était là sa tenue la plus habillée ; il avait jeté toutes ses cravates quand il avait emménagé dans la maison sur pilotis. Mick se surprit à renifler un tantinet vers la fin de l'office. Il prit mentalement note de découper l'avis mortuaire dans le journal pour le coller dans l'album de Timmy Gavigan, comme il le lui avait promis. Ensuite, il le posterait pour Boston, où habitaient les filles de Timmy.

Tout en quittant la Rickenbacker Causeway, García lui demanda sans avoir l'air d'y toucher :

— T'avais pas une vieille Chrysler dans le temps ? C'est drôle, on a foutu le feu à l'un de ces vieux tas de merde, l'autre soir. On s'est occupé de cette histoire et on a découvert que quelqu'un avait limé les numéros de la plaque minéralogique, alors on n'a pas pu remonter jusqu'à son proprio — c'est peut-être la tienne, qu'est-ce que t'en dis ?

— Peut-être bien. Mais vous pouvez la garder, le bloc-cylindres était fendu. J'allais la foutre à la casse de toute façon, fit Mick.

García pianotait sur le volant, signe qu'il perdait patience.

— Hé, Mick ?

— Quoi ?

— C'est toi qu'as fait sauter la Jag de cet enfoiré ?

— De qui tu parles ? dit-il, le regard fixé sur la baie.

— Du docteur qui cherche à te tuer.

— Oh, lui !

Quelque chose ne tournait pas rond chez ce mec, songea García. Peut-être que l'enterrement lui avait flanqué le cafard. Ou peut-être quelque chose d'autre.

— Nous abordons un point qui me rend très nerveux. Tu m'écoutes, *chico* ?

Stranahan faisait semblant de mater une fille aux seins nus sur une planche à voile.

— Tu te prends pour Charles Bronson, O.K., mais laisse-moi te dire que ça devient bougrement sérieux. Oublie ce docteur un petit moment.

— Ah ouais ! et je fais comment ? Il veut ma peau.

— Bon, mets ça de côté un instant et ouvre tes oreilles : c'est Murdock et Salazar qui s'occupent de l'assassinat de Chloé. Tu veux que je te fasse un dessin ou que j'arrête la voiture pour que tu descendes gerber ?

— Nom de Dieu ! dit Stranahan.

Les inspecteurs John Murdock et Joe Salazar avaient été très liés avec feu le juge Raleigh Goomer, celui-là même que Mick avait dégommé. Ils avaient trempé jusqu'au cou dans les combines du juge. Ils ne faisaient pas partie du club des fans de Mick Stranahan.

— Merde, comment se sont-ils fait confier l'affaire ?

— Ce sont les hasards de l'existence, dit García. Je ne pouvais rien faire sans envenimer les choses.

Stranahan flanqua un coup de poing dans le tableau de bord. Il en avait sa claque des mauvaises nouvelles.

— Alors ils sont venus rôder par ici en cherchant la petite bête, tu me suis ? Ils ont interrogé tous ceux qui auraient pu apercevoir ton ex le soir où elle a cassé sa pipe. Sur l'embarcadère, au restaurant, etc. Ils sont rentrés avec le témoignage de deux serveuses et d'un pompiste. Et devine qui d'après eux accompagnait Chloé ? Toi, Z-yeux Bleus !

— C'est un foutu mensonge, Al !

— T'as raison. Et je le sais parce que je me suis rendu au même endroit le lendemain — pendant mon heure de déjeuner ! —, et que j'ai interrogé moi-même ces fameux témoins. Je leur ai montré deux photomatons, dont l'une de toi, et bingo ! Fric et Frac sont bien des menteurs ! Je ne sais pas encore ce que je peux faire. C'est une situation délicate, car ils se serreront les coudes et ne voudront pas démordre de leur version.

García sortit un cigare de sa poche-poitrine. Il se le cala, sans le démailloter, au coin de la bouche.

— Je te raconte tout ça pour que tu saches que ça devient foutrement sérieux, que t'arrêtes de me faire chier avec cette folie de faire sauter les bagnoles et que tu me donnes une chance de faire mon boulot. Qu'est-ce que tu penses ?

— C'est la pire année de ma vie et on est que le 17 janvier, répondit Mick, l'air absent.

García cracha la cellophane qui entourait son cigare.

— Je me demande bien pourquoi je me donne la peine de tout te raconter, grommela-t-il, t'as l'air d'un de ces zombies de merde.

L'inspecteur tourna dans la marina en faisant hurler ses pneus. Stranahan lui montra l'appontement où son skiff était amarré et García se gara juste en face, laissant tourner le moteur. Stranahan tenta d'ouvrir la portière mais García la maintint fermée électriquement.

L'inspecteur enfonça d'un coup de poing l'allume-cigares du tableau de bord.

— T'as pas d'autre question que t'aimerais me poser ? Réfléchis-y bien, Mick !

Stranahan se pencha et serra la main de García avec une certaine gravité.

— Merci pour tout, Al. Vraiment.

— Hé ! est-ce qu'on parle la même langue ? Putain, qu'est-ce qui tourne pas rond chez toi ?

— J'ai eu une semaine déprimante, dit Mick.

— Tu n'as pas envie de savoir à quoi ressemblait le chevalier servant de Chloé d'après les serveuses et le petit pompiste ?

— Quel chevalier servant ?

García se frotta les mains.

— Un bon point pour moi ! J'ai réussi à éveiller ton intérêt.

Et il alluma son cigare.

— Quel chevalier servant ? redemanda Mick.

Tirant profit de l'occasion, García sortit son carnet de sa veste et se mit à lire à haute voix.

— Homme de race blanche, dans la trentaine, mesurant approximativement deux mètres, pesant cent vingt kilos, taches de rousseur, tendance à la calvitie...

— Pute borgne !

— ... portant un maquillage de film d'horreur ou peut-être un de ces masques à la *Halloween*. Les serveuses n'ont pas pu se mettre d'accord sur ce point ; mais pour le reste, leurs témoignages concordent : d'après elles, on dirait que son visage a été passé à la râpe à fromage.

Mick Stranahan eut beau fouiller dans sa mémoire : il ne se souvint pas d'avoir mis en taule un quidam digne d'une telle description. Il demanda à García s'il avait une piste.

— On n'arrête pas d'appeler des cirques pour savoir qui s'est échappé récemment de chez eux, fit ce dernier d'un ton sarcastique. Ma parole, je sais vraiment pas pourquoi je t'ai dit tout ça !

Il poussa le bouton qui débloquait les portières.

— On reste en contact, dit-il à Mick, en lui faisant signe de descendre de voiture. Et ne t'approche plus de ce foutu docteur, d'accord ?

— Plutôt ! dit Stranahan.

Il ne pouvait fixer sa pensée que sur une seule chose : un chevalier servant de deux mètres de haut. Pauvre Chloé !

Le Dr Graveline venait d'accepter la possibilité que son univers implose. Il devait s'attendre au pire. Il songeait avec amertume à toutes les crises qu'il avait traversées sans encombre, à ses revers professionnels, aux poursuites judiciaires, aux comparutions devant ses pairs, aux expulsions des services hospitaliers, à ses déménagements et réaménagements hâtifs d'une juridiction à l'autre. Une fois, il avait donné du volume à la poitrine d'une femme de cent kilos, qui avait exprimé le désir inverse ; une autre fois, il avait quasiment extrait, par liposuccion, la vésicule biliaire de l'abdomen d'un patient ; une autre fois encore, il avait sectionné par erreur l'oreille gauche d'un ouvrier du bâtiment, en lui excisant un kyste gros comme une pièce de dix *cents*. Dans toutes les occasions, Rudy s'en était tiré. Il croyait avoir trouvé son havre de paix en Floride méridionale ; ayant compris le fonctionnement du système et comment le battre à son propre jeu, il était persuadé d'avoir un avenir assuré. Et puis, soudain, voilà qu'une vieille histoire d'opération de nez salopée faisait retour et venait tout gâcher. C'était trop injuste, lui semblait-il.

Rudy, assis à son bureau, feuilletait avec découragement ses derniers relevés bancaires. Le complexe chirurgical de Whispering Palms ratissait des sommes énormes mais les frais généraux étaient élevés ; quant à l'hypothèque, elle l'étranglait carrément. Rudy n'avait pas pu mettre à gauche autant d'argent qu'il l'avait espéré. Au départ, il s'était promis secrètement de se retirer au bout de quatre ans avec un magot de six millions de dollars ; aujourd'hui, il y avait tout lieu de croire qu'il passerait la main beaucoup plus tôt et avec beaucoup moins en réserve. Comme on lui avait interdit d'exercer à nouveau ses talents à New York et en Californie — de loin, les deux marchés les plus lucratifs en matière de chirurgie esthétique —, Graveline tournait maintenant ses regards vers les cités cosmopolites d'Amérique du Sud, cette nouvelle frontière de la vanité où cuire au soleil valait son pesant de rides. Là-bas, un diplôme médical délivré par Harvard ne comptait pas encore pour du beurre. Tout en parcourant ses avis de dépôt, il se demanda s'il n'était pas trop tard pour laisser tomber le projet immobilier des Tours du Vieux Cyprès et se tirer avec du liquide.

Il étudiait une carte du Brésil quand Heather Chappell, la fameuse actrice, entra dans son bureau. Elle portait le peignoir et les sandales en tissu-éponge rose dont Whispering Palms affublait ses hôtes de marque. Son rouge à lèvres était pomme d'api, sa peau couleur caramel et son épaisse chevelure aux mèches blondes sortait d'un brushing. Pour d'obscures raisons, cette jeune femme de trente ans, d'une beauté parfaite, méprisait profondément son corps. Une proie rêvée pour un Rudy Graveline.

Elle s'installa sur une chaise en cuir au dossier bas.

— Le centre de mise en forme, je l'ai assez vu. Si on parlait un peu de mon opération.

— Je voulais que vous vous relaxiez un jour ou deux, c'est tout, fit Rudy.

— Un jour ou deux sont passés.

— Et vous ne vous sentez pas plus détendue ?

— Pas vraiment, répondit Heather. Votre masseur, son nom m'échappe...

— Niles ?

— Ouais, Niles. Il a essayé de me sodomiser pas plus tard qu'hier. À part ça, je me suis ennuyée à périr.

Rudy sourit avec une politesse étudiée.

— Ça vous a donné l'occasion de réfléchir aux différents modes d'intervention.

— Mais c'est déjà tout réfléchi, docteur Graveline. J'étais prête à tout, l'autre soir, à ma descente d'avion. Vous m'avez menée en bateau ou quoi ?

— Bien sûr que non.

— J'ai entendu dire qu'on a fait sauter votre voiture, fit-elle d'une voix d'écolière, comme si elle avait surpris ce ragot dans l'interclasse.

Rudy tâcha d'adopter un ton neutre.

— C'était un accident de mineure importance, dit-il.

— Ça s'est produit le soir de mon arrivée, n'est-ce

pas ? Ce grand balèze dans le parking, le type qui m'a mise dans un taxi, qu'est-ce qu'il voulait ?

Rudy ignora la question.

— Je peux vous faire opérer demain, dit-il.

— Parfait. Mais je veux que ce soit vous qui vous occupiez de moi. Vous en personne, insista-t-elle.

— Ça va de soi, rétorqua Rudy.

Il resterait dans la salle d'opération, le temps qu'on l'endorme. Puis il irait faire un tour sur le terrain de golf de Doral, l'abandonnant au scalpel de l'un de ses jeunes cracks.

— Alors, qu'avez-vous décidé ? lui demanda-t-il.

Heather se leva et se déchaussa. Puis elle laissa tomber son peignoir sur le tapis.

— A vous de me le dire.

Rudy resta bouche bée à sa vue.

— Eh bien, laissez-moi regarder, dit-il.

Le problème était qu'elle n'avait nullement besoin d'une intervention. A l'instar de son visage, son corps était sensationnel. Ses seins bronzés étaient fermes et bien proportionnés, ne tombant pas le moins du monde. Son ventre était plat et tendu comme une planche à repasser. Pas une once de graisse, pas la moindre trace de vergetures, pas l'ombre d'une minuscule veinule, sur ses cuisses, ses jambes ou ailleurs. Aucune disproportion. Complètement nue, Heather ressemblait davantage à « l'après » qu'à « l'avant » d'une brochure publicitaire.

Rudy allait vraiment avoir du fil à retordre avec ce cas-là. Il chaussa ses lunettes.

— Approchez-vous, Miss Chappell, que je vous examine de plus près, dit-il.

Elle avança vers lui et, à sa grande stupéfaction, grimpa sur son bureau, dont la surface d'onyx poli crissa sous ses pieds nus. Elle prit la pose d'une vamp de cinéma — une main sur la hanche et faisant bouffer ses cheveux de l'autre. Rudy, en parcourant du regard ces longues jambes fuselées, faillit tomber à la renverse sur sa chaise.

— Le nez ne va pas, c'est évident, déclara Heather.

— Oui, confirma Rudy, qui songeait : et dire qu'elle a le nez grec, parfaitement rectiligne ! Qu'est-ce que je vais bien pouvoir lui faire ?

— Les seins, non plus, ne vont pas, continua-t-elle, en prenant un dans chaque main, les examinant et les soupesant comme deux pamplemousses à l'étal des fruits et légumes.

— Vous les aimeriez plus gros ou plus petits ? demanda Rudy courageusement.

Heather lui jeta un regard cinglant.

— Plus gros, évidemment ! Avec des mamelons tout neufs !

Nom de Dieu, murmura Rudy entre ses dents.

— Miss Chappel, fit-il, je vous déconseille de toucher à vos mamelons. Il pourrait en résulter des complications graves et franchement, je ne vois pas la nécessité de les refaire.

De vrais boutons de rose, ces mamelons !

Pourquoi donc, s'étonnait Rudy, ne s'en contentait-elle pas ?

D'un ton boudeur, Heather dit d'accord, oublions les mamelons. Toujours plantée sur le bureau, elle pivota bruquement et tapota sa cuisse droite.

— Il faut m'enlever au moins deux bons centimètres ici.

— Tant que ça ?

Rudy en avait des sueurs. Il ne voyait rien du tout, un point c'est tout. Deux centimètres de quoi ?

— Levez-vous, lui enjoignit Heather, regardez bien là !

Ce qu'il fit, en écarquillant les yeux. Son menton effleurait son pubis.

— Deux bons centimètres, répéta Heather en se tournant pour lui montrer son autre cuisse. Des deux côtés !

— Comme vous voudrez, dit Rudy.

Pour ce qu'il en avait à foutre ! Pendant ce temps-là, il jouerait au golf. Que les petits prodiges se démerdent !

Heather se laissa tomber à genoux sur le bureau et ils se retrouvèrent quasiment nez à nez.

— Il faut rectifier mes paupières et retendre la peau de mon cou itou, dit-elle en les désignant tour à tour de la pointe d'un ongle couleur de groseille. Et pas de cicatrices, comme vous m'avez dit, vous vous souvenez ?

— Ne vous en faites donc pas, lui assura Rudy.

— Bien, dit Heather. Vous voyez autre chose ?

— Pas que je sache.

— Et mes fesses ?

Elle pirouetta pour les lui montrer. Elle le regardait par-dessus son épaule, quêtant son avis de professionnel.

— Ma foi, lâcha Rudy, laissant courir ses doigts sur les douces formes arrondies.

— Holà ! Doucement ! s'écria Heather, qui se tortilla en se retournant face à lui. Ça vous monte à la tête ?

— Mais pas du tout, mentit Graveline.

Il n'arrivait pas à comprendre ce qui lui arrivait, vu les milliers de corps féminins qu'il avait palpés. Ça n'avait rien à voir avec une banale excitation sexuelle, c'était une sensation merveilleusement nouvelle. Peut-être était-ce dû à la façon dont elle le faisait tourner en bourrique.

— Je vous ai vue dans *La Fièvre au cœur,* dit Rudy bêtement.

Il avait loué la cassette pour une piscine-partie.

— Vous y étiez excellente. Particulièrement dans la scène sur le cheval.

— Rasseyez-vous, lui ordonna Heather, et il lui obéit.

Cul nu sur le bureau, elle balança malicieusement les jambes de chaque côté de lui. Il posa ses mains moites sur ses genoux.

— C'est peut-être le moment propice pour parler des tarifs, fit-elle.

Pour Rudy Graveline, c'était là le test suprême de son self-control. De toute sa carrière, il n'avait jamais fait payer ses services en nature ni même accordé de rabais. Un sou était un sou et une chatte, une chatte — un credo qu'il avait enfoncé dans le crâne de ses jeunes assistants. Il y a des choses dans lá vie avec lesquelles on ne transige pas.

C'est ce qui lui fit dire à Heather Chappell :

— Je crains fort que ça ne vous coûte les yeux de la tête.

— Ah oui ? fit-elle, lançant une de ses jambes en l'air et appuyant son pied sur l'épaule droite de Rudy.

— Avec toutes ces interventions d'un seul tenant, j'en ai peur.

— Donnez-moi un chiffre, docteur Graveline.

L'autre jambe rejoignit la première. Rudy était pris en cisaille.

— Venez voir une seconde, lui dit Heather.

Rudy Graveline était déchiré entre ce qu'il aimait pardessus tout — le sexe — et ce dont il avait le plus urgent besoin — l'argent. La plante des pieds nus et tièdes de Heather lui parut peser de tout le poids du monde — et du paradis — sur ses épaules.

Elle lui chatouilla les oreilles de ses doigts de pied.

— Je vous ai dit de venir voir.

— Où ça ? fit Rudy, en se penchant timidement.

— Bon Dieu ! Vous êtes aveugle ou quoi !

Pour compléter son armement, qui se réduisait à un pistolet de calibre 22, Chimio fit l'emplette d'une mitraillette Ingram. Il se la procura par un type qui était venu un soir à la boîte avec une bande de Jamaïcains. Ce type n'était pas jamaïcain lui-même, mais colombien. C'est ce qu'apprit Chimio, quand il l'arrêta à l'entrée en lui disant qu'il ne pouvait pas pénétrer dans le Gay Bidet avec une mitraillette.

— Mais on est bien à Miami pourtant, dit le type avec un fort accent espagnol.

— J'ai des ordres, lui rétorqua Chimio.

L'homme accepta de confier à ce dernier la garde de son arme, pendant que lui et ses copains seraient à l'intérieur. Ce qui s'avéra fort avisé. Le groupe en scène venait d'attaquer un morceau intitulé *Suce-moi à mort,* quand une bande de skinheads locaux entra dans une transe à tout casser ; des bagarres éclatèrent dans tous les coins. Les Jamaïcains décampèrent mais le Colombien fit front. À un moment donné, il sortit un canif de sa poche et tenta de découper la croix gammée qui ornait fièrement la poitrine glabre d'un des ados skinheads. Le groupe fit un break amplement mérité tandis que la police investissait la boîte pour procéder aux arrestations. Plus tard, Chimio repéra le Colombien à l'arrière de la voiture de flics, frappa à la vitre et lui demanda quoi faire de la mitraillette. Le Colombien lui dit de la garder. Chimio le remercia et glissa un billet de vingt dollars par l'entrebâillement de la vitre.

Ce qui séduisait Chimio dans l'Ingram, c'était de pouvoir la porter en bandoulière. Il se montra ainsi affublé à Freddie, son patron, qui s'écria :

— Tire-toi d'ici avec cette putain de machine !

Le lendemain, 18 janvier, Chimio se leva aux aurores

et rallia Key Biscayne en voiture. Il savait qu'il valait mieux pour lui éviter la marina où on l'avait vu avec Chloé, il chercha donc un autre embarcadère. Il en trouva un qui faisait l'affaire près du Marine Stadium, là où se déroulent les courses de gros hors-bord. Un gamin, à la chevelure salement décolorée, essaya d'emblée de lui louer un Dusky de six mètres de long pour cent dix dollars par jour, plus un dépôt de garantie de cent cinquante dollars. Chimio n'avait pas autant d'argent sur lui.

— Vous avez pas une carte de crédit ? lui demanda le gosse.

— Non, fit Chimio. Et ce truc, là-bas, c'est quoi ?

— C'est un scooter des mers.

On aurait dit une punaise d'eau munie de poignées. L'engin se conduisait comme une moto, mais debout. Ce modèle-là était jaune, avec Kawasaki écrit sur le devant.

— Me dites pas que vous voulez l'essayer ? lança le gamin blondasse.

— Et pourquoi pas ?

— Parce que t'es trop grand, mec, dit-il en éclatant de rire. Si tu te prends une vague en travers, tu vas te casser la colonne.

Chimio pensa que le jeunot le baratinait pour lui faire louer un engin plus gros dont il n'avait pas besoin.

— C'est combien le scooter ? demanda-t-il.

— Vingt dollars de l'heure, mais faudra me signer une décharge.

Le gosse songeait que ce type avait beau être d'une taille impressionnante, il ne paraissait pas en assez grande forme pour conduire un scooter des mers ; il avait l'air crevé, maladif, comme si on l'avait jeté dans un cul-de-basse-fosse une paire de mois. Le gamin se disait qu'il devrait peut-être lui demander s'il savait nager, juste en cas.

Chimio lui tendit deux billets de vingt.

— Il me faudra tout de même un dépôt de garantie, insista le gosse.

Chimio rétorqua qu'il n'avait plus de liquide. Le gamin dit qu'en ce cas la montre de Chimio ferait l'affaire, mais ce dernier refusa de la lui laisser. C'était une montre de plongée suisse au bracelet bicolore or et argent. Chimio l'avait fauchée à un jeune architecte en pleine overdose dans les toilettes de la boîte. Pendant que ce connard, étendu par terre, essayait d'avaler sa langue, Chimio s'empara de sa montre et lui glissa au poignet sa Seiko à trente dollars, à bracelet en faux croco.

— Pas de scooter sans dépôt, fit le blondinet d'un ton péremptoire.

— Et un flingue, ça irait ?

— Quel genre ?

Chimio lui montra le calibre 22 et le gosse dit O.K., puisque c'était un Beretta. Il le cala dans la ceinture de son pantalon de toile, conduisit Chimio jusqu'au scooter et lui montra comment se servir du starter et de la manette des gaz. Puis lui jeta un gilet de sauvetage rouge pétard.

— Tu peux te changer dans la remise, fit le gamin.

— Me changer ?

— T'as pas de maillot de bain ?

Le gamin regagna d'un bond l'appontement et tendit les clés du scooter à Chimio.

— Hé ! mec ! me dis pas que tu vas conduire cet engin avec ce falzar !

— Je crois pas, dit Chimio, en défaisant la boucle de la ceinture de son pantalon.

Un pêcheur de crevettes du nom de Joey accepta d'emmener Christina Marks où elle voudrait. Quand elle lui tendit un billet de cent dollars, il la regarda tout ébahi.

— Vous allez à La Havane ?

— Non. À Stiltsville, dit Christina en grimpant à bord du bateau à l'odeur âcre. Et j'ai besoin d'un service.

— Dites seulement, fit-il en détachant les amarres.

— Quand vous m'aurez déposée, j'aimerais que vous restiez dans les parages. Juste au cas où.

Joey mit le cap sur l'extrémité du chenal, vers l'embouchure de Norris Cut.

— Au cas où quoi ? demanda-t-il.

— Au cas où l'homme que je vais voir n'ait pas envie que je reste là.

— Ça m'étonnerait, fit Joey en grimaçant un sourire. Hé ! vous voulez une bière ?

Le reste du voyage se déroula dans un silence bienvenu. Ils longèrent Key Biscayne du côté de l'océan. Christina se tenait près de Joey, à la barre, surveillant d'un œil l'essaim de mouettes affamées qui plongeaient dans leur sillage avec des cris plaintifs. Quand le crevettier dépassa le phare du cap Floride, à la pointe de l'île, Christina aperçut au sud les maisons sur pilotis.

— C'est laquelle ? cria Joey pour couvrir le bruit du moteur.

Quand il vit celle que Christina lui désignait, il sourit et lui lança un clin d'œil égrillard.

— Qu'est-ce que ça signifie ?

— Pourquoi vous m'avez pas dit qu'il s'agissait de lui ?

Ils étaient peut-être à deux cents mètres des tours de la radio et négociaient un large virage vers le chenal, quand Joey poussa Christina du coude, en lui montrant quelque chose du menton. Devant eux, un truc jaune traversait comme une flèche l'un des marécages, bondissant dangereusement sur les flots agités. C'était un drôle d'engin, rond comme une boule de gomme, où se dressait au centre une immense silhouette blanchâtre, s'arc-boutant des deux bras.

Joey relâcha les gaz pour lui céder le passage.

— Je déteste ces trucs d'abruti, fit-il. Ces cons de touristes ne savent jamais où ils vont.

Ils le regardèrent leur couper la route à moins de trente mètres par tribord.

— Nom de Dieu ! Je veux bien être pendu, maugréa Joey en fronçant les sourcils.

Il s'empara d'un chiffon dans la boîte à outils et essuya la fine pellicule salée que les embruns avaient déposée sur le pare-brise.

— Regardez-moi ça, dit-il à Christina, on aura tout vu !

Celui qui conduisait le scooter était complètement nu à l'exception d'une culotte de jockey dégoulinante, de lunettes noires et d'une montre-bracelet étincelante. Il portait en bandoulière, à même la peau, une mitraillette Ingram.

Ce dernier détail ne manqua pas d'intriguer Christina Marks.

— Qu'est-ce que vous pensez qu'il est venu faire par ici avec ce truc-là ?

— Tout ce qu'il voudra, merde ! conclut Joey, le pêcheur de crevettes.

13

Le même jour, un peu plus tôt, Tina et deux de ses amies étaient venues faire un tour à la maison sur pilotis dans un Bayliner Capri qu'on leur avait prêté. Elles aperçurent Mick assoupi sur le toit ; il était couché sous l'éolienne, son Remington à portée de la main.

Les amies de Tina prirent peur. Elles choisirent de rester dans le bateau, tandis que Tina sautait sur le ponton et s'approchait de la maison.

— Richie veut que je me remette avec lui, cria-t-elle en direction de Mick.

Ce dernier se redressa en se frottant les yeux.

— Quoi ?

— Richie veut que je me remette avec lui, j'ai dit, et je voulais que tu sois le premier à l'apprendre.

— Pourquoi ça ? dit Stranahan, d'une voix pâteuse.

— Pour pouvoir me faire changer d'avis.

Mick remarqua qu'une mouette avait chié sur le fusil pendant son sommeil.

— Eh merde ! dit-il entre ses dents.

Il sortit un bandana noir de l'une des poches de son jean et se mit à essuyer le fût.

— Alors ? lui lança d'en bas la voix de Tina. Tu vas me faire changer d'avis ou pas ?

— Comment ?
— En couchant avec moi.
— C'est déjà fait, dit Stranahan.
— Tu sais ce que je veux dire.
— Retourne avec Richie, lui conseilla Mick. S'il te frappe encore une fois, porte plainte !
— Pourquoi tu as si peur ?
Stranahan se laissa glisser, les fesses en avant, le long de la pente granuleuse du toit. Dans sa nouvelle position, il pouvait apercevoir Tina en string mandarine.
— Nous avons déjà parlé de tout ça, lui dit Mick.
— Mais je ne veux pas t'épouser, je te le promets. Même si tu me demandes en mariage juste après, je dirai non — même si ça été super. En plus je ne suis pas barmaid. Tu m'as bien dit que toutes les autres l'étaient, non ?
— Tina, grogna-t-il, désolé mais ça ne marchera pas.
Maintenant, elle avait l'air furieux. L'une des autres filles alluma la radio à bord du bateau et Tina claqua des doigts dans sa direction en lui donnant l'ordre d'arrêter cette musique de merde.
— Qu'est-ce que tu en sais que ça marchera pas ? demanda-t-elle à Mick.
— Je suis trop vieux...
— Arrête tes conneries !
— Et tu es trop jeune...
— Encore une connerie...
— D'accord. Alors donne-moi les noms des Beatles, dit-il.
— Quoi ? Tu parles sérieusement ?
Tina se força à ricaner.
— Très sérieusement, lui lança Stranahan, assis au bord du toit. Si tu me dis comment s'appelle chacun des Beatles, je te fais l'amour sur-le-champ.

— J’en crois pas mes oreilles, fit Tina. Beatles de merde !

Mick s’était livré au petit calcul mental suivant : attendu qu’elle avait dix-neuf ans, elle était née l’année même de la séparation du groupe.

— Eh bien, il y a Paul, commença Tina.

— Paul comment ?

— Lâche-moi !

— J’attends.

— McCartney, ça te va ? Non mais, j’arrive pas à y croire.

— Continue, c’est un bon début, fit Stranahan.

— Ringo, fit Tina. Ringo Starr. C’était le batteur avec un gros nez.

— Bien.

— Puis il y a celui qui est mort. Lennon.

— Prénom ?

— Je sais que son fils s’appelle Julian.

— Ça ne compte pas.

— T’es vraiment un enfoiré, tu sais. C’est John. John Lennon.

Stranahan hocha la tête d’un air appréciateur.

— Et de trois. Il n’en manque qu’un. Tu t’en tires super bien.

Tina se croisa les bras et se creusa la tête pour trouver le nom du Beatle manquant à l’appel. Elle faisait une moue qui donnait envie de l’embrasser. Mais Stranahan ne descendit pas du toit.

— Je vais te donner un tuyau, dit-il à Tina, c’était le guitariste solo.

Elle leva ses yeux gris vers lui, l’air triomphant.

— Harrison ! s’exclama-t-elle. Keith Harrison !

En maugréant, Mick regagna à quatre pattes son poste d’observation sous l’éolienne. Tina l’abreuva de tous les noms d’oiseaux qu’il méritait, avant de rejoindre ses amies sur le bateau et de retraverser la baie en direction de Dinner Key, et puis, probablement, d'aller retrouver Richie.

Joey le pêcheur de crevettes cracha dans l'eau.

— Voilà le mec que vous cherchez, fit-il.

Christina Marks se rembrunit. Mick Stranahan était étendu, les bras en croix et complètement nu, sur le toit de sa maison. Il avait posé un bandana sur ses yeux pour les protéger de l'éclat blanc des rayons du soleil. Christina Marks trouva qu'il ressemblait à la victime d'un peloton d'exécution turc.

— On dirait le Christ, vous trouvez pas ? fit Joey. Enfin, le Christ sans sa barbe.

— Emmenez-moi jusqu'à la maison, lui dit Christina. Il y a un klaxon sur cet engin ?

— Pas la peine, bon Dieu ! il sait qu'on est là.

— Mais il dort.

— Non, m'dame. Vous vous trompez, fit Joey, qui klaxonna néanmoins.

Mick Stranahan ne broncha pas. Joey manœuvra au ralenti le crevettier. La marée était à son point culminant et s'engouffrait sous la maison en chuintant autour des pilotis. Tenant serré contre elle un sac en papier kraft, Christina sauta sur l'appontement et fit un geste d'adieu à Joey.

— Merci beaucoup.

— Racontez-lui bien ce qu'on vient de voir, recommanda Joey, cet échappé du zoo sur son scooter aquatique.

Elle approuva de la tête.

— Parlez-lui-en tout de suite, continua Joey.

Il remit les gaz et la marche arrière fit pousser un gémissement au vieux moteur diesel, qui expulsa un nuage de fumée bleue nauséabonde. Il enveloppa Christina qui gravit tout en toussant les marches qui menaient à la terrasse. Quand elle l'atteignit, Mick était assis, jambes ballantes, à l'extrême bord du toit.

— Qu'est-ce qu'il y a dans ce sac ?

— De la viande froide, du fromage et du vin. J'ai pensé que vous pourriez avoir faim.

— C'est comme ça qu'on fait à New York ?

Le sac était lourd mais Christina ne s'en débarrassa pas. Elle le tenait comme un bébé dans ses bras, sans trop serrer. Elle ne voulait pas qu'il s'imagine que c'était une corvée pour elle.

— De quoi parlez-vous ? demanda-t-elle.

— Du vin et du fromage, précisa Stranahan. Ça fait un peu cérémonieux. Peut-être que ça s'impose là d'où vous venez, mais pas par ici.

— Allez vous faire foutre, répondit Christina. Je suis ici tous frais payés, gros malin.

— J'avais oublié, dit Stranahan en souriant.

Il sauta du toit et se reçut comme un chat. Elle le suivit à l'intérieur et le regarda enfiler son blue-jean coupé aux genoux, sans sous-vêtement. Elle posa le sac sur le comptoir de la cuisine et il commença à s'activer et à préparer le repas. Il sortit du réfrigérateur des pickles et une demi-livre de grosses crevettes d'hiver, non décortiquées.

En ouvrant le vin, il lança :

— Allons droit au but : vous avez entendu parler de quelque chose ?

— Oui, répondit Christina. Mais d'abord, vous ne voudrez jamais croire ce que nous venons de voir. Un homme armé d'une mitraillette sur l'une de ces motos à réaction, qui vont sur l'eau, vous savez.

— Où ça, vous l'avez vu ?

— À un ou deux kilomètres à peine d'ici, dit-elle avec un mouvement du menton.

— Et il ressemblait à quoi ?

Christina y alla de sa description. Stranahan fit sauter le bouchon de la bouteille.

— Je crois que nous avons intérêt à manger vite fait, dit-il.

Il se félicita d'avoir descendu le fusil du toit après le départ de Tina et ses amies, en venant chercher un bandana propre. Il jeta involontairement un coup d'œil au Remington, calé, canon vers le haut, dans l'angle du mur orné de la tête d'espadon empaillé.

Christina décortiqua une crevette et trempa sa queue dans une timbale en plastique de mayonnaise.

— Vous allez me dire qui c'est ce type en caleçon ?

— J'en sais strictement rien, dit Stranahan. Honnêtement, je ne sais pas. Maintenant, j'aimerais entendre le reste.

C'était le moment le plus délicat.

— Je suis allée voir votre ami Timmy Gavigan à l'hôpital, avoua-t-elle.

— Ah !

— J'étais là quand il est mort.

Mick se coupa trois grosses tranches de cheddar.

— Pour l'extrême-onction, quoi ! Dommage que vous ne soyez pas un prêtre.

— Il voulait que je vous dise quelque chose. Une chose dont il s'était souvenu concernant l'affaire Barletta.

La bouche pleine de fromage, Stranahan lui lança :

— Ne me dites pas que vous aviez emmené avec vous cet enfoiré de Flemm ! Vous l'avez pas laissé profiter de Timmy dans l'état où il était, j'espère ?

— Bien sûr que non, l'interrompit-elle sèchement. Maintenant, écoutez-moi bien : Timmy Gavigan s'est souvenu que le plasticien avait un frère, prénommé

George. George Graveline. Il l'avait rencontré en train de travailler à l'extérieur de la clinique.

— Et il faisait quoi ? demanda Stranahan.

— C'est justement ça que Timmy désirait que je vous dise : ce type est un émondeur. Il m'a dit que vous comprendriez ce que ça signifie. Puis il a continué en parlant de Jimmy Hoffa et d'histoires de cadavres.

Mick éclata de rire.

— Ouais ! il avait raison. C'est parfait comme ça.

— Ça vous gênerait de me mettre au parfum ? dit Christina, avec une certaine impatience.

Stranahan déchiqueta un cornichon entre ses dents.

— Vous avez déjà vu une débiteuse de copeaux ? Ça ressemble à un robot ménager grand modèle, mais latéral, qu'on utilise pour pulvériser le bois. Les compagnies arboricoles font suivre ce genre de U en remorque. Si on jette les plus grosses branches dans la glissière d'acier, elles sont transformées en sciure ou en petit bois pour le barbecue.

— Je commence à comprendre, dit Christina.

— Si cet engin peut réduire en poussière un acajou, imaginez ce qu'il peut faire à un corps humain.

— J'aime mieux pas.

— Il y a eu une célèbre affaire de meurtre, là-haut, dans le New Jersey. On avait réuni tous les éléments, mais manquait le cadavre. Il avait été tellement bien broyé qu'on ne retrouva que des éclats d'os — ce qui s'avéra insuffisant pour rendre une bonne expertise et identifier la victime. Finalement, quelqu'un mit la main sur une molaire. C'est grâce au plombage de la dent que le mystère fut éclairci.

Christina ne pouvait s'ôter les éclats d'os de la tête.

— En tout cas, conclut Mick, c'est une piste de première bourre. Maintenant, pressez-vous de finir !

Il enfonça le bouchon dans le goulot de la bouteille de

vin à moitié vide et se mit à envelopper les restes de viande froide et de fromage dans du papier paraffiné. Christina tenta de saisir au vol une dernière crevette quand il lui enleva le plat de dessous le nez pour l'enfermer dans le réfrigérateur.

— Hé !

— J'ai dit : pressons !

Elle remarqua son comportement décidé et comprit tout à coup qu'il se passait quelque chose.

— Mick, qu'est-ce qu'il y a ?

— Vous n'entendez rien ?

Christina répondit que non.

— Alors, écoutez, dit-il.

Et en moins de temps qu'il n'en faut pour le dire, les volets étaient clos, la porte fermée, et Christina et Mick, assis sur le plancher dans un coin de la chambre. Tout d'abord, Christina ne perçut que leurs respirations à tous deux, puis des grattements sur le toit, des mouettes, lui dit Mick. Enfin, quand elle posa sa joue contre la paroi en contre-plaqué, elle discerna un bourdonnement lointain. Plus elle écoutait, plus il devenait perceptible. Le bruit du moteur était trop faible pour appartenir à un avion et trop perçant pour être celui d'un bateau.

— Mon Dieu, le voilà ! dit-elle, en tremblant.

Stranahan confirma ses dires par un froncement de sourcils.

— Vous savez, ce coin était plutôt bien fréquenté autrefois, fit-il.

Chimio s'inquiétait des effets des embruns sur le mécanisme de mise à feu de l'Ingram. Il ne connaissait presque rien aux mitraillettes mais il se doutait qu'il valait mieux ne pas trop les mouiller. Le trajet jusqu'à Stiltsville s'était révélé plus humide que prévu.

Il gara le scooter à l'abri d'une autre baraque sur pilotis et attendit que le crevettier s'éloigne de celle de Mick Stranahan. Il aperçut une jolie jeune femme en blouse de coton blanche et en short de safari beige sauter du bateau et grimper l'escalier. Chimio l'inclut aussitôt dans son scénario. Il ignorait s'il s'agissait d'une épouse légitime ou d'une petite amie, mais ce détail avait peu d'importance. Puisqu'elle était là, elle devrait mourir. Point final.

Chimio força la porte d'une cabane à outils et y dénicha un vieux chiffon. Il essuya avec soin l'Ingram, la débarrassant du sel et de l'humidité. L'arme paraissait en bon état de marche, mais il n'y avait qu'une façon de s'en assurer. Il s'empara d'un manche à balai en aluminium dans la cabane à outils et fit sauter le cadenas de la porte de la maison. Une fois à l'intérieur, il choisit rapidement sa cible : un vieux canapé convertible dont le tissu à fleurs montrait des traces de moisissure. Chimio referma la porte pour étouffer le bruit. Puis il s'agenouilla en face du canapé, épaula la mitraillette et lâcha trois rafales. Sous l'impact des balles, s'élevèrent de jolis petits nuages de duvet et de poussière. Chimio abaissa l'arme et examina attentivement les trous que le calibre 45 avait faits dans les coussins.

À présent il était prêt. Il mit sa mitraillette en bandoulière et réajusta sa culotte de jockey, en la remontant jusqu'à la taille. Il allait sortir quand une idée lui vint. Il traversa la maison rapidement, en ouvrant toutes les portes, à la recherche de la salle de bains.

Devant le lavabo, Chimio ôta ses lunettes noires et se regarda dans la glace. De l'index, il tâta le minuscule morceau de peau rose où le Dr Graveline avait pratiqué une dermabrasion. Il ne ressentait plus d'élancement ; en fait, ça avait l'air d'évoluer plutôt bien. Chimio, ravi à l'extrême, se prépara à passer à l'attaque avec un moral d'enfer.

Il avait lu quelque part, peut-être dans le *Reader's Digest,* que l'eau salée accélérait la cicatrisation.

— Ne bougez pas ! murmura Mick Stranahan.

— Je n'en avais pas l'intention.

— Sauf si je vous le dis.

En se fiant au vrombissement du moteur, Christina Marks déduisit que le scooter des mers était tout proche, à moins de trente mètres.

Stranahan avait posé le fusil en travers de ses genoux. Elle regarda ses mains et vit qu'elles ne tremblaient pas. Les siennes, à elle, s'agitaient comme celles d'un vieil ivrogne.

— Vous avez un plan ? lui demanda-t-elle.

— Mon plan de base, c'est de rester en vie.

— Vous allez le descendre ?

Mick la regarda comme si elle avait cinq ans.

— À votre avis ? Bien sûr que je vais le descendre. J'ai même l'intention de lui exploser la tête à cet enculé de mes deux ! À moins que vous n'y voyiez une objection.

— Je vous posais simplement la question, dit Christina.

Chimio songeait : Japonais de merde !

Quiconque avait conçu ces scooters aquatiques devait être un putain de nain !

Son dos le faisait abominablement souffrir ; il devait se casser en deux, comme une lavandière, pour atteindre les poignées. Chaque fois qu'il heurtait une vague de front, la bandoulière de la mitraillette glissait de son épaule osseuse. Une ou deux fois, il crut avoir perdu l'Ingram pour de bon. Ou l'avoir esquintée, à tout le moins. Japonais de merde !

En approchant du pilotis de Stranahan, une nouvelle idée naquit dans le cerveau de Chimio. Il avait déjà disposé de la fille dans son scénario, s'imaginant qu'il la tuerait en premier et puis *bastà.* Mais il prit conscience soudain d'un nouveau problème : elle l'avait sûrement vu passer devant le crevettier, avait probablement remarqué sa mitraillette et certainement prévenu Stranahan. Et ce dernier avait dû faire le lien.

Donc Chimio allait devoir se battre. Quant à l'élément de surprise, mieux valait pas y compter ! Ce putain de scooter était aussi bruyant qu'une Harley Davidson ! Stranahan l'entendrait venir de trois kilomètres.

Mais où était-il donc ?

Chimio décrivit lentement un cercle autour de la maison sur pilotis et finit par boucler la boucle de son propre sillage. Les volets étaient fermés, la porte close. Aucun signe de vie, à l'exception d'un couple de mouettes à l'œil furieux sur le toit.

Un léger rictus de compréhension tordit sa bouche. Évidemment — le mec se tenait à l'affût à l'intérieur. On lui tendait une petite embuscade.

Chimio vint accoster et sauta sans bruit sur l'appontement. Il fit glisser la mitraillette de son épaule et, la braquant devant lui, gravit les marches. Ce faisant, il se demandait où il était logique que Stranahan se soit embusqué. Dans un recoin, conclut-il.

Il fut agréablement surpris de constater que la terrasse en bois faisait le tour complet de la maison. Avançant avec précaution ses pattes de cigogne, Chimio s'approcha tout d'abord de l'angle sud-ouest. Il tira calmement une première rafale dans le mur, à hauteur de ceinture. Il répéta l'opération à chaque angle, puis s'assit sur la balustrade et attendit. Trois minutes plus tard, comme rien ne bougeait, il se dirigea vers la porte et ouvrit le feu à deux reprises.

Puis il entra.

Christina Marks se rendit compte que Mick avait été touché quand elle sentit quelque chose de tiède couler sur son bras nu. Elle allait pousser un cri quand Stranahan lui bâillonna la bouche de sa main, lui faisant signe de rester calme. Elle vit que la douleur causée par sa blessure lui emplissait les yeux de larmes. Il ôta sa main de sur sa bouche et désigna son épaule gauche. Christina hocha la tête pour lui montrer qu'elle avait compris mais ne regarda pas.

Ils entendirent les trois autres rafales, tirées à chaque coin de la maison. Puis leur succéda un silence angoissant de quelques minutes. Finalement Mick se mit debout, le fusil couché au creux de son bras droit. Tout le côté gauche de son corps était engourdi et dégoulinant de sang ; dans la pénombre, il ressemblait à une eau-forte.

Christina, toujours accroupie, le regardait avancer, arc-bouté contre le mur, vers la porte d'entrée. Les rafales suivantes lui firent fermer les yeux. Quand elle les rouvrit, elle aperçut deux trous parfaitement ronds dans le bois de la porte ; deux rayons de soleil, tranchants comme des lasers, balafraient les ténèbres. Au-dessous de ces pinceaux de lumière, Mick Stranahan était couché à plat ventre, les coudes plantés sur le plancher ; il avait la porte dans sa ligne de mire quand Chimio poussa le battant.

Le fusil de Stranahan était un Remington 1100 semi-automatique, de calibre douze ; cette arme, excellente pour la chasse au gibier à plume, peut contenir jusqu'à cinq cartouches. Par la suite, quand Stranahan mesura la distance qui séparait la porte de l'endroit où il était étendu, il devait s'étonner qu'un être humain jouissant d'une bonne vue ait pu manquer une cible de près de deux mètres de haut, à moins de six mètres de lui. Le fait qu'il pissait le sang, comme un porc qu'on égorge, à ce moment-là, ne constituait pas à ses yeux une circonstance atténuante.

En réalité, c'était l'apparence de l'intrus qui avait causé un choc à Stranahan et l'avait fait hésiter — la vue de ce monstre de foire décharné, à la peau transparente, aux cheveux crêpelés, au visage de paysage lunaire, aurait arrêté net un train de marchandises.

Par conséquent, Mick, au lieu d'appuyer sur la détente, l'avait contemplé, bouche bée, une nanoseconde de trop. Pour quelqu'un à l'aspect si maladif, Chimio bougeait remarquablement vite. À l'instant même où il s'écartait promptement de l'embrasure de la porte, le Remington lâcha une première giclée de plomb qui alla cribler les eaux de la baie.

— Merde ! dit Stranahan en se redressant avec difficulté.

Mais en se dirigeant vers la porte, il glissa dans son propre sang et se retrouva à nouveau à plat ventre, sa tête heurtant violemment le plancher avec un bruit sourd : juste au moment où Chimio, allongeant le cou, tirait une salve au jugé. Effectuant un roulé-boulé poisseux, Mick riposta.

Chimio claqua à toute volée la porte de l'extérieur, replongeant la maison dans l'obscurité.

Stranahan entendit son adversaire courir sur la terrasse ; il pouvait suivre ses déplacements tout autour de la maison. Mick visa à travers les murs ; se figurant que ce type était une caille qui prenait son envol, il donna au fusil l'inclinaison requise. La première décharge pratiqua dans le mur du salon une ouverture de la taille d'une balle de base-ball. La deuxième arracha le volet de la cuisine. La troisième et dernière fut accueillie à l'extérieur par un grognement suivi d'un plouf.

— Christina, s'écria Mick, venez m'aider, vite !

Mais quand elle le rejoignit en ravalant ses larmes et en rampant sur les genoux, il était déjà tombé dans les pommes.

Chimio amerrit sur le dos. Il lança quelques coups de pied, manière de s'assurer qu'il n'était pas paralysé ; quelques échardes dans le crâne mises à part, il semblait indemne. Il comprit que Stranahan l'avait manqué de peu et que la commotion, à deux doigts de sa tête, l'avait déséquilibré.

D'instinct, il maintint l'Ingram au-dessus de l'eau de sa main droite, s'aidant de la gauche pour barboter furieusement. Il savait qu'il lui fallait se mettre à l'abri en dessous de la maison avant que Stranahan n'apparaisse sur la terrasse ; dans le cas contraire, il offrirait une cible de choix. Chimio s'aperçut que, suite à sa chute, la mitraillette était ruisselante. Pourrait-elle encore tirer ? Combien de rafales lui restait-il ? Il avait perdu le compte.

Voilà quels étaient ses soucis tandis qu'il nageait vers les pilotis. Il avançait très lentement, ce qui le rendait fou ; brassant l'eau d'une seule main, Chimio avait tendance à se déplacer en traçant un cercle d'écume. Dans sa frustration, il barbota avec une frénésie accrue, tactique qui contribua à réduire le périmètre de sa trajectoire, sans le rapprocher pour autant de la zone de sécurité. Il s'attendait à tout instant à voir surgir sur la terrasse Stranahan, armé de son fusil.

Au fond de l'eau, comme prise dans la glace, une grande ombre gris-bleu s'allongea au-dessous de Chimio. C'était Liza, la compagne silencieuse de Stranahan, que ce vacarme intempestif avait tirée de sa sieste digestive.

Un barracuda de cet âge est une créature à l'instinct sublime et d'une précision sans faille, une machine à dévorer plus calculatrice et efficace que n'importe quel requin des océans. Au fil du temps, le grand barracuda avait fini par associer toute activité humaine avec la nourriture ; ses pulsions s'étaient réglées sur le rituel vespéral de l'épinoche, accompli par Stranahan. Pendant que Chimio se débattait dans les hauts-fonds, le barracuda se tenait sur le qui-vive, son œil froid braqué en direction de la surface. Les jambes veinées de bleu pataugeant avec impuissance au-dessus de sa tête, tout ce barattage spasmodique, ne représentaient pas une menace.

Quelque chose d'autre avait capté son attention : le scintillement familier d'une proie à moitié étourdie, à fleur d'eau. Le barracuda frappa dans un élan primitif : jaillissant comme l'éclair des profondeurs, cisaillant et se repliant, en vrille, vers les pilotis.

Une fois rendu sous la maison, le gros poisson agita ses ouïes cramoisies, dans un accès de bouderie noire. Car ce qu'il avait confondu avec une épinoche argentée se révéla immangeable et il dut le recracher ignominieusement.

C'est rendre hommage à la qualité de robustesse déployée par l'artisanat suisse que de préciser que la montre de plongée Tag-Heuer tictaquait encore, quand elle toucha le fond. Son bracelet or et argent inoxydable étincelait au poignet de la main tranchée net de Chimio, se dressant dans un bouquet de plantes aquatiques comme une pièce détachée de mannequin.

14

Sur Washington Avenue, on trouvait une échoppe qui vendait des membres artificiels. Le Dr Rudy Graveline s'y rendit à l'heure du déjeuner et y fit l'emplette de quatre modèles de mains prothétiques. Il paya comptant et s'assura qu'on lui enverrait un reçu.

Plus tard, de retour à Whispering Palms, il arrangea la série de mains artificielles de façon attrayante sur son bureau d'onyx.

— Et qu'est-ce que vous dites de celle-ci ? demanda-t-il à Chimio.

— Bath tout plein, répliqua ce dernier d'un ton tranchant. L'ennui, c'est que j'en ai déjà une au bout de ce bras-là !

— Pardon, fit Rudy, en en saisissant une autre. Regardez-moi celle-là — le dernier cri de la technologie. Quatre semaines de rééducation et vous pourrez donner les cartes au black jack avec cette mimine !

— Y a erreur sur la couleur, fit remarquer Chimio.

Graveline jeta un regard sur la main artificielle et songea : bien sûr qu'il y a erreur sur la couleur. Le problème c'est que pour toutes, il y a erreur sur la couleur, bordel !

— Difficile de trouver une teinte assortie, fit-il, j'ai pris les plus pâles qu'ils avaient en stock.

— Je les déteste toutes, dit Chimio. Pourquoi je devrais remplacer ma main par une autre main après tout ?

— Vous n'avez pas apprécié les crochets articulés, lui rappela Rudy. Et pourtant, ils ont fait des progrès, on peut charger un fusil et même taper à la machine avec ces trucs-là. Mais vous m'avez dit non.

— Et j'ai eu foutrement raison !

Graveline reposa la prothèse.

— J'aimerais que vous le preniez sur un autre ton avec moi. Je fais de mon mieux, dit-il.

— Ah ouais ?

— Écoutez, ne vous ai-je pas conseillé d'aller voir un spécialiste ?

— Et ne vous ai-je pas répondu que vous étiez dingue ? Avec tous ces flics qui me courent après !

— D'accord, fit Rudy d'un ton apaisant, n'en parlons plus.

Ça faisait trois semaines que Chimio avait surgi derrière Whispering Palms, chevauchant un scooter des mers tout barbouillé de sang — vision dont le Dr Graveline se souviendrait jusqu'à son dernier jour. Cet après-midi-là, il recevait en consultation Mrs. Carla Crumworthy, héritière de la fortune des gaines et corsets du même nom. Elle était venue se plaindre des injections de collagène que Rudy lui avait administrées pour rendre ses lèvres pleines et sensuelles. Traitement tout à fait indiqué pour une femme de soixante et onze ans, percluse de rhumatismes. Mrs. Crumworthy avait déploré que les résultats aient si peu répondu à ses espoirs : elle offrait désormais une ressemblance parfaite avec l'une de ces négresses à plateaux de l'Oubangui, que l'on peut voir en photo dans le *National Geographic.* Et le Dr Rudy Graveline s'inquiétait véritablement de ce qui s'était produit : en effet, les lèvres de Mrs. Crumworthy étaient devenues bulbeuses, rigides et dures comme des cailloux. En l'examinant, sans lui faire part de ses doutes, Rudy se demandait s'il n'avait pas eu la main trop lourde avec le collagène, ou trop légère au contraire ; ou bien encore s'il ne l'avait pas injecté aux mauvais endroits. Quelle qu'en fût la cause, l'effet était indéniable : Mrs. Carla Crumworthy avait l'air d'une cane au bec enduit de rouge à lèvres violacé. En cas de poursuite pour faute professionnelle, le jury aurait la partie belle dans un cas comme celui-là.

Le Dr Graveline compulsait son fidèle Rolodex à la recherche d'un collègue au grand cœur, quand Mrs. Crumworthy se dressa subitement en poussant un cri perçant. Tout en désignant la baie de Biscayne, de l'autre côté de la fenêtre, la vieille femme sanglotait de terreur ; ses énormes lèvres déformées claquaient l'une contre l'autre avec un bruit de percussion humide. Rudy ne comprenait absolument pas ce qu'elle tentait de lui dire.

Il pivota sur sa chaise et regarda à l'extérieur.

Le scooter jaune, couché sur le flanc, flottait à la dérive sur les eaux de la baie. Nu comme un ver et ruisselant, Chimio avait réussi, d'une façon ou d'une autre, à se hisser par-dessus le parapet du mur qui bornait la clinique du côté de l'océan. Il était salement amoché. Son corps grisâtre était secoué de frissons violents malgré le soleil et ses yeux clignaient faiblement à travers la fente ménagée sous ses paupières pourpres et boursouflées. Chimio agitait son moignon sanglant pour faire comprendre au Dr Graveline le sort réservé à sa main gauche. Il exhiba crânement le garrot élastique, fabriqué avec son caleçon, qu'il s'était noué autour du poignet. Rudy devait admettre par la suite que ça lui avait probablement sauvé la vie.

On évacua rapidement Mrs. Crumworthy vers une suite de repos privée, où on la bourra de sédatifs. Pendant ce temps, Rudy et deux de ses jeunes assistants emmenèrent Chimio en salle d'opération. Les assistants firent valoir qu'il relevait davantage du service des grands blessés d'un véritable hôpital, mais Chimio refusa de façon catégorique d'y être conduit. Ce qui réduisait le choix de ces jeunes médecins : soit ils l'opéraient sur-le-champ, soit ils le laissaient saigner à mort.

Découragé gentiment de participer à l'opération chirurgicale, Rudy n'avait été que trop heureux de laisser travailler en paix les jeunes gens. Il se contenta d'échanger des propos oiseux avec un Chimio à moitié dans les vapes pour avoir préféré à une anesthésie générale une bonne vieille injection intraveineuse de Demerol.

Depuis ce soir-là, Chimio avait connu un prompt rétablissement postopératoire, au milieu d'un luxe relatif, suite aux instructions données à tout le personnel de Whispering Palms de répondre au moindre de ses desiderata. Rudy Graveline lui-même lui accorda une attention extrême, surtout maintenant qu'il dépendait plus que jamais de la loyauté de Chimio. Il avait espéré que la perspective de reconstituer la partie amputée de son bras gauche remonterait le moral du tueur.

— Une main toute neuve serait l'étape majeure de votre retour à une vie normale, lui dit Rudy.

— J'ai jamais eu une vie normale, rectifia Chimio.

Sûr que sa main allait lui manquer mais la perte de sa montre de prix le faisait beaucoup plus chier.

— Sinon, j'ai quoi comme option ? demanda-t-il.

— Que voulez-vous dire ?

— À part ces machins articulés, fit-il en les montrant de son moignon avec dédain.

— Eh bien ! à franchement parler, je suis à court

d'idées, répliqua Rudy, ramassant les prothèses sur le bureau et les rangeant dans leur boîte. Comme je vous l'ai déjà dit, ça sort de mon domaine.

— Vous essayez encore une fois de me refiler à un autre chirurgien, mais pas question. Ce sera vous ou personne.

— J'apprécie la confiance que vous me témoignez, dit Rudy, en se penchant en avant sur son siège et en chaussant ses lunettes. Puis-je savoir ce que vous vous êtes passé sur le visage ?

— C'est du Tipp-Ex, répondit Chimio.

Après avoir marqué prudemment un temps, le Dr Graveline reprit :

— Puis-je savoir… ?

— J'irai peut-être faire un tour au Gay Bidet ce soir. Je voulais recouvrir ces putains de plaques.

Mû par un pur sentiment de pitié, Rudy avait accepté de prodiguer une dermabrasion à plusieurs nouveaux centimètres carrés du menton de Chimio.

— Et vous avez employé du Tipp-Ex pour ça ?

— Votre secrétaire m'en a prêté un flacon, raconta Chimio. La couleur colle parfaitement.

Rudy s'éclaircit la gorge.

— Ce n'est pas si bon que ça pour votre peau. Laissez-moi vous prescrire, s'il vous plaît, une pommade cosmétique adoucissante.

— Inutile, dit Chimio, ça fera parfaitement l'affaire. Parlons plutôt d'autre chose pour mon bras, fit-il en indiquant de sa main droite son extrémité bandée.

Rudy se croisa les mains sur la poitrine. Ce geste détendu débordait presque d'une foutue assurance professionnelle.

— Je vous répète que nous avons passé en revue la plupart des solutions traditionnelles.

— La rééducation, ça me dit rien. Je veux quelque chose de pratique et de facile à manipuler, dit Chimio.

— Je vois.

— Et de durable, aussi.

— Évidemment.

— Et en plus, je ne veux pas que les gens me matent comme une bête curieuse.

Rudy songea : On aura tout entendu ! Fantastique ! Un monstre de foire manchot, la gueule barbouillée de Tipp-Ex, plafonnant à plus de deux mètres, qui est gêné qu'on le regarde, bouche bée !

— Alors, qu'est-ce que vous avez dans l'idée ? le pressa Chimio.

— Je pense qu'il va falloir faire fonctionner notre imagination, répondit Rudy Graveline.

L'inspecteur John Murdock pencha sa masse porcine par-dessus les barreaux du lit d'hôpital.

— Allez ! Réveille-toi, enfoiré !

Ce qui était à peu de chose près sa manière habituelle de vous saluer.

Mick Stranahan garda les yeux clos.

— Fichez le camp d'ici ! s'exclama Christina Marks.

L'inspecteur Joe Salazar alluma une Camel.

— M'avez pas l'air d'une infirmière, fit-il. Depuis quand elles portent des blue-jeans ?

— Bien vu, dit John Murdock. À mon avis, c'est vous qui devriez foutre le camp d'ici.

— Ouais, ajouta Salazar. On a des affaires officielles à traiter avec ce mec.

Salazar était aussi court sur pattes que son collègue, sauf qu'il était bâti comme un panneau stop, avec une grosse tête aux joues rouges piquée sur un corps en tuyau de pipe.

— Voilà que je viens de comprendre qui vous êtes, fit Christina, Murdock et Salazar, les flics ripoux !

Stranahan faillit pouffer mais garda les yeux fermés, faisant mine de dormir.

— Je vois. Nous avons affaire à une sorte de Lily Tomlin, dit Murdock.

— Pour sûr, renchérit Joe Salazar, qui ignorait à qui son collègue faisait allusion. Il en déduisit que c'était quelqu'un qu'ils avaient arrêté ensemble.

— Pour sûr, y alla-t-il de son commentaire, une vraie Lily Thomas !

— Il dort, pourquoi ne reviendriez-vous pas plus tard ? fit remarquer Christina.

— Et pourquoi que vous iriez pas changer votre Tampax, par exemple ? aboya John Murdock. On a du boulot à faire par ici.

— On a des questions à lui poser, ajouta Joe Salazar.

Quand il retira la Camel de sa bouche, Christina observa que l'extrémité de la cigarette était toute mouillée de salive et mâchonnée.

— J'étais là quand c'est arrivé, vous pouvez m'interroger si vous voulez, dit-elle.

Salazar avait apporté une copie du rapport de la police maritime. Il la sortit de sa veste, la déplia et fit courir de haut en bas de la page un doigt gras qu'il arrêta sur l'encadré marqué Témoins.

— Alors, c'est vous C majuscule point Marks ?

— Oui, dit Christina.

— On a fouillé Dade County de fond en comble pour vous retrouver. Ça fait deux-trois semaines qu'on vous cherche.

— J'ai changé d'hôtel, leur dit-elle.

Elle avait quitté Key Biscayne pour le Grove afin d'être plus près du Mercy Hospital.

John Murdock, le plus âgé des deux inspecteurs,

s'empara d'une chaise dans le coin de la chambre, la fit pivoter et s'y installa à califourchon.

— Comme au cinéma, fit Christina. Ça vous donne les idées plus claires d'être assis les jambes écartées comme ça ?

Murdock vit rouge.

— Est-ce que ça te dirait si on te fourrait au bloc une nuit ou deux, toi et ton joli petit cul ? Dans la section des femmes, bien entendu, avec les putes et une ou deux gouines peut-être.

— Ça t'apprendrait les bonnes manières, dit Joe Salazar, en plus du reste.

Christina sourit calmement.

— Et moi qui pensais que vous vouliez avoir une gentille conversation avec moi, les gars. Peut-être bien que je vais appeler le service de sécurité de l'hôpital et leur signaler ce qui se passe ici. Et puis après, je pourrais peut-être bien convoquer la presse.

Mick songeait qu'il lui fallait être prudente car ces mecs-là n'étaient pas aussi cons qu'ils en avaient l'air.

— Une fois on a coffré une goudoue de choc qui ressemblait comme deux gouttes d'eau à Kris Kristofferson. Je plaisante pas, ajouta Murdock, rapport aux poils du visage. Et méchante comme une teigne avec ça.

— Inculpée de violences aggravées, précisa Salazar, pour couronner l'accusation de meurtre.

— D'homicide, le coupa John Murdock, de femellicide plutôt, si on pouvait dire une chose pareille. Nom de Dieu, le carnage ! Je préfère pas y penser avant d'aller déjeuner !

— Il a fallu nettoyer à la lance d'incendie, continua Salazar.

— Assez, j'ai dit, protesta Murdock. De toute façon, je crois qu'il est encore chez les femmes ce sosie de Kristofferson. Il me semble qu'elle dirige le groupe théâtral.

— Vous aimez le théâtre, Miss Marks ? demanda Salazar.

— Bien sûr, répondit Christina, mais je préfère la télévision. Vous êtes déjà passés à la télé, les gars ? Vous avez peut-être entendu parler de l'émission de Reynaldo Flemm ?

— Ouais, fit Salazar, excité comme une puce. Je l'ai vu une fois se faire botter le cul par une bande de camionneurs, et au ralenti par-dessus le marché !

— Quel enculé ! marmonna Murdock.

— Voilà au moins un point sur lequel nous sommes d'accord, fit Christina. Malheureusement, il se trouve que c'est mon patron ; nous sommes venus dans le coin filmer un gros coup.

Les deux inspecteurs échangèrent un regard, tâchant d'adopter un plan sans échanger un mot. Salazar gagna du temps en allumant une autre Camel.

Mick, tout ouïe dans son lit, pensa qu'ils allaient maintenant faire machine arrière, rien que pour se protéger. Aucun de ces deux clowns n'avait envie de voir sa gueule à la télé à une heure de grande écoute.

— Racontez-nous donc ce qui s'est passé, fit Murdock.

Salazar appuya sa grosse tête contre le mur, dans l'angle de la chambre resté vide.

— Vous avez une mémoire photographique ? Peut-être qu'il vaudrait mieux que vous preniez des notes, leur dit Christina.

Murdock fit un signe à son acolyte ; ce dernier éteignit rageusement sa cigarette et extirpa un bloc à spirale en loques de la poche de sa veste.

Elle commença par leur narrer ce qu'elle avait vu depuis la timonerie du crevettier de Joey — ce grand type qui charriait une mitraillette sur un scooter des mers. Elle leur raconta ensuite comment Stranahan s'était barricadé dans la maison sur pilotis et comment le type s'était mis à canarder dans tous les coins. Puis, comment Mick avait été blessé à l'épaule et s'était mis à tirer à son tour jusqu'à son évanouissement. Elle leur dit qu'elle avait entendu un plouf à l'extérieur, suivi d'un cri terrible ; puis, dix à quinze minutes plus tard, quelqu'un avait fait s'emballer le moteur du scooter, mais elle était trop terrorisée pour mettre le nez à la fenêtre. C'est seulement quand le moteur ne fit plus entendre qu'une faible plainte dans le lointain, qu'elle avait osé jeter un œil au travers des trous, creusés par les balles dans la porte d'entrée, pour s'assurer que le flingueur était parti pour de bon. Elle leur raconta comment elle avait traîné à moitié Stranahan au bas de l'escalier jusqu'à l'endroit où son skiff était amarré et comment elle avait elle-même lancé le moteur à la manivelle. Puis comment, à demi groggy, il lui avait indiqué l'autre côté de la baie, en lui disant qu'elle trouverait un grand hôpital sur la terre ferme. Enfin, qu'au moment où ils avaient atteint le Mercy Hospital, le fond du skiff était tellement plein de sang qu'elle était obligée d'écoper avec une chope à café.

Quand Christina se tut, l'inspecteur John Murdock s'exclama :

— En voilà une histoire ! Je parie que *Détective* serait preneur.

Joe Salazar feuilleta son calepin.

— Je crois que j'ai oublié quelque chose, ma belle, fit-il. C'est quand vous avez expliqué ce que vous fabriquiez chez Stranahan. Vous pourriez peut-être répéter.

— Ouais, j'ai raté ce passage aussi, renchérit Murdock.

— C'est un plaisir de vous dire pourquoi je me trouvais là, fit Christina. Mr. Flemm désirait que

Mr. Stranahan soit interviewé dans le cadre de sa prochaine émission. Mais Mr. Stranahan a refusé. Je me suis rendue chez lui dans l'espoir de le faire changer d'avis.

— Tu parles, dit Salazar.

— Joe, sois sympa, le morigéna son acolyte. Dites-moi plutôt, Miss Marks, à quoi bon interviewer ce blaireau de flic ? Je veux dire, c'est un zéro. Il a quitté les services de l'attorney général depuis des années.

Du fin fond de son coma bidon, Stranahan se demanda jusqu'où Christina pousserait le bouchon. Pas trop loin, espérait-il.

— Cette interview concernait une affaire sur laquelle nous travaillons ; je ne peux pas en dire plus.

— Mazette, j'espère qu'il ne s'agissait pas d'un meurtre, dit Murdock.

— Je ne peux vraiment pas...

— Car les meurtres, c'est notre souci principal à Joe et à moi.

— J'ai coopéré autant que je l'ai pu, dit Christina.

— Et vous avez été absolument charmante de le faire, dit Murdock. En fait, j'en ai presque oublié la raison de notre venue.

— Ouais, fit l'inspecteur Salazar, les questions que nous avions à poser, vous ne pouvez vraiment pas y répondre. Merci quand même.

Murdock fit glisser la chaise dans le coin.

— Écoutez, faut que nous parlions à Rip Van Rambo que voici. Alors je crois que vous feriez mieux de partir.

Il sourit pour la première fois de l'entretien.

— Et je m'excuse pour ma blague sur les Kotex. Pas très professionnel, je l'admets.

— C'était Tampax, rectifia Salazar.

— Peu importe.

— Je ne sortirai pas de cette chambre, affirma

Christina. Cet homme a reçu une blessure grave, il faut qu'il récupère ; vous ne devez pas le déranger.

— Nous avons parlé à son médecin…

— Vous mentez !

— O.K., on lui a passé un coup de fil mais il ne nous a pas rappelés.

Salazar se dirigea vers le lit.

— Il a pas l'air si mal en point, observa-t-il. D'ailleurs, trois semaines c'est pas rien. Réveille-le, Johnny.

— Vous l'aurez voulu, fit Christina. Elle sortit l'un de ses grands carnets de son sac, décapuchonna un stylo-feutre et s'assit, prête à écrire.

— On peut savoir qu'est-ce qui vous prend, bon sang ? demanda Salazar.

— Oublie-la, fit Murdock.

Il se pencha très près du visage de Stranahan et chantonna :

— Mi-ick ? Hé ! Mick, mon pote ? Lève-toi et marche !

Stranahan émit un feulement ensommeillé, soufflant au visage de Murdock une bouffée tiède de sa mauvaise haleine.

— Bordel de Dieu ! s'exclama l'inspecteur, en se détournant.

— Johnny, je te parie tout ce que tu veux qu'il ne dort pas, fit Salazar.

Il mit sa main en cornet devant l'oreille de Stranahan et lui cria :

— Hé ! tête de nœud ! Tu dors ?

— Lâchez-le ! dit Christina.

— Je sais comment vérifier s'il est réveillé ou pas, poursuivit Salazar. Attrape-lui la bitte. S'il dort, il mouftera pas. Mais s'il est éveillé, il va faire un putain de saut dans son putain de plumard !

— T'es complètement barje, fit Murdock.

— Tu crois qu'il va nous laisser prendre sa queue s'il

ne dort pas ? Je te le répète, Johnny, c'est le meilleur moyen de le savoir.

— D'ac' ! À toi de faire !

— Neun-neun. On va tirer à pile ou face.

— Va te faire foutre, Joe ! Je lui toucherai pas les parties. Le comté me paie pas assez cher pour faire des trucs comme ça.

Stranahan, toujours étendu, songeait : Bien parlé, Johnny ! Continue à être réglo !

De son coin, Christina lança :

— Si vous touchez un seul cheveu de sa tête, je ferai en sorte que Mr. Stranahan à son réveil vous flanque un procès où vous laisserez jusqu'à votre dernière chemise !

— Changez de disque, ça a traîné partout cette réplique ! dit Salazar en éclatant de rire.

— Tabasser le premier connard venu dans la rue, c'est une chose. Empoigner un homme par ses organes génitaux alors qu'il est dans le coma sur un lit d'hôpital — on verra comment le syndicat se débrouillera avec ça ! Vous pourrez dire *bye bye* à vos retraites, mes lascars !

Murdock fusilla Christina d'un regard mauvais.

— Quand il se réveillera, dites-lui bien que nous savons qu'il a noyé son ex-femme et donc de ne pas être surpris si nous rappliquons à Stiltsville avec un mandat d'amener imperméabilisé. Dites-lui qu'il serait malin de sa part aussi de vendre cette vieille bicoque, au cas où une tempête la foutrait par terre, pendant qu'il sera en taule, là-bas, à Raiford.

Avec l'indifférence d'une secrétaire modèle, Christina jeta sur le papier chaque mot. Murdock renifla d'un air méprisant et sortit ; Joe Salazar lui emboîta le pas, rempochant son calepin et se tâtant à la recherche d'une Camel.

— Ma belle, lui dit-il, la bouche en coin, il vous faudra apprendre à respecter les autorités.

Ce week-end-là, un fameux groupe punk, les Caramels Fous, se produisait au Gay Bidet. Freddie ne les aimait pas du tout. Il y avait des bagarres tous les soirs, avec les skinheads, les Rois Latinos ou les Players de la 34e Rue. Il y avait quelque chose que Freddie n'arrivait pas à comprendre : pourquoi les Blacks et les Espingouins se pointaient pour voir un groupe comme celui-là. D'habitude, ils avaient meilleur goût. Les Caramels Fous étaient tout bonnement épouvantables — quatre guitares basses de merde, putain, qu'est-ce que c'était comme genre de musique ? Pas étonnant que tout le monde se castagne : une façon comme une autre de se laver la tête de ce vacarme !

Depuis la disparition de Chimio, Freddie avait engagé un nouveau chef videur du nom d'Eugène : un type qui avait participé plusieurs fois à la coupe du monde de football. Eugène faisait l'affaire, avec son gabarit de benne à ordures, mais sur le plan du sensationnel, il n'arrivait pas à la cheville de Chimio. En outre, il était lent. Parfois, ça lui prenait cinq bonnes minutes pour descendre de la scène et aller taper comme un sourd dans la foule. Comparé à lui, Chimio avait l'agilité d'un chat.

Freddie s'inquiétait aussi des penchants syndicalistes d'Eugène. Après sa première semaine au Gay Bidet, il se plaignait déjà que la musique était trop forte ; ne pourraient-ils pas, s'il vous plaît, baisser un peu le volume ? Tu plaisantes, lui avait répondu Freddie. Baisser le volume ? Mais Eugène avait dit et comment ! qu'il avait ses foutus tympans en compote et que si ses oreilles continuaient à lui faire mal, il allait devenir sourd et devrait remplir un formulaire d'indemnités de nuisance. Quézaco ? avait fait Freddie. Eugène avait alors commencé à énumérer toutes les blessures qu'il avait récoltées au football, puis avait parlé d'une couille qui lui était arrivée sur un chantier de construction de Homestead. Il raconta à Freddie comment les syndicats avaient toujours pris soin de lui et qu'une fois, par exemple, il était resté alité pendant six semaines après s'être méchamment froissé un ligament à l'aine, mais qu'il avait continué à recevoir sans faute le chèque de sa paye.

Freddie eut du mal à gober cette histoire. À ses oreilles, elle évoquait le communisme et la Russie. C'est dire s'il fut ravi le soir où Chimio revint travailler.

— Eugène, t'es viré, lui dit Freddie. Tu peux aller te faire défroisser les ligaments ailleurs !

— Quoi ? fit ce dernier, tendant l'oreille.

— Pas la peine de jouer au sourdingue avec moi, l'avertit Freddie, mieux vaut te faire oublier. Efface-toi.

En quittant le bureau de Freddie, Eugène jaugea du regard son remplaçant au pied élevé.

— Hé ! mec ! qu'est-ce qui t'est arrivé ?

— Accident de jardinage, répliqua Chimio.

Eugène lui fit une grimace de sympathie et lui dit au revoir. Freddie se tourna vers Chimio.

— Dieu soit loué, te revoilà ! J'ose pas te demander…

— Vas-y, demande-moi !

— Je préfère pas, dit Freddie. Dis-moi seulement, ça va ?…

Chimio opina de la tête.

— Ça va. Le nouveau groupe est à gerber.

— Ouais, j' sais, fit Freddie. Putain, tu devrais voir le public. Fais gaffe là-dedans.

— Je suis paré, rétorqua Chimio.

Il leva son bras gauche pour montrer à Freddie la

nouvelle prothèse que Graveline et lui avaient dénichée dans une quincaillerie Au Juste Prix.

— Wouah ! dit Freddie, les yeux exorbités.

— Je l'ai fait spécialement équiper avec une batterie de six volts, expliqua Chimio, en tapotant le renflement sous son aisselle. Je l'ai fixée avec un bandage Ace. Ça ne pèse que quatre kilos cinq.

— Chouette, fit Freddie, qui songeait : Doux Jésus, dites-moi que je rêve.

Un court tuyau d'aluminium anodisé dépassait du rembourrage marquant l'amputation de Chimio. Chevillé à l'extrémité de ce tuyau, on pouvait voir un disque rouge de plastique rigide, en forme de soucoupe. Une courte longueur de fil à pêche au gros, à monofilament, était enroulée serrée sur une tige, sous le disque.

— Bon, maintenant, je suis bon pour une question, fit Freddie.

— C'est un taille-herbe Mono-Trim, annonça Chimio. T'as pigé ?

15

George Graveline était tanné par le soleil ; noueux et musclé, il avait des bras comme des gigots et d'énormes rouflaquettes noires à la Elvis Presley. Parfaite image de l'élagueur.

George n'éprouvait aucune jalousie à l'égard de son frère cadet, le plasticien. Rudy méritait tous les plaisirs de l'existence, raisonnait George, puisqu'il était allé en fac pendant une éternité, semblait-il. Aux yeux de George, aucune accumulation de richesses au monde ne valait qu'on reste assis dans une salle de cours puant le renfermé, plusieurs années de suite. De plus, il aimait son métier d'élagueur. Il adorait l'odeur de sciure et de sève nouvelle... et enfumer les nids de frelons. C'était un fana de la vie au grand air. En Floride, il pouvait faire bigrement chaud, même en hiver, mais on arrivait à s'y habituer. George Graveline avait adopté une devise qu'il suivait fidèlement dans la vie : *se garer toujours à l'ombre !*

Il ne voyait pas souvent son richard de frère, mais c'était très bien comme ça. Rudy était un homme très occupé et George, sous ce rapport, l'était également. À Miami, un bon émondeur avait toujours fort à faire : pas de saisons à proprement parler, pas de période de repos, la végétation poussait toute l'année. Il s'agissait principalement d'oliviers et de figuiers ; mais le problème n'était pas tant les branches que les racines. Au bout de vingt ans, un figuier avait poussé un réseau de racines qui pourrait obstruer le métro de New York. En déterrer un était une vraie saloperie. Puis il y avait les essences exotiques : les pins d'Australie, les mélaleucas, ou encore ces malheureux poivriers du Brésil que la plupart des gens prenaient pour du houx et qui poussaient comme des champignons ; mais George les aimait bien car ils étaient faciles à déraciner : une paire d'hommes costauds pouvait les arracher sans difficulté. Il préférait, cependant, que ses clients se bornent à lui demander d'élaguer leur poivrier. C'étaient invariablement de nouveaux venus en Floride, des banlieusards novices qui n'avaient ni le cœur ni l'idée d'assassiner un arbre pour de bon. Aussi disaient-ils à George, s'il vous plaît, rafraîchissez-lui un peu la tête, et George de répondre, bien sûr, pas de problème, tout en sachant que trois mois plus tard, il aurait repoussé plus touffu que jamais et étranglerait leur précieux hibiscus, en s'en servant comme portemanteau. Fallait reconnaître qu'il y avait du fric à prendre dans ce racket des poivriers.

Dans la matinée du 10 février, George Graveline et son équipe étaient en train d'abattre une rangée de pins d'Australie à la hauteur de Krome Avenue, pour faire de la place à une nouvelle prison fédérale modèle. George et ses hommes y allaient plutôt mollo, puisque c'était un contrat du gouvernement et que personne ne venait jamais vérifier. George, à son habitude, s'était garé à l'ombre et dévorait un très long sandwich au rosbif, qu'il arrosait de Budweiser. La portière du camion était ouverte, du côté du conducteur, et la radio diffusait de la country-music, dont on ne percevait les airs que par intervalles, entre les rugissements de la débiteuse que George Graveline avait accrochée au pare-chocs. Il ne semblait pas du tout dérangé par les grincements intermittents et stridents de la machine ; il s'était habitué à n'entendre que par fragments la voix de Johnny Cash et à laisser son imagination combler les vides musicaux.

George venait à peine de terminer son sandwich quand, jetant un œil dans le rétroviseur, il aperçut un grand type blond avec un bras en écharpe. Il portait des blue-jeans, des bottes et une chemise de flanelle, dont il avait découpé la manche gauche. Il se tenait près de la débiteuse et regardait le chef d'équipe de George balancer des souches de pin dans les mâchoires d'acier de la machine.

George se laissa tomber du camion.

— Hé ! restez pas si près !

Le type fit obligeamment un pas en arrière.

— Pour une machine..., fit-il en montrant la débiteuse. Elle m'a l'air toute neuve.

— Ça fait quelques années déjà que je l'ai, répondit George Graveline. Vous cherchez du travail ?

— Non. Pas avec mon bras en capilotade. En fait, je cherchais le patron, un certain George Graveline.

Ce dernier essuya le jus de viande qui lui poissait les mains.

— C'est moi, dit-il.

Son chef d'équipe lança un autre tronçon de pin dans la débiteuse. Le visiteur attendit que le bourdonnement cesse.

— George, je m'appelle Mick Stranahan.

— 'chanté, Mick, dit-il en lui tendant sa main droite.

Stranahan la serra.

— George, on se connaît pas nous deux, mais je sens que je peux vous parler d'homme à homme.

— Sûr.

— Ça concerne votre petit frère.

— Rudolph ? fit George, en croisant ses gros bras, sur la défensive.

— Oui, George, dit Stranahan. Vous savez, Rudy a essayé de me tuer, y a peu de temps.

— Hein ?

— Incroyable, non ? Il a d'abord loué les services d'un mafioso pour me flinguer ; maintenant il s'est dégotté une grande asperge blanche affligée du pire cas d'acné de la planète pour finir le boulot. Je ne sais pas trop quoi vous dire mais franchement, il commence à m'emmerder un tout petit peu.

Stranahan baissa les yeux sur son bras en écharpe.

— J'ai récolté ça grâce à une mitraillette de calibre 45. Honnêtement, George, vous seriez pas énervé à ma place ?

George Graveline explorait du bout de la langue l'intérieur de ses joues, comme à la recherche d'un morceau de chique oublié. Le chef d'équipe continuait à nourrir de tronçons de pin la débiteuse, qui les recrachait dans la glissière sous forme de sciure et de copeaux. Stranahan fit comprendre du geste à George qu'ils devraient aller s'asseoir dans la cabine du camion pour s'y entretenir plus au calme et plus discrètement.

Mick se carra sur le siège du passager et baissa le volume de la country-music.

— Écoutez, m'sieur, dit George, j' sais pas qui vous êtes mais...

— Je vous ai déjà dit qui je suis.

— Vous m'avez dit votre nom, c'est tout.

— Je suis détective privé, George, puisque vous voulez le savoir. Il y a quelques années, je travaillais pour l'attorney général : je m'occupais surtout des affaires criminelles.

George ne cilla pas et resta immobile comme une

borne. Stranahan eut l'impression que l'autre allait lui flanquer un coup de poing.

— Avant de faire quelque chose de complètement stupide, George, écoutez-moi rien qu'une minute.

George se pencha par la portière et beugla à son chef d'équipe d'aller déjeuner. La plainte de la débiteuse s'éteignit et soudain le silence baigna les deux hommes.

— Merci, fit Stranahan.

— Alors, accouchez !

— Le 12 mars 1986, votre frère a opéré une jeune femme du nom de Victoria Barletta. Quelque chose de terrible est arrivé, George, et elle est morte sur la table d'opération.

— Jamais de la vie !

— Votre frère Rudy a paniqué. Il avait déjà eu un tas d'emmerdes, rapport à son autorisation d'exercer dans cet État... et tuer une de ses patientes, c'est totalement inacceptable même en Floride ! Je pense que Rudy a eu tout bêtement la trouille.

— C'est des conneries tout ça, fit George Graveline.

— L'affaire a atterri sur mon bureau comme kidnapping suivi peut-être d'homicide. Tout le monde a supposé que cette fille avait été enlevée à l'arrêt de bus qui faisait face à la clinique de votre frère, parce que c'est ce qu'il nous a raconté ! Mais, aujourd'hui, George, de nouvelles informations ont fait surface.

— Quel genre d'informations ?

— Les plus préjudiciables, rétorqua Stranahan. Et pour une raison ou une autre, votre frère croit que c'est moi qui les détiens. Mais c'est faux, George.

— Alors je lui dirai de vous laisser tranquille.

— C'est très aimable de votre part, George, mais j'ai bien peur que ce ne soit pas aussi simple. Les choses ont commencé à déraper. J' veux dire, regardez cette sacrée épaule.

— Hummm, fit George Graveline.
— Pour en revenir à cette jeune femme, dit Stranahan, on n'a jamais retrouvé trace de son corps. Ce qui est très inhabituel.
— Ah bon ?
— Oui.
— Et alors ?
— Alors, est-ce que vous n'auriez pas par hasard une petite idée de ce qui s'est passé ?
— Vous êtes gonflé, lâcha George.
— Oui, plutôt, je crois. Et si vous répondiez à ma question, qu'en dites-vous ?
— Et ça, qu'est-ce que vous en dites ? dit George Graveline, tentant de sauter à la gorge de Mick.
De son bras valide, Stranahan intercepta le mouvement en s'emparant d'un des pouces boudinés de l'élagueur ; il le tordit et le déboîta complètement. Cela fit un plop à peine audible, comme si on débouchait une bouteille de champagne éventé. George émit un léger couinement et le sang reflua de son visage. Stranahan lâcha le doigt violacé et flasque que George se hâta de coincer entre ses genoux en essayant, par cette pression, d'atténuer la douleur.
— Je suis vraiment désolé, mon vieux, dit Mick.
George, replié sur lui-même, lui dit, le souffle court :
— Fous-moi le camp !
— Vous ne voulez pas entendre la fin de ma théorie, celle que je vais aller exposer aux flics ? À savoir comment vous avez jeté le corps de cette pauvre fille dans la débiteuse, rien que pour sauver la mise à votre frère ?
— Continue comme ça, s'écria George Graveline, et c'est moi qui te descendrai !
Mick sortit du camion, claqua la portière et pencha la tête dans l'habitacle, par la vitre baissée.

— À mon avis, vous devriez mieux contrôler vos réactions, dit-il à l'élagueur. Sérieux !

— Bouffe-merde ! répliqua George, la respiration sifflante.

— Parfait, ajouta Stranahan. J'espère simplement que tu seras un peu plus poli avec la police.

Christina Marks redoutait sa réunion avec Reynaldo Flemm. Ils se retrouvèrent à midi trente dans le hall du Sonesta.

— Qu'est-ce que tu as fait à tes cheveux ? lui demanda-t-elle.

— Je les ai laissé pousser, dit Flemm, d'un ton peu assuré. Où étais-tu passée pendant tout ce temps ? Quel est ce grand mystère ?

Christina n'arrivait pas à faire fi de l'apparence qu'il présentait. Elle tourna autour de lui deux fois, les yeux écarquillés.

— Ray, personne n'a des cheveux qui poussent aussi vite.

— Ça fait plus de quinze jours qu'on ne s'est pas vus.

— Mais ils te tombent sur les épaules.

— Et alors ?

— Et puis, ils sont si jaunes.

— Blonds, nom de Dieu !

— Et si... ondulés.

Reynaldo Flemm se raidit.

— Il était temps que je change de look.

Christina Marks toucha du doigt les boucles blondes.

— Mais c'est une foutue perruque ! fit-elle.

— Bravo, Agatha Christie !

— Ne te vexe pas, j'aime assez.

— C'est vrai ?

Désespéré par son physique depuis sa visite à Whispering Palms, Reynaldo Flemm était retourné à New York d'un coup d'avion. Il y consulta un célèbre coloriste qui lui soutint mordicus que des cheveux blonds le rajeuniraient de dix ans. Puis un maquilleur de la chaîne ABC lui prétendit que les cheveux longs feraient paraître son nez plus mince et que s'ils étaient ondulés, ils lui ôteraient dix bons kilos à la taille, devant les caméras.

Nanti de ces conseils d'experts, Reynaldo avait contacté le créateur de perruques de Tina Turner — dont l'agenda était complet — qui se fit un plaisir de lui recommander l'un de ses jeunes protégés prometteurs de Soho. Ce jeune styliste, qui s'appelait Léo, fit semblant de reconnaître Flemm pour l'avoir vu à la télévision — ce qui lui suffit pour vendre ses services à Reynaldo. Ce dernier communiqua à Léo les grandes lignes de ses desiderata et celui-ci lui présenta une perruque de sept cents dollars qui ressemblait au scalp fraîchement prélevé sur le crâne de Robert Plant, le chanteur de rock du groupe Led Zeppelin. Ou peut-être de l'actrice Dyan Cannon.

Reynaldo s'en moquait. C'était précisément ce look qu'il recherchait.

— Franchement, j'aime assez, dit Christina, sauf qu'il faudra faire quelque chose de cette moustache de Portoricain.

— Ma moustache, je la garde. Je l'ai toujours portée depuis mon premier Emmy local, dit Flemm.

Puis il posa ses mains sur les épaules de Christina.

— Et maintenant si tu me racontais un peu tout ce qui se passe, bon sang de bonsoir !

Christina ne s'était pas entretenue avec Reynaldo depuis le jour où Mick avait été blessé et elle ne lui avait quasiment rien dit, alors. Elle l'avait appelé de la salle des urgences du Mercy Hospital et l'avait informé que quelque chose de grave venait d'arriver. Reynaldo lui avait demandé si elle était blessée et elle avait répondu que non. Alors Reynaldo avait demandé ce qu'il y avait de sacrément plus grave et elle lui avait dit qu'il faudrait attendre quelques semaines, que la police était impliquée et que l'affaire Barletta risquait d'éclater au grand jour s'ils ne se faisaient pas oublier. Elle avait promis de passer le voir quelques jours plus tard mais s'était contentée de lui laisser un mot dans son casier, à l'hôtel. Elle le priait de se montrer patient dans ce message et Reynaldo s'était demandé pourquoi, bon Dieu ? avant de retourner à Manhattan chasser la perruque.

— Allons, dit-il à Christina, je suis tout ouïe !

— Par ici, fit-elle en le poussant vers un box du salon de thé de l'hôtel.

Elle attendit qu'il se soit fourré un petit pain dans la bouche avant de lui raconter la fusillade.

— Zans blague ! s'exclama Flemm, postillonnant des miettes.

Il parut sur le point d'éclater en sanglots.

— On t'a vraiment tiré dessus ?

Christina, mal à l'aise, hocha la tête de façon affirmative.

— À la mitraillette ? Tu me le jures ?

Il ajouta sur un ton plaintif :

— C'était une Uzi ?

— Je n'en jurerais pas, Ray.

Christina savait qu'elle lui brisait le cœur : Reynaldo avait espéré depuis le début de sa carrière télévisuelle une expérience de ce type. Une fois qu'il était soûl, il avait confié à Christina que son rêve secret était de recevoir une balle dans la cuisse — en direct. Pas une blessure qui mettrait ses jours en danger, mais assez grave pour lui casser les pattes. « J'en ai marre de me faire tabasser, avait-il dit à Christina, ce soir-là, je me sens une âme de défricheur. » Dans le rêve secret de Reynaldo, la caméra tressautait au bruit des coups de feu, puis panoramiquait de façon dramatique sur son corps recroquevillé en boule et éclaboussé de sang, couché au beau milieu de la chaussée. Dans ce même rêve, Reynaldo, agrippé à son micro, poursuivait bravement son émission tandis que les infirmiers du Samu s'agitaient fiévreusement pour lui sauver la vie. La dernière image était un très gros plan de son célèbre visage : sa mâchoire carrée, crispée par la souffrance, exposait en grimaçant à la vue de tous sa dentition richement couronnée. Puis apparaissait le carton du générique de fin : *Reynaldo Flemm dans « À visage découvert » !* juste avant qu'on claque les portières de l'ambulance.

— Je n'arrive pas à y croire, pleurnichait Reynaldo sur son petit déjeuner, c'est pas sur les producteurs qu'on est censé tirer d'habitude, mais sur ceux qui ont du talent !

Christina Marks sirotait un jus d'orange à trois dollars.

— Primo, Ray, ce n'est pas sur moi qu'on a tiré…

— Ouais, mais…

— Secundo, t'en aurais chié dans ton froc si tu avais été sur place. Il ne s'agit plus d'une partie de rigolade, Ray. Quelqu'un cherche bel et bien à assassiner Stranahan. Probablement le même charlot qui a tué son ex-femme.

Flemm continuait à bouder.

— Pourquoi ne m'as-tu pas dit que tu allais à Stiltsville ?

— Tu t'étais claquemuré dans ta chambre, tu te souviens ? Pour vérifier tes mensurations.

Elle lui tapota le bras :

— Reprends de la marmelade.

— Est-ce que ça signifie que tu assureras la présentation du reportage ? demanda-t-il d'un ton chagrin. Je veux dire, étant donné que tu as assisté à la fusillade et pas moi ?

— Ray, ça ne m'intéresse pas du tout de présenter ce reportage. Je n'ai aucune envie d'apparaître à l'écran.

— C'est vrai ? fit-il d'une voix débordant de soulagement.

Pathétique, songea Christina ; ce type est pathétique.

— De mon côté, j'ai de mauvaises nouvelles, Chris, dit Flemm en s'éclaircissant la gorge.

Christina se tamponna la bouche du coin de sa serviette.

— C'est en rapport avec ton voyage à New York ?

Flemm fit signe que oui.

— Et avec Maggie Gonzalez, peut-être bien ?

— J'en ai peur, dit-il.

— Elle manque de nouveau à l'appel, n'est-ce pas, Ray ?

— Nous avions prévu de dîner ensemble au Palm...

— Et elle n'est pas venue au rendez-vous ?

— Exact, dit-il.

— Tu lui avais déjà envoyé les quinze mille dollars ? demanda Christina.

— Hé ! je ne suis pas idiot, je ne lui en ai envoyé que la moitié.

— Merde ! fit Christina, en tambourinant de ses ongles sur la table.

Reynaldo Flemm soupira en détournant la tête. D'un air absent, il se passa la main dans ses boucles d'or toutes neuves.

— Je suis navré, dit-il finalement. Tu veux toujours laisser tomber cette histoire ?

— Non, dit Christina. Il n'en est plus question.

Mick Stranahan avait examiné des photos anthropométriques toute la matinée. Il savait d'avance qu'il ne découvrirait pas celle du tueur.

— Regarde-les quand même, lui avait dit Al García.

Stranahan tourna la page suivante.

— C'est un effet de mon imagination ou bien ces enfoirés deviennent plus moches d'année en année ?

— Moi aussi, j'ai remarqué ça, dit García.

— À propos, j'ai reçu une visite amicale de Murdock et Salazar à l'hôpital.

Et Mick fit à García le récit de l'entrevue.

— Je peux faire un rapport aux A.I., si tu veux.

Les A.I. étaient le service des Affaires intérieures, où les inspecteurs Murdock et Salazar avaient probablement un dossier aussi épais que les pages jaunes de l'annuaire de Dade County.

— N'en fais pas trop, dit Stranahan, je voulais simplement que tu saches ce qu'ils fabriquent.

— Les connards ! grogna García. Faut que je réfléchisse à un truc.

— Je croyais que tu avais le bras long ?

— Long ? Tout ce que j'ai récolté, c'est une citation à quatre sous et un bras estropié, tout comme toi. Seulement, moi, on me l'a scié !

— Impressionnant ! dit Mick Stranahan.

Il referma le fichier anthropométrique et le poussa à travers la table.

— Il n'est pas là-dedans, Al. Vous en avez un pour les monstres de foire ?

— Il a une aussi sale gueule ?

— Sale, c'est peu dire.

C'était peu de le dire, en effet.

— Tu veux qu'on essaye un portrait-robot ? Y a qu'à appeler une de nos artistes.

— Non, laisse tomber, dit Mick. Je ne saurais pas

par quel bout commencer. Tu n'en croirais pas tes yeux, Al, si tu voyais ce type.

L'inspecteur mordillait l'extrémité de son cigare.

— Ça doit être le même barje qui a buté Chloé. Le fait est que j'ai des témoins qui les ont vus prendre un verre ensemble à la marina en bavardant comme de vieux amis. Qu'est-ce que tu penses de ça ?

— Elle a toujours eu un certain penchant pour les hommes, dit Stranahan en se levant.

Il vérifia avec précaution l'attache de son bras en écharpe.

— Où vas-tu ?

— Me payer une violation de domicile.

— Arrête tes conneries !

— C'est la stricte vérité, Al !

— Je n'y crois pas. Allez, avoue que tu déconnes, Mick !

— Si ça peut te rassurer.

— Et appelle-moi, dit García à voix basse, si tu découvres quelque chose d'intéressant.

À trois heures et demie, Mick Stranahan entra pour la seconde fois par effraction dans le duplex de Maggie Gonzalez. Il commença par écouter les messages laissés sur le répondeur. Il y avait de nombreux appels de membres de la famille, demandant tous pourquoi Maggie n'avait pas assisté à l'ondoiement du bébé de sa cousine Gloria. Le seul message qui intéressa Mick provenait de l'Essex House, un hôtel du centre de New York. La voix nasillarde d'une employée priait Miss Gonzalez de les recontacter d'urgence au sujet d'une note de pressing de quarante-trois dollars qu'elle avait oublié de régler avant son départ. L'employée de l'Essex House avait fort efficacement précisé l'heure et la date de son appel : le 28 janvier, à dix heures du matin.

Ensuite, Mick éplucha un gros tas de courrier jusqu'à ce qu'il tombe sur le relevé le plus récent de la carte Visa de Maggie. Il ouvrit l'enveloppe et en étudia le contenu sur la table de la cuisine. Il sautait aux yeux que Maggie dépensait d'autres fonds que les siens à Manhattan : elle ne s'était servie que deux fois de sa carte de crédit personnelle. Il y avait un débit de cent trente-cinq dollars cinquante au bénéfice de Ticketron, une agence de spectacles de Broadway. Le second concernait une boutique de vêtements pour un montant de cent soixante-dix-neuf dollars quarante — Maggie ne devant pas avoir autant de liquide sur elle, à ce moment-là. Cette boutique se trouvait à l'Hôtel Plaza ; l'opération portait la date du 1er février.

Mick Stranahan s'apprêtait à quitter le duplex de Maggie quand le téléphone sonna à deux reprises, avant que le répondeur ne s'enclenche. Mick entendit une voix d'homme qu'il crut reconnaître, mais il ne l'aurait pas juré. Il n'avait parlé avec l'homme auquel il pensait qu'une seule fois.

— Maggie, c'est moi, enregistra la machine. J'ai essayé de vous avoir à l'Essex, mais on m'a dit que vous l'avez quitté... Écoutez, il faut que nous parlions sérieusement. De vive voix. Appelez-moi au bureau, immédiatement, en P.C.V. Où que vous soyez, O.K. ? Merci.

L'homme laissa son numéro et Stranahan le recopia au crayon sur la table en formica. Quand il eut raccroché, Mick appela les renseignements pour obtenir le numéro de la clinique et du centre de mise en forme de Whispering Palms, à Bal Harbour. Une voix enregistrée lui communiqua 555-7600 comme numéro de la ligne principale. 555-7602 était celui qu'avait laissé l'homme sur le répondeur de Maggie.

Rudy Graveline, songea Stranahan. Il avait appelé de son bureau.

Stranahan composa ensuite le numéro des renseignements de Manhattan. Après avoir obtenu celui du Plaza, il appela la réception centrale et demanda qu'on lui passe la chambre de Maggie Gonzalez. Une femme décrocha à la quatrième sonnerie.

— Miss Gonzalez ? fit Stranahan, imitant tant bien que mal l'accent de Brooklyn.

— Oui, c'est moi.

— Je suis le concierge d'en bas.

Pléonasme éhonté : comme s'il y avait un concierge à l'étage !

— Nous voulions savoir si vous aviez besoin d'un pressing pour ce soir ?

— Qu'est-ce que vous me racontez ? J'attends encore les trois robes que je vous ai données dimanche dernier, fit Maggie d'un ton désagréable.

— Oh ! je suis absolument désolé, continua Mick Stranahan. Je vais m'en occuper immédiatement.

Puis il raccrocha, s'empara de l'annuaire et chercha le numéro de la compagnie Delta Airlines.

16

En se rendant à l'aéroport international de Miami, Mick Stranahan fit un saut au cabinet juridique de son beau-frère. Kipper Garth était en ligne avec l'un des vieux briscards de Brickell Avenue, mégotant dans une affaire de glissade suivie de chute.

Mick entra dans le bureau.

— Tu as pensé à mes dossiers ? fit-il.

Kipper Garth lui désigna une chaise lie-de-vin et posa un doigt sur ses lèvres cireuses.

— Alors, Chuckie, fit-il dans l'appareil, donne-moi un chiffre !

— Je pense qu'on pourrait transiger à deux cent mille, dit la voix à l'autre bout du fil.

— Deux cent mille ! s'exclama Kipper. T'es dingue ou quoi, Chuckie ? Cette femme a trébuché sur son foutu teckel, après tout !

— Enfin, Kip ! ils négocieront, reprit l'autre, c'est la plus grosse chaîne d'alimentation de Floride. Ils transigent toujours. Par-dessus le marché, le chien a clamsé — rien que ça, ça va chercher dans les cinquante mille pour torture mentale.

— Mais les chiens ne sont même pas admis dans le magasin, Chuckie ! Si encore elle s'était pris les pieds dans le teckel de quelqu'un d'autre, nous aurions quelque chose à nous mettre sous la dent ! Mais tout est de sa faute.

Un rire sardonique crépita dans l'écouteur.

— Kip, mon pote, on voit que tu n'as pas la fibre procédurière, poursuivit la voix. Je me suis rendu en personne au supermarché et devine quoi : pas d'écriteaux !

— Qu'est-ce que tu veux dire ?

— Je veux dire, aucun panneau « INTERDIT AUX CHIENS ». Pas un seul écrit en espagnol. Alors comment notre pauvre Consuelo aurait-elle pu le savoir ?

— Chuckie, tu es merveilleux, dit Kipper Garth. Si c'est pas là de la négligence...

— Deux cent mille, à vue de nez, dit Chuckie. On partagera soixante-quarante.

— Pas ques', le coupa Kipper Garth, fixant l'appareil d'un œil froid. Cinquante-cinquante, comme d'habitude.

— Excuse-moi, fit Mick Stranahan.

Kipper fronça les sourcils et secoua la tête ; pas maintenant, pas à l'instant où il bouclait sa transaction.

— Kip, qui c'est celui-là ? dit la voix au téléphone. T'as quelqu'un avec toi ?

— Du calme, Chuckie, ce n'est que moi, fit Stranahan dans le récepteur. La filière d'héroïne de Kipper, tu connais ? Je suis juste passé lui livrer une valise de mexicaine. Je t'inscris pour un kilo ?

Kipper Garth appuya frénétiquement deux doigts sur l'interrupteur. La communication fut coupée et la tonalité rétablie.

— T'es complètement barje ou quoi ! cria-t-il à Mick.

— J'ai un avion à prendre, Jocko. Où sont les fiches concernant Graveline ?

— Espèce de barjo, répéta Kipper Garth, tentant de garder son calme.

Il sonna une secrétaire qui entra, les bras chargés de trois épais dossiers marron.

— Tu peux aller lire ce tas de merde dans la salle de conférences, tu seras pas dérangé.

— Non, ici ça va très bien, répliqua Mick.

Sous les yeux de Kipper Garth, écumant de rage, Stranahan parcourut rapidement les fiches. C'était pire qu'il n'avait cru — ou mieux, selon le point de vue où l'on se plaçait.

— Dix-sept plaintes déposées devant le conseil de l'Ordre ! s'émerveilla Mick.

— Ouais ! mais aucune suivie d'effet, fit remarquer Kipper Garth. Pas même d'un blâme.

Stranahan releva la tête, l'une des fiches en main.

— C'est une vraie mine d'or, Jocko !

— Eh bien, Mick, ravi d'avoir pu te rendre service. Et maintenant, si tu n'y vois pas d'inconvénient, il se fait tard et j'ai quelques coups de fil à passer.

— Tu ne m'as pas l'air de comprendre, fit Stranahan, je voulais tout ce bazar pour toi, pas pour moi.

Kipper Garth jeta un coup d'œil à sa montre-bracelet, l'air maussade.

— Tu as raison, Mick, je ne comprends pas où tu veux en venir. Qu'est-ce que je peux bien avoir à foutre du dossier Graveline ?

— Et les noms, Jocko ? dit Stranahan, en ouvrant la chemise au sommet de la pile et en feuilletant son contenu, théâtralement. On t'apporte dix-sept noms sur un plateau d'argent, autant dire dix-sept affaires ! Prends, par exemple, Mrs. Susan Jacoby et ses nibards dépareillés ou encore Mr. Robert Mears, qui ne peut plus fermer l'œil gauche ni ouvrir le droit. Voyons encore : et Julia Kelly dont le pif ressemble à un tournevis Phillips — Nom de Dieu, regarde-moi un peu ce Polaroïd ! Quoi d'autre ? Ah oui ! Ken Martinez à qui on a recousu la peau des couilles sens dessus dessous...

Kipper Garth agita les bras.

— Ça suffit, Mick ! À quoi peut me servir toute cette saloperie ?

— Tu vas en avoir besoin, Jocko.

— Pour quoi faire ?

— Pour attaquer le Dr Graveline.

— C'est très drôle, dit Kipper Garth. Je t'ai déjà dit que ce type fait partie de mon yacht-club. Et en plus, on l'a déjà poursuivi.

— Bonne raison pour que tu le refasses, conclut Mick. Attaque cet enculé comme il ne l'a jamais été encore !

— Il négociera à l'amiable. Les médecins le font toujours.

— Refuse tout arrangement. Même pour dix millions de dollars. Prends fait et cause pour l'un ou l'une de ces infortunés et donne toute la gomme, bordel !

Kipper Garth se leva et arrangea son nœud de cravate comme s'il devait soudain se rendre à un rendez-vous très important.

— Je ne peux rien faire pour toi, Mick. Faudra que tu te trouves un autre avocat.

— Si tu ne me rends pas ce service, dit Mick, j'irai annoncer à Katie ton petit voyage à la montagne du mois prochain avec Inga, Olga ou son autre putain de nom. Je l'ai inscrit quelque part par ici. Et pour ta gouverne, Jocko, à l'avenir ne passe plus par l'American Express pour les billets d'avion de ta souris des neiges. Je sais, c'est pratique et tout et tout, mais c'est aussi très très risqué. J' veux dire, avec les ordinateurs qu'ils ont aujourd'hui, j'ai même pu obtenir vos numéros de sièges — 5A et 5B, si j'ai bonne mémoire.

— Comment tu as fait ? fut la seule chose que Kipper Garth trouva à dire.

— Je te le répète, j'ai encore des branchements utiles.

En l'occurrence, un agent de voyages de Coral Gables qui lui devait une fleur. Ç'avait été si foutrement facile que Stranahan n'eut pas le cœur d'éclairer la lanterne de son beau-frère.

— Où tout cela mène-t-il ? lui demanda Kipper Garth.

— T'occupe, vas-y seulement ! Attaque-moi cet enculé de chirurgien !

L'avocat ôta la veste de son costume rayé du dossier de sa chaise pour vérifier si elle n'était pas froissée.

— Mick, laisse-moi confier l'affaire à quelqu'un d'autre. Je te tiendrai au courant.

— Non, Jocko. Tu délègues pas. Je veux que tu t'occupes de tout, toi-même.

L'avocat flageola sur ses jambes comme si on le lapidait.

— Tu m'as bien entendu, dit Stranahan.

— Mick, je t'en prie, fit-il avec un piaulement pitoyable ; je ne fais pas ce genre de choses.

— Bien sûr que si. J'ai vu tes affiches dans toute la ville.

Kipper Garth se mordilla l'ongle du pouce pour masquer le tremblement spasmodique de sa lèvre supérieure. La perspective de se présenter pour de bon devant un tribunal lui donnait des sueurs froides. Une gouttelette se forma dans le sillon qui barrait son front et coula, avec une traînée luisante, jusqu'à la pointe de son nez tout bronzé.

— Je ne sais plus, ça fait si longtemps.

— Bah ! C'est simple comme bonjour. L'un de tes sous-fifres n'aura qu'à rédiger la plainte. Et vogue la galère !

Mick empila bruyamment les dossiers concernant Graveline sur le bureau de Kipper Garth ; l'avocat jeta un regard sur le tas de paperasses, comme s'il s'agissait de nitroglycérine.

— Une vraie mine d'or, dit Stranahan d'un ton encourageant. Je repasserai dans quelques jours.

— Mick ?

— Relax. Tout ce que tu as à faire, c'est d'aller au tribunal et d'entamer une action.

— C'est pas nécessaire que je gagne, non ? dit Kipper Garth, d'une toute petite voix.

— Bien sûr que non, le rassura Stranahan, en lui tapotant le bras. Ça n'ira pas jusque-là.

Le Dr Graveline habitait une demeure princière de trois étages au nord de la baie de Biscayne. La maison avait des colonnes doriques, deux escaliers à vis et regorgeait de marbre d'importation ; elle battait, sur ce plan-là, le musée des Beaux-Arts de la ville. Cette maison n'avait absolument rien à faire à Miami Beach mais, à vrai dire, elle ne paraissait guère plus stupidement déplacée que les autres manoirs tape-à-l'œil de l'endroit. Elle se trouvait sur une avenue plantée de palmiers où vivaient deux des Bee Gees — ce qui signifiait que Rudy s'était vu contraint d'en payer la propriété cent mille dollars au-dessus de sa valeur. Les premiers temps, les jeunes femmes qui sortaient avec Rudy se montraient impressionnées de se retrouver dans le voisinage des Bee Gees ; mais comme récemment leur impact de stars s'était émoussé, Rudy avait cessé d'y faire allusion.

Ce fut Heather Chappell, l'actrice d'Hollywood, qui ramena le sujet sur le tapis, la première.

— Il me semble que Barry habite dans le coin, dit-elle, alors qu'ils regagnaient la maison de Rudy, après avoir dîné à la Forge.

— Barry qui ? demanda Rudy, la tête manifestement ailleurs.

— Barry Gibb, le chanteur. « *Staying alive, staying alive, ooh, ooh, ooh...* »

Même amoureux de Heather comme il l'était, Rudy aurait autant préféré qu'elle s'abstienne de chanter.

— Vous le connaissez personnellement ? demanda-t-il.

— Bien sûr. Je les connais tous.

— Il habite cette maison là-bas, dit Rudy en la désignant. Et Robin, ici même.

— Arrêtons-nous et allons-y, dit Heather en lui effleurant le genou, ce sera amusant.

Rudy répondit que non, qu'il ne les connaissait pas suffisamment. En outre, il n'avait jamais vraiment apprécié leur musique, toute cette merde disco en particulier. Heather sombra sur-le-champ dans une profonde bouderie, dans laquelle elle persista héroïquement tout le reste du trajet en voiture, en gravissant les marches des escaliers, et jusque dans la chambre à coucher de Rudy. Elle se dépouilla de sa robe et de sa culotte et s'allongea à plat ventre sur l'énorme lit. Toutes les deux secondes, elle soulevait sa joue de l'oreiller de satin et soupirait à fendre l'âme. Jusqu'au moment où Rudy ne put plus supporter ce manège.

— Vous êtes furieuse contre moi ? lui demanda-t-il.

Il était en caleçon, près du placard où il venait de suspendre son costume.

— Heather, vous êtes fâchée ?

— Non.

— Mais si, vous l'êtes. Est-ce que j'ai dit quelque chose qu'il ne fallait pas ? Si c'est le cas, je m'en excuse.

Il pleurnichait comme un idiot tellement il avait une

envie folle de la baiser. La vue du postérieur dénudé de Heather, si parfait — elle qui voulait le remodeler —, le rendait positivement malade.

— Moi, j'aime les Bee Gees, lança-t-elle d'une toute petite voix.

— Je suis désolé, fit Rudy en s'asseyant au bord du lit et caressant sa magnifique chute de reins. J'aimais bien leurs premiers disques, vraiment.

— J'ai adoré le disco, Rudy, fit Heather. Ça m'a presque tuée quand le disco est mort.

— Je regrette ce que j'ai dit.

— Tu as déjà fait l'amour en écoutant du disco ?

Rudy songea : qu'est-ce qui m'arrive ?

— Tu n'as pas des cassettes des Village People ? lui demanda Heather, en lui jetant une œillade par-dessus son épaule. Il y a une chanson sur leur premier album, je parie que je serais capable de baiser dessus toute la nuit.

Rudy Graveline était un homme plein de ressources. Il dénicha la cassette des Village People au rayon discount d'un magasin de disques ouvert toute la nuit, en face du campus de l'université de Miami, à Coral Gables. Il fila à toute vitesse chez lui, glissa la cassette dans le lecteur de la chaîne, mit à fond le volume des enceintes et grimpa au pas de course l'escalier tournant qui menait à sa chambre.

— Pas ici, dit Heather.

Elle le prit par la main et le conduisit au rez-de-chaussée.

— Dans la cheminée, murmura-t-elle.

— Mais il fait vingt-cinq degrés, remarqua Rudy, en se débarrassant prestement de son caleçon.

— C'est pas à cause du feu, fit Heather, mais à cause du marbre.

L'un des atouts — et des arguments de vente — de la

demeure était une cheminée démesurée, taillée en marbre italien poli. En Floride, on considérait les cheminées comme un nouvel élément du confort ; mais Rudy ne s'était jamais servi de la sienne de peur que la chaleur ne fendille le marbre noir hors de prix.

Heather s'étendit sur le dos en se trémoussant. Elle eut un sourire des plus sidérants.

— Oh, Rudy ! Comme c'est froid !

Elle décolla ses fesses du marbre et les laissa retomber avec un chuintement qui lui donna le fou rire.

Complètement nu, Rudy restait là, les bras ballants, à la contempler, bouche bée, comme un idiot congénital.

— On risque de se faire mal, remarqua-t-il.

Il songeait au piteux état dans lequel le marbre allait mettre ses coudes et ses rotules.

— Joue pas au vieux schnock ! dit Heather, en soulevant les hanches et en ondulant de façon suggestive sous son nez.

Elle roula sur le côté et désigna les deux taches de condensation sur le marbre noir.

— Regarde, fit-elle. On dirait des empreintes digitales.

— Ça y ressemble, marmonna Rudy.

— Je dois être drôlement en chaleur, hein ?

— Oui, plutôt, dit-il.

Il sentait son crâne prêt à éclater ; la voix des Village People résonnait dans la cheminée comme des tirs de mortier.

— Oh ! mon Dieu ! gémit Heather.

— Qu'y a-t-il ? s'enquit Rudy.

— Cette chanson. C'est ma chanson.

Elle se mit à genoux avec un petit cri et le prit sauvagement par la taille.

— Viens voir par ici en bas comme on va danser !

Pour prolonger ses états de tumescence, le Dr Graveline s'était entraîné à penser à tout autre chose qu'au sexe pendant qu'il faisait fonctionner le sien. La plupart du temps, il passait en revue ses investissements et autres tax-shelters dont la complexité suffisait à tenir en échec son orgasme pendant un bon quart d'heure. Ce soir-là, pourtant, il se concentra sur quelque chose de sensiblement différent. Rudy songea à la mauvaise passe qu'il traversait ; à Victoria Barletta et au reportage télévisé qu'on préparait sur sa mort ; à Mick Stranahan, toujours en vie et qui menaçait la sienne ; à Maggie Gonzalez, dépensant son argent quelque part à New York.

Rudy découvrit plus d'une fois qu'il pouvait ruminer ses pensées avec une lucidité étourdissante en se livrant aux affres du rapport sexuel. Il avait pris plusieurs décisions cruciales de son existence en de pareils moments, où la confusion journalière et le fardeau de ses patients semblaient se résorber en une vacuité cristalline, un vide physique et mystique, qui l'autorisait à envisager ses problèmes sous un nouvel angle et dans une nouvelle lumière.

C'est ce qui expliquait que Rudy — malgré Heather Chappell qui lui labourait les épaules de ses ongles en hurlant des insanités disco dans son oreille, malgré le clapet de ventilation qui vibrait dans le conduit de la cheminée au-dessus de sa tête, et malgré surtout ses genoux qui raclaient sans relâche le marbre glacial —, que Rudy, donc, réussisse à se focaliser sur ce qui constituait la crise la plus grave de son existence. La douleur comme le plaisir se dissipaient ; c'était comme s'il était seul, l'esprit en éveil et la sensibilité exacerbée, dans une pièce obscure et fraîche. Rudy réfléchit à tout ce qui était arrivé jusque-là, puis à ce qu'il devait faire à présent. Son plan n'était pas mauvais. Cependant, il comportait une inconnue.

Un cri d'Heather tira Rudy de sa transe cognitive.

— Bon, ça suffit comme ça !

— Quoi ?

— Tu peux souffler maintenant, O.K. ? Merde, c'est pas un rodéo !

Elle était hors d'haleine. Sa poitrine était luisante de sueur. Rudy cessa de se démener.

— À quoi pensais-tu ? lui demanda Heather.

— À rien.

— Tu as joui ?

— Bien sûr, mentit Rudy.

— Tu pensais à une autre fille, n'est-ce pas ?

— Non, pas du tout.

Nouveau mensonge. Il avait pensé à Maggie Gonzalez et comme il aurait mieux fait de la tuer deux mois plus tôt.

Le lendemain, à midi, George Graveline se présenta à la clinique de Whispering Palms et demanda à voir son frère en précisant que c'était urgent. Rudy, une fois mis au courant, en convint.

Les deux hommes discutaient à voix basse, l'air préoccupé, quand Chimio les rejoignit, une heure plus tard.

— Alors, qu'est-ce qui urge ? fit-il.

— Asseyez-vous, lui dit Rudy Graveline.

Chimio portait une tenue de safari beige, sortant tout droit de *Daktari.* Rudy fit les présentations.

— George, voici l'un de mes amis. Il travaille sur cette affaire avec moi.

— Qu'est-ce qui est arrivé à votre doigt ? demanda Chimio à George, en haussant les sourcils.

— Je me le suis pris dans la portière.

Le frère de Rudy ne tenait guère à s'étendre sur ce détail pénible de sa rencontre avec Mick Stranahan.

George Graveline aurait aimé lui aussi poser quelques questions à ce grand échalas mais il s'en abstint. Il s'efforça vaillamment d'ignorer l'épiderme de Chimio, dont il attribua l'état à quelque variété tragique de la maladie des ormes affectant l'être humain. Ce qui détourna finalement l'attention de l'élagueur du visage de Chimio fut le sac plastique de chez Macy's, aux couleurs vives, qui dissimulait la nouvelle extension de son bras gauche.

— J'ai eu un accident, expliqua Chimio, je trimbale ça en attendant de me le faire carrosser.

Il retira le sac qui enveloppait le taille-herbe. George Graveline reconnut immédiatement le modèle simplifié à usage domestique. Mono-Trim.

— Hé ! ça marche ce truc ?

— Et comment ! fit Chimio.

Il tâtonna sous son aisselle à la recherche de l'interrupteur qui le mettait en branle. Le taille-herbe faisait le même bruit qu'un mixeur sans couvercle.

George grimaça un sourire en applaudissant des deux mains.

— Ça suffit ! dit Rudy, d'un ton sec.

— Non, regardez, fit Chimio.

Il se dirigea d'un pas tranquille vers un coin du bureau où Rudy avait installé un magnifique caoutchouc en pot.

— Oh non ! s'écria le chirurgien.

Mais c'était trop tard. Chimio avait réduit avec allégresse les feuilles du caoutchouc en salade de choux.

— Vouais ! s'exclama George Graveline.

Rudy se pencha pour lui chuchoter à l'oreille :

— Ne l'encourage pas. Il est dangereux !

Content de son exploit, Chimio ne rengaina pas le taille-herbe dans le sac plastique. Il vint s'asseoir près des deux frères.

— Écoutons la grande nouvelle ! fit-il.

— Mick Stranahan a rendu visite à George, hier, fit Rudy. Apparemment ce salopard n'a pas renoncé.

— Qu'est-ce qu'il a dit ?

— Un tas de conneries, fit George.

Rudy avait averti son frère de ne souffler mot de Victoria Barletta devant Chimio, et encore moins de la débiteuse et de l'accusation spécifique de Stranahan concernant le sort réservé au cadavre.

— Je ne comprends pas pourquoi c'est si difficile de tuer ce Stranahan, dit Rudy en tripotant ses lunettes de vue entre ses doigts.

— On sait au moins qu'il a quitté l'hôpital, conclut Chimio brillamment. Je vais lui régler son compte une fois pour toutes.

— Faudra attendre un peu, le contredit Rudy.

Se tournant vers son frère, il ajouta :

— George, s'il te plaît, j'aimerais lui parler seul à seul.

Ce dernier fit un signe d'amabilité à Chimio, tout en gagnant la porte.

— Écoutez, si jamais vous cherchez du travail, je pourrais vous en trouver avec cette… heu…

— Prothèse, termina Chimio. Merci bien, je ne pense pas en avoir besoin.

Une fois seuls, Rudy ouvrit le tiroir supérieur de son bureau et tendit à Chimio une grande enveloppe marron. À l'intérieur, il y avait une photo au format 18 × 24, deux mille dollars en chèques de voyage et un billet d'avion. La photographie était celle d'une jolie jeune femme aux traits fins, aux yeux marron et aux cheveux bruns ; son nom était imprimé en lettres gaufrées au verso. Le billet d'avion était un aller retour Miami-La Guardia.

— Il s'agit bien de ce que je pense ? fit Chimio.

— Oui. Un autre boulot, confirma le Dr Graveline.

— Ça va vous coûter un max.

— Je m'y attends.

— Autant que pour le contrat Stranahan, annonça Chimio.

— Vingt séances de traitement ? Vous n'aurez pas besoin de vingt séances supplémentaires. Dans deux mois, j'en aurai terminé avec votre visage.

— Qui vous parle de dermabrasion ? Il s'agit de mes oreilles.

Rudy songea : Mon Dieu, quand cela prendra-t-il fin ?

— Vos oreilles sont les dernières choses qui nécessitent une intervention, affirma-t-il à Chimio.

— Ce qui signifie, bordel de merde ?

— Rien, rien. Je veux dire simplement qu'une fois les séances de dermabrasion terminées, vous aurez l'air comme neuf. Honnêtement, je ne crois pas que vous désirerez toucher à autre chose, tellement votre visage aura fière allure.

— Mes oreilles sont trop décollées et vous le savez très bien, fit Chimio. Si vous voulez que j'exécute ce contrat, vous m'arrangerez ces putains d'oreilles !

— Bon, bon, soupira Graveline.

Ce n'étaient pas les oreilles de Chimio qui n'allaient pas, seulement ce qu'il y avait entre.

Chimio fourra l'enveloppe sous son bras et remballa le taille-herbe.

— Ah ouais ! encore un truc. J'ai plus de ce machin pour ma gueule.

— Quel machin ?

— Vous savez bien, fit Chimio, le Tipp-Ex.

Rudy Graveline en dénicha un petit flacon dans un tiroir de son bureau et le lança à Chimio. Ce dernier le glissa dans la poche poitrine de sa veste de safari.

— Je vous appellerai de New York, dit-il.

— Oui, fit Rudy avec lassitude. Quoi qu'il arrive !

17

Christina Marks s'éclipsa de première classe pendant que Reynaldo Flemm dédicaçait une serviette en papier à une hôtesse de l'air. À cause de sa crinière blonde, elle l'avait confondu avec David Lee Roth, le chanteur du groupe Van Halen. La moustache à la portoricaine jurait étrangement avec sa tignasse, mais l'hôtesse supposa qu'il s'agissait d'un déguisement farcesque.

Mick Stranahan était installé en classe touriste avec une pile de magazines de pêche, posée sur le siège près de lui.

— Bonjour, mon ombre…

— Mais je ne suis pas à vos trousses, dit-elle.

— Bien sûr que si. Mais c'est très bien comme ça.

Il poussa les magazines pour lui faire de la place et lui fit signe de s'asseoir.

— Vous êtes superbe.

C'était la première fois qu'il la voyait vêtue d'une robe.

— Drôle de coïncidence que vous ayez pris le même vol que moi, vous et le grand présentateur !

— Ça n'a rien d'une coïncidence, même si Ray pense le contraire, avoua Christina.

— Ah bon ? Ray croit que c'en est une ? C'est donc vous qui avez eu l'idée de me suivre.

— Du calme ! dit Christina.

Depuis la fusillade, elle ne s'était guère éloignée de lui. D'abord, elle avait mis ce fait sur le compte de son flair journalistique — dans l'affaire Barletta, on en revenait toujours à Mick Stranahan, non ? Puis elle s'était surprise à passer plusieurs nuits à l'hôpital, alors qu'il était probable que rien de sensationnel ne surviendrait ; assise dans un coin de la chambre, elle avait continué à le veiller bien après qu'il fut devenu évident qu'il se rétablirait sans problème. Christina ne pouvait plus nier qu'il lui plaisait et qu'elle se faisait du souci pour lui. Elle avait aussi le sentiment qu'il était modérément dingue.

— Alors, vous allez me coller au train partout dans New York ? Vous me faites une belle paire de fins limiers, vous et Ray !

— Ray va s'occuper d'autres projets, dit Christina.

L'avion plongea légèrement et un rayon de soleil vint frapper la moitié de son visage, ce qui l'obligea à tourner la tête. Mick remarqua pour la première fois les pâles taches de rousseur disséminées sur son nez et ses joues : couleur cannelle, comme celles d'une enfant.

— Je vous ai déjà remerciée de m'avoir sauvé la vie ? lui demanda-t-il.

— Oui.

— Alors, merci encore une fois.

Il lui versa des cacahuètes grillées au miel dans la paume de la main.

— Pourquoi me suivez-vous ?

— Mais je ne vous suis pas ! insista-t-elle.

— Si c'est uniquement pour ajouter un peu de piquant à votre sacrée émission de télé, alors je vais vraiment me mettre en colère !

— Ce n'est pas pour ça, dit Christina.

— Vous voulez m'avoir à l'œil.

— Vous êtes un homme intéressant. Vous provoquez des choses.

Stranahan goba une cacahuète.

— Elle est bien bonne, celle-là !

— Je vous aiderai à la retrouver, dit Christina d'un ton radouci.

— Qui ça ?

— Maggie Gonzalez.

— Qui a dit qu'elle a disparu ? D'ailleurs vous l'avez filmée, non ? En train de déballer toute cette histoire sordide.

— Pas encore, reconnut Christina.

— Bon sang de bois ! ricana Stranahan.

— Écoutez, j'ai tout un tas de factures qu'elle a fait parvenir au bureau. On peut la suivre à la trace. A nous deux, on serait capables de la retrouver en une journée. En plus, je pense qu'à moi, elle parlera. Qu'elle me déballera cette histoire sordide avec tous les détails et je l'enregistrerai — comme vous l'avez dit.

Mick ne mentionna pas qu'il savait déjà où se trouvait Maggie Gonzalez, ni qu'il avait totalement confiance en sa façon à lui de la persuader de parler.

— Vous êtes la femme la plus serviable que j'aie jamais rencontrée, dit-il à Christina Marks. Et la moins égoïste aussi. Si j'étais moins bien informé, je m'imaginerais peut-être que vous recherchez Maggie parce qu'elle vous a salement arnaqués, le grand présentateur et vous !

— Je vous préfère dans le coma, fit Christina.

Mick lui prit la main avec un petit rire. Et ne la lâcha plus, contrairement à ce qu'elle avait prévu, mais se contenta de la garder dans la sienne. A un moment, l'avion se trouva pris dans une turbulence et Christina sursauta avec nervosité. Sans lever les yeux de son magazine de pêche, Stranahan lui pressa doucement la main. C'était plus pour la réconforter qu'autre chose mais Christina rougit.

Elle se rabattit sur le rôle d'intervieweuse professionnelle.

— Bon, fit-elle. Parlez-moi de vous.

— Vous d'abord, répliqua Mick avec un petit sourire, avant de se replonger dans sa lecture.

Et, curieusement, elle se mit à lui parler — avec la même franchise que sur une de ces bandes vidéo de rencontres entre célibataires.

— Voyons voir, j'ai trente-quatre ans, je suis divorcée. Je suis née à Richmond et j'ai suivi des cours de journalisme à l'université du Missouri. J'ai fini classée dans mon équipe de natation et j'ai obtenu mon diplôme avec félicitations du jury. J'ai décroché mon premier job décent dans les news auprès de la station affiliée à ABC, à Saint Louis. Puis j'ai travaillé pendant trois ans à Chicago pour WBBM avant de rencontrer Ray au procès Gacy. Il m'a proposé un poste d'assistante à la production et voilà ! A votre tour, Mick.

— Pardon ?

— C'est à vous, dit Christina. Je vous ai raconté ma vie, racontez-moi la vôtre.

Stranahan referma le magazine et le posa sur sa poitrine.

— Ma vie peut se résumer comme ça : j'ai tué cinq hommes et j'ai épousé cinq femmes.

Christina retira lentement sa main de la sienne.

— Qu'est-ce qui vous effraie le plus des deux ? dit Mick Stranahan.

Quand Roberto Pepsical, membre de la Commission de Dade County, communiqua la nouvelle aux Autres (autrement dit, aux autres membres ripoux de la Commission), leur réaction fut unanime : non, pas question, désolé, c'est trop tard.

Le Dr Graveline avait offert une somme rondelette pour faire classer en zone constructible des espaces verts protégés pour son projet immobilier des Tours du Vieux Cyprès, et les membres de la Commission étaient allés au charbon et avaient obtenu gain de cause. Ils pouvaient difficilement remettre la question à l'ordre du jour et inverser leur vote. En tout cas, pas sans éveiller les soupçons de ces foutus journalistes. D'ailleurs, un accord était un accord. En outre, les Autres voulaient en savoir davantage sur le pot-de-vin de vingt-cinq mille dollars qu'on leur avait promis : où en était-on précisément ? Est-ce que Rudy ne marchait plus dans la combine ? L'un des commissionnaires suggéra même que pour obtenir le nouveau vote qui annulerait les dispositions du P.O.S. et mettrait le projet au rancart, il suffisait de doubler le montant du bakchich d'origine.

Roberto Pepsical était absolument sûr que Rudy Graveline ne paierait pas deux fois pour un acte de corruption sensiblement identique. De plus, Roberto n'avait aucune envie d'expliquer à Rudy que si le projet des Tours du Vieux Cyprès devait capoter dans l'œuf, cela enterrait une pléthore d'autres dessous-de-table qui seraient allés grossir les comptes secrets des autres. Des banquiers aux inspecteurs du code de l'urbanisme en passant par les juristes préposés au P.O.S., le cours des pots-de-vin refluait traditionnellement jusqu'aux membres de la Commission. Les ondes de choc, provoquées par l'interruption d'un projet d'une envergure aussi vaste que celui de Rudy, seraient d'un effet calamiteux sur le plan de la corruption.

Roberto détestait tenir le rôle d'intermédiaire quand les enjeux montaient si haut. Il était lent de nature, distrait et d'un esprit facilement confus. Il n'avait pas pris de notes quand Rudy l'avait appelé, la veille, tard dans la nuit ; peut-être aurait-il dû. Il se rappelait clairement d'une seule chose : Graveline lui avait dit qu'il avait changé d'avis à propos de son projet des Tours du Vieux Cyprès et décidé d'expatrier ses capitaux au lieu de les y investir. Devant les protestations de Roberto, le docteur lui avait confié qu'il subissait toute une série de contretemps fâcheux — et même graves — concernant, en particulier, cette vieille affaire délicate dont il lui avait touché deux mots au cours de leur déjeuner. Un sale retour de manivelle se préparait, avait ajouté Rudy : quelqu'un avait juré sa perte. Il avait chargé Roberto de présenter à sa place ses plus profondes excuses aux Autres, mais il ne pouvait adopter aucun autre parti. Il renoncerait aux Tours du Vieux Cyprès puisque son problème majeur, lui, ne renonçait pas.

La solution était d'une telle évidence que même Roberto ne pouvait manquer de la voir. Le projet immobilier serait sauvé et par la même occasion, la cascade de pots-au-vin des membres de la Commission. Une fois que Roberto sut le nom du problème de Rudy Graveline, il se mit à prospecter ses accointances à la police urbaine de Dade County.

Ce qui le conduisit tout droit aux inspecteurs John Murdock et Joe Salazar.

Roberto jugea sa mission d'une telle importance qu'il n'hésita pas à sacrifier sa pause déjeuner quotidienne de deux heures pour se rendre personnellement au poste de police. Il y trouva les deux inspecteurs derrière leurs bureaux, dévorant des hot dogs cubains et nettoyant leurs revolvers. C'était la première fois que Roberto voyait un 357 assaisonné à la moutarde.

— Vous êtes certains que ce type est soupçonné de meurtre ? dit le Commissionnaire.

— Ouaip, fit John Murdock.

— C'est même le suspect numéro un, ajouta Joe Salazar.

— Alors vous allez l'arrêter ?

— Évidemment, fit Salazar.

— On finira bien par là, renchérit Murdock.

— Le plus tôt sera le mieux, dit Roberto.

John Murdock lança un coup d'œil à Salazar, puis regarda à nouveau Roberto.

— Monsieur le Commissionnaire, si vous avez un renseignement quelconque sur ce type...

— Il fait passer un très mauvais moment à l'un de mes amis, c'est tout. Il s'agit d'un très bon ami à moi.

Roberto savait pertinemment qu'il valait mieux ne pas citer le nom de Rudy Graveline, et John Murdock savait pertinemment qu'il valait mieux ne pas lui poser la question.

— C'est un délit de menacer quelqu'un.

— Est-ce que Stranahan l'a menacé ? demanda Joe Salazar.

— Rien qu'on puisse prouver, dit Roberto. Écoutez, les gars, j'apprécierais beaucoup si vous vouliez bien me tenir au parfum.

— Pas de problème, promit Murdock.

Il essuya la moutarde qui maculait son arme et la rengaina dans son holster.

— C'est très important, dit Roberto Pepsical, extrêmement important.

— Ne vous en faites pas, on va coincer cet enculé, affirma Murdock.

— Ouais, fit Joe Salazar, simple question de temps.

— Ça prendra pas une éternité, j'espère.

— On fera ce qu'on pourra, monsieur le Commissionnaire.

— Il pourrait bien y avoir une promotion à la clé.

— Mazette, une promotion ! s'exclama John Murdock. T'entends ça, Joe ? Une promotion !

L'inspecteur rota en pleine figure de Roberto.

— Et pourquoi pas de l'oseille à la place ?

Pepsical tressaillit comme si un frelon lui serinait à l'oreille.

— Bon Dieu, vous voulez dire...

— Du fric, fit Salazar en mâchonnant un cornichon, il veut dire du fric.

— Tirons ça au clair : il vous faut un pot-de-vin pour résoudre une affaire de meurtre, les gars ?

— Non, dit Murdock, juste pour procéder à une arrestation.

— J'en crois pas mes oreilles.

— Mais si, dit Joe Salazar. Votre ami veut que Stranahan lui débarrasse le plancher, non ? La prison du comté fera bougrement l'affaire, croyez pas ?

Roberto gratta son menton caoutchouteux.

— Du fric, murmura-t-il.

— Je sais pas comment vous appelez ça, vous autres dans l'Administration, mais par ici, on appelle ça une prime, fit John Murdock avec un rictus. Alors, dites un peu, vous appelez ça comment, les gars ?

Roberto trouva risqué de discuter d'un bakchich au beau milieu du commissariat. Il se sentit péteux et préféra noyer le poisson.

— D'accord, on s'arrangera, dit-il à Murdock, à voix basse.

— Bon.

Le Commissionnaire se leva. Au moment de leur serrer la main pour prendre congé d'eux, il se ravisa.

— Écoutez-moi, cette rencontre n'a jamais eu lieu, dit-il aux deux inspecteurs.

— Bien sûr que non, opina John Murdock.

— Hé ! faites-nous confiance ! ajouta Joe Salazar.

Autant qu'à mon premier crachat, songea Roberto Pepsical.

Trois jours avant l'arrivée de Mick Stranahan, Christina Marks et Reynaldo Flemm à Manhattan, et quatre jours avant que le dénommé Chimio ne débarque à son tour, Maggie Gonzalez pénétra dans une boutique de location de matériel vidéo sur la 52e Rue Ouest et demanda à enregistrer une bande. Elle remit à l'employé soixante-quinze dollars en liquide ; ce dernier la conduisit jusqu'au « studio », une arrière-boutique étroite aux murs recouverts de panneaux de liège crado. La pièce empestait le désinfectant. Un matelas grisâtre, plein de taches, était posé à même le sol et dans un coin, il y avait un entassement de Kleenex usagés que, sur l'insistance de Maggie, l'employé évacua. Une caméra vidéo Sony, fixée sur un trépied d'aluminium, trônait à l'une des extrémités du « studio » devant une petite rampe de projecteurs. L'employé ouvrit une chaise pliante métallique et la plaça à deux mètres cinquante de l'objectif.

Maggie s'y installa, ouvrit son sac et en sortit des notes qu'elle avait photocopiées à la papeterie du Plaza. Tandis qu'elle les relisait des yeux, l'employé fit claquer impatiemment son chewing-gum dans sa bouche, comme s'il avait mieux à faire. Maggie lui demanda finalement de déclencher l'enregistrement et une minuscule lumière rouge s'alluma au-dessus de l'œil noir et froid de la caméra.

Maggie allait se mettre à parler quand elle aperçut l'employé, immobile dans le coin le plus sombre de la pièce, tentant de se fondre dans la paroi de liège, comme un cafard. Elle lui dit de se tirer, attendit qu'il ait claqué la porte derrière lui puis, prenant une inspiration, elle s'adressa à la caméra.

— Je m'appelle Maggie Orestes Gonzalez, commença-t-elle. Le 12 mars 1986, j'ai été témoin de l'assassinat d'une jeune femme du nom de Victoria Barletta...

L'enregistrement dura quatorze minutes. Ensuite, Maggie en fit faire deux copies à vingt dollars pièce. En rentrant à l'hôtel, elle s'arrêta dans une agence de la Merchants Bank et y loua un coffre-fort, où elle déposa les deux copies. Elle monta l'original dans sa chambre au Plaza et l'enferma dans la table de nuit, sous le menu du room-service.

Le lendemain, Maggie Gonzalez prit un taxi pour se rendre au cabinet du Dr Leonard Leaper, situé à l'angle de la 50e Rue et de Lexington. Le Dr Leaper était un plasticien de renommée nationale et internationale; Maggie avait lu un article sur lui dans la presse.

— Vous avez une réputation béton, j'espère que ce n'est pas du flan, dit-elle d'entrée de jeu au Dr Leaper.

Ses expériences dans la clinique du Dr Graveline lui avaient appris à se montrer excessivement prudente dans le choix d'un praticien.

Le Dr Leaper se contenta de lui demander :

— Que puis-je faire pour vous, chère petite madame ?

— La totale, lui répondit Maggie.

— Comment ça, la totale ?

— Je veux une blépharoplastie et un lifting. Et que vous m'enleviez aussi la bosse que j'ai sur le nez et rectifiiez mon septum nasal, comme ça.

D'un doigt, elle retroussa le bout de son nez, ce qui lui donnait un air crâne, à l'Isadora Duncan.

— Vu ?

Le Dr Leaper opina du bonnet.

— Je suis infirmière et j'ai travaillé chez un chirurgien esthétique, précisa Maggie.

— Je m'en doutais un peu, figurez-vous. Pourquoi voulez-vous subir ces opérations ?

— C'est pas vos oignons.

— Miss Gonzalez, si vous avez effectivement travaillé, comme vous le prétendez, chez un plasticien, vous comprendrez que je sois tenu de vous poser quelques questions personnelles. Il y a de bonnes et de mauvaises raisons de recourir à la chirurgie esthétique. Certaines candidates croient que cela va résoudre tous leurs problèmes et, bien entendu, ce n'est pas le cas.

— Arrêtez vos conneries, dit Maggie, et croyez-moi sur parole : la chirurgie esthétique réglera définitivement mon problème.

— Mais encore ?

— C'est pas vos oignons.

Le Dr Leaper se leva.

— Alors je crains fort de ne pas pouvoir vous aider.

— Vous êtes bien tous les mêmes, se plaignit Maggie.

— Non, c'est faux, lui rétorqua le Dr Leaper ; et c'est ce qui explique votre présence dans mon cabinet ; vous cherchez quelqu'un de sérieux.

Il était d'un calme exaspérant.

— D'accord, fit Maggie. Mais vous m'opérerez si je vous donne mes raisons ?

— Si elles sont bonnes, répondit le Dr Leaper.

— J'ai besoin de changer de visage.

— Pourquoi ?

— Parce que je vais... témoigner bientôt contre quelqu'un.

— Pouvez-vous m'en dire davantage ?

— C'est une affaire grave. Et je m'attends à ce qu'on envoie quelqu'un à ma recherche avant qu'elle soit terminée. Je ne veux pas qu'on me retrouve.

— Mais la chirurgie esthétique ne peut pas faire..., commença le Dr Leaper.

— Écoutez, j'ai vu des centaines de cas et je sais faire la différence entre un bon ou un mauvais résultat. Je connais aussi les limites de ce type d'intervention. Retouchez-moi le nez, le cou, les yeux, plus peut-être un implant prothétique dans le menton... et je me chargerai du reste avec l'aide d'Helena Rubinstein. Je vous garantis que ce salopard me reconnaîtra pas.

Le Dr Leaper se croisa les mains.

— Dites-moi si je vous suis bien : vous êtes témoin dans une affaire criminelle, c'est ça ?

— Indubitablement, dit Maggie. Il s'agit d'un assassinat, pour être tout à fait exacte.

— Oh, mon Dieu !

— Il faut que je témoigne, docteur.

Le verbe « témoigner » était exagéré, sans être trop éloigné de la vérité.

— Et c'est de mon devoir de le faire, affirma Maggie.

— Oui, fit le Dr Leaper, sans grande conviction.

— Alors vous comprenez pourquoi j'ai besoin de votre aide.

— Qu'est-ce qui m'oblige à vous croire ? soupira le plasticien.

— Pourquoi je vous mentirais ? S'il n'y avait pas urgence, vous ne pensez pas que j'aurais fait faire ce travail depuis un bon moment, à une époque où j'aurais pu avoir un rabais sur les honoraires ? argumenta Maggie.

— Je suppose que oui.

— Je vous en prie, docteur. C'est pas une question de vanité, mais de vie ou de mort. Refaites-moi le visage et je serai sauvée.

Le Dr Leaper ouvrit son carnet de rendez-vous.

— J'ai une lipo demain à deux heures, mais je vais la faire sauter pour vous prendre. Ne buvez ni ne mangez plus rien à partir de ce soir, minuit.

— Je connais la chanson, fit Maggie enthousiasmée. Merci beaucoup.

— De rien.

— Une chose encore.

— Oui ? fit le Dr Leaper, en haussant l'un de ses sourcils grisonnants.

— Je me demandais si, par hasard, je ne pourrais pas bénéficier d'un discount professionnel ? Je veux dire, étant donné que je suis infirmière.

Mick Stranahan, planté sur le trottoir devant l'aéroport de La Guardia, vit Reynaldo Flemm s'engouffrer dans une longue limousine noire. Le chauffeur, tout en lui tenant la portière, zieuta sa nouvelle coiffure et interrogea Christina Marks du regard. Elle dit tranquillement quelques mots au chauffeur avant d'adresser un signe d'adieu à Reynaldo, installé sur la banquette arrière. Mick eut l'impression que Flemm lui jeta un œil noir à travers la vitre de verre fumé, quand la limousine démarra.

— Je n'aime pas cet endroit, marmonna Stranahan, dans un nuage de buée.

— Quel endroit aimez-vous alors ? lui demanda Christina.

— Old Rhodes Key. On ne risque pas d'y voir un crachat gelé sur le trottoir de sitôt. D'ailleurs, on risque même pas d'y voir un trottoir !

— Vous êtes un vieux scrogneugneu, dit Christina sur un ton que Mick trouva un peu trop sarcastique.

— Venez, on va prendre un taxi.

Son appartement se trouvait à hauteur de la 72e Rue, dans l'Upper East Side. Situé au troisième étage, il comprenait une chambre à coucher, une kitchenette et un patio où l'on aurait eu du mal à loger un cochon d'Inde. L'ameublement était bas, moderne, tout en verre, chrome et angles aigus, avec un de ces canapés que l'on assemble comme un puzzle géant. Des plantes vertes occupaient trois des quatre coins du living. Sur le mur principal, était accrochée une immense toile abstraite, frénétique.

Stranahan recula d'un pas pour l'examiner.

— Bon sang de bonsoir ! fit-il.

La voix de Christina lui parvint de la chambre.

— Vous aimez ?

— Pas vraiment, avoua Mick.

Quand elle réapparut, il vit qu'elle s'était changée. Elle portait des blue-jeans et un pull de marin. Elle le rejoignit devant le tableau.

— Ça représente le printemps, paraît-il. La ville au printemps.

— On dirait l'incendie d'une station-service !

— Merci, fit Christina, quel type sensible vous faites !

Stranahan haussa les épaules.

— Allons-y. Faut que je réserve une chambre.

— Pourquoi ne dormiriez-vous pas ici ? Sur le convertible, ajouta-t-elle en tapotant le canapé.

— Sur le convertible ? Je crois pas.

— C'est plus sûr ici qu'à l'hôtel, Mick.

— Je n'en suis pas persuadé.

— Ne vous montez pas la tête, fit Christina.

— Ce n'est pas à moi que je pensais, croyez-le ou non.

— Excusez-moi. Restez, je vous en prie.

— Reynaldo le Magnifique n'appréciera pas.

— Raison de plus, conclut Christina.

Ils déjeunèrent tardivement dans un petit restaurant italien à trois blocs de l'appartement de Christina. Elle commanda une salade de pâtes et du Perrier tandis que Stranahan optait pour des spaghettis et des boulettes qu'il arrosa de deux bières. Puis ils montèrent dans un taxi qui les emmena à l'Hôtel Plaza.

— Elle est descendue ici ? demanda Christina dans le hall. Avant de répéter sa question dans l'ascenseur.

Stranahan frappa à plusieurs reprises à la porte de la chambre de Maggie Gonzalez, sans obtenir de réponse. Maggie était couchée, voguant au pays des rêves sous codéine, nantie d'un visage tout neuf qu'elle n'avait pas encore vu. Les coups frappés à la porte par Mick Stranahan lui parvenaient comme des roulements de tambour étouffés au milieu d'un délicieux brouillard pharmaceutique. Et Maggie n'y prêta guère attention. Le tambourinement ne reprendrait que bien des heures plus tard ; à ce moment-là, elle serait suffisamment consciente pour trébucher jusqu'à la porte.

Elle avait commis une grosse erreur en rappelant le Dr Graveline, quatre jours plus tôt, après avoir pris connaissance du message qu'il avait laissé sur son répondeur, à Miami. La curiosité l'avait emporté sur le bon sens ; Maggie mourait d'envie de savoir comment évoluait la situation, côté Stranahan. Elle avait besoin de se sentir reliée à Rudy, mais pas de trop près. C'était un acte risqué, comme un coup de dés. Elle voulait que le docteur croie qu'elle était du même côté de la barrière que lui. Elle désirait également qu'il continue à couvrir ses dépenses.

Cependant, leur entretien téléphonique avait été étrange. Graveline avait d'abord paru soulagé d'entendre sa voix. Mais au fur et à mesure que Maggie posait des questions — sur Stranahan, les gens de la télé, la situation financière —, les réponses du plasticien s'étaient faites plus vagues et il avait adopté un ton de plus en plus froid et sec, à l'autre bout du fil. Rudy avait fini par dire qu'on le réclamait à son cabinet, pouvait-il la rappeler ? Bien sûr, avait répondu Maggie en lui donnant stupidement, comme la suite des événements devait le montrer, le numéro de l'hôtel. Plusieurs jours plus tard, le docteur n'avait toujours pas rappelé et Maggie se demanda pourquoi diable il avait tant insisté pour savoir où la joindre.

La réponse était simple.

Le 13 février, le dénommé Chimio débarqua d'un vol de la Pan Am Miami-New York. Il était coiffé d'un chapeau poussiéreux à large bord, enfoncé sur les yeux pour masquer son épiderme ardent comme une roche éruptive ; un sac de golf en veau plié en deux sur son bras gauche dissimulait sa prothèse ; il avait enfilé un pardessus de laine vert pois pour se protéger du vent d'hiver et des chaussures à grosses semelles de crêpe pour affronter la célèbre bouillasse des trottoirs new-yorkais. Il s'était pourvu également d'un couteau de pêche, du numéro de téléphone d'un gus de Queens susceptible de lui vendre une arme à feu et d'une feuille d'ordonnance sur laquelle le Dr Graveline avait gribouillé convulsivement : « Hôtel Plaza, chambre 966. »

18

Une fois de retour dans l'appartement, après leur incursion au Plaza, Mick Stranahan demanda à Christina Marks :

— Vous êtes sûre que ça ne vous gêne pas qu'un tueur dorme sur votre convertible ?

— Pourquoi ? Vous ronflez ?

— Je suis sérieux.

— Moi aussi.

Elle sortit d'un placard un drap de flanelle, une couverture et deux oreillers.

— Mon chauffage individuel marche quand ça lui chante, expliqua-t-elle.

— Merci, ça ira.

Mick retira ses chaussures, brancha la télévision qui diffusait le *Letterman Show* et s'étendit de tout son long sur le canapé, qu'il avait arrangé pour que ses jambes ne dépassent pas. Il entendit couler la douche dans la salle de bains. Quelques minutes plus tard, Christina en sortit dans un nuage de vapeur et s'assit devant la table de la cuisine. L'eau chaude avait empourpré ses joues. Elle portait une veste de peignoir bleu ciel et avait les cheveux mouillés. Mick remarqua qu'elle les avait démêlés à la brosse.

— Nous essayerons encore une fois demain matin, dit-il.

— Quoi ?

— Je parle de la chambre de Maggie, à l'hôtel.

— Ah oui !

Elle paraissait ailleurs. Il se redressa.

— Venez vous asseoir ici, lui dit-il.

— J'aime mieux pas.

Mick comprit qu'elle se tenait sur ses gardes.

— J'ai dû vous épouvanter dans l'avion.

— Non, pas du tout.

Elle voulait tout savoir de lui, lui poser des questions sur sa vie ; il essayait de lui simplifier la tâche mais sans y réussir vraiment.

— Vous ne m'avez pas du tout épouvantée, répéta Christina. Si ça avait été le cas, je ne vous aurais pas laissé dormir chez moi.

Et pourtant, c'était le cas, et elle le laisserait dormir là ; ce qui contribuait à la chagriner encore plus.

Stranahan s'empara de la télécommande et éteignit la télévision. Il entendit des sirènes de police passer en bas dans la rue et il regretta d'être loin de chez lui, de la baie.

Quand Christina reprit la parole, ce ne fut pas en professionnelle de l'interview :

— Cinq hommes, avez-vous dit ?

Mick fut heureux qu'elle ait commencé par là. Il lui serait plus dur de justifier ses divers mariages.

— Ça restera strictement entre nous ?

Elle hésita un instant avant de dire oui.

— Les hommes que j'ai tués, commença-t-il, c'étaient eux ou moi. Il vous faudra me croire sur parole.

Au tréfonds de lui, un doute persistait en ce qui concernait Thomas Henry Thomas, le détrousseur des Mac Do.

— C'était comment ? l'interrogea Christina.
— Affreux.
Elle s'attendait à des détails ; souvent, les individus comme Stranahan avaient envie — ou besoin — de tout raconter.
Mais Mick se contenta d'ajouter :
— Vraiment affreux. Pas marrant du tout.
— Vous ne regrettez pas ? Pour l'un d'entre eux ?
— Non, m'dame.
Elle avait posé un coude sur la table, une main pressée contre sa joue. On n'entendait que le sifflement des tuyaux du radiateur, qui chauffait. Stranahan enleva son tee-shirt et l'empila soigneusement avec ses autres vêtements.
— Demain, je prendrai une chambre à l'hôtel.
— Pas question, fit-elle. Je n'ai pas peur de vous.
— Vous n'avez pas encore entendu l'histoire de mes cinq femmes.
Elle rit doucement.
— Déjà marié cinq fois, à votre âge ! C'est un bon début pour figurer dans le *Livre des records*.
Mick se recoucha, mains croisées derrière la nuque.
— Je ne tombe amoureux que des barmaids. Je ne peux pas m'en empêcher.
— Sans blague ?
— Soyez pas snob. Elles étaient toutes plus intelligentes que moi. Même Chloé.
— Si vous me le permettez, elle m'a paru une femme très froide, dit Christina.
Son souvenir fit pousser à Mick un léger gémissement.
— Et les autres ? À quoi ressemblaient-elles ?
— Je les ai aimées toutes, pendant un moment. Puis un jour, chaque fois, ça s'est arrêté.
— Je n'appelle pas ça de l'amour, dit Christina.

— Comme vous avez tort, dit-il en souriant intérieurement.

— Mick, vous ne regrettez pas... l'une d'entre elles ?

— Non, m'dame.

Le radiateur crachota. La chaleur endormait Mick qui ne put réprimer un bâillement.

— Et vos maîtresses ? demanda Christina, certaine que la question le réveillerait en sursaut. Des barmaids aussi, pas d'exceptions ?

— Oh si ! j'ai fait des exceptions.

Il se gratta la tête, faisant mine d'en évaluer le nombre.

— Laissez-moi voir, j'en ai eu une qui était avocate stagiaire. Une autre, architecte... ça fait deux architectes. Pas en même temps, bien entendu. Puis celle qui était ingénieur chez Pratt Whitney, à West Palm. Ingénieur de l'aérospatiale, vrai de vrai.

— Non ?

— Si. Et elles étaient toutes plus connes que moi.

Stranahan tira la couverture sous son menton et ferma les yeux.

— Bonne nuit, Christina.

— Bonne nuit, Mick.

Elle éteignit les lumières, se réinstalla à la table de la cuisine et le regarda dormir, une heure durant, dans la pénombre grise.

Quand Maggie Gonzalez entendit à nouveau frapper à la porte, elle quitta son lit et se dirigea vers le bruit en zigzaguant. Bras tendus, elle arriva à éviter — de justesse — tout ce qui la menaçait : murs, poignées de porte ou encore abat-jour. Elle naviguait à vue, avançant comme au travers d'un voile de gaze humide, la vision brouillée par les calmants. Quand elle ouvrit la porte, elle se trouva nez à nez avec un pardessus de laine vert pois. Elle inclina douloureusement la tête en arrière, vertèbre après vertèbre, afin d'apercevoir le visage de son visiteur.

— Euh..., fit-elle.

— Nom de Dieu, lâcha Chimio, en la repoussant dans la chambre ; il referma du pied la porte derrière lui en pestant comme un beau diable contre son manque de pot. Du front au menton, cette femme était emmaillotée de bandages... comme une putain de momie ! Il sortit la photo de son pardessus et la tendit à Maggie Gonzalez.

— C'est bien vous, ça ? lui demanda-t-il.

— Non, ce n'est pas moi.

Deux lèvres parcheminées chuchotèrent cette réponse par la fente située au milieu des pansements. Chimio s'aperçut que son interlocutrice était dans le coltard. Il lui dit de s'asseoir avant qu'elle ne s'écroule.

— C'est vous, n'est-ce pas ? Vous êtes bien Maggie Gonzalez ?

— Vous commettez une grosse erreur, fit-elle.

— La ferme !

Il ôta son chapeau à large bord et le jeta sur le lit. Grâce aux trous ménagés dans ses bandages, Maggie fut à même d'apprécier la physionomie remarquable de son visiteur.

— Mon Dieu, que vous est-il arrivé ? s'exclama-t-elle.

— Bouclez-la, bordel !

Chimio déboutonna son pardessus, le balança sur le dossier d'une chaise et se mit à faire les cent pas. Ce voyage virait au désastre. Primo, le gus de Queens lui avait vendu un colt 38 tout rouillé, chargé seulement de deux balles. Deuxio, dans le métro, il avait été obligé de prendre la fuite devant un groupe d'Amish d'un certain âge, craignant que l'un d'eux ne le reconnaisse d'avant.

Et maintenant, cette... confusion. Chimio avait de bonnes raisons de penser que la femme au visage bandé était Maggie Gonzalez mais, cependant, il ne voulait pas tout gâcher en se trompant de cible. Le Dr Graveline ne le comprendrait jamais.

— Qui êtes-vous ? fit Maggie, d'une voix pâteuse. Qui vous envoie ?

— Vous êtes trop curieuse.

— Excusez-moi. Je ne me sens pas très bien.

Chimio tira le colt de sa ceinture et le pointa sur l'extrémité bandée du nouveau nez de Maggie.

— Vous vous appelez bien Maggie Gonzalez, n'est-ce pas ?

En apercevant le pistolet, elle se plia en deux et vomit sur les chaussures à semelles de crêpe de Chimio.

— Nom de Dieu ! gémit-il, en se précipitant dans la salle de bains.

— Je suis désolée, lui cria Maggie. Mais fallait pas me flanquer la frousse, c'est tout !

Quand Chimio refit surface, il avait ôté ses chaussures et rengainé son revolver dans son pantalon. Il s'essuyait la bouche avec le coin d'une serviette de bain.

— Je suis vraiment désolée, répéta Maggie.

Chimio hocha la tête avec dégoût. Il s'assit au bord du lit. Ses jambes ressemblaient à des échasses de clown, songeait Maggie.

— Vous devez me tuer ?

— Voui, dit Chimio.

À l'aide de la serviette, il essuya une petite tache de vomissure sur sa chemise de nuit. Elle l'observait d'un air vague.

— On vous a fait une dermabrasion ? fit-elle.

— Et après ?

— Comment se fait-il que ce soit juste par petites plaques ? Pourquoi pas davantage ?

— Mon docteur m'a dit que c'était trop risqué.

— Il vous a raconté des craques, votre docteur ! lança Maggie.

— Parce que vous, je parie que vous êtes une spécialiste et tout et tout...

— Je suis infirmière, mais vous le savez probablement.

— Non, avoua Chimio, à qui le Dr Graveline n'avait rien dit.

— J'ai travaillé chez un plasticien de Miami, continua Maggie, un boucher avec un B majuscule.

Inconsciemment, Chimio porta la main sur les parties tendres de son menton. Il eut presque peur de poser la question qui le démangeait.

— Votre chirurgien, demanda-t-il à Maggie, il s'appelait comment ?

— Graveline, fit-elle. Rudy Graveline. Personnellement, je ne le laisserais même pas m'arracher une envie avec une pince à épiler...

Chimio ferma ses yeux rouges et bulbeux, avec une expression lugubre. À travers le brouillard de codéine, Maggie trouva qu'il ressemblait à une salamandre géante irradiée, sortie tout droit d'une vieille série B.

— Je vous propose un marché : Je vais vous raconter ce qui est arrivé à mon visage et vous, vous me direz ce qui est arrivé au vôtre.

C'est Chimio qui avait eu l'idée d'aller prendre le petit déjeuner à Central Park. Il s'imaginait que tant d'autres monstres de foire s'y baladaient en liberté qu'ils passeraient inaperçus. En fait, Maggie avec sa tête enturbannée comme l'Homme invisible n'attira pas peu l'attention. Chimio enfonça d'un cran son chapeau sur ses yeux.

— Vous auriez dû mettre un foulard, fit-il.

Ils étaient assis sur un banc près de Columbus Circle. Chimio avait acheté un sac de pains aux raisins et du fromage à la crème. Maggie lui confia que ses maux d'estomac s'étaient atténués mais, à cause de ses pansements, elle ne pouvait grignoter que par petites bouchées. C'était malaisé et peu ragoûtant ; heureusement, deux écureuils grassouillets vinrent se charger des miettes.

— Le nez, le menton, les paupières, énumérait Chimio, merde, pas étonnant que ça vous fasse mal.

Il tira la photo de Maggie de son pardessus et évalua ce qu'il voyait.

— Dommage, lâcha-t-il.

— Qu'est-ce que vous voulez dire ?

— Vous étiez une jolie femme.

— Je le suis peut-être encore, dit Maggie. Peut-être même plus.

— Oui, peut-être, convint Chimio, en remettant la photo en place.

— Vous allez me faire pleurer et ça va me piquer partout.

— Oh, *bastà* ! lui dit-il.

— Vous trouvez que je me sens pas assez mal comme ça ? Je me suis fait refaire entièrement le visage — et à quoi bon ! Encore un mois, et vous m'auriez jamais reconnue. J'aurais pu m'asseoir sur vos genoux dans le métro et vous n'auriez pas eu le moindre soupçon !

Chimio crut l'entendre renifler derrière ses bandages.

— Pleurez pas, bordel, faites pas l'enfant !

— Je comprends pas pourquoi Rudy vous a envoyé, dit Maggie d'un ton geignard.

— Pour vous tuer, un point c'est tout.

— Mais pourquoi maintenant ? Il ne s'est encore rien passé.

Chimio se rembrunit.

— Mettez-la en veilleuse !

Les plaques rose vif de son menton le picotaient dans l'air froid et ramenaient ses pensées vers Rudy Graveline. Maggie l'avait qualifié de boucher avec un B majuscule. Chimio voulait en savoir davantage.

Un jeune Mooniste efflanqué, en pantalon de velours élimé, se campa devant le banc et leur tendit un bouquet d'œillets rouges et blancs.

— Soyez heureuse, dit le gamin à Maggie, c'est cinq dollars.

— Tire-toi, lui dit Chimio.

— Quatre dollars, s'obstina le Mooniste, soyez heureux !

Chimio sortit le taille-herbe de son étui en veau et appuya d'un coup sec sur la manette qui, sous son aisselle, le reliait à sa batterie à piles. Le sectateur de Moon regarda, bouche bée, Chimio réduire posément ses œillets en confettis.

— Du vent, moulin à prières ! lui intima Chimio.

Et le Mooniste prit ses jambes à son cou. Chimio rengaina le taille-herbe avant de se tourner vers Maggie.

— Racontez-moi pourquoi le docteur veut vous éliminer.

Maggie mit un petit moment pour retrouver ses esprits, ayant vu ce qu'elle venait de voir.

— Eh bien, dit-elle finalement, c'est une longue histoire.

— J'ai tout mon temps, répondit Chimio. À moins que vous n'ayez des places pour *Le Fantôme de l'Opéra* ou un autre musical dans ce genre.

— Et si on marchait ?

— Non, fit Chimio sèchement, vous avez déjà oublié ?

Il avait jeté ses chaussettes et ses chaussures, couvertes de vomi, par la fenêtre du neuvième étage de l'Hôtel Plaza. Et maintenant, il était assis nu-pieds, dans Central Park, par une matinée de février où la température avoisinait les sept degrés.

— Allez-y, je vous écoute, dit-il à Maggie, en tortillant ses orteils bleuis par le froid.

Elle lui obéit et retraça à Chimio toutes les circonstances de la mort de Victoria Barletta. Ce fut un monologue légèrement raccourci comparé à sa version vidéo — mais tout aussi épouvantable.

— Vous inventez au fur et à mesure, commenta Chimio.

— Pas du tout, je vous assure.

— Il a tué cette fille en lui rectifiant le nez ?

Maggie fit oui de la tête.

— J'étais là.

— Bordel de Dieu !

— C'était un accident.

— C'est encore pire, fit Chimio.

Il arracha son chapeau et le jeta par terre, flanquant une trouille bleue aux écureuils.

— C'est ce fou dangereux qui est en train de m'arranger le portrait. Putain, je supporte pas cette idée !

— La dermabrasion est un procédé beaucoup plus simple, lui dit Maggie en guise de consolation.

— Ouais, m'en parlez surtout pas !

Chimio n'arrivait pas à digérer cette malchance persistante qu'il avait avec le corps médical.

— Mais alors qu'est-ce que tout ça a à voir avec le fait qu'il veut vous tuer ?

Maggie l'informa du reportage de Reynaldo Flemm pour la télévision, en passant sous silence qu'elle avait refilé le tuyau contre rémunération. Puis elle lui raconta qu'elle avait averti Rudy de se méfier de Mick Stranahan, l'enquêteur. Elle prit soin de sous-entendre que c'était ce dernier qui avait joué les informateurs.

— À présent, je commence à y voir clair, fit Chimio. Graveline veut que je le tue lui aussi.

Il leva son bras armé du taille-herbe.

— C'est l'enfoiré qui m'a coûté cette main !

— Rudy ne peut pas se permettre qu'il reste des témoins, expliqua Maggie, et encore moins ce genre de publicité ! On lui interdirait non seulement d'exercer mais il irait en taule par-dessus le marché ! Vous comprenez maintenant !

Tu parles, songea Chimio.

— Vous voulez encore me tuer ? proféra le masque blanc qui servait de visage à Maggie.

— On verra, répliqua Chimio. Faut que je décide de la marche à suivre.

— Combien ce salopard de radin vous paye pour ça ?

Chimio repêcha son chapeau tout cabossé.

— Je préfère ne pas le dire, murmura-t-il, visiblement mal à l'aise.

Il ferait beau voir qu'il laisse ce boucher bousiller ses oreilles. Plus maintenant.

Christina Marks et Mick Stranahan arrivèrent à l'Hôtel Plaza, peu avant dix heures du matin. Stranahan appela la chambre de Maggie depuis le hall, sans obtenir de réponse. Christina le suivit dans l'ascenseur et comme ils s'élevaient vers le neuvième étage, elle le vit retirer de son portefeuille une scie miniature.

— La reine des clés, dit-il.

— Non, Mick. Je risque de me faire virer.

— Alors, attendez en bas.

Mais elle passa outre. Elle l'observa crocheter la serrure de la porte et se faufila sur ses talons dans la chambre de Maggie. Elle ne souffla mot et fit à peine un mouvement pendant qu'il fouillait la salle de bains et les placards, vérifiant qu'ils étaient bien seuls.

— Mick, venez voir !

Sur la table de nuit, il y avait deux flacons de médicaments, un bassin hygiénique en plastique et une compresse barbouillée de rose. Stranahan jeta un œil sur les calmants : Tylénol nº 3 et Darvocet. Le flacon de Darvocet n'était pas encore entamé. Une carte de visite professionnelle était posée près du téléphone. Stranahan eut un petit rire étranglé quand il lut l'intitulé de la carte :

LEONARD P. LEAPER, DOCTEUR EN MÉDECINE.

Diplômé de l'Association américaine
de chirurgie plastique.
Tél. cabinet : 555-6600.
Tél. urgences et permanence de nuit : 555-6677.

— C'est vraiment agréable, remarqua Christina. Elle s'est servie de notre fric pour se faire un lifting.

— Quelque chose ne tourne pas rond, fit Mick. Elle devrait garder la chambre.

— Peut-être qu'elle est allée prendre son brunch aux Quatre Saisons.

Il hocha négativement la tête.

— Ces ordonnances remontent à deux jours seulement. C'est donc la date où elle a été opérée. Elle doit avoir encore la tête enflée comme un melon. Vous iriez dans un lieu public dans cet état, vous ?

— Ça dépendrait de ce que j'aurais avalé comme calmants !

— Mais non, fit Mick en balayant la pièce du regard. Il y a quelque chose de pas normal. Elle devrait être ici.

— Qu'avez-vous l'intention de faire ?

D'après lui, ils devraient redescendre dans le hall et attendre ; vu son état, Maggie ne devait pas être difficile à repérer.

— Mais d'abord, passons la chambre au peigne fin.

Christina ouvrit le tiroir de la coiffeuse. Sous une pile de soutiens-gorge et de petites culottes, elle découvrit trois bikinis à fleurs, munis encore des étiquettes d'une boutique du Plaza. Maggie se préparait décidément à s'envoler pour Maui.

— Oh ! Oh ! Miss Marks, chantonna Mick, regardez par ici ce que j'ai trouvé !

C'était une cassette vidéo dans son étui de plastique marron, estampillé d'un autocollant au nom de Midtown Studio Productions.

Stranahan lança la cassette à Christina qui la lui renvoya illico.

— On ne peut pas l'emporter ; ce serait du vol qualifié.

— J'appelle pas voler reprendre ce qui vous appartient.

— Que voulez-vous dire ? fit-elle.

— S'il s'agit bien de ce que je pense, vous l'avez déjà chèrement payée. L'affaire Barletta, ça vous dit encore quelque chose, non ?

— Rien n'est moins sûr. Ça pourrait être n'importe quoi d'autre. Peut-être même des films de famille.

Mick sourit et fourra la cassette dans la poche de son manteau.

— Il n'y a qu'une seule façon d'en avoir le cœur net.

— Non, protesta Christina.

— Écoutez, vous avez un magnétoscope chez vous. Allons regarder cette bande. Si j'ai tort, je la ramènerai ici moi-même.

— Je vois ça d'ici. Vous la reposerez en catimini à l'endroit où vous l'avez trouvée et vous en profiterez pour remettre de l'ordre dans la chambre.

— Ouais, mais seulement si je me suis gouré ! Si on

tombe sur un cours d'aérobic de Jane Fonda, par exemple. Mais je ne pense pas.

Christina Marks était consciente que c'était de la folie. Elle pouvait perdre son job, saccager sa carrière si bien menée jusque-là, si on les prenait sur le fait. Mais, encore une fois, cette affaire différait des autres lièvres levés par Reynaldo Flemm. Elle avait failli se faire descendre à la mitraillette sur ce coup-là. Alors qu'est-ce qu'elle en avait à foutre ?

— C'est du Béta ou du VHS ? demanda-t-elle à contrecœur.

Stranahan la serra un instant contre lui.

Puis ils entendirent tourner la clé dans la serrure.

Les deux couples restèrent muets pendant quelques secondes, à se dévisager. Mick et Christina étaient les mieux servis : entre une femme emmaillotée de pansements et un assassin long comme un jour sans pain dont un bras tombait en dessous du genou, ils avaient l'embarras du choix.

C'est Maggie Gonzalez qui prit la parole en premier.

— C'est lui !

— Lui qui ? demanda Chimio, qui n'avait jamais vu Stranahan de près. Pas même lors de son expédition à Stiltsville.

— Lui, répéta Maggie, à travers ses bandages. Qu'est-ce que vous fabriquez dans ma chambre ?

— Salut, Maggie ! dit Stranahan. Si c'est bien vous qui vous cachez là-dessous. Sûr que ça fait un bail !

— Vous aussi ! grogna-t-elle, montrant du doigt Christina.

— Rebonjour ! Je vous croyais à Hawaii en ce moment.

— À ce que je vois, fit Chimio, à part moi, vous êtes tous en pays de connaissance.

Il sortit le 38 de son pardessus.

— Que personne ne bouge !

— Encore un qui regarde beaucoup trop la télé, chuchota Mick à l'oreille de Christina.

— Toi, je t'encaisse pas du tout ! fit Chimio, en clignant les yeux de colère.

— Figure-toi que je n'en doute pas puisque tu n'arrêtes pas d'essayer de me tuer !

Stranahan avait vu quelques barjos bizarroïdes en son temps mais celui-là emportait le pompon. Il ressemblait au monstre de Frankenstein, atteint d'anorexie. Sans quitter le revolver des yeux, Mick lui demanda :

— T'as un nom, toi ?

— Non, dit Chimio.

— Parfait. Ton épitaphe coûtera pas des masses.

Chimio ordonna à Maggie de fermer la porte mais elle ne bougea pas d'un pouce. À la vue du pistolet, elle s'était sentie prise à nouveau de nausée et elle faisait des efforts désespérés pour ne pas rendre les pains aux raisins du petit déjeuner.

— Qu'est-ce qui vous arrive ? aboya Chimio.

— Elle n'a pas l'air brillante, constata Christina.

— Et vous, bordel, vous êtes qui ? Florence Nightingale ?

— Qu'est-ce qui est arrivé à votre bras ? lui demanda Christina.

Elle avait un sacré sang-froid ; Mick admira son aplomb.

Chimio eut l'impression qu'il perdait le contrôle de la situation ; ce qui était absurde puisque lui seul avait une arme.

— La ferme ! Tous tant que vous êtes ! hurla-t-il. Laissez-moi descendre en paix M. Stranahan, ici présent ! Enfin !

Sur ce, Maggie Gonzalez arrosa copieusement de

dégueulis le bras armé de Chimio. En raison de la translucidité générale de son teint, il est impossible de préciser s'il blêmit. Mais il chancela ostensiblement.

Mick Stranahan s'élança et lui balança un violent coup de poing dans la pomme d'Adam. Chimio s'effondra comme un polichinelle à ressort du haut de ses deux mètres. Sans lâcher le revolver. Maggie recula en hurlant, cri primal qui filtra par l'orifice en forme de trou ménagé dans son bandage et emplit le vestibule. Mick jugea qu'il n'y avait pas de temps à perdre. Il poussa Christina vers la porte en lui disant de courir jusqu'à l'ascenseur. Hoquetant, crachant du sang, Chimio quitta sa position fœtale en effectuant une roulade et tira au jugé sur Christina qui fonçait dans le couloir. La balle alla ricocher contre un extincteur avant de se ficher dans la riche tenture murale du Plaza.

Avant que Chimio ne refasse feu, Mick Stranahan sauta à pieds joints sur son poignet, tout gluant encore du pain aux raisins restitué par Maggie. Chimio ne voulait toujours pas lâcher son colt. Avec un rugissement, il fit tourner son bras gauche requinqué comme une batte de base-ball. Il cueillit Stranahan au creux du genou et ce dernier se retrouva les quatre fers en l'air. Pendant que les deux hommes luttaient pour le pistolet, Maggie braillait comme un chimpanzé, griffant avec désespoir sa tête langée.

Le combat était malaisé. Empêtré dans les membres du tueur dégingandé, Stranahan ne put parer le coup massif que lui assena Chimio de son bras gauche démesuré. Quoi que ce fût — et ça n'avait rien d'un poing humain — ça lui fit un mal de chien. Son crâne résonnant comme une cloche, Mick essaya de se libérer de l'emprise de Chimio.

Tout à coup, il sentit le canon du colt 38 contre sa gorge. Il tressaillit en entendant le déclic de la détente, mais rien ne suivit. Ni éclair, ni détonation, ni odeur de poudre. La seconde — et dernière — balle avait fait long feu. Chimio n'en croyait ni ses yeux ni ses oreilles — cet enfoiré de Queens l'avait baisé royalement.

Stranahan finit par se libérer en se tortillant, se leva et découvrit qu'ils avaient attiré des auditeurs. Tout au long du couloir, les portes des chambres étaient plus ou moins entrouvertes. Un ton en dessous de la mélopée funèbre de Maggie, il percevait une rumeur d'excitation. Quelqu'un appelait la police.

Mick tâta son manteau pour s'assurer que la cassette vidéo était toujours dans sa poche, donna un coup de pied dans le bas-ventre de Chimio (ou plutôt dans ce qu'il estima en tenir lieu chez cette asperge) et fila au trot jusqu'au bout du couloir.

Christina Marks avait eu la prévenance de retenir l'ascenseur.

19

Le Dr Rudy Graveline se méfiait du hasard comme de la peste et se glorifiait de ne jamais être pris en défaut. Mais il n'avait pas inclus dans ses prévisions une histoire d'amour avec une star d'Hollywood. Heather Chappell était une drôle de distraction — une distraction qui prenait l'apparence d'une garce boudeuse et parfumée, d'une enfant gâtée, splendide et insaisissable. Il n'en était jamais rassasié. Rudy ne pouvait plus se passer du gouffre de lucidité dans lequel il plongeait en faisant l'amour à Heather. C'était comme une drogue dure et froide. Elle le baisait jusqu'à l'engourdissement, puis l'abandonnait tout endolori, lessivé, avec une vision très nette de la situation délicate dans laquelle il se trouvait.

Pendant un certain temps, Rudy se réfugia derrière de faux prétextes pour retarder l'intervention compliquée qu'elle devait subir — sachant pertinemment qu'elle serait hors d'usage pour des semaines. Or, ses rapports sexuels avec Heather étaient devenus une composante fondamentale de son régime quotidien ; tel un coureur de fond, il s'était accoutumé à un rythme biologique qu'il ne pouvait se permettre de briser. Des journalistes de télé étaient à ses trousses, sa carrière médicale était en péril, une inculpation pour meurtre se profilait à l'horizon — et son salut dépendait d'un politicien véreux à moitié débile et d'un tueur à gages manchot, de deux mètres de haut ! Rudy devait garder l'esprit clair jusqu'à la fin de cette mauvaise passe, et Heather était devenue vitale pour aiguiser sa lucidité.

Il la traitait comme une reine et ça marchait, semblait-il. L'urgence qu'avait manifestée Heather au début quant à la date de l'opération s'était estompée au cours de longues journées de shopping extravagantes, de repas dans les quatre étoiles et de croisières de minuit en yacht, de haut en bas de l'Intracoastal. Ces derniers jours, pourtant, elle avait recommencé à talonner Rudy non seulement sur la date mais encore sur le coût de l'intervention. Elle lâchait de grosses allusions pour marquer qu'en contrepartie de ses prouesses en chambre, elle méritait un rabais exceptionnel et Rudy se voyait faiblir de jour en jour à ce sujet. Finalement, une nuit, elle attendit qu'il l'ait pénétrée pour remettre sur le tapis cette question d'argent et Rudy, pris à la gorge, accepta de rabattre de quarante pour cent ses tarifs habituels. Après coup, furieux contre lui, il rejeta le blâme de cet instant de faiblesse sur le stress et son épuisement cérébral.

Au tréfonds de lui-même, le docteur savait à quoi s'en tenir : il était piégé. S'il tremblait à la perspective de l'opération de Heather, il redoutait d'autre part qu'elle ne le quitte s'il refusait de la pratiquer. Il aurait consenti probablement à la faire pour rien. Il était devenu accro à son corps — ce corps si parfait et resplendissant qu'elle désirait qu'il améliore. Cette tâche aurait représenté un défi suprême dans la carrière du plus habile des plasticiens ; pour un nullard de l'envergure de Rudy Graveline, c'était une impossibilité pure et simple. Il prévoyait naturellement de laisser officier ses assistants à sa place.

Mais Heather lui réservait une surprise de taille.

— D'après mon agent, il faudrait enregistrer mon opération en vidéo, chéri.

— Tu plaisantes, j'espère, dit Rudy.

— Pour plus de sûreté, c'est tout.

— Alors tu ne me fais pas confiance ?

— Mais si ! fit Heather, c'est ma conne d'agent qui insiste ; elle prétend que toute ma carrière repose sur mon physique et que je dois être couverte sur le plan juridique. À mon avis, elle veut s'assurer que tout se passera bien...

Rudy sauta à bas du lit, les mains sur les hanches.

— Écoute, je t'ai déjà dit que cette intervention était tout à fait superflue.

— Et moi, je te répète que j'en ai marre de jouer dans des sitcoms comme *Hollywood Squares*. J'ai envie de refaire des films, chéri ; et pour ça, faut que je change de look. Et c'est pour ça que j'ai fait le voyage jusqu'ici.

Rudy Graveline n'avait jamais encore découragé personne de se faire opérer, aussi fut-il contraint d'improviser. À tout prendre, il ne se tira pas si mal de son petit speech :

— Dieu t'a plutôt gâtée, Heather. Certaines de mes patientes payeraient cinquante mille dollars pour être moitié moins belles que toi ; je connais des adolescentes prêtes à tuer pour ce nez que tu me demandes de reciseler, des mères de famille qui vendraient leur premier enfant pour des nichons comme les tiens...

— Rudolph, le coupa Heather, te fatigue pas !

Il fit une tentative pour remonter son caleçon mais l'élastique se prit dans les volumineux bandages de ses genoux, résultat de leur tête-à-tête disco dans la cheminée.

— Je suis consterné à l'idée qu'on fasse un tournage vidéo dans ma salle d'opération, dit Rudy avec indignation.

En réalité, il était beaucoup plus terrifié que consterné : la présence d'une caméra vidéo signifiait qu'il ne pourrait pas passer la main à un autre chirurgien ni aller se réfugier sur son terrain de golf favori. Il se verrait obligé de procéder lui-même aux différentes interventions, comme Heather l'avait exigé. Pas moyen de refiler du Valium à l'une de ces foutues caméras ; elle ne lui ferait pas grâce de la moindre agrafe.

— D'ailleurs, ça ne se pratique pas, protesta Rudy.

— Oh ! mais si ! affirma Heather. On diffuse sans arrêt des trucs de ce genre sur PBS. Une fois, j'ai vu greffer un cœur de babouin à un bébé. Ils ont tout montré.

— Ça ne se pratique pas, *ici,* insista Rudy.

Heather s'assit dans le lit, en s'assurant que les draps glissent le long de la courbe de ses seins, pour mieux les dévoiler.

— Très bien, Rudolph, dit-elle. Si tu ne veux pas changer d'avis, je m'envole pour la Californie dès ce soir. Il y a là-bas, à Beverly Hills, une bonne dizaine de plasticiens de premier ordre qui donneraient n'importe quoi pour m'avoir comme patiente.

Son ton glacial le surprit. Ce qui n'aurait pas dû être le cas.

— D'accord, fit-il en enfilant sa robe de chambre, on filmera en vidéo ton opération. Peut-être même que Robin Leach pourra en utiliser un extrait dans son show.

Heather ne releva pas la plaisanterie ; elle ne lâcha pas le morceau et exigea que Rudy fixe le jour où ils s'y mettraient.

— Sous huitaine, concéda-t-il.

Il avait besoin de se clarifier les idées quelques fois encore d'ici là. Et puis, dans une semaine, Chimio ou

Roberto Pepsical lui auraient peut-être donné des nouvelles décisives.

— Et on ne fera pas tout ça d'un seul coup, ajouta-t-il. La liposuccion plus les implants dans les seins, plus la rhinoplastie, plus le lifting des paupières sans oublier la rhytidectomie — ça représente beaucoup de travail, Heather.

— Oui, Rudolph.

Elle avait gagné la partie et elle le savait.

— Je pense qu'on débutera par le nez pour voir comment tu réagis.

— Et toi aussi par la même occasion, fit Heather.

Il eut la désagréable impression qu'elle ne plaisantait pas du tout.

Reynaldo Flemm ne connaissait le producteur exécutif d'*À visage découvert* que de nom. Mr. Dover était responsable du budget. À son retour à New York, Reynaldo trouva un message collé sur la porte de son bureau. Mr. Dover désirait le voir immédiatement.

Reynaldo appela aussitôt l'appartement de Christina mais raccrocha en entendant Mick Stranahan répondre au téléphone. Flemm était d'une jalousie féroce ; en outre, il trouvait injuste de devoir affronter tout seul Mr. Dover. Christina était la productrice de l'émission et savait parfaitement où passait l'argent. Reynaldo n'avait que son talent et le talent n'est jamais au courant de rien.

Quand il se présenta au bureau de Mr. Dover, la secrétaire ne le reconnut pas.

— Le département musical se trouve au troisième étage, fit-elle, en lui jetant un regard distrait.

— C'est moi, dit Reynaldo en faisant bouffer sa perruque.

— Oh ! Salut, Ray !

— Qu'est-ce que vous en pensez ?
— C'est un déguisement du tonnerre, répondit la secrétaire.
— Mais ce n'est pas un déguisement.
— Oh !
— J'ai voulu changer de look, expliqua-t-il.
— Pourquoi donc ?
Reynaldo ne pouvait pas lui répondre la vérité — à savoir, qu'un plasticien mal embouché lui avait dit qu'il avait des pneus sur les hanches et un énorme tarin.
— Étude démographique, fit-il.
La secrétaire lui jeta un regard d'incompréhension.
— Enquête de marché, si vous préférez, poursuivit-il. On essaye de capter le public des ados.
— Ah ! je vois.
— Les cheveux longs reviennent à la mode.
— Je savais pas, fit-elle, par politesse. Vous les avez laissé pousser pour de bon, Ray ?
— Euh... non. Pas encore.
— Je vais prévenir Mr. Dover de votre arrivée.
Mr. Dover était un petit homme, aux manières coincées de comptable ; pâle comme une endive, il dissimulait de tout petits yeux noirs sous le front oblique et luisant d'un orque. Mr. Dover portait un costume sombre très coûteux et des bretelles de yuppie qui, soupçonna Reynaldo, avaient dû être rajustées à sa taille.
— Ray, pouvez-vous me parler de ce projet d'émission en Floride ?
Mr. Dover ne perdait jamais de temps en préliminaires.
— C'est lourd, répondit Flemm.
— Lourd ?
— Très très lourd.
Reynaldo remarqua avec un certain ennui que ses

justificatifs de frais étaient soigneusement empilés sur un coin du bureau de Mr. Dover.

— Ma productrice a manqué se faire assassiner, lança-t-il.

— Je vois.

— À la mitraillette, précisa Reynaldo.

— Et pourquoi ? s'enquit Mr. Dover, lèvres pincées.

— Parce que nous sommes sur le point de faire éclater toute la vérité.

— Vous êtes surtout sur le point de faire éclater mon budget, Ray.

— C'est un projet d'une importance capitale !

— Un network n'y regarderait pas à deux fois, Ray ; mais hélas ! nous ne travaillons pas pour l'un d'entre eux. Mon boulot, c'est de veiller au grain pour qu'un certain plafond ne soit pas dépassé.

Des andouilles de ton acabit, j' me les farcis au p'tit déj', songea Flemm avec indignation. Question réflexions de gros dur, il était champion !

— Enquêter coûte cher, fit-il sèchement.

Mr. Dover feuilletait la liasse des justificatifs de ses doigts aux ongles nacrés. Il mit enfin la main sur celui qu'il cherchait.

— Palais du Cheveu de Jambala : sept cent dix-sept dollars, annonça-t-il.

Rudy rougit en rongeant son frein. L'absence de Christina se faisait cruellement sentir. Elle saurait comment s'y prendre avec l'autre gland.

— Je n'ai pas l'intention d'intervenir, poursuivit Mr. Dover, mais je n'ai pas non plus l'intention de laisser ces extravagances se poursuivre *ad vitam aeternam.* Si j'ai bien compris, cette émission est programmée le mois prochain.

— Tous les espaces ont été achetés, précisa Reynaldo. Et ça fait six mois qu'ils le sont.

Il n'avait pas pu résister.

— Eh bien, je vous encourage vivement à essayer de ne pas dépenser tout le montant des recettes publicitaires avant la date de diffusion — au cas où ça ne marcherait pas.

— Pouvez-vous me citer un seul cas où ça n'a pas marché ?

Reynaldo s'en mordit la langue aussitôt, car Mr. Dover fut trop heureux de lui rafraîchir la mémoire. Il y avait eu la fois où Flemm s'était vanté d'avoir découvert l'épave de l'avion d'Amélia Earhart (qui se révéla n'être qu'un de ces vieux coucous qui balancent de l'insecticide sur les moissons, en Nouvelle-Zélande) ; la fois où il avait prétendu détenir l'interview exclusive du second tireur du Dealey Plaza de Dallas (qui, comme la suite le montra, avait à peine sept ans, le jour de l'assassinat de John Kennedy) ; la fois où il avait mis au jour un réseau de call-girls au sein du Congrès (pour finir par se faire pincer à baisouiller deux de ces dames dans un placard à balais du Rayburn Building). Ces divers fiascos avaient entraîné la suppression des émissions prévues, la publication de communiqués de presse bidon et d'énormes pertes financières, que Mr. Dover pouvait chiffrer au centime près.

— C'est de l'histoire ancienne, se défendit Reynaldo.

Il passait sous silence que de tels incidents fâcheux ne s'étaient plus reproduits depuis l'engagement de Christina Marks. Chaque émission était prête dans les temps, sans dépassement de devis. Reynaldo n'appréciait pas trop qu'on fasse le rapprochement, mais Mr. Dover, oui.

— Mettez-vous à ma place, dit-il. Combien de temps encore prévoyez-vous de passer à Miami ?

— Deux bonnes semaines, montage compris.

Pas de doute, ça faisait sérieux.

— Donc, nous pouvons dire qu'un seul voyage suffira ?

— Ça devrait faire l'affaire, admit Reynaldo.

— Excellent.

Mr. Dover saisit le tas de justificatifs et en aligna parfaitement les coins en angle droit.

— Au fait, Miss Marks n'a pas été blessée, n'est-ce pas ?

— Non, elle en a été quitte pour la peur. Elle a eu une trouille bleue ; elle n'est pas habituée à ce qu'on la tire comme un lapin, fit Reynaldo, comme si lui y était habitué.

— Est-ce qu'on a arrêté l'individu ?

— Non, fit Reynaldo, jouant au dur, comme si une telle chose ne le surprenait pas.

— Mon Dieu ! soupira Mr. Dover.

Il espérait que Christina était à jour avec ses prestations sociales et son assurance-vie.

— Je vous ai dit que c'était lourd, fit Reynaldo en se levant. Mais ça en vaut la peine, je vous le promets.

— Eh bien, je suis impatient de voir ça.

Reynaldo allait atteindre la porte quand Mr. Dover le rappela.

— Ray ?

— Ouais ?

— Excusez-moi, mais je n'avais pas encore remarqué...

— Ça ne fait rien.

Il s'était demandé au bout de combien de temps ce blaireau se permettrait une allusion sur sa perruque.

Mais Mr. Dover, derrière son bureau, arbora un sourire vicelard avant de se tapoter l'abdomen.

— Vous avez bien pris un kilo ou deux, Ray, si je ne me trompe ?

Dans l'ascenseur, Reynaldo arracha avec fureur son postiche de sept cents dollars et le balança dans un coin. On aurait dit le cadavre d'un pékinois. Il reprit la limousine pour rentrer chez lui où, se débarrassant de ses vêtements, il s'examina très longtemps, entièrement nu, dans le miroir de la chambre à coucher.

Reynaldo tomba d'accord avec le Dr Graveline : son nez était trop gros. Et ses cuisses avaient épaissi.

Il pivota à gauche, puis à droite, et puis encore à gauche. Il prit une profonde inspiration et se livra à quelques flexions. Il se croisa les mains derrière la nuque et tendit les muscles de son ventre — mais sa bedaine ne disparut pas.

Dans la glace, Reynaldo voyait un corps ni maigre ni flasque : juste le corps quelconque d'un homme de quarante ans quelconque. Il voyait un visage ne reflétant ni la faiblesse ni l'audace : de petits yeux perçants contrebalancés par de fortes et lourdes mâchoires, avec un nez à l'avenant. Il en conclut qu'il avait eu raison de conserver sa moustache : si Reynaldo la masquait d'un doigt, son nez devenait davantage proéminent.

Bien sûr, il fallait prendre une décision radicale. La confiance en soi était la clé de la télégénie de Reynaldo, la quintessence de sa séduction virile. S'il était mécontent de lui-même et insécurisé par son apparence, ce serait aussi perceptible sur son visage qu'une poussée de boutons. Le pays tout entier serait au courant.

Seul devant son miroir, Reynaldo concocta un plan qui avait le double avantage de résoudre son dilemme personnel et de boucler simultanément l'affaire Barletta. C'était un plan audacieux qui excluait Christina Marks. Reynaldo deviendrait son propre producteur et ne soufflerait mot à Christina ; ce qu'elle-même avait fait pendant deux semaines entières après la fusillade de Stiltsville.

Le souvenir de cette fusillade l'empoisonnait encore. Tout comme l'amère ironie du sort qui avait voulu que ce soit elle qui en retire tout le bénéfice — après toutes ces années qu'il avait passées dans les rues. Que sa productrice ait failli se faire assassiner tandis qu'il piquait un roupillon dans le salon de massage du Sonesta représentait l'un des épisodes les moins reluisants de la carrière de Reynaldo. Il lui fallait redresser la barre.

Par le passé, il s'était toujours reposé sur Christina pour assurer la cohérence journalistique de l'émission. C'était elle qui effectuait les recherches, préparait les interviews, arrangeait les confrontations décisives — elle écrivait même les scripts. Les enquêtes, la vérification des détails et la nécessité de recouper les faits ennuyaient Reynaldo à périr. Il était fait pour l'action et gardait son énergie pour les prises de vues. Alors que Christina avait rempli trois carnets grand format de notes, d'idées et de questions relatives à la mort de Victoria Barletta, Reynaldo n'avait qu'un seul souci en tête : qui pourraient-ils bien filmer ? Rudy Graveline était le morceau de roi, même s'il était évident que la mère de Victoria, toujours inconsolable, représentait un atout de choix. Tout comme Mick Stranahan — dans le rôle de l'enquêteur emmerdé, reconnaissant avec quatre ans de retard qu'il n'avait pas su voir que le principal suspect était le docteur en personne.

Mais la carte Stranahan avait fait long feu et manqué de transformer Christina Marks en martyre du front médiatique. Très bien, songea Reynaldo, vas-y, ma belle, paye-t'en une bonne tranche. Pendant ce temps-là, Willie et moi, on va aller titiller sérieux ce charlatan de mes deux !

Chaque fois qu'on appelait le Dr Graveline de New York ou du New Jersey, il supposait que c'était la Mafia. C'était à la générosité de la Famille qu'il devait d'être sorti de l'École de médecine de Harvard ; et en retour, à l'occasion, Rudy faisait montre d'une grande courtoisie professionnelle envers ses membres, leurs amis et leurs parents. C'était Rudy en personne qui avait remodelé le visage de Tony Traviola dit l'Anguille, le tueur qui devait, par la suite, être rejeté par l'océan sur la plage du cap Floride, troué de part en part par un espadon. Heureusement pour Rudy, la plupart des mafiosi en cavale renâclaient à se faire refaire le portrait ; il avait fini par s'occuper surtout de leurs femmes, de leurs filles et de leurs maîtresses. Rectifications du nez et liftings, essentiellement.

C'était ce genre d'appel auquel s'attendait Rudy quand sa secrétaire lui annonça qu'il avait New York en ligne.

— Allô, docteur Graveline ?

— Oui. Qui est à l'appareil ?

La voix n'était pas celle de Sourcils en Bataille ni celle de l'un de ses cousins.

— Johnny Le Tigre, vous vous souvenez de moi ?

— Parfaitement.

L'effeuilleur louche.

— Que faites-vous à New York ? demanda Rudy.

— Je bossais dans une boîte du Village, mais je rentre à Miami.

Voilà ce que Reynaldo appelait retomber sur ses pieds.

— Écoutez, ajouta-t-il, j'ai réfléchi à ce que vous m'avez dit l'autre jour à la clinique.

— Oui ? fit Rudy, qui n'avait pas gardé un souvenir très précis de l'entretien.

— À propos de mon nez et de mes hanches.

Tout revint instantanément à Rudy.

— Votre nez et vos hanches, oui, bien sûr, je me souviens.

— Vous aviez raison, continua Reynaldo, nous ne nous voyons pas toujours comme les autres nous voient.

Rudy songea : au fait, bordel, au fait !

— J'aimerais que vous me refassiez le nez, déclara Reynaldo.

— Très bien.

— Quant à mes hanches... comment s'appelle cette opération, déjà ?

— Une aspiration des graisses combinée à une lipectomie. Autrement dit, une liposuccion.

— Ouais, c'est bien ça. Et ça irait chercher dans les combien ?

Rudy se souvenait que ce type avait offert dix mille dollars pour qu'on lui retire un grain de beauté sur la fesse.

— Quinze mille, annonça-t-il.

— Nom de bleu, fit-on à New York.

— C'est le prix si j'opère moi-même, expliqua Rudy ; n'oubliez pas que j'ai plusieurs associés très compétents qui s'occuperaient de votre cas, disons, pour la moitié de cette somme.

La façon dont Rudy s'était abrité derrière le mot « compétent » n'avait rien d'accidentel mais Reynaldo Flemm n'avait que faire d'un rabais.

— Non, décidément, s'empressa-t-il d'ajouter, je veux avoir affaire à vous. Quinze mille, je marche. Mais il faut que l'intervention ait lieu cette semaine.

— C'est hors de question.

Rudy serait submergé par la préparation du marathon Heather Chappell.

— La semaine prochaine, dernier carat, insista Flemm.

— Laissez-moi voir ce que je peux faire. Au fait, Mr. Le Tigre, comment se porte votre grain de beauté ?

Reynaldo avait pratiquement oublié la ruse qui lui avait ouvert à l'origine les portes de Whispering Palms. Il lui fallut une fois encore improviser.

— Vous n'allez pas me croire, dit-il à Graveline, mais ce putain de truc est tombé tout seul.

— Vous en êtes certain ?

— Croix de bois, croix de fer ! Un matin, je prends ma douche, je me retourne et paf ! Plus rien ! Parti ! Je l'ai retrouvé dans mon lit — comme un gland détaché de la branche.

— Hummm, fit Rudy.

Ce mec était un demeuré. Et après ?

— Je l'ai jeté.

— Quoi ? Le grain de beauté ?

— Ouais. J'ai bien fait ? J'avais pensé le conserver au congélateur et peut-être le faire analyser ; puis, je me suis dit à quoi bon ? Et je l'ai balancé à la poubelle.

— C'était probablement bénin, fit Rudy, mourant d'envie de raccrocher.

— Je vous rappellerai à mon retour à Miami.

— Très bien. Faites bon voyage, Mr. Le Tigre !

Reynaldo Flemm jubilait en reposant l'appareil : ça promettait. Ce serait peut-être encore mieux que d'être descendu en pleine émission !

20

— Racontez-moi pour votre main, demanda Maggie Gonzalez.

— La ferme ! grommela Chimio.

Il sillonnait le Queens en voiture à la recherche du fils de pute qui lui avait vendu des balles périmées.

— Je vous en prie, je suis infirmière.

— Dommage que vous soyez pas magicienne ! Parce que, pour ce qui est de faire repousser ma main… C'est un poisson qui me l'a bouffée.

À un feu rouge, il baissa la vitre de la portière et héla un groupe de jeunes Blacks. Il leur demanda où il pourrait trouver un certain Donnie Blue et les ados lui dirent d'aller se faire mettre.

— Eh merde ! fit-il, en appuyant le pied sur l'accélérateur.

— C'est un requin qui vous a fait ça ? continua Maggie.

— Vous me prenez pour le commandant Cousteau ? J'en sais foutre rien ce que c'était… un gros poisson. Parlons d'autre chose.

À présent, Maggie était quasiment sûre qu'il ne la tuerait plus. Il n'aurait pas attendu si longtemps ; ç'aurait été tellement plus pratique pour lui, pendant l'échauffourée au Plaza. Au lieu de ça, il l'avait saisie par la taille et lui avait fait dévaler quatre à quatre l'escalier de secours. Étant donné la pagaille qui régnait au neuvième étage, ça tenait du miracle qu'ils aient pu quitter les lieux sans être inquiétés. Le hall était bourré de flics en uniforme se bousculant devant les ascenseurs, mais aucun ne se retourna sur le Couple le Plus Drôle de l'Année.

— Et votre visage ? fit Maggie à Chimio, toujours au volant.

— Si on vous le demande...

— Non, sérieux, qu'est-ce qui s'est passé ?

— Nom de Dieu ! Vous êtes toujours aussi timide avec les étrangers ?

— Excusez-moi, fit-elle. Simple déformation professionnelle. Mais, souvenez-vous, vous m'avez promis de tout me raconter.

— « Occupez-vous de vos fesses », vous savez ce que ça veut dire ?

Une voix glaciale s'éleva derrière le masque de pansements :

— Pas la peine d'être vulgaire. Ça ne m'impressionne pas.

Chimio reconnut le coin de la rue où il avait acheté le colt 38 rouillé et ses balles foireuses. Mais pas de Donnie Blue à l'horizon. Et comme une franche dérision saluait chacune de ses questions, Chimio commença à désespérer de se faire rembourser.

Il continua à tourner et virer dans le quartier.

— Vous êtes d'un calme ! lui dit Maggie.

— Je réfléchis.

— Moi aussi.

— Quand j'y pense, votre copain le docteur m'a salement arnaqué.

Chimio était peu enclin à reconnaître qu'il avait

accepté d'assassiner deux personnes contre un rabais sur une petite intervention de chirurgie plastique.

— Si j'avais été au courant de la mort de cette fille…

— Vicky Barletta.

— Oui, fit Chimio, j'aurais majoré mes tarifs. Je les aurais même foutrement majorés !

— Et personne ne vous l'aurait reproché, ajouta Maggie.

— Graveline ne m'a jamais dit qu'il avait tué cette fille.

Comme ils filaient vers Kennedy Airport, Maggie jugea qu'il y avait des projets de voyage dans l'air.

— Rudy est un homme très riche, lâcha-t-elle.

— Sûr, il est toubib.

— Je peux le ruiner. Voilà pourquoi il voulait ma mort.

— Sûr, vous êtes un témoin gênant.

Son ton quelque peu fataliste l'alarma à nouveau.

— Ma mort ne résoudrait plus rien à présent.

— Ah bon ? fit Chimio, dont le front se chiffonna là où auraient dû se trouver ses sourcils.

Maggie secoua la tête de droite à gauche, avec une exagération théâtrale.

— J'ai enregistré une cassette vidéo dans un studio de Manhattan où j'ai dit tout ce que j'ai vu ce jour-là.

Cette nouvelle ne démonta pas Chimio autant qu'elle l'aurait cru : sa bouche prit un pli ironique. Ses lèvres évoquaient deux limaces rosâtres rampant sur un trottoir.

— Une cassette vidéo, murmura-t-il d'un ton rêveur.

Maggie continua à l'asticoter.

— Vous avez une idée de ce que ce salaud serait prêt à payer pour la récupérer ?

— Oui, fit Chimio. Oui, je crois bien.

À l'aéroport, Maggie dit à Chimio qu'elle devait

passer un coup de fil. Pour ne pas perdre une miette de la conversation, il se comprima dans la même cabine qu'elle, son menton enfoui dans ses cheveux. Elle composa le numéro du Dr Leonard Leaper et informa son service qu'elle se voyait forcée de quitter la ville quelque temps, que le médecin ne se fasse aucun souci.

— J'ai été obligée de lui dire que j'avais été témoin d'un meurtre, expliqua Maggie à Chimio ; si on parle de ce qui s'est passé au Plaza dans les journaux, il va croire qu'on m'a kidnappée.

— C'est pourtant ce qui vous est arrivé, fit valoir Chimio.

— Oh ! pas pour de bon.

— Mais si ! pour de bon.

Chimio appréciait peu son attitude insouciante. Pour qui le prenait-elle, au juste ?

— Vous savez à quoi je pense ? reprit Maggie. On pourrait s'associer.

Ils firent la queue au guichet de la Pan Am, encerclés par un contingent typique d'un vol en partance pour Miami : vieux schnocks avec des tubes à la place des sinus, jeunes putes flamboyantes avec chaînettes en or à la cheville, ou encore familles nombreuses aux yeux cernés, paraissant tituber d'hébétude au sortir d'un *Téléthlon* quelconque. Maggie et Chimio ne déparaient pas l'ensemble.

— Je n'ai qu'un seul billet, lui dit-il.

Elle sourit et effleura d'une caresse son sac à main, dont elle ne s'était pas séparée depuis leur petit déjeuner à Central Park.

— J'ai une carte Visa, dit-elle gaiement. Où allons-nous ?

— Moi, je rentre en Floride.

— Pas dans cet accoutrement. Je suis sûre que les pieds nus sont interdits par le règlement.

— Zut ! fit Chimio. Et il bondit à la recherche de chaussures bon marché. Puis réapparut affublé de mules de bain duveteuses qu'il avait achetées dans l'une des boutiques-cadeaux de l'aéroport. Maggie lui avait gardé une place au guichet. Elle s'était déjà débrouillée pour lui réserver un siège au bord de la travée centrale (vu ses longues jambes). Et elle serait sa voisine.

Plus tard, en attendant d'embarquer, Maggie demanda à Chimio s'il ne s'appelait pas Rogelio Luz Sanchez.

— Mais oui, c'est bien ça.

— Je l'ai lu sur votre billet.

— Voyez-moi ça, fit Chimio.

Pour sa part, il était incapable de prononcer Rogelio Luz Sanchez, pseudo imaginé par ce sale con de Rudy Graveline. Chimio avait à peu près autant le look hispanique que Robert Redford.

Une fois installés dans leurs sièges à bord de l'avion, Maggie se pencha vers Chimio.

— Alors je peux vous appeler Rogelio ? Je veux dire, faut bien que je vous appelle d'une façon ou d'une autre.

Chimio cligna très lentement de ses paupières tombantes, à deux reprises.

— Chaque fois que vous ouvrez votre clapet, j'ai envie de boucher au mastic les trous de ce putain de masque.

Maggie émit un son flûté, comme un oiseau.

— Je pense que nous pouvons faire affaire ensemble, poursuivit Chimio, mais seulement à deux conditions. Primo, vous ne me posez plus de questions personnelles, compris ? Et secundo, interdiction de me gerber dessus à nouveau !

— Je vous ai déjà présenté mes excuses.

L'avion se mit à rouler au sol et Chimio éleva la voix

pour qu'elle ne soit pas couverte par le bruit des réacteurs.

— Quand j'aurai trouvé des balles dignes de ce nom, je compte bien me resservir de mon colt et Dieu vous aide, si jamais vous me rebalancez vos cookies à ce moment-là !

— Je me conduirai mieux la prochaine fois, promit Maggie.

Une hôtesse vint demander à Maggie si elle suivait un régime particulier, étant donné son état. Et Maggie répondit qu'elle ne se sentait pas particulièrement bien. La classe touriste était tellement bondée et étouffante qu'elle avait du mal à respirer. En deux temps trois mouvements, Chimio se retrouva assis à côté d'elle, en première classe, à siroter du vin rouge. Ayant noté son infirmité, l'aimable hôtesse de l'air poussa la délicatesse jusqu'à lui découper en petits morceaux son steak au homard. Chimio jeta un regard à Maggie et se sentit coupable de l'avoir traitée si durement.

— Vous avez habilement manœuvré, dit-il, en guise de compliment. Je n'avais encore jamais voyagé en première.

Maggie n'exprima aucune surprise devant cette information. Elle avait le regard triste et les yeux mouillés de larmes derrière sa blanche carapace.

— Vous voulez toujours qu'on fasse la paire ? dit Chimio.

Elle opina du chef. Et visa avec soin le gouffre humide qui s'ouvrait sous ses narines d'un morceau de homard piqué sur sa fourchette.

— Graveline va hurler quand il apprendra votre histoire de cassette vidéo, gloussa Chimio. Au fait, elle est où ?

Maggie acheva posément de mastiquer sa bouchée de homard avant de lui répondre :

— Je l'ai en trois exemplaires.

— Bonne idée.

— Il y a deux copies dans un coffre à la banque. L'original, c'est pour Rudy. Pour capter son attention.

— Ça me plaît, dit Chimio avec un sourire jaune.

— Ça vous plaira moins quand vous saurez que Stranahan a fauché la bande dans ma chambre. Impossible de la montrer à Rudy tant qu'on l'aura pas récupérée.

— Merde ! fit Chimio.

C'était un coup du sort terrible. Mick Stranahan et cette salope de la télé lâchés dans la nature avec l'objet du chantage. Vraiment terrible.

— Faut que je les chope avant qu'ils chopent Graveline, fit-il, sinon on l'a complètement dans le baba ! Il sautera dans le premier avion pour Panama et on n'aura plus qu'à se serrer les couilles.

Du côté de Maggie, parvint un son étouffé de désapprobation.

— C'est juste une façon de parler, rectifia Chimio. Détendez-vous, bon Dieu !

Quand les hôtesses eurent remporté leurs plateaux-repas, Chimio abaissa le dossier de son siège et étendit ses jambes interminables.

— Stranahan... je peux pas du tout blairer ce mec, dit-il à mi-voix, comme se parlant à lui-même. Quand on arrivera à Miami, faudra démarrer ventre à terre.

— Oui, approuva Maggie, soulagée de ne plus être seule. Il faut qu'on récupère cette cassette.

— Ça, entre autres, fit Chimio, en s'enfonçant son chapeau sur les yeux.

Le *Daily News* consacra cinq paragraphes, le *Washington Post,* une page de photos et le *New York Times,* pas le moindre entrefilet, à la fusillade de l'Hôtel Plaza et au kidnapping éventuel de Maggie. Dans la matinée, la police de New York fit savoir par télétype à celle de Dade County que la victime supposée de l'enlèvement était une habitante de Miami, du nom de Margaret Orestes Gonzalez, et cliente de l'hôtel. Son agresseur était décrit comme un homme de race blanche, d'âge indéterminé, dont le visage portait des cicatrices de brûlure, semblait-il, et mesurant entre un mètre quatre-vingt-quatre et deux mètres quarante-deux, selon les différents témoignages. Le message mentionnait aussi qu'on avait établi qu'un couteau de plongée, retrouvé sur la moquette de la chambre de la victime, faisait partie d'une cargaison livrée récemment à une boutique de grossiste, Bubba's Bait and Cold Beer, située sur Dixie Highway à Miami Sud. Détail plus significatif, on avait identifié l'empreinte partielle d'un pouce, relevée sur la lame du couteau, comme appartenant à un certain Blondell Wayne Tatum, âge : trente-huit ans, taille : un mètre quatre-vingt-neuf, poids : quatre-vingt-dix kilos. Mr. Tatum était, semblait-il, recherché en Pennsylvanie pour vol armé à la fourche d'une succursale de la Chemical Bank et pour le meurtre au premier degré du Dr Gunther MacLeish, dermatologue d'un âge certain. Tatum était présumé dangereux et armé. Sous la rubrique pseudo, un seul apparaissait : Chimio.

— Chimio ?

Le sergent Al García relut le télex avant de l'arracher du tableau d'affichage pour aller en faire une photocopie. Quand il revint, il trouva un nouveau télex.

Ce dernier était beaucoup plus intéressant et, excité par sa lecture, García chahutait fort son cigare.

On y informait la police urbaine de Dade County de cesser de prendre en considération l'hypothèse du kidnapping. Miss Margaret Gonzalez avait téléphoné aux autorités de New York pour les rassurer sur son sort, en leur expliquant que l'incident de l'Hôtel Plaza résultait d'une dispute avec un compagnon de rencontre, levé dans un bar.

Maggie avait raccroché avant que les inspecteurs aient pu lui faire préciser si ce compagnon-là était bien Mr. Blondell Wayne Tatum.

Roberto Pepsical, le Commissionnaire, arrangea une rencontre avec les deux inspecteurs ripoux dans une boîte de strip-tease, à hauteur de LeJeune Road, près de l'aéroport. Roberto arriva en avance au rendez-vous et avala trois vodkas-tonic pour se donner du cœur au ventre avant de dire ce qu'on lui avait demandé de dire. Il se sentait tellement dépassé par les événements qu'être soûl n'aggraverait pas les choses.

Roberto avait scrupuleusement transmis la proposition de l'inspecteur Murdock au Dr Graveline. Et maintenant, il devait communiquer au premier la réponse du second. Pepsical songeait, alors qu'une femme nue aux dents en or lui versait une quatrième vodka, que le rôle d'un membre de la fonction publique n'avait plus rien de reluisant. Il se retrouvait entouré de brutes indignes de confiance — plus personne ne jouait franc-jeu à présent. À Miami, la corruption était devenue un sport de masse. Si Roberto le pratiquait depuis des années, en vrai pro, des connards comme Salazar, Murdock et même Graveline n'étaient rien d'autre que des dilettantes. De vulgaires tapeurs. Ils ne savaient pas faire machine arrière. L'adverbe *assez* ne figurait pas dans leur vocabulaire. Roberto détestait l'idée que son avenir dépendait de ce genre de types.

Les ripoux se pointèrent à l'instant précis où débutait sur la scène le match de lutte amazonienne entre deux filles nues se vautrant dans la boue.

— Charmant endroit, dit John Murdock à Roberto. C'est votre fille, là-haut ?

— Celle de droite, c'est votre portrait tout craché, rajouta Salazar, sauf qu'à mon avis, vous avez de plus gros nibards.

Roberto Pepsical devint rouge comme une pivoine. Il était susceptible question poids.

— Vous êtes très drôles, tous les deux, leur dit-il. Vous auriez dû être acteurs au lieu de flics. Comme Laurence et Hardy.

— Euh... Laurence et Hardy ? minauda Murdock. Monsieur le Commissionnaire a trop bu, je crois.

— On l'a peut-être vexé, dit Salazar.

La vodka était supposée remplir Roberto de courage et de sang-froid ; au lieu de ça, elle lui donnait des vapeurs et lui faisait tourner la tête. Il commença à rapporter aux deux flics les propos de Rudy Graveline, mais ses paroles étaient couvertes par les encouragements prodigués aux lutteuses par leurs fans. Murdock finit par le prendre par le bras et le poussa dans les toilettes. Joe Salazar leur emboîta le pas et ferma la porte à clé.

— À quoi ça rime ? dit Roberto, rotant de trouille et de nausée.

Il s'imagina que les deux flics allaient le tabasser.

Murdock le saisit par les épaules et le plaqua contre le distributeur de préservatifs.

— Joe et moi, on n'aime pas cette boîte. C'est bruyant, c'est sale, c'est vraiment un endroit pourri de merde pour avoir une conversation sérieuse. Nous sommes choqués par ce qui se passe là-bas sur cette scène, monsieur le Commissionnaire. Par ces jeunes femmes nues, la chatte pleine de boue humide ! Vous n'auriez pas dû nous inviter ici.

— C'est vrai ça ! Autant que vous le sachiez, je suis catholique pratiquant, ajouta Joe Salazar.

— Je suis désolé, fit Roberto Pepsical. C'est le premier endroit discret qui m'est venu à l'esprit. Le délai était si court. La prochaine fois on se retrouvera à l'église Sainte-Mary.

Un quidam frappa à la porte des toilettes et Murdock lui dit de se tirer s'il attachait quelque valeur à ses testicules, avant de se retourner vers Roberto.

— Alors, qu'est-ce que vous aviez à nous dire ?

— C'est un message de l'ami qui a ce problème dont je vous ai touché un mot.

— Le problème Stranahan ?

— Oui. Il vous propose cinq mille à chacun.

— Vendu, dit John Murdock.

— Vrai ?

— Tant que c'est du liquide.

— Pas de numéros de série ni de manchon de la banque, précisa Salazar.

— Bien entendu, fit Roberto Pepsical. Ce qu'il devait communiquer ensuite lui donnait la gorge sèche.

— Il y a une partie du plan que mon ami veut modifier ; d'après lui, arrêter ce type et l'emprisonner ne suffit pas. Il prétend que ce mec a une trop grande gueule et une imagination débordante.

C'étaient là exactement les mots qu'avait employés Rudy ; Roberto n'était pas peu fier de s'en souvenir.

Joe Salazar tripotait distraitement les boutons du distributeur de capotes.

— Alors, vous avez eu une meilleure idée, c'est ça ? fit-il.

— Euh…, commença Roberto.

Murdock lâcha ce dernier et réajusta sa veste.

— Ce qui veut dire qu'elle vient pas de vous, cette idée ! Normal, vous êtes tout juste bon à nous filer rancart dans ce trou à chattes.

Il se dirigea vers l'urinoir en se débraguettant.

— Moi et Joe, on va vous concocter quelque chose. On est des mecs pleins d'idées, nous.

— À supposer, par exemple, qu'on obtienne un mandat d'arrêt contre le suspect pour le meurtre de son ex-femme, dit Salazar. Et à supposer qu'on se présente à son domicile et qu'on lui décline en bonne et due forme nos titres d'officiers de police assermentés et que ledit suspect tente de prendre la fuite...

— Ou encore nous oppose une vive résistance, accompagnée de violence, fit Murdock, prenant le relais.

— Ouais. Le manuel est clair sur ce point.

Murdock se secoua pour faire tomber les dernières gouttes et remonta sa fermeture Éclair.

— En semblable circonstance, nous serions autorisés à recourir à la force brutale.

— J'imagine que oui, fit Roberto Pepsical, sérieux comme un enfant de chœur.

Ils étaient là, tous les trois, en sueur sous l'ampoule nue. Salazar examinait le paquet de capotes rose flamant qu'il avait récupéré en secouant le distributeur. Murdock prit finalement la parole.

— Allez dire à votre ami que ça se présente bien, sauf pour le prix. Faut qu'il monte jusqu'à dix mille par tête de pipe.

— Dix mille, répéta Roberto, qui n'était pas du tout surpris pourtant.

Pour clore la transaction, il soupira bruyamment.

— Sortons, dit Joe Salazar, en déverrouillant la porte. On est en train de rater le concours de pâte à modeler.

Luis Córdova éleva la voix pour couvrir la plainte du moteur :

— Ça ne sert à rien de s'arrêter.

Mick Stranahan approuva du chef. Sous l'azur céramique des cieux, la baie de Biscayne déployait une dizaine de nuances de bleu chatoyantes. C'était une belle matinée, sans un nuage ; vingt-deux degrés, avec une brise du nord en vent arrière. Luis Córdova fit ralentir le patrouilleur à une centaine de mètres de la maison sur pilotis.

— Ils ont drôlement saccagé l'endroit, Mick, fit-il en se penchant vers Stranahan.

— Vous êtes sûr que c'est la police ?

— Ouais, deux flics. Mais pas en uniforme. Ils avaient un des bateaux du shérif.

Stranahan comprit qu'il devait s'agir de Murdock et Salazar.

— Ah oui ! Les gros bras qui sont venus à l'hôpital, fit Christina Marks.

Elle se tenait près de Luis Córdova, à la console de pilotage derrière le pare-brise en Plexiglas. Elle portait un coupe-vent rouge, un pantalon flottant en jersey et des baskets.

Mick pouvait voir de loin qu'on avait laissé la porte de sa maison grande ouverte, ce qui signifiait qu'on avait dû la piller et la dévaster de fond en comble. Ce que les gosses avaient laissé intact, les mouettes s'en chargeraient. Stranahan contempla fixement les lieux un moment.

— Partons, Luis, dit-il enfin.

Le trajet jusqu'à Old Rhodes Key prit vingt-cinq minutes par une mer légèrement agitée. Christina s'émerveilla quand, au large d'Elliott Key, ils dépassèrent un banc de marsouins, pour lequel Mick ne manifesta pas le moindre intérêt. Il songeait à la cassette vidéo qu'ils avaient regardée dans l'appartement de Christina et à la description de la mort de Vicky Barletta par Maggie Gonzalez. Ils se l'étaient passée deux fois.

Ça le rendait dingue et il ne savait pas bien pourquoi. Il avait entendu pire, vu pire. Cependant, il y avait quelque chose dans le fait qu'un médecin ait été impliqué là-dedans et s'en soit tiré à si bon compte qui rendait Mick fou furieux.

Ils atteignirent l'île et Luis Córdova les déposa sur un ponton à moitié effondré ; il appartenait à un vieux pêcheur de coquillages, originaire des Bahamas, du nom de Cartwright. Ce dernier avait été prévenu de leur arrivée.

— J'ai tout préparé, dit-il à Mick ; comme c'est bon de te revoir, mon ami.

Stranahan lui donna l'accolade. Cartwright avait quatre-vingts ans, des cheveux comme de l'étoupe, et la peau de la couleur du bitume en fusion. Il avait pratiquement Old Rhodes Key pour lui tout seul mais recevait rarement. Et c'est avec joie qu'il avait fait une exception pour l'un de ses vieux amis. Des années auparavant, Stranahan avait rendu un signalé service à Cartwright.

— L'homme blanc a essayé de me faire griller, dit-il à Christina Marks. Et Mick a pris les choses en main.

Stranahan hissa sur ses épaules les sacs de marin et se mit en chemin vers la maison.

— Un promoteur de mes deux voulait récupérer le terrain de Cartwright et lui refusait de vendre. L'affaire s'est envenimée.

— Je vais raconter mieux, le coupa Cartwright. L'homme blanc m'a offert cent mille dollars pour quitter l'île et quand j'ai dit non merci, mon vieux ! il a payé des gens pour verser de l'essence partout sur ma maison. Heureusement il a plu beaucoup. Mick a fait arrêter l'homme blanc et ils l'ont mis dans une grande prison, là-haut à Miami. C'est la vérité du Bon Dieu !

— Un bon point pour Mick, dit Christina.

Naturellement, elle en avait déduit qu'il avait tué l'individu.

— Ce trouduc a chopé six ans et n'a tiré que quinze mois. Il est déjà dehors, fit Mick, avec un rire amer.

— Ça, je savais pas, dit Cartwright, songeur.

— T'inquiète pas. Il remettra jamais les pieds par ici.

— Tu penses pas ?

— Non, Cartwright. Je te promets que non. J'ai eu une longue conversation avec notre homme. Je crois qu'il a déménagé en Californie.

— Très bien, fit Cartwright, avec un soulagement visible.

C'était se livrer à une description charitable de l'endroit où vivait le vieux pêcheur que de le qualifier de maison. Les murs nus, en aggloméré, étaient posés sur un soubassement de béton. Pas plus de porte dans le chambranle que de vitres aux fenêtres. Et un toit de palmes sèches tressées.

— Sec comme une trique, dit Cartwright à Christina. Je sais que ça en a pas l'air, mais vous serez bien au sec ici dedans.

— Ça m'ira très bien, dit-elle résolument.

Stranahan lança un clin d'œil à Cartwright.

— Ah ! Ces filles de la ville ! fit-il.

Christina donna à Mick un coup de coude dans les côtes.

— Parce que vous êtes Daniel Boone, le trappeur, je parie ? Eh bien, allez vous faire foutre, tous les deux ! Je peux me débrouiller toute seule.

Cartwright ouvrit des yeux grands comme des soucoupes.

— Excusez-moi, lui dit Christina.

— Y a pas de quoi, fit-il en éclatant d'un rire

tonitruant. J'adore ça. J'adore entendre le son d'une voix de femme dans le coin.

Pour déjeuner, il mélangea du homard frais à une salade de strombes. Après quoi, il rassembla quelques vêtements dans un sac poubelle, dit au revoir à Mick et descendit lentement vers le ponton.

— Où va-t-il ? demanda Christina.

— Sur le continent, répondit Mick. Il a un petit-fils à Florida City qu'il n'a pas vu depuis un bout de temps.

D'où ils étaient assis, ils purent voir le skiff en bois de Cartwright traverser la baie vers l'ouest ; le vieillard gardait une main posée sur la manette et de l'autre, en visière, se protégeait les yeux du soleil hivernal rasant.

— Vous aviez arrangé tout ça, dit Christina en se tournant vers Mick.

— C'est un type bien. Il ne mérite pas d'avoir des ennuis.

— Vous pensez vraiment qu'ils viendront nous chercher jusqu'ici ?

— Ouais, fit Stranahan.

Il y comptait bien.

21

Le personnel du cabinet juridique de Kipper Garth était en effervescence : on attendait des clients — des clients en chair et en os. La plupart des secrétaires n'en avaient jamais vu dans les parages parce que, en règle générale, Kipper Garth ne les autorisait pas à lui rendre visite. Habituellement, tous les contacts avaient lieu par téléphone, puisque Garth exerçait exclusivement ses fonctions en les déléguant à d'autres avocats. La rumeur qui courait ce jour-là (et des plus incroyables, rapport à ce qui vient d'être dit) assurait que Garth allait s'occuper en personne d'une affaire de négligence médicale. L'une des plus anciennes auxiliaires juridiques avait été vaguement instruite de préparer une plainte devant le tribunal civil. Les standardistes de Kipper Garth présumèrent qu'il devait s'agir d'un cas spectaculaire pour que leur patron consente à le prendre en main en solo, malgré sa peur bien connue de se rendre au tribunal. Tout le personnel bouillait donc d'impatience de jeter les yeux sur ces fameux clients.

L'homme et la femme arrivèrent à onze heures pile. Employés, secrétaires, auxiliaires restèrent interloqués : ce couple, âgé de trente-cinq ans environ, n'avait rien de remarquable. Le mari, de stature moyenne, était physiquement tout à fait quelconque. Sa femme, à la longue chevelure blond cendré, avait une jolie silhouette. Ni l'un ni l'autre ne présentaient à l'œil nu de cicatrices, de mutilations ou autres difformités. Le personnel de Garth était déconcerté — à mi-voix, les paris allaient bon train, divisés entre l'aberration psychiatrique et le dysfonctionnement sexuel.

Les deux hypothèses étaient erronées. John et Marie Nordstrom avaient un problème beaucoup plus curieux.

Kipper Garth les accueillit avec vivacité à la porte de son bureau et les invita à s'asseoir en face de lui sur deux chaises à haut dossier. L'avocat se sentait d'une nervosité extrême et espérait que cela ne se voyait pas trop. Il espérait aussi qu'il poserait les bonnes questions.

— Mr. Nordstrom, commença-t-il, j'aimerais vérifier avec vous certains des éléments du dossier.

Nordstrom jeta un œil à la ronde.

— Nous sommes les seuls ? fit-il.

— Plaît-il ?

— Nous sommes les seuls à poursuivre ? Au téléphone, vous nous avez dit que toute une ribambelle de ses patients portaient plainte.

Kipper Garth tirait fiévreusement sur les manches de sa veste.

— Eh bien, nous nous sommes entretenus avec bon nombre de cas sérieux. Et je suis persuadé qu'ils y viendront. En attendant, comme votre femme et vous avez paru intéressés...

— Mais pas seuls, répéta John Nordstrom. Nous ne voulons pas être les seuls.

Sa femme lui posa une main sur le bras.

— Écoutons-le ; qu'est-ce qu'on risque ? dit-elle.

Kipper Garth attendit que la tension retombe. En vain. Il fit un geste vers la crédence en noyer derrière son bureau.

— Vous voyez cette pile de dossiers, Mr. Nordstrom ? Ils concernent tous des patients du Dr Graveline. La plupart ont beaucoup plus souffert que vous et votre femme. Et quand je dis beaucoup plus...

— Bon. Où voulez-vous en venir ? le coupa Nordstrom.

— J'y viens, Mr. Nordstrom. Un monstre est en liberté. Graveline exerce toujours sa profession. Les bons jours, sa clinique engrange jusqu'à cent mille dollars. Cent mille dollars, vous m'avez bien entendu ! Et chaque patient qui pénètre entre ces murs pense que Graveline est un chirurgien des plus brillants. Sauf que certains paient très durement leur découverte du revers de la médaille. C'est un animal nuisible. Une plaie.

— Vous ne nous apprenez rien, conclut Mrs. Nordstrom.

Kipper Garth se pencha en avant, se croisant les mains comme un ministre du culte.

— En ce qui me concerne, ce n'est pas l'argent qui m'intéresse dans cette affaire.

Ça paraissait si sacrément sérieux qu'il faillit presque le croire lui-même.

— Ce n'est pas tant une question d'argent que de moralité, de conscience et d'amour du prochain. J'ignore ce que vous ressentez, mes amis ; mais moi, j'ai l'estomac tout retourné quand je pense qu'on permet à un dégénéré comme Rudy Graveline de continuer à saccager l'existence de personnes innocentes et confiantes.

Kipper Garth pivota lentement sur sa chaise et désigna une fois encore la pile de dossiers.

— Regardez-moi toutes ces victimes — des hommes et des femmes comme vous. Et penser que l'État de Floride n'a rien fait pour arrêter ce massacre me donne envie de vomir.

— À moi aussi, reconnut Mrs. Nordstrom.

— Ma mission, poursuivit Garth, consiste à trouver quelqu'un qui ait le courage de s'attaquer à cet individu et de mettre fin à ses méfaits, en faisant la lumière sur son incompétence. Le tribunal est le seul endroit pour cela.

John Nordstrom renifla.

— Ne me dites pas que ce fils de pute n'a jamais été poursuivi !

Kipper Garth eut un petit sourire.

— Oh si ! Bien sûr que si ! Mais il a toujours échappé à l'éclat de la contre-publicité et aux enquêtes de ses pairs. Comment ça ? En réglant toutes ces affaires à l'amiable. Il s'en est tiré en payant et en évitant ainsi le tribunal. Mais, cette fois, il n'y coupera pas aussi facilement, Mr. Nordstrom. À cette occasion, si vous me le permettez, je le mettrai dos au mur. J'irai jusqu'au bout. Je veux parler d'un procès.

C'était là un discours sacrément abondant pour quelqu'un habitué à beugler ses ordres par interphone. Sans être émus, les Nordstrom furent à tout le moins impressionnés. Kipper Garth, content de lui, se demanda s'il pourrait jamais se montrer aussi beau parleur devant un jury.

— À vous voir, vous faites beaucoup plus jeune que sur vos affiches, remarqua Marie Nordstrom.

L'avocat répondit au compliment en s'inclinant légèrement.

Mrs. Nordstrom encouragea son mari d'un coup de coude.

— Allez, vas-y ! Raconte-lui ce qui s'est passé.

— Tout est dans le dossier, fit John Nordstrom.

— J'aimerais l'entendre de votre bouche, dit Kipper Garth. Il pressa sur un bouton et une sténo entra dans la pièce avec une machine portable, suivie d'une auxiliaire juridique à l'air sinistre, armée d'un grand carnet à couverture jaune. Elles prirent place, sans dire un mot, de part et d'autre de Kipper Garth. Nordstrom scruta le trio attentivement.

— C'est un petit peu embarrassant pour nous, c'est tout, fit sa femme.

— Je comprends, rétorqua Garth, nous prendrons le temps qu'il faudra.

Nordstrom jeta un regard en biais à sa femme.

— Commence ! dit-il.

Elle se redressa calmement sur son siège et s'éclaircit la gorge.

— Il y a deux ans, je suis allée voir le Dr Graveline pour une banale augmentation de volume de mes seins. On me l'avait chaudement recommandé.

— Ta manucure, je la retiens comme expert celle-là ! lança John Nordstrom.

— Je vous en prie ! dit Garth, en levant une main hâlée.

— J'ai insisté pour être opérée par le Dr Graveline en personne, continua Mrs. Nordstrom. Quand j'y repense, il aurait mieux valu que je me confie à l'un de ses assistants... enfin, peu importe ; l'intervention a eu lieu un jeudi et huit jours après, il était évident que quelque chose clochait.

— Comment vous en êtes-vous aperçue ? demanda Kipper Garth.

— Eh bien, mes nouveaux seins étaient parfaitement... durs.

— Du béton armé, précisa John Nordstrom.

— Ils étaient extrêmement ronds et tendus. Trop tendus. Je veux dire, ils ne ballottaient même pas.

En grand professionnel, Kipper Garth ne laissa pas son regard s'égarer en dessous de l'encolure de Marie Nordstrom.

— Quand j'ai revu le Dr Graveline, il m'a assuré que c'était normal dans un cas comme le mien. Il m'a même dit qu'il y avait un nom pour ça et tout et tout.

— Contracture capsulaire, fit l'auxiliaire sans relever le nez de ses notes.

— C'est ça. Le Dr Graveline a ajouté que tout irait bien dans un mois ou deux, et que mes seins seraient aussi doux que deux petits oreillers.

— Et alors ?

— Alors nous avons attendu comme il nous avait dit de le faire. Pendant ce temps, bien sûr, John mourait d'envie de les essayer.

— Hé ! j'avais payé ces putains de trucs ! s'exclama Nordstrom.

— Je vous comprends, dit Garth. Alors vous avez fait l'amour avec votre femme ?

Les joues de Nordstrom devinrent écarlates.

— Vous connaissez la suite.

Garth désigna d'un mouvement du menton la sténo et l'auxiliaire, toutes deux absorbées par la transcription de l'incident. Nordstrom soupira avant d'ajouter :

— Ben ouais, j'ai fait l'amour avec ma femme. Ou plutôt, j'ai essayé.

— C'est alors que s'est passé l'accident entre John et mes seins, poursuivit Mrs. Nordstrom. Je ne me souviens plus si c'est le droit ou le gauche qui l'a eu.

— J'en sais rien non plus, marmonna son mari. C'était un gros nibard bien dur, c'est tout ce que je peux dire.

— Et ça a vraiment entraîné la perte de votre œil ?

John Nordstrom hocha la tête sombrement.

— Techniquement, ils ont appelé ça un décollement de rétine, précisa sa femme. On n'a pas su tout de suite que c'était aussi grave. L'œil de John était tout gonflé, puis il s'est mis à saigner. Quand, au bout de quelques jours, il n'a pas récupéré la vue, nous sommes allés consulter un spécialiste... mais c'était déjà trop tard.

— Je constate, observa gentiment Garth, que vous avez raconté une histoire légèrement différente à l'ophtalmo. Vous lui avez dit que vous vous étiez rentré la branche d'un sapin de Noël dans l'œil.

Nordstrom lança à l'avocat un regard furibond de son unique œil intact.

— Bon sang, qu'est-ce que vous lui auriez raconté à ma place, vous ? Qu'un lolo vous avait crevé l'œil ?

— Ça dut être un moment difficile, reconnut Garth d'une voix débordante de sympathie. D'après le dossier, il s'agissait de votre œil droit.

— Ouais, dit Nordstrom en le montrant du doigt.

— On lui a posé un œil de verre, ajouta sa femme ; on s'en aperçoit à peine.

— Mais moi, je m'en aperçois, bon Dieu !

— Est-ce que ça vous a gêné dans votre travail ? demanda Kipper Garth.

— Vous plaisantez ? J'ai perdu mon boulot, oui !

— Vraiment ?

L'avocat réprima une grimace de contentement et ajouta mentalement deux zéros supplémentaires au chiffre des dommages et intérêts.

— John était contrôleur du ciel, précisa Mrs. Nordstrom. Vous pouvez facilement imaginer les problèmes qu'il a eus.

— Ouais. Sans parler des vannes, fit John Nordstrom avec une certaine amertume.

Kipper Garth se renversa sur son siège et se croisa les mains sur la poitrine.

— Mes amis, que diriez-vous de dix millions ?

— Arrêtez ! fit Nordstrom avec un reniflement de mépris.

— Si nous avons un bon jury, on peut probablement aller jusqu'à douze.

— Douze millions de dollars — sans déc' ?

— Sans déconner, opina Garth. Mrs. Nordstrom, il faut que je vous demande quelque chose. Est-ce que... hum... l'état de votre poitrine n'a connu aucune amélioration ?

— Pas vraiment, dit-elle en regardant ses seins à la dérobée.

— C'est le cas de le dire, ajouta son mari ; croyez-moi, on dirait des foutues boules de pétanque !

Ce type ne vaudrait rien comme témoin, décida Garth. Les jurés ne pourraient pas le sacquer. Rien d'étonnant à ce que d'autres avocats aient rechigné à s'occuper de cette affaire. Kipper Garth remercia les Nordstrom du temps qu'ils lui avaient consacré et les raccompagna à la porte. Il promit de leur refaire signe dans quelques jours pour examiner avec eux des documents importants.

Après le départ du couple, Kipper Garth donna l'ordre à la sténo de transcrire l'entretien et d'en faire une demi-douzaine de copies. Puis il demanda à l'auxiliaire de taper une plainte pour négligence médicale et faute professionnelle contre le Dr Rudy Graveline et la Clinique et centre de remise en forme de Whispering Palms.

— Pouvez-vous m'arranger ça ? lui demanda-t-il.

— Je crois, rétorqua l'auxiliaire, d'un air détaché.

— Et ensuite vous rendre au tribunal et y faire... ce qui doit être fait.

— Nous irons ensemble, dit-elle, comme ça, vous apprendrez à vous y débrouiller, par la même occasion.

Kipper Garth acquiesça d'un air songeur. Si seulement sa petite fée des neiges pouvait savoir ce que leur escapade lui avait coûté ! Que le maître chanteur fût son propre beau-frère aggravait son humiliation.

— Encore une question, dit Kipper Garth à l'auxiliaire. Une fois que la plainte a été déposée, que se passe-t-il ?

— On attend.

— Et c'est tout ? fit l'avocat en gloussant de soulagement.

— Bien sûr, on attend et on voit ce qui se passe. C'est comme lâcher une bombe.

— Je comprends, fit Kipper Garth.

Tout à fait ce qui lui manquait dans l'existence. Une bombe !

Freddie faisait un petit somme dans son bureau, au Gay Bidet, quand l'une des caissières passa la tête à la porte et lui dit qu'un type demandait à le voir. Freddie détesta d'emblée le look de ce mec : il l'aurait même pris pour un flic, si les flics s'habillaient plus classe. Il y avait autre chose que Freddie n'aimait pas chez ce type : sa façon d'examiner les lieux, en retroussant le nez comme un lapin des marais, comme si ça puait vraiment. Freddie apprécia fort peu ce détail.

— Je ne m'attendais pas à ça, dit l'homme.

— Rien à foutre. Vous vous croyez où ? Chez Régine ? dit Freddie, en prenant hardiment l'offensive.

— Ce n'est pas un bar gay ? Je croyais, avec un nom pareil...

— C'est pas moi qui ai baptisé cet endroit, mon pote, fit Freddie ; tout ce que j' sais, c'est qu' ça rime et qu' ça en fait pas automatiquement une boîte pédé. Maintenant tu craches le morceau ou tu te tires...

— Il faut que je voie un de vos videurs.

— Pourquoi ça ?

— Je suis son médecin, dit le type.

— Il est malade ?

— J'en sais rien tant que je ne l'ai pas vu, fit Rudy Graveline.

Freddie était sceptique. Peut-être bien que ce mec était toubib et peut-être bien que non. Par les temps qui courent, tout le monde peut porter de la soie blanche.

— Quel membre de mon service de sécurité vous voulez voir ?

— C'est un type très grand.

— Ils sont tous grands, Mister. Je n'engage pas des nains.

— Celui-là est particulièrement grand et maigre. Son visage est tout couturé et il lui manque la main gauche.

— Connais pas, dit Freddie, ne voulant pas prendre de risques.

Au cas où ce gus serait un p'tit malin de chasseur de primes ou un flic en civil, avec un budget garde-robe.

— Mais il m'a dit qu'il travaillait ici, insista Rudy.

Freddie hocha la tête en produisant un bruit de succion avec ses dents de devant.

— J'ai un personnel nombreux, Mister, qui change par roulement. Y a pas grand monde qui encaisse ce bruit.

Il désigna brusquement la paroi en fibrociment qui vibrait sous l'effet de la musique qu'on jouait de l'autre côté.

— Ce groupe m'a l'air excellent, fit Rudy sans grande conviction.

— Cathy et les Caténaires, précisa Freddie avec un haussement d'épaules. La reine du rock salingue, en provenance directe de Londres.

Il se leva en s'étirant.

— Désolé de pas pouvoir vous aider, Mister.

À l'instant même, la caissière ouvrit la porte à toute volée et annonça à Freddie qu'une monstrueuse bagarre venait d'éclater et qu'il avait intérêt à rappliquer en vitesse. Rudy Graveline, haletant, emboîta le pas à Freddie, une fois une brèche ouverte pour atteindre le devant de la scène. Une bande de nazillons skinheads anorexiques s'y étaient lancés dans une controverse à propos de tatouages avec un gang de motards ramollos de la cambrousse — pour déterminer qui arborait le plus hard. Une escouade de videurs baraqués — exhibant le tee-shirt rose du Gay Bidet avec SÉCURITÉ, imprimé dans le dos — s'était mêlée à l'échauffourée. La violence de l'affrontement semblait n'avoir inspiré au groupe qu'à pousser le volume et aux autres amateurs de punk rock qu'à se livrer à une slam-dance encore plus chaotique que d'habitude.

Chimio en personne dominait la mêlée, le tee-shirt en lambeaux et couvert de sang, l'air concentré et sinistre. Malgré les éclairs stroboscopiques, Rudy Graveline s'aperçut que le taille-herbe, assujetti au moignon de Chimio, était dégainé et en pleine action ; la lame ronde tourbillonnait si rapidement qu'elle paraissait transparente et inoffensive, comme un hologramme. Rudy vit avec horreur Chimio abaisser la chose bourdonnante dans cet enchevêtrement humain — les hurlements subséquents vinrent couvrir de leur plainte celle de la musique. Comme par un accord tacite, les autres videurs reculèrent pour laisser Chimio à sa besogne, tandis que Freddie, juché sur un amplificateur renversé, supervisait la scène.

La bagarre diminua rapidement. On distribua bandages et attelles, sans distinction, aux skinheads et aux motards tombés sur le champ de bataille, pendant que le groupe faisait un break. Avec une expression de fierté paternelle dans ses yeux en boutons de bottine, Freddie donna une tape affectueuse sur l'épaule de Chimio, avant de disparaître derrière la scène. Rudy Graveline fendit la foule en sueur, enjambant les blessés et les semi-comateux, pour rejoindre Chimio.

— Ma foi, c'était époustouflant ! fit Rudy.

Chimio baissa la tête vers lui et se renfrogna.

— Cette putain de batterie m'a lâché. J'espère que c'est terminé pour ce soir.

— Il faut que nous ayons une discussion sérieuse, fit le chirurgien.

— Oui, pour sûr, approuva Chimio.

Dès que Chimio et Rudy passèrent derrière la scène, ils tombèrent sur Freddie, Cathy et deux des Caténaires qui se refilaient à tour de rôle une pipe en verre pleine de hasch. En tirant une bouffée de fumée bleue, Freddie dit à Chimio :

— Ce branleur a prétendu qu'il est ton toubib.

— Eh bien, il ne l'est plus. On peut utiliser la loge ?

— Tout ce que tu voudras, dit Freddie.

— Faites gaffe à mon python, les avertit Cathy.

La loge déçut Rudy dans son attente. On y voyait une table de jeu pliante, un portemanteau d'un autre âge, un canapé de velours bleu, un fragment de miroir ébréché sur le mur et, dans un coin, une glacière regorgeant de bouteilles d'Heineken. Sur le sol nu, était posée la caisse basse grillagée en contre-plaqué où résidait un python de Birmanie de trois mètres de long, clou du dernier rappel de Cathy la rockeuse.

Rudy Graveline s'assit devant la table de jeu pendant que Chimio s'allongeait sur le canapé de bordel.

— Je me suis fait du souci quand vous ne m'avez pas rappelé de New York, dit Rudy. Qu'est-ce qui est arrivé ?

Chimio se passa une langue blanchâtre sur les lèvres.

— Vous me demandez pas des nouvelles de mon visage pour savoir s'il cicatrise bien ?

Le docteur montra des signes d'impatience.

— Vu d'ici, ça m'a l'air d'aller. On dirait que la dermabrasion fait parfaitement son effet.

— Comme si vous en saviez quelque chose !

La bouche de Rudy se crispa involontairement.

— Qu'est-ce que ça signifie ?

— Ça veut dire que vous êtes un foutu danger pour la société, je vais me prendre un autre docteur — Maggie le choisira pour moi.

Rudy Graveline sentit son dos se tremper de sueur. Il s'était attendu à des complications du côté de Chimio — c'était pour parer à toute éventualité qu'il avait fait appel à Roberto Pepsical et à ses deux flics ripoux. Mais Rudy n'avait envisagé que l'échec, pas la trahison, de son échassier assassin.

— Maggie ? fit le docteur. Maggie Gonzalez ?

— Ouais, c'est bien elle. Nous avons eu ensemble une grande discussion et elle m'a appris certaines choses.

— Discuter avec elle ne faisait pas partie de notre plan, dit Rudy.

— Ouais. Eh bien, on a modifié le plan.

Chimio fourragea dans la glacière et en sortit une bière. Il la décapsula, porta la bouteille à ses lèvres et garda les yeux braqués sur le docteur, pendant qu'il avalait le contenu. Ensuite, il lâcha un seul rot.

— Vous avez essayé de m'arnaquer, dit-il.

— C'est tout bonnement inexact, dit Rudy.

— Vous ne m'avez rien dit de ce qui était en jeu, vous ne m'avez pas parlé de la fille Barletta.

Le visage de Rudy perdit de ses couleurs. Il baissa la tête, comme pétrifié. Et soudain son costume en soie de chez Armani lui parut aussi lourd et étouffant qu'une couverture de l'armée.

Chimio envoya rouler la bouteille vide sur le sol

carrelé ; elle alla cogner contre la cage du serpent et s'arrêta. Le python vert darda sa langue puis la rentra, avant de se rendormir.

— Et pendant tout ce temps, j'ai cru comme un con que vous saviez ce que vous me faisiez. Et j'ai remis mon visage entre vos mains.

Il éclata d'un rire rauque, ce qui le fit éructer une nouvelle fois.

— Nom de Dieu ! Je parie que dans votre famille, on vous laissait même pas découper la dinde pour Noël ! Je me trompe ?

— Alors Maggie est toujours vivante, fit Graveline d'une voix sans timbre.

— Ouais. Et elle le restera aussi longtemps que je le dirai.

Chimio balança ses longues pattes d'araignée en bas du canapé et s'y assit, raide comme un piquet.

— Parce que si quelque chose lui arrivait, vous seriez célèbre dans la minute. Je vous parle de la télé, Dr Frankenstein.

À présent, Rudy avait quelques difficultés respiratoires.

— Votre infirmière est une fille intelligente, continua Chimio : pour ne pas courir de risque, elle a tout confié à une cassette vidéo dont elle a fait deux copies. Ces deux copies sont en lieu sûr à New York. Quant à l'original... disons que vous feriez mieux de prier pour que je le retrouve avant que lui ne vous retrouve.

— Retrouvez-le donc, fit Rudy faiblement.

— Naturellement, et ça va vous coûter très cher !

— Tout ce que vous voudrez, dit le docteur d'une voix enrouée.

Il n'avait pas prévu de telles péripéties dans son scénario ; elles dépassaient en horreur ses pires cauchemars.

— Je savais pas que les plasticiens se faisaient autant de blé, remarqua Chimio. C'est Maggie qui me l'a appris.

— Nous avons des frais astronomiques, dit Rudy avec une certaine maladresse.

— Eh bien, les vôtres seront majorés, voilà tout !

Chimio sortit une petite bombe aérosol et se mit à lubrifier le mécanisme rotatif du taille-herbe. Absorbé par sa tâche, il lança à Rudy, sans relever la tête :

— Au fait, Frankenstein, vous vous en tirez plutôt bien. La dernière fois qu'un toubib m'a baisé la gueule, je lui ai fait casser sa pipe, bordel de merde !

Au fin fond des catacombes de son mental, Rudy entendit craquer nettement la colonne vertébrale du vieux dermato, puis vit la seringue échapper des mains privées de vie du vieillard et tomber avec fracas sur le sol du cabinet.

Dès qu'il se fut ressaisi, Rudy demanda :

— Et qui possède la cassette manquante ?

— Allez-y, devinez ! l'encouragea Chimio avec une certaine dose d'amusement.

— Merde ! s'exclama Rudy Graveline.

— C'est exactement mon sentiment !

22

Reynaldo Flemm n'avait pas terminé d'exposer son plan que Willie, le cameraman, l'interrompait déjà :

— Et Christina ? Qu'est-ce qu'elle en dit ?

— Christina s'est bloquée sur un autre projet.

— Quel projet ? fit Willie en le fixant d'un air sceptique.

— C'est sans importance.

Willie ne renonça pas ; il était habitué à ce que Reynaldo le traite comme un free-lance.

— Elle est à New York ?

— Même si elle était à New Delhi, j'en aurais rien à foutre. Ce que je voulais préciser, c'est qu'à partir de maintenant c'est moi qui produis le reportage sur l'affaire Barletta. Faudra t'y faire, mon vieux.

Willie se réinstalla confortablement pour siroter son punch du planteur en jouissant du crépuscule d'un rose tropical. Ils s'étaient installés, face à l'océan, à la terrasse d'un bar en plein air, pas très éloigné du Sonesta, à Key Biscayne. Reynaldo Flemm biberonnait un Perrier et Willie était sûr d'avoir le dessus. Reynaldo était l'une des rares personnes de sa connaissance qui bavassait d'abondance quand il n'était pas soûl. En ce moment même, Reynaldo vendait la mèche de son plan secret pour forcer le Dr Graveline à avouer son crime devant une caméra de télévision. C'était le projet le plus grotesque dont Willie ait jamais entendu parler, le genre de truc qu'il aurait adoré voir, mais pas filmer.

Après avoir marqué la pause qui convenait, Willie reposa son verre de rhum sur la table.

— Qui va tracer les grandes lignes de l'interview ?

— Moi.

— Et rédiger les questions, aussi ?

Reynaldo Flemm rougit.

— On devrait pas faire lire l'ours à des avocats ? À mon avis, on va s'exposer à de sérieux problèmes de violation de propriété privée.

— Bah ! fit Reynaldo, d'un air railleur.

C'est ça, songea Willie, vas-y, ris donc, Paillasse ! C'est toujours moi qu'on fourre au panier à salade ! Et c'est encore moi qui me fais engueuler quand les flics bousillent la caméra !

— Laisse-moi m'inquiéter des formalités, Willie. La seule question qui se pose c'est : est-ce que tu peux le faire ?

— Bien sûr que je peux.

— Tu n'auras pas besoin de projecteurs d'appoint ?

Willie secoua négativement la tête.

— J'aurai suffisamment de lumière, fit-il. C'est la prise de son qui va poser un problème.

— Moi aussi, je me demandais comment faire. Je peux difficilement porter le magnéto.

Willie partit d'un petit rire d'assentiment.

— Non, sûrement pas.

— Tu vas finir par trouver une solution, comme d'habitude, dit Reynaldo. Et puis, je préfère vraiment un micro-main.

— Je sais, fit Willie.

Reynaldo n'aimait guère les minuscules micro-cravates, dépourvus de cordon d'alimentation et qu'on agrafait comme une broche. Il avait un penchant pour les vieux microphones piqués au bout d'un bâton et qu'on tenait bien en main — ceux qu'on pouvait fourrer sous le nez d'un politicard pourri, en le faisant pisser dans son froc. Christina Marks qualifiait cet attachement de « fixation phallique ». Elle émettait le postulat que, dans l'esprit de Reynaldo, le micro en était venu à représenter un substitut de son pénis.

Si Willie se souvenait bien, Reynaldo attachait peu d'importance à l'hypothèse de Christina.

— Ce sera risqué, mais on en a fait d'autres. On forme une bonne équipe.

— Ouais, fit Willie, finissant son verre sans enthousiasme.

Tu parles d'une équipe ! Le but recherché était toujours le même : faire en sorte que Reynaldo se fasse tabasser ! *Souviens-toi,* répétait-il à Willie, *il faut nous montrer à la hauteur de notre réputation. Garde l'objectif collé sur son visage de chéri à sa maman, que ça le foute vraiment en rogne !* Willie était passé maître dans cet art. Il fourrait la caméra directement sous le nez de l'interviewé, le mec voyait rouge, le poussait de côté et se précipitait, hors de lui, sur Reynaldo Flemm. *Rappelle-toi bien,* le chapitrait Reynaldo, *quand il te bouscule, commence à secouer la caméra comme si on essayait de te l'arracher. Fais en sorte que la prise de vue bouge un max, comme dans les reportages de « Soixante Minutes ».* Si, par hasard, le quidam en question s'en prenait à Willie au lieu de Reynaldo, Willie avait l'ordre formel d'arrêter de filmer, de protéger la caméra et de se défendre — successivement. Le pugiliste, immanquablement, se fatiguait de taper à grands coups sur la volumineuse Sony et reportait son animosité contre le minois arrogant de Reynaldo Flemm. *C'est pour moi qu'ils se branchent sur ce programme,* disait Reynaldo, *c'est moi la vedette.* Mais si la correction devenait trop sévère ou encore si Reynaldo succombait sous le nombre, le job de Willie consistait à mettre la caméra (soigneusement) à l'abri et à entrer dans la danse. À plusieurs reprises, il s'était senti comme un clown de rodéo à détourner l'attention des assaillants enragés de Reynaldo pour permettre à ce dernier de leur échapper — en général, en s'enfermant à clé dans la camionnette de tournage. C'était là-dedans que, sur l'insistance de Flemm, Christina attendait pendant ces interviews-embuscades. Reynaldo soutenait que c'était pour assurer sa sécurité mais, en réalité, il craignait, au cas où quelque chose lui arriverait, qu'elle ne lui vole la vedette en lui coupant l'herbe sous le pied.

Réfléchissant à tout ça, Willie commanda un autre punch du planteur ; cette fois-ci, il se le fit servir bien tassé et demanda à ce qu'on reverse du rhum brun pardessus.

— Qu'est-ce qui vous fait croire que ce toubib va craquer ? demanda-t-il à Reynaldo.

— Je l'ai rencontré. C'est un faible.

— Vous aviez dit pareil de Larkey McBuffum.

Larkey McBuffum était un pharmacien marron de Chicago qui avait vendu des stéroïdes à l'équipe de foot junior d'un lycée. Quand Reynaldo et Willie avaient fait irruption dans la pharmacie de Larkey pour le confondre, le vieil homme avait aveuglé complètement Willie avec la mousse spermicide d'une bombe aérosol.

— Je te dis que ce chirurgien est une lavette, s'obstina Reynaldo. Si on lui balance un micro sous le nez, il va me craquer sous la dent comme une Triscotte de merde.

— Je resterai en très gros plan sur lui, fit Willie.

— Pas tant que ça, objecta Flemm. Il faut que tu sois

prêt à reculer pour nous avoir tous les deux dans le champ, juste avant que ça se passe.

Willie mélangeait le rhum avec son petit doigt.

— Vous voulez dire quand il vous rentrera dans le lard ?

— Évidemment, le coupa Reynaldo. Merde, tu devrais connaître la chanson à l'heure qu'il est. Bien sûr, quand il me rentrera dans le lard.

— Et ce sera avant ou après sa grande confession ? fit Willie, en badinant.

Reynaldo rongea cet os quelques instants avant de laisser tomber.

— Arrange-toi pour l'avoir, c'est tout, dit-il d'un ton pincé. Peu importe quand ça arrivera, mais filme-moi chaque putain de seconde. Compris ?

Willie fit oui de la tête. Il regrettait parfois de ne plus être free-lance pour les networks. Filer sur un scoop à Haïti était une partie de plaisir, comparé à ça !

La police d'état de Pennsylvanie se fit un plaisir d'expédier une photographie de Blondell Wayne Tatum au sergent Al García de la police urbaine de Dade County. García fut déçu, car la photo était pratiquement inutilisable. Elle avait été prise quelque vingt ans plus tôt par le portraitiste d'une feuille de chou. À l'époque, ce journal rural avait publié une série de cinq articles sur la secte des Amish et leur façon de composer avec les pressions de la société du XXe siècle. Blondell Wayne Tatum faisait partie d'un groupe d'adolescents de la secte qu'on avait photographiés en train de s'entraîner au base-ball avec un petit potiron. Blondell Wayne Tatum était le seul de la bande à arborer un gant de lanceur flambant neuf.

Pour procéder à l'identification d'un criminel, le fac-similé de la photo du journal était nettement insuffisant.

García se doutait que le dénommé Chimio ne portait plus depuis longtemps ses quelques poils de barbe d'adolescent pubère et savait par ailleurs qu'il avait eu le visage ravagé à la suite d'un accident dermatologique monstrueux. Armé de ces rectificatifs, García fit appel au talent d'une dessinatrice des services de police du nom de Paula Downs. Il punaisa la photo du journal sur son chevalet.

— C'est le troisième en partant de la gauche, lui dit-il.

Paula chaussa ses lunettes, mais ce ne fut pas suffisant. Elle dut s'aider d'une loupe.

— Un grand duduche, fit-elle en scrutant la photo. Seize, dix-sept ans à tout casser.

— Ça lui en fait trente-huit à présent. Un mètre quatre-vingt-neuf, quatre-vingt-dix kilos.

— Pas de problème, fit Paula.

— Et plus de barbe.

— C'est à espérer. Beurk !

Du bout d'un cigare non démailloté, García tapota la photo.

— Et maintenant, ma chérie, le côté coton de la chose. Il y a une paire d'années, cette espèce de nul a subi un accident fâcheux qui lui a cramé toute la tronche.

— Des traces de brûlures ?

— Ouaip !

— Quel genre ? Chimiques ou naturelles ?

— Électrolyse.

Paula jeta un œil sur l'inspecteur par-dessus la monture de ses lunettes.

— Vous avez le sens de l'humour, Al.

— Je vous jure. Ce sont les flics de Pennsylvanie qui m'ont rencardé.

— Hummmm !

Paula mordillait la gomme de son crayon tout en contemplant la photo de Chimio.

Al García transmit à Paula la description du visage de Chimio que Stranahan lui avait donnée. Au fur et à mesure, elle commença à dessiner un portrait-robot à main levée. À petites touches, elle traça sur le papier de pelure d'oignon quelques ovales nettement définis. Apparurent d'abord le front haut et le menton pointu, puis, les pommettes saillantes, les yeux globuleux de poisson-lune et les lèvres minces et cruelles. Bientôt, le jeune Amish dégingandé au gant de base-ball céda la place à un criminel à l'air endurci.

— Je reviens tout de suite, dit Paula en se levant.

Quelques instants plus tard, elle était de retour avec une salière de la cafétéria. Elle souleva la feuille de papier pelure et arrosa copieusement de sel le bloc à dessin. S'aidant de sa paume gauche, elle répartit les grains de sel de façon régulière. Puis elle remit en place le calque qui portait l'ébauche du portrait de Chimio et choisit un crayon gras à mine tendre. Elle commença à le passer doucement, à l'horizontale, comme si elle exécutait un fusain, sur la surface du croquis. Aussitôt, les cristaux de sel sous-jacents se détachèrent en relief. García sourit : le rendu était parfait. Le portrait de Chimio y gagnait un côté fortement granuleux, collant à la description de Stranahan.

— Vous êtes géniale, dit García à Paula Downs.

Elle lui tendit le portrait-robot achevé.

— Vous n'avez pas que des manches sous vos ordres, Al.

García alla photocopier le dessin à une demi-douzaine d'exemplaires et en fourra un dans le casier de John Murdock. Au dos, il inscrivit en caractères d'imprimerie le nom de Blondell Wayne Tatum, son pseudo et sa date de naissance. Puis il ajouta : « c'est votre homme dans l'affaire Chloé Simpkins ».

Murdock, il le savait bien, n'apprécierait guère ce coup de main.

García passa le reste de l'après-midi à Key Biscayne à montrer le portrait-robot de Chimio aux employés de l'embarcadère, barmen et autres serveuses de Sunday's-on-the-Bay. Vers quatre heures, l'inspecteur avait obtenu trois témoignages formels, selon lesquels l'individu du portrait-robot était bien le même que celui qui avait pris un verre avec Chloé Simpkins Stranahan, le soir de sa mort.

À présent, Al García était un homme heureux. De retour au commissariat central, il appela un fleuriste et lui demanda de livrer une douzaine de roses à Paula Downs. Pendant qu'il téléphonait, il remarqua un petit paquet postal posé sur son bureau. García déchira l'emballage de sa main libre.

Il trouva à l'intérieur une cassette vidéo dans son étui de plastique. Un petit mot y était scotché :

« C'est ce dont je t'ai parlé. Amitié. Mick. »

García emporta la cassette à la salle de projection de la police où deux mecs de la mondaine visionnaient le dernier cri en matière de bestialité *live.* García leur dit de se tirer et chargea la cassette de Stranahan dans un lecteur VHS. Il la regarda à deux reprises. À la seconde vision, il écrasa le mégot de son cigare et prit des notes.

Puis il partit à la recherche de Murdock et Salazar.

À la permanence des inspecteurs, personne ne semblait savoir où ils se trouvaient. García n'aimait pas la façon dont les choses tournaient.

La photocopie du dessin de Paula gisait, froissée en boule, sur le bureau de Murdock, à côté d'un sachet de cacahuètes vide.

— Enfoiré ! lança García d'un ton sifflant.

Il se moquait qu'on l'entende. Il farfouilla dans les déchets qui encombraient le bureau et découvrit un message sur une fine bande de papier rose. Il provenait de la secrétaire du juge itinérant Cassie B. Ireland.

García maugréa. Cassie Ireland avait été, au golf, un partenaire attitré de feu Raleigh Goomer, le juge ripou dégommé par Mick. Cassie, de son côté, était connu pour ses sérieux problèmes avec la boisson et ses week-ends prolongés à Las Vegas. Problèmes naissant de son incapacité chronique à assumer les frais de chacun de ses vices.

Le message de la secrétaire du juge Ireland à l'inspecteur Murdock disait : « Le mandat est prêt. »

García se servit du téléphone de Murdock pour appeler le cabinet du juge. Il déclina son identité à la secrétaire et fut très peu surpris d'apprendre que le juge était absent pour la journée. Il a dû filer directo au Tiki Bar du Hilton de l'aéroport, songea García.

— Il y a eu une légère embrouille par ici, dit-il à la secrétaire. Est-ce que l'inspecteur Murdock a demandé au juge de signer un mandat d'amener ?

— Plutôt ! pépia la secrétaire. J'ai encore toute la paperasserie sous les yeux. John et son collègue sont passés le prendre hier matin.

Al García se dit qu'il ferait aussi bien de poser la question, rien que pour être sûr.

— Pouvez-vous me donner le nom qui figurait sur ce mandat ?

— Mick Stranahan, répondit la secrétaire. Meurtre au premier degré.

Christina Marks trouvait l'obscurité excitante. Elle faisait la planche et l'eau tiède caressait sa nudité dans le moindre recoin. Parfois, elle se redressait et recroquevillait ses orteils dans le sable rugueux et frais, pour juger de la profondeur. Quelques mètres plus loin, Mick Stranahan fendait la surface des flots à grand bruit, comme un animal marin blond et luisant. Il soufflait comme un marsouin, en rejetant l'air de ses poumons.

— C'est super ! lui cria Christina.

— Pas question de prendre une douche à l'eau chaude sur l'îlot, fit-il. D'ailleurs, il n'y a pas de douche. Cartwright n'est pas une femmelette.

— J'ai dit que c'était super. Et je le pense.

Stranahan se rapprocha à la nage puis reprit pied. Il avait de l'eau jusqu'au nombril. À la lueur du croissant de lune, Christina pouvait distinguer sur son épaule la cicatrice encore fraîche de la balle qu'il avait reçue ; elle formait un bourrelet de graisse rose. Elle prit conscience qu'elle ne pouvait détacher son regard de lui — si différent par ici, sur l'eau. Il ne ressemblait plus à l'homme qu'elle avait veillé à l'hôpital ou emmené dans son appartement à New York. Sur cette île, il paraissait plus grand et plus primitif, et en même temps plus serein.

— Comme c'est paisible, dit Christina.

Ils se baignaient dans une passe marneuse, à quarante mètres environ du ponton de Cartwright.

— Je suis heureux de voir que vous savez vous détendre, fit Mick. Beaucoup de femmes seraient d'une nervosité extrême si un inconnu total les avait tirées comme des lapins à deux reprises.

Christina rit de contentement, ferma les yeux et laissa les vaguelettes lui chatouiller le cou. Mick avait raison ; elle devrait avoir les nerfs à fleur de peau, à l'heure qu'il était. Et pourtant, non...

— Peut-être que je perds la boule, dit-elle face aux étoiles.

Elle entendit un léger plouf quand Mick replongea

sous l'eau. Quelques secondes plus tard, elle sentit quelque chose de frais lui effleurer la cheville. Elle sourit.

— O.K., d'accord, Mister, pas de ça, je vous ai reconnu !

Sa voix lui parvint d'une distance qui la surprit.

— Désolé de vous décevoir, mais ce n'est pas moi !

— Oh non !

Christina bascula sur le ventre et donna un fort coup de pied vers le chenal profond, mais elle n'alla pas bien loin. Il se glissa sous elle comme une torpille et lui passa un bras sous les hanches et l'autre autour de la poitrine. Quand il la souleva vivement de l'eau, elle poussa un petit cri.

— Pas de panique ! fit Mick en riant. Ce n'était qu'un bébé requin. Je l'ai vu.

Il se tenait debout dans le chenal, de l'eau jusqu'à la taille, la portant comme une brassée de bois mort.

— Du calme ! fit-il. Ils ne mangent pas les productrices télé de votre pointure !

Christina pivota sur elle-même et l'agrippa par le cou.

— Il est parti ? demanda-t-elle.

— Oui. Vous voulez que je vous pose ?

— Non. Pas vraiment.

Grâce au clair de lune, il put lire dans ses yeux à quoi elle pensait. Il l'embrassa sur la bouche.

C'est dingue, mais j'adore ça, songea-t-elle.

Stranahan l'embrassa encore, plus longtemps que la première fois.

— Un peu salé, fit-elle, autrement fort agréable.

Christina laissa vagabonder ses mains.

— Dites-moi un peu, où est passé votre jean ?

— Une lame de fond l'a emporté, je crois.

— Quelle lame de fond ?

Elle se mit à l'embrasser dans le cou, avec de petits

coups de langue rapides, en le mordillant, prise de fou rire. Et sentit la chair de poule envahir les épaules de Mick.

— C'était vraiment un requin, fit-il.

— Je vous crois. Ramenez-moi sur l'île, maintenant. Immédiatement.

— Non. Pas tout de suite.

— Vous voulez dire qu'on va faire ça ici ?

— Pourquoi pas ?

— Debout ?

— Pourquoi pas ?

— Mais à cause des requins. C'est vous qui venez d'en parler.

— Vous ne risquerez rien, la rassura Mick, si vous nouez vos jambes autour de ma taille.

— Plaisante perspective.

Il l'embrassa encore. Cette fois fut la bonne. Christina emprisonna ses hanches nues de ses jambes.

Mick arrêta le baiser, le temps de reprendre souffle.

— J'allais oublier. Vous pouvez me dire le nom des Beatles ?

— C'est pas le moment.

— Au contraire. S'il vous plaît...

— Vous êtes complètement cinglé.

— Je sais, dit-il.

Christina se serra contre lui si fort que de l'eau de mer jaillit d'entre ses seins et alla éclabousser le menton de Mick.

— Vous l'avez pas volé, fit-elle.

Puis, son nez contre le sien, elle énuméra :

— John, Paul, George et Ringo.

— Vous êtes terrible !

— Sans oublier Pete Best.

— Je crois que je vous aime, dit Stranahan.

Plus tard, il prit un petit mérou près du ponton et le fit frire au feu de bois. Ils mangèrent du côté de l'océan, sous un bouquet de jeunes palmiers. Mick transforma en table une paire de vieux casiers à homards. La température avait chuté en dessous de vingt degrés, car une forte brise s'était levée. Christina portait une chemise écossaise, un pantalon de survêtement gris et des chaussures de course ; Stranahan, des jeans et des baskets, avec un sweat-shirt de l'université de Miami. Il avait passé le Smith 33 qu'il avait emprunté à Luis Córdova dans la ceinture de son jean. Mick était quasiment certain qu'il n'aurait pas à s'en servir.

Christina en était à sa deuxième tasse de café quand elle dit :

— J'ai été plutôt bonne joueuse jusque-là, tu ne trouves pas ?

— Si, fit-il, les yeux fixés sur les lumières lointaines d'un cargo tramp, creusant le Gulf-Stream vers le sud.

— Je sais que je t'ai déjà posé cette question, mais je m'y risque encore une fois : qu'est-ce qu'on fout par ici ?

— Je croyais que tu aimais cet endroit.

— Je l'aime beaucoup, Mick, mais je ne comprends toujours pas.

— On ne peut pas encore retourner dans ma maison sur pilotis.

— Mais pourquoi venir ici ?

Ce mystère l'impatientait au plus haut point.

— Parce qu'il me fallait un endroit où si quelque chose se passe, personne ne risque de le voir ou de l'entendre.

— Mick…

— Il n'y a pas d'autre moyen.

Il se leva et alla verser ce qui restait de café froid

sur les récifs de corail, à fleur d'eau. La marée descendait.

— On ne peut pas discuter avec des gens comme ça, dit-il.

Christina se tourna vers lui.

— Tu ne sembles pas comprendre. Je ne peux pas être mêlée à une chose pareille.

— C'est toi qui as voulu venir.

— En observatrice. Pour faire un reportage sur cette histoire.

Le rire de Stranahan retentit jusqu'à Hawk Channel.

— Un reportage ?

Elle savait que ça paraissait stupide, et pire, que ça l'était. C'est Willie qui tenait la caméra. Et c'est Reynaldo qui tenait Willie. Reynaldo... autre cas de machisme aigu. Il avait eu l'air si bizarre quand elle l'avait appelé avant de partir ; son ton brusque et glacial, son rire grêle et ironique : il mijotait quelque chose, même s'il lui avait affirmé le contraire. Quand elle lui avait raconté le violent épisode du Plaza où elle avait failli une nouvelle fois se faire descendre, Reynaldo s'était montré étrangement laconique et indéchiffrable. Puis, lorsqu'elle lui avait retéléphoné deux heures plus tard d'une cabine de la marina, la secrétaire à New York lui avait appris que Reynaldo était déjà parti pour l'aéroport et avait ajouté, sur un ton de mouchardage, qu'il avait retiré quinze mille dollars du compte voyage d'urgence des week-ends. Ce compte était réservé normalement aux catastrophes aériennes, tremblements de terre meurtriers, assassinats politiques et autres événements de dernière minute. Christina n'arrivait pas à imaginer à quoi Reynaldo comptait consacrer cette somme, mais elle supposa qu'il devait s'agir d'une de ses mémorables folies.

Et voilà qu'elle se retrouvait en Floride sans caméra,

ni équipe ni vedette. Aussi était-elle montée à bord du bateau de patrouille avec Mick et Luis Córdova.

À la clarté de la lune, elle regardait la marée venir lécher le corail à ses pieds.

— Je ne peux pas être mêlée à ça, répéta-t-elle.

Stranahan lui passa un bras autour de la taille. Christina se souvint comment son père la serrait parfois contre lui quand elle était petite fille et que quelque chose l'avait attristée et fait pleurer. Un geste qui signifiait qu'il était désolé, mais qu'on ne pouvait rien y faire ; et que, de temps en temps, le monde n'était pas joli-joli.

— Allons à la police, Mick !

— Ils sont de la police. N'oublie pas !

Elle scruta son visage plongé dans l'ombre.

— Alors c'est eux que tu attends ?

— Oui. Qui d'autre ?

Christina fit mine de se frapper le front.

— Bon sang, mais c'est bien sûr ! J'ai cru que c'était l'autre grand échalas de fête foraine qui n'arrête pas de nous canarder !

Stranahan secoua négativement la tête.

— Lui, pas la peine de l'attendre.

— Je crois quand même que tu as tort, Mick.

Il avait relâché son étreinte et la discussion tomba.

— Il y a une lanterne dans la maison, fit Mick. J'aimerais que tu ailles faire une promenade dans l'île. Une très longue promenade, d'accord ?

23

— T'as déjà conduit hier, fit Joe Salazar.

— Nom de Dieu ! grommela Murdock.

— Allez, quoi, Johnny, c'est à mon tour.

Ils remplissaient le réservoir du bateau à Crandon Marina, à Key Biscayne. Le bateau en question, un Aquasport de six mètres de long, portant à la proue un bandeau de police vert clair, appartenait aux services du shérif. Les deux inspecteurs l'avaient déjà emprunté la veille. Le sergent responsable s'était montré peu enclin à le leur prêter, car il était évident que ni l'un ni l'autre ne connaissaient rien à la navigation. Le sergent s'était même demandé s'ils savaient nager. Murdock et Salazar arboraient des shorts kaki flambant neufs qui dévoilaient des jambes blanches et grassouillettes, que le soleil et le sel avaient rarement eu l'occasion de toucher. De vraies guiboles de marins d'eau douce. Le sergent avait finalement consenti à leur livrer l'Aquasport lorsque Murdock lui avait mis sous le nez le mandat d'amener, en lui disant qu'on avait repéré le suspect du côté de Stiltsville. Le sergent leur avait demandé pourquoi ils s'y rendaient sans renforts puisque la vedette était spacieuse ; mais Murdock avait paru ne pas entendre la question.

Quand les deux flics avaient regagné l'embarcadère quelques heures plus tard, le sergent avait eu l'agréable surprise de constater que l'Aquasport n'avait subi aucune avarie majeure. Mais quand, toujours affublés de leurs absurdes shorts kaki, Murdock et Salazar avaient refait leur apparition, l'après-midi suivant, le sergent se demanda combien de temps durerait leur baraka maritime.

— Vas-y, conduis. J'en ai rien à foutre, grogna Murdock, pendant qu'ils faisaient le plein.

Joe Salazar s'installa devant la console de pilotage, en essayant d'avoir le triomphe modeste. Une idée lui traversa soudain l'esprit.

— Où on va chercher aujourd'hui ?

La veille, ils avaient trouvé la maison sur pilotis de Stranahan vide. Ils avaient fouillé toutes les pièces de fond en comble, espérant mettre la main sur un indice relatif à sa cachette. Sans résultat. Et ils étaient rentrés frustrés. Sur le chemin du retour, Salazar n'avait cessé de se plaindre que son holster lui écorchait la peau à travers son débardeur à mailles. À deux reprises ils avaient échoué le bateau et les deux fois, Murdock avait forcé Salazar à sauter dans la vase pour pousser. Rien que pour cette raison, Salazar estimait qu'il méritait de jouer au capitaine, aujourd'hui.

— Je vais te dire où on va chercher. On va aller fouiller chaque pilotis de merde qu'on trouvera sur la baie.

— Ouais, une vraie tournée électorale !

— Du porte-à-porte. Mais en bateau. On sait que cet enculé se trouve quelque part par là.

Joe Salazar se sentit rasséréné, maintenant qu'ils avaient un plan. Il paya l'essence, lança le gros Evinrude à l'arrière de l'Aquasport et mit le cap sur Bear Cut ; ou plutôt tenta de le faire. Le bateau refusa d'avancer.

Le pompiste rit sous cape.

— Des fois ça aide de larguer les amarres ! fit-il, en les désignant de la pointe d'une de ses baskets blanches rutilantes.

L'oreille basse, Joe Salazar dénoua les cordages à l'avant et à l'arrière, puis démarra en trombe.

— Encore un qui se croit malin. Il a pas vu qu'on était armés ? fit Murdock.

— Bien sûr que si, répondit Salazar, barrant avec effort vers le chenal.

— Cette ville n'est plus qu'un tas de merde, fit Murdock, en crachant par-dessus le plat-bord. Si même un mec avec un flingue doit se farcir ce genre de connerie !

— Tout le monde joue au plus malin, aujourd'hui, acquiesça Salazar.

Il observait avec nervosité un hors-bord gris se rapprocher en sens inverse, de l'autre côté du chenal. Le bateau arborait le gyrophare bleu de la police. Un jeune Latino en uniforme gris se tenait derrière le pare-brise. Il leur fit le signe de reconnaissance désabusé que s'adressent tous les flics de la terre.

— Je fais quoi ? demanda Salazar.

— Rends-lui son salut, conseilla Murdock.

Salazar obéit et le conducteur du hors-bord dévia de sa course, se rapprochant d'eux au ralenti.

— C'est un « marsouin », chuchota Murdock.

Salazar hocha la tête comme s'il savait de quoi parlait son collègue. Ce qui n'était pas le cas. Et il ne savait pas davantage comment stopper l'Aquasport. Chaque fois qu'il baissait les manettes, le moteur cahotait en marche arrière. Quand il poussait le levier dans l'autre sens, le bateau vibrait et s'élançait en avant. En arrière, en avant, en arrière encore une fois. Le gros Evinrude semblait à deux doigts d'exploser. Salazar sentait que Murdock était sur des charbons ardents.

— Essayez de mettre au point mort ! cria le jeune officier de la police maritime. Poussez le levier latéralement jusqu'au déclic !

Salazar suivit ses instructions et fut couronné de succès.

— Merci ! cria-t-il à son tour.

— Ouais, merci beaucoup de nous avoir fait passer pour une belle paire de connards ! maugréa Murdock entre ses dents.

Le bateau de patrouille vint se ranger à bâbord de l'Aquasport. Son conducteur leur dit qu'il s'appelait Luis Córdova. Il leur demanda où ils se dirigeaient et s'il pouvait leur donner un coup de main. Joe Salazar lui répondit qu'ils se rendaient à Stiltsville, avec un mandat d'amener.

— À ce que je sais, un seul type vit dans ce coin-là, fit Luis Córdova.

— C'est lui que nous recherchons, dit Murdock.

— Mick Stranahan ?

— Vous le connaissez ?

— Je sais où il habite, mais il est absent pour le moment. Je l'ai vu pas plus tard qu'hier.

— Où ça ? lâcha Joe Salazar. Il était seul ?

— Ouais, il était seul. Assis sur l'embarcadère pour la pêche, là-bas, à Old Rhodes Key.

— Putain, où est-ce que ça peut bien se trouver ? fit Murdock.

— Au sud d'Elliott Key.

— Mais bordel, c'est où, Elliott ?

— Dites-moi, les gars, pourquoi ne pas m'attendre une paire d'heures et me suivre là-bas ? La marée sera assez haute au crépuscule et, en plus, vous pourriez avoir besoin de renfort, étant donné l'individu.

— Non. Merci quand même, dit John Murdock d'un ton sans réplique. Mais si vous aviez une carte, ça nous rendrait service.

Luis Córdova disparut brièvement derrière la console de pilotage, puis se redressa en souriant.

— Ça tombe bien, j'en ai une en double, fit-il.

Ils étaient à une demi-heure de la marina, quand Joe Salazar déclara à son collègue :

— Peut-être qu'on aurait dû lui demander ce qu'il voulait dire à propos des marées.

L'Aquasport s'était à nouveau échoué sur un banc de vase, à un kilomètre environ de South Key. John Murdock ouvrit sa troisième canette de bière, avant de lancer :

— C'est toi qui as voulu barrer.

Salazar se pencha par-dessus bord pour étudier la situation. Il décida que ça ne servirait à rien de descendre pour pousser le bateau.

— Y a pas plus de dix centimètres de profondeur, fit-il avec un étonnement enfantin. Pourtant, sur la carte, ça donnait l'impression qu'il y avait beaucoup d'eau, non ?

— Ouais, si t'es une étoile de mer, c'est beaucoup d'eau. Si t'es un bateau, c'est une putain de plage. Autre chose : je t'avais dit d'emporter trois poches de glace. Regarde-moi à quelle vitesse elle fond cette saleté.

Et, de colère, il donna un coup de pied dans la glacière.

Joe Salazar continuait de regarder l'eau, claire comme du gin et si peu profonde.

— Je crois que la marée commence à monter, dit-il avec espoir.

— Formid', fit Murdock. Ça veut dire qu'on en a plus

que pour quatre-cinq heures à poireauter dans la vase ! Fantastique, putain. Il fera noir quand on sera bons.

Salazar fit remarquer que le bateau était équipé d'excellents projecteurs.

— Une fois remis à flot, on filera droit sur l'île sans lézard.

Il n'avait encore jamais vu son collègue avec les nerfs aussi à vif, s'emportant pour un rien. En temps normal, John Murdock était l'image même du flic calme et sûr de lui ; mais Salazar avait noté un changement depuis le soir où ils avaient empoché le premier versement du Commissionnaire Roberto Pepsical. Cinq mille dollars cash, chacun. Et cinq mille de plus, quand tout serait fini. Pour convaincre les deux inspecteurs qu'il n'avait rien du vicelard ni de l'éponge à alcool, dont il avait donné l'apparence dans la boîte de strip, Roberto s'était arrangé pour que la remise du fric ait lieu dans un confessionnal vide de Sainte-Mary, l'église catholique de Little Havana. Le confessionnal était faiblement éclairé et pas plus grand qu'un placard à balais ; les conspirateurs durent s'y faufiler de profil pour y tenir tous les trois. Ça faisait bien une dizaine d'années que Joe Salazar n'avait plus mis les pieds dans un endroit pareil — mais il ne trouva pas de grand changement. Ça empestait toujours le surplis humide et la culpabilité, comme dans son souvenir. Murdock et lui fourrèrent l'argent liquide dans leurs vestes avant de filer ensemble vers le portail, manquant d'écraser au passage un quarteron de nonnes au pas traînant. Le Commissionnaire, resté seul dans le confessionnal, récita trois « Je vous salue, Marie ». Ça ne pouvait pas faire de mal, songea-t-il.

Après avoir regagné la voiture, John Murdock n'avait pas fait montre de l'effervescence ni de l'outrecuidance brutale qui suivaient habituellement la remise d'un pot-de-vin substantiel ; au contraire, il avait affiché une humeur craintive et taciturne, qui ne l'avait pas quitté de deux jours.

À présent, sur le bateau échoué dans les marécages, Murdock boudait seul dans son coin, à la poupe, regardant d'un air furibond monter lentement la marée. Joe Salazar alluma une Camel et se prépara à passer une longue après-midi de tension. Lui non plus ne se sentait pas tellement en forme ; mais, au moins, il savait pourquoi. C'était le plus gros coup de leur carrière — et le plus dégueulasse. De très loin.

En fait, le problème des marées ne se serait pas posé si l'un des deux inspecteurs avait su lire une carte marine. Même par marée basse, il y avait moyen de rallier Old Rhodes Key en partant du cap Floride. Il suffisait de suivre les chenaux, qui étaient clairement indiqués sur la carte de Luis Córdova.

Mick Stranahan se doutait que Murdock et Salazar échoueraient leur bateau. Il savait également que ce ne serait pas avant la nuit qu'ils le remettraient à flot et qu'ils feraient le reste du trajet à une allure d'escargot de peur de répéter leur mésaventure.

Il en avait discuté avec Luis Córdova. Ils avaient calculé tous les deux que Murdock et Salazar atteindraient l'île entre neuf heures et minuit, à condition qu'ils n'aillent pas s'échouer sur le haut-fond de Boca Chita en brisant l'hélice de l'Evinrude. Luis avait proposé de filer discrètement l'Aquasport à distance mais Stranahan avait refusé. Il ne voulait pas que Luis se trouve dans les parages d'Old Rhodes Key au moment délicat. S'il y était, il voudrait agir dans les règles. Il attendrait que ces deux enfoirés passent à l'attaque avant d'essayer de les en empêcher. Mick savait que ça ne marcherait jamais de cette façon, qu'ils tenteraient de tuer Luis, également. Et même si ce dernier était aussi fûté qu'il le croyait, il serait dans le pétrin par la suite. Suspension d'office, grand jury et son nom à la une de tous les journaux. Pas question que tu joues les héros, avait dit Stranahan. Contente-toi de leur donner la carte et taille-toi.

En outre, Mick avait déjà fort à faire avec Christina Marks sur l'île.

— Je ne veux pas aller faire un tour. C'est bon pour les mamies et les veuves. Je reste ici avec toi.

— Pour prendre des notes, c'est ça ? fit-il en lui tendant une lampe tempête.

La lumière blanche sautillante faisait s'entrechoquer leurs ombres sur les murs en aggloméré.

— Tu n'es plus journaliste, tu deviens un putain de témoin ! s'exclama Stranahan.

— C'est ça tes confidences sur l'oreiller ? Il y a une demi-heure à peine, on faisait l'amour, et maintenant je ne suis plus qu'un putain de témoin. Tu as déjà songé à écrire des poèmes, Mick ?

Il était accroupi, un genou à terre, occupé à sortir le contenu de l'un des sacs de toile. Sans lever les yeux, il répondit :

— Tu m'as dit que tu ne pouvais pas être mêlée à une chose pareille. Je suis en train d'essayer de t'éviter ça. Quant à la valse au clair de lune pour sceller notre union, faudra la remettre à plus tard. Y a un duo de flics ripoux qui va se radiner bientôt par ici pour me descendre.

— Ça, tu n'en sais rien.

— Ouais, t'as raison, fit Stranahan. Ils viennent juste pour faire joujou, probablement. Allez, va-t'en maintenant.

Il se redressa. À la lueur de la lampe, Christina vit qu'il avait les bras chargés : jumelles, coupe-vent de popeline, une paire de pantalons en velours, une casquette, un couteau de pêche et une espèce de moulinet.

— C'est pas à cause de cette foutue émission que je veux rester. J'ai peur pour toi. Je sais pas pourquoi — t'es un tel enfoiré —, n'empêche que je me fais du mauvais sang pour toi, voilà c'est dit.

Quand Stranahan se remit à parler, il avait laissé tomber son ton sarcastique.

— Écoute, si tu restais... si tu devais assister à quelque chose, tu serais obligée de témoigner. Oublie un peu les prérogatives des journalistes et le Premier Amendement — ça compte pour du beurre dans une affaire comme celle-là. Si tu es témoin d'un crime, Chris, on te fera prêter serment. Tu n'as pas envie que ça en arrive jusque-là ?

— Toi non plus.

Il fit une petite grimace. Elle l'avait eu sur ce point. C'était vrai : il ne voulait pas de témoins.

— Tu t'es suffisamment amusée comme ça, lui dit-il ; tu as failli te faire tuer deux fois à cause de moi. À ta place, je me le tiendrais pour dit.

— Et si tu te trompais sur leur compte, Mick ? Et s'ils voulaient simplement te poser encore quelques questions ? Et même s'ils venaient pour t'arrêter, tu ne peux pas...

— Allez, ouste ! dit-il.

Plus tard il lui expliquerait que ces deux flics étaient des potes de feu le juge Raleigh Goomer et qu'ils voulaient rendre à Mick la monnaie de sa pièce. Ils songeaient à bien autre chose qu'à poser des questions.

— Prends le sentier que je t'ai montré et suis le rivage. À mi-chemin de l'île, tu vas tomber sur une clairière. Tu y trouveras des casiers de bouteilles en plastique, un baril de pétrole vide et les traces d'un feu de camp. Attends-moi là.

Christina le regarda d'un œil glacial. Mais il n'y prit pas garde. Il avait la tête ailleurs, bien loin de là. Il s'était mis en overdrive.

— Il y a des fruits et du sucre dans le Tupperware, fit-il, mais ne donne pas à manger aux ratons laveurs, ils mordent salement.

Elle avait à peine fait vingt mètres sur le sentier qu'elle l'entendit lui crier :

— Hé ! Chris ! Tu as oublié la bombe pour les insectes.

Elle secoua la tête et poursuivit sa route.

Un quart d'heure plus tard, quand Mick fut sûr qu'elle était loin, il descendit ses affaires jusqu'à l'embarcadère de Cartwright. Il alluma une autre lampe et l'accrocha à un clou sur l'un des poteaux. Alors il retira ses baskets, se débarrassa de son jean et se laissa couler, complètement nu, dans la fraîcheur de la marée montante.

Joe Salazar, tout en barrant, connut un instant de calme triomphe.

— Bon Dieu, on y est arrivés !

John Murdock eut un rire forcé.

— Ouais, on l'a enfin trouvée ! Une véritable aiguille dans une meule de foin dans cet océan Atlantique de merde, Joe ! Et ça ne nous a pris que trois heures à passer toutes ces îles au peigne fin, après tout !

Salazar ne laissa pas ce sarcasme doucher sa confiance en lui rétablie depuis peu. Se faufiler à travers Sand Cut avait été périlleux ; même à une vitesse de croisière, naviguer le long d'un chenal sinueux et au cours rapide, en pleine nuit, était un exploit qui méritait qu'on le savoure. Murdock le savait bien, lui qui avait tenté plus d'une fois de prendre la barre.

— Voici donc cette fameuse Elliott Key ! dit Murdock, en se grattant le visage, démangé par les coups de soleil.

L'Aquasport coupa son moteur à moins d'un kilomètre du rivage, agité par une forte houle. Il ne restait plus de bière depuis longtemps et la glace avait fondu. À cause de la fraîcheur de la brise, Murdock avait enfilé le vieux blouson de cuir qu'il ne quittait jamais pendant ses heures de travail ; il pendait ridiculement sur ses shorts kaki. L'air lamentable, l'inspecteur claquait ses mollets roses pour en chasser les moustiques qui y festoyaient.

Joe Salazar, une torche électrique dans la main droite, étudiait la carte. De l'autre, il désigna une direction :

— Comme je te l'ai dit, Johnny, à partir d'ici, nous sommes à une vingtaine de kilomètres en droite ligne d'Old Rhodes Key. Jamais moins de quatre mètres de fond jusque là-bas.

— Alors, vogue la galère, Christophe Colomb ! Avec de la chance, on y sera peut-être avant Noël, dit Murdock, en remettant d'aplomb son holster pour la énième fois.

Salazar marqua une hésitation.

— Une fois arrivés, c'est quoi le plan exactement ?

— Arrête de me foutre cette putain de torche dans la figure !

Les paupières de Murdock étaient enflées et violacées. Trop de soleil et trop de bière. Salazar était inquiet ; il aurait préféré que son collègue garde bon pied bon œil.

— Mon plan est enfantin, dit Murdock. On débarque toutes sirènes dehors, pleins phares et tout le bataclan.

On gueule à Stranahan de sortir, les mains en l'air. Puis on continue tout le bastringue : on lui montre le mandat, on lui rappelle ses droits et toute cette merde. Enfin, on le descend comme s'il avait essayé de s'enfuir.

— On lui passe pas les menottes, d'abord ?

— Non mais ! ça aurait l'air de quoi ? Non, on lui passe pas les menottes. Nom de Dieu !

Murdock cracha dans l'eau. Il n'avait pas cessé de tout l'après-midi. Salazar espérait que ça n'était pas en train de devenir une habitude.

— Écoute-moi bien, Joe, fit Murdock. On va lui tirer dans le dos. Comme ça, il aura eu l'air de s'enfuir. Puis on se servira de la radio de ce bateau, si toi ou moi, on arrive à la faire marcher, putain ! Et on demandera le secours aérien.

— Il va mettre une éternité à rappliquer jusqu'ici.

— Exactement. Mais on sera couverts, réglementairement parlant.

Ce plan paraissait sérieux. Il ne comportait qu'une variable de taille. Et Joe Salazar décida de la chasser de son esprit. Il rangea la torche électrique, demanda à reprendre sa place à la barre et mit le cap sur Old Rhodes Key.

En droite ligne à travers la haute mer. Pas de malaise.

Le chenal qui relie l'océan à la passe d'Old Rhodes Key s'appelle Caesar Creek. Profond et assez large, il est délimité par des balises éclairées. Joe Salazar fut profondément reconnaissant de cette attention. Ayant domestiqué le levier rétif, il menait l'Aquasport à une vitesse de croisière ; pour sa part, John Murdock se tenait debout (ou tentait de le rester) à l'avant, les mains en visière pour repousser ces lumières périphériques ; il scrutait l'île, cherchant des signes de la présence de Stranahan. À deux cents mètres de l'embouchure de la passe, Salazar éteignit le moteur et alla rejoindre son collègue grassouillet, à la poupe.

— Le voilà ! dit Murdock d'une voix rauque, le souffle coupé par l'excitation.

Salazar fixait la nuit, en plissant les yeux.

— Ouais, c'est bien lui, assis sur le ponton en pleine lumière.

Ils apercevaient la lampe et dans sa pénombre blanche, la silhouette d'un homme, les jambes ballantes, coiffé d'une casquette de base-ball, portant un blouson beige et une paire de pantalons. D'après l'inclinaison de la casquette, l'homme paraissait avoir la tête baissée et le menton reposant sur la poitrine.

— Il dort, l'enfoiré ! fit Murdock avec un petit rire haut perché.

Il avait déjà sorti son pistolet.

— Je crois que c'est le moment d'en profiter, dit Salazar.

— Tout à fait de ton avis, fit Murdock en s'accroupissant.

Ils avaient essayé les gyrophares et les sirènes en chemin, et donc Salazar savait où se trouvaient les interrupteurs. Il les fit basculer simultanément, puis tourna la clé de contact. Tandis que l'Evinrude reprenait vie en grondant, Salazar s'appuya de tout son poids sur le levier des manettes.

Son arme à la main, John Murdock s'agrippa maladroitement à la rambarde avant, tandis que l'Aquasport se ruait, planant à demi vers le goulet. Le vent de la vitesse hérissait les cheveux de Murdock et lui tirait les joues en arrière. Ses dents étaient dénudées en un rictus carnassier.

Comme le bateau se rapprochait, Joe Salazar s'attendait à ce que Stranahan se réveille d'un moment à l'autre et jette un regard dans leur direction. Mais il ne bougea pas d'un pouce.

À un kilomètre de là, assise sur un casier à bouteilles de lait, sous un bouquet d'arbres, Christina Marks entendit hurler la sirène de police. Elle ferma les yeux en frissonnant et attendit le bruit de la fusillade.

Ils auraient pu surgir de plusieurs endroits. La route la plus vraisemblable était celle de l'océan, en suivant Caesar Creek puis en empruntant la fourche étroite formée par l'île minuscule de Hurricane Key et Old Rhodes. C'était le moyen d'accès le plus facile à l'embarcadère de Cartwright.

Mais une approche par l'ouest, en quittant la baie de Biscayne, leur offrait plus de choix et de protection. Ils pouvaient contourner Adams Key ou décrire un cercle autour des Rubicons et se faufiler par les prairies marécageuses, derrière Totten. Mais c'était une voie périlleuse et traître, qu'il était peu concevable que quelqu'un adopte la première fois qu'il venait dans les parages.

— Pas en pleine nuit, décida Stranahan, et pas ces deux lascars.

Il avait parié qu'ils viendraient par l'océan.

Il n'avait emporté dans l'eau que le couteau et le moulinet. Il couvrit quatre fois à la nage la distance entre Old Rhodes et Hurricane Key : la traversée n'était pas longue mais c'était épuisant de nager en luttant contre un fort courant. Après s'être hissé une dernière fois sur le ponton de Cartwright, Stranahan avait frictionné ses bras et jambes ankylosés. Il avait mis longtemps à reprendre son souffle.

Puis il avait passé des vêtements secs et s'était assis pour attendre, le calibre 38 que lui avait prêté Luis Córdova à portée de main.

Cinq cents mètres d'un mince fil de nylon étaient enroulés autour du moulinet que Stranahan avait tiré de son sac de toile. Cette ligne était susceptible de supporter une force de traction de soixante kilos, car elle avait été conçue pour résister aux soubresauts en eau profonde de l'espadon géant ou du thon bleu. C'était la ligne de pêche la plus résistante du monde, qualité concours. Comme avantage supplémentaire, elle était d'un léger gris anthracite, ce qui la rendait pratiquement invisible sous l'eau.

Et même hors de l'eau, il était parfois impossible de la discerner.

La nuit, par exemple, si on la tendait en travers de la crique d'une mangrove.

John Murdock, incontestablement, ne la vit pas.

À croupetons, comme un crapaud, à l'avant du bateau, il braquait son 357 sur la silhouette du ponton, tandis qu'ils s'en rapprochaient. Guidé par Joe Salazar, l'Aquasport avançait à la vitesse de quatre-vingts kilomètres à l'heure exactement.

Mick Stranahan avait tendu trois segments entre les deux îles. Les lignes, fixées à des troncs d'arbres, enjambaient les eaux à des hauteurs variables. La plus basse fut rompue instantanément par l'avant du bateau de police, lancé à vive allure. Les deux autres garrottèrent et ceinturèrent respectivement John Murdock.

Joe Salazar, pendant l'ultime et sidérante miniseconde de son existence, vit son collègue projeté en arrière, les yeux exorbités et gargouillant, avant d'être fracassé sur le pont par des mains invisibles. Puis la même griffe fantomatique saisit Salazar à la gorge et, le soulevant de terre, envoya rebondir son crâne ramolli contre l'Evinrude hurlant à plein régime, avant de l'expédier droit dans la crique.

Quand elle se brisa sur la nuque de Joe Salazar, la ligne rendit un son voisin d'un coup de feu.

Christina Marks revint en courant vers l'embarcadère de Cartwright. En chemin, elle fit tomber la lampe tempête, chuintante, sur les rochers. Mais elle ne ralentit pas sa course. Quand elle y parvint, Caesar Creek était plongée dans le noir et le calme régnait. Elle ne vit ni bateau ni la moindre trace des intrus.

Sur le ponton, la silhouette familière d'un homme coiffé d'une casquette de base-ball était affalée sous la lumière vive d'une autre lampe tempête.

— Mick, qu'est-ce qui s'est passé ?

C'est alors que Christina comprit qu'elle adressait la parole à un épouvantail revêtu du blouson et des pantalons de velours de Stranahan. Le corps de l'épouvantail était bourré de palmes et d'algues séchées. Sa tête était une noix de coco verte. La casquette de base-ball lui allait comme un gant.

24

L'Aquasport alla se ficher profondément dans la mangrove de Totten Key. Le moteur était mort mais l'hélice tourbillonnait encore quand Mick Stranahan arriva à proximité. Nu-pieds, il grimpa difficilement à travers les branches caoutchouteuses et glissantes avant de pouvoir jeter un œil dans le bateau tout cabossé. Il tenait dans sa main droite le calibre 38 de Córdova.

Il n'en avait pas besoin. L'inspecteur Murdock n'était pas encore mort, mais ça ne tarderait guère. Il gisait sans mouvement sur le pont, ses genoux repliés par la souffrance. Du sang noirâtre suintait de son nez. Il n'avait qu'un seul œil ouvert, illuminé à intervalles réguliers par le bleu du gyrophare. Fendu mais jetant encore ses éclairs stroboscopiques, le gyrophare pendouillait hors d'un nid de fils arrachés sur le tableau de bord. On aurait dit une énorme ampoule d'une guirlande électrique de Noël.

Stranahan sentit son estomac se nouer. Il fourra le revolver dans son jeans et sauta par-dessus le plat-bord.

— John ?

Murdock cligna de son œil unique en poussant un faible grognement.

— Tâche de pas t'en faire ! lui dit Stranahan.

Comme s'il avait le choix !

— Faut que je te pose une question en vitesse. Vous veniez bien pour me liquider, les gars, non ?

— T'as foutrement raison, râla le mourant.

— Ouais, c'est bien ce que je pensais. Mais j'arrive pas à croire que vous soyez encore inconsolables de la mort du juge Goomer.

Murdock se débrouilla pour se fendre d'un rictus sanglant.

— Bougre d'enfoiré !

Stranahan se pencha sur Murdock et chassa un taon de son front.

— Alors, si c'était pas pour venger le juge, pourquoi vous être donné tant de mal ?

Le silence lui fournit la réponse.

— Ne me dis pas qu'on vous a payés pour ça !

Murdock acquiesça d'un hochement de tête. Il essaya, tout au moins. Son cou n'était plus en très bon état et semblait avoir doublé de longueur.

— Vous avez reçu de l'argent pour ça ? De qui ?

— Tu peux toujours te brosser, répondit Murdock.

— Du docteur, probablement, conjectura Stranahan. Ou d'un intermédiaire. Ce serait plus explicable.

La réponse de Murdock se noya dans un gargouillis. Mick Stranahan soupira. La nausée à la vue de Murdock avait cédé la place à une grande fatigue émotionnelle.

— Tu parles d'une ville, hein, John ? Tout ce que j'étais venu chercher par ici, c'était la paix et la solitude. Et toute cette saloperie les a foutues en l'air.

Murdock lâcha un gémissement abominable, mais Mick avait besoin de parler.

— J'étais bien tranquille, à m'occuper de mes oignons, à nourrir les poissons, n'embêtant âme qui vive, quand ce mec s'est ramené pour m'assassiner. Dans ma propre maison, John, au beau milieu de la baie ! Et tout ça parce qu'un toubib de merde pense que je vais relancer une vieille affaire qui pue le moisi !

Murdock, en pleine agonie, semblait hypnotisé par les éclats bleus du gyrophare. Ils se succédaient plus vite que les battements de son cœur. L'une de ses mains se mit à tracer des cercles, rampant comme un crabe pourrissant sur le pont strié de sang.

— Je sais que ça fait mal, John, mais je ne peux rien faire, dit Stranahan.

— Va te faire foutre, tête de nœud ! lui répliqua Murdock, d'une voix faiblarde.

Puis il ferma l'œil pour la dernière fois.

Mick Stranahan et Christina Marks attendaient Luis Córdova quand il stoppa devant le ponton à neuf heures pétantes, le lendemain matin.

— Où va-t-on ? demanda-t-il à Stranahan.

— J'aimerais rentrer à la maison, Luis.

— Sans moi, dit Christina. Ramenez-moi à Key Biscayne. À la marina, ça ira.

— Je pense que ça signifie que tu ne veux toujours pas m'épouser ?

— Ni maintenant ni dans un million d'années. Ni même dans tes rêves les plus fous, fit Christina.

Stranahan se tourna vers Luis Córdova.

— Elle n'a pas beaucoup dormi. La chambre était un poil trop... rustique.

— Je vois, dit l'officier de police maritime. Mais, à part ça, la nuit a été calme ?

— Plutôt, dit Mick.

La matinée était fraîche et ensoleillée. L'eau de la baie était balayée d'une légère ondulation et on avait l'impression que le bateau de patrouille volait. Comme ils passaient devant les Ragged Keys, Stranahan poussa du coude Luis Córdova, en lui montrant le ciel bleu-blanc.

— Des hélicos ! cria-t-il, par-dessus le bruit du moteur.

Christina les aperçut aussi : trois hélicoptères de sauvetage des gardes-côtes, pétaradant lentement vers le sud, à trois cents mètres d'altitude.

Sans quitter le volant des yeux, Luis Córdova lâcha :

— Un bateau n'est pas rentré à Crandon Marina. Deux flics l'avaient sorti.

— Sans déconner ?

— Ce matin, on a trouvé un cadavre qui flottait au large de Broad Creek. Celui d'un type de la criminelle, un certain Salazar.

— Qu'est-ce qui s'est passé ?

— Il s'est noyé ! hurla Luis Córdova. Dieu sait comment !

Christina Marks écoutait les deux hommes en arpentant le pont. Elle ignorait si Luis Córdova en savait long, mais il devait en connaître beaucoup plus que Mick ne lui en dirait jamais, à elle. Elle se sentait insultée et laissée de côté ; et dans une colère noire.

Quand ils atteignirent la maison sur pilotis, Stranahan sortit le Smith 38 et le rendit à Luis. Ce dernier fut soulagé de constater qu'il n'avait pas servi.

Stranahan s'empara de deux sacs de toile et sauta sur l'appontement.

— Prends bien soin de toi, Chris !

Il aurait aimé dire davantage mais le moment était mal choisi. Elle était furieuse depuis la nuit dernière, hors d'elle parce qu'il n'avait pas voulu lui raconter ce qui s'était passé. Elle avait envoyé valser d'un coup de pied la tête en noix de coco de l'épouvantail, tellement elle était exaspérée. C'est à ce moment-là qu'il l'avait demandée en mariage. Sa réponse avait été succincte, pour ne pas en dire plus.

Détournant la tête d'un air distant, elle demanda à Luis Córdova :

— On peut y aller, s'il vous plaît ?

Stranahan leur fit un signe d'adieu et gravit les marches d'un pas lourd. Il lui fallait inspecter les lieux après la mise à sac. La première chose qu'il aperçut sur le plancher fut l'énorme tête de l'espadon ; elle avait perdu dans sa chute le chatterton qui maintenait sa lame. Mick l'enjamba et alla dans la chambre vérifier si son fusil s'y trouvait encore. Il le découvrit à sa place, dissimulé dans le sommier à ressorts.

L'endroit était dans un foutoir indescriptible. C'était déprimant, mais pas irréparable. Mick, en un sens, fut heureux de devoir s'atteler à une telle corvée ménagère. Ça lui ôterait de l'esprit Murdock, Salazar et Old Rhodes Key.

Et même Christina Marks. La première femme dont il soit tombé amoureux et qui ait refusé de l'épouser. C'était vraiment nouveau comme sentiment.

Luis Córdova retourna à la maison sur pilotis comme Mick achevait de déjeuner. Il avait à son bord un nouveau passager de poids : le sergent Al García.

Stranahan vint les accueillir à la porte.

— Deux Cubains armés jusqu'aux dents, c'est jamais de bon augure, dit-il.

— Al s'occupe de l'affaire des flics morts.

— Des ? Pourquoi le pluriel ? fit Stranahan, arquant les sourcils.

García se laissa choir lourdement sur l'un des tabourets du bar.

— Ouais, on a retrouvé John Murdock à l'intérieur du bateau. Et le bateau était planté dans un putain d'arbre !

— Où ça ? demanda Mick, impassible.

— Pas très loin de l'endroit où tu campais avec ta belle amie hier au soir.

García tâta ses poches et poussa un juron. Il n'avait plus de cigares. Il sortit un paquet de Camel et en alluma une sans enthousiasme. Il leva les yeux vers l'espadon, dépourvu de sa lame, accroché au mur par un clou neuf.

— J'ai raconté à Al que je t'ai conduit là-bas dans l'île, quand ta maison a été saccagée.

Stranahan garda son calme. Si on l'interrogeait, Luis dirait la vérité, ce qu'il avait vu, ce qu'il savait des faits. Il était plus que probable qu'il avait déjà raconté à García le prêt de la carte de la baie aux deux inspecteurs. Rien de bizarre dans tout ça.

— T'as pas entendu de drôles de choses, la nuit dernière ? demanda Al García. Et, au fait, où est la fille ?

— J'en sais rien, répondit Mick.

— Parle-moi d'hier au soir.

— Un bateau s'est pointé vers onze heures. Ou un peu plus tard peut-être. On aurait dit un hors-bord. Putain, Al, qu'est-ce qui s'est passé ? Y a quelqu'un qui a buté ces mecs ?

García tirait à fond sur sa cigarette et faisait des ronds de fumée, tout comme avec ses barreaux de chaise.

— D'après ce que j'ai vu, dit-il, ils allaient à fond la caisse. Et ils ont complètement raté le chenal.

— Tu disais que le bateau était dans un arbre ?

— Ça montre la vitesse à laquelle fonçaient ces deux zozos. À ce qu'il semble, Salazar a été éjecté et sa tête a heurté quelque chose. Il s'est noyé tout de suite et la marée l'a entraîné plus au sud.

— Vers Broad Creek, ajouta Luis Córdova. C'est un pêcheur de mulets qui a découvert son corps.

— Murdock est resté à bord, poursuivit García, mais ça ne l'a pas sauvé. Il a subi un traumatisme crânien grave. Le médecin légiste pense que c'est une branche de la mangrove ou quelque chose d'approchant qui lui a brisé le cou. Idem pour Salazar. Ça se serait produit quand ils sont rentrés dans les arbres.

— À tout berzingue ?

— La manette était poussée à fond, dit Luis Córdova ; pour naviguer plein pot dans cette crique, la nuit, faut être cinglé.

— Ou incroyablement idiot, précisa Stranahan. Je crois que je devine après qui ils en avaient.

García hocha la tête en signe d'assentiment.

— T'es un sacré veinard, Mick ! Un véritable archange de la mort ! D'abord, ton ex et maintenant Murdock et Salazar. Je remarque que la malchance s'acharne sur ceux qui t'emmerdent. Comme si leurs mauvais plans se retournaient contre eux.

— J'y peux rien si ces deux connards savaient pas conduire un bateau, dit Stranahan.

— Ils ont eu un accident, c'est tout, renchérit Luis Córdova.

— Je trouve ça simplement intéressant, fit Al García. Je me montre peut-être ironique, je ne sais pas. De toute façon, tu as raison, Mick. Nos deux lascars venaient te rendre une petite visite. Et ils n'ont pas du tout ébruité la chose. Je me demande bien pourquoi.

Il sortit de sa veste une feuille de papier blanc tout détrempé, pliée en trois, de la taille d'un prospectus.

García la montra à Stranahan.

— On a trouvé ça dans la poche-revolver de Salazar.

Mick savait de quoi il s'agissait. Il en avait vu des milliers. Le mot mandat, dans sa calligraphie juridique standard, était encore lisible. En le rendant à García,

Stranahan se demanda si on allait procéder à son arrestation.

— Qu'est-ce que c'est ? fit-il.

— Un truc à foutre à la poubelle, répondit García.

De sa main droite, il fit une boule du document et l'envoya valser dans l'eau par la fenêtre.

— Je vois que tu as apprécié la cassette vidéo, dit Mick en souriant.

— Ça saute aux yeux, fit l'inspecteur.

Dans la chambre qu'ils avaient prise à l'Holiday Inn, Maggie Gonzalez passait en revue, colonne après colonne, les pages jaunes de l'annuaire, signalant à Chimio le nom des plasticiens susceptibles, sans risque, de terminer la dermabrasion de son visage. Certains noms ne lui disaient rien mais elle en reconnaissait d'autres grâce à son passé d'infirmière. Chimio était en arrêt devant le miroir de la salle de bains et tirait laconiquement sur les zones de peau de son menton que le Dr Graveline n'avait pas traitées.

— Cet enculé ne m'a pas encore rappelé, fit Chimio, la bouche tordue.

— C'est de bonne heure, dit Maggie. Rudy dort tard quand c'est son jour de repos.

— J'aimerais voir du cash. Aujourd'hui.

— Ne vous inquiétez pas.

— Plus vite j'aurai le fric, plus vite je pourrai m'occuper de ça, fit-il en montrant son épiderme.

Dans le miroir, Chimio surprit l'expression de Maggie — ou du moins, ce qu'en laissaient filtrer ses bandages — et il y avait quelque chose qui ressemblait à une réelle sympathie dans ses yeux, et pas du tout à de la pitié.

C'était la première femme à l'avoir jamais regardé ainsi. Elle paraissait sincèrement décidée à l'aider à trouver un nouveau chirurgien. Chimio songea : si ce n'est pas une infirmière parfaitement dévouée, c'est une saleté de comédienne à la manque.

Maggie arracha une page de l'annuaire portant des noms de praticiens et dit avec désinvolture :

— Et on va le taxer de combien ?

— D'un million de dollars, répondit-il, un sourire retroussant ses babines, comme deux limaces. Vous m'avez dit qu'il est bourré aux as.

— Ouais ; mais il est radin, aussi.

— Y a à peine une minute, vous m'avez dit de pas m'inquiéter.

— Oh ! il paiera. Rudy est radin mais trouillard. Tout ce que je veux dire, c'est qu'il va essayer de jouer d'entrée au petit malin. C'est tout à fait son type.

— Son type ?

Chimio songea : mais de quoi parle-t-elle, bordel de merde ?

— Son type ou pas son type, fit-il, j'ai un taille-herbe attaché autour du bras.

— Hé ! mais qu'est-ce que vous allez chercher ? Je vous dis simplement qu'il peut être têtu quand il veut.

— Vous savez ce que je pense ? Je pense qu'il n'y a pas que l'argent qui vous intéresse là-dedans. Je crois que vous voulez qu'il y ait du grabuge.

Les yeux marron de Maggie devinrent deux fentes au-dessus de la bande de gaze.

— Soyez pas ridicule !

— Ouais, fit Chimio. Je crois que vous prenez votre pied quand les mecs commencent à se faire des méchancetés. Et qu'au fond de vous-même, vous aimez voir couler le sang.

Son visage rayonnait, comme s'il venait de découvrir la clé de l'univers.

Rudy Graveline ne quittait pas des yeux la voûte du plafond et contemplait son existence pitoyable. Chimio avait viré au maître chanteur. Maggie Gonzalez, cette salope, était toujours en vie. Tout comme Mick Stranahan. Et quelque part, à l'extérieur, une équipe de télé rôdait, attendant son heure pour venir le cuisiner à propos de Victoria Barletta.

Mis à part ça, la vie était magnifique !

Quand le téléphone sonna, Rudy remonta le drap sous son menton. Il avait l'impression que c'étaient encore de mauvaises nouvelles.

— Réponds, lui ordonna Heather, la voix étouffée par un oreiller. Décroche ce putain de truc !

Rudy tendit la main hors des couvertures et saisit violemment le récepteur, comme s'il s'agissait d'un cobra. À l'autre bout du fil, il reconnut la voix sinistre et graillonnante de Roberto Pepsical, le Commissionnaire.

— Vous avez vu les infos ?

— Non, dit Rudy. Mais j'ai le journal quelque part par ici.

— On raconte que deux policiers sont morts.

— Ah ouais ! Et alors ?

— Dans un accident de bateau, continua Roberto.

— Allons, dites-moi la chute, Bobby !

— C'étaient eux.

— Qui ça, eux ? demanda Rudy.

Près de lui, Heather, avec un murmure d'exaspération, se colla complètement la tête sous les oreillers.

— Ceux dont je vous ai parlé. Mes gars !

— Merde ! fit Rudy.

Heather leva la tête, l'air exténué.

— J'essaie de me rendormir si ça ne te fait rien !

Rudy dit à Roberto qu'il allait le rappeler immédiatement depuis un autre poste. Il enfila une robe de chambre et courut, le long du couloir, jusqu'à son fumoir et referma soigneusement la porte de son antre. Il composa, tout engourdi, le numéro privé de Roberto, celui qui était réservé aux porteurs de valises et autres lobbyistes.

— Arrêtez-moi si j'ai pas bien compris, fit Rudy. Vous vous êtes servi d'officiers de police pour exécuter le contrat ?

— Ils m'avaient promis que ça se ferait les doigts dans le nez !

— Résultat : ils sont morts !

Rudy était à cent coudées au-dessus du seuil normal de l'étonnement. Il s'était conditionné à attendre le pire.

— Et l'argent ? ajouta-t-il. Je peux le récupérer ?

Roberto Pepsical n'en revenait pas du toupet de ce radin.

— Non, vous pouvez pas. Parce que je les ai payés. Et ils sont morts. Alors, si vous voulez votre fric, allez le réclamer à leurs veuves.

Le ton du Commissionnaire s'était raffermi, il était devenu impatient ; ça rendit Rudy nerveux. Ce gros porc aurait dû se répandre en excuses.

— Bon, d'accord, n'en parlons plus. Pouvez-vous trouver quelqu'un d'autre pour s'en charger ?

— Se charger de quoi ?

— De Stranahan. L'offre tient toujours.

Roberto éclata d'un rire méprisant à l'autre bout du fil ; Rudy était déconcerté par son changement d'attitude.

— Écoutez-moi, dit le Commissionnaire. Je ne marche plus dans la combine et je ne marcherai plus jamais. Deux flics tués, c'est une emmerde de première, docteur, et il vous faut espérer que personne ne découvre ce qu'ils fabriquaient.

Rudy Graveline avait envie de laisser tomber le sujet et de regagner son lit en rampant sur le ventre.

— Très bien, Bobby, fit-il. À compter d'aujourd'hui, nous ne nous reverrons plus. Au revoir !

— Pas si vite !

Aïe, ma mère ! songea Rudy. Nous y voilà !

— J'ai parlé aux Autres, dit Roberto. Ils veulent toujours toucher les vingt-cinq mille prévus à l'origine.

— C'est absurde. Les Tours du Vieux Cyprès, c'est de l'histoire ancienne, Bobby. Pour moi, c'est terminé. Vous pouvez dire à vos potes qu'ils auront que dalle.

— Mais vous avez obtenu votre P.O.S.

— J'en ai rien à foutre du P.O.S., protesta Rudy. Ils peuvent se le garder, vu ? Et le refourguer à une autre dupe.

Le ton de Roberto ne montra ni compréhension ni patience, encore moins de désir de compromis.

— Vingt-cinq mille, c'était le prix de chaque vote. Vous étiez d'accord. À présent, les Autres veulent leur fric.

— Vous n'en aurez jamais marre de faire le coursier ?

— Il s'agit de mon fric, aussi, dit calmement Roberto. Mais, ouais, j'en ai vraiment marre de faire le coursier. J'en suis malade de traiter avec des minables et des radins comme vous. Quand faut les aligner, les toubibs sont les pires à la détente, putain !

— Hé ! fit Rudy, c'est que ça pousse pas sur les arbres !

— Ce qui est dit est dit. Un marché, c'est un marché.

En un sens, Roberto était content que le Dr Graveline se montre tellement salaud. Il appréciait d'être du côté du manche pour une fois.

— Je vous donne deux jours ouvrables pour tenir vos engagements vis-à-vis de moi et des Autres.

— Quoi ? fit Rudy, d'une voix chevrotante.

— Dans deux jours, j'appellerai mon banquier des Caïmans et lui demanderai le solde de mon compte. S'il n'a pas grossi de vingt-cinq mille dollars, ça va être votre fête !

Rudy songeait : ça ne peut pas être le même homme, pas quand il me parle de cette façon.

Roberto Pepsical poursuivit, sur un ton détaché, comme s'il expédiait une affaire courante :

— Moi et les Autres — autrement dit le comté — on a eu l'idée de commencer à homologuer toutes les cliniques privées ; nous aurons nos propres critères de vérification et de sélection pour attribuer les autorisations, sans parler des inspections bimensuelles et autres broutilles du même genre. Nous pensons que c'est une mesure de salubrité publique.

— De salubrité publique ? dit Rudy faiblement.

— Il y a trop de charlatans et d'escrocs, vous êtes bien d'accord ?

Rudy songeait : le monde entier marche sur la tête.

— La plupart des cliniques n'auront rien à craindre, continua Roberto avec brio, une fois qu'elles se seront pliées aux exigences du comté.

— Bobby, vous êtes un saligaud.

Et Rudy Graveline raccrocha violemment. Ses mains tremblaient sans pouvoir s'arrêter.

Au petit déjeuner, Heather regarda fixement les doigts tremblotants de Rudy.

— Je n'aime pas du tout ça ! fit-elle.

— Ce sont des spasmes musculaires, dit-il, ça va passer.

— C'est demain que tu es censé m'opérer.

— J'en ai parfaitement conscience, ma chérie.

Ils avaient consacré la majeure partie de la matinée à discuter des implants mammaires. Heather avait glané les témoignages de toutes ses amies actrices d'Hollywood, qui s'étaient fait refaire les seins. Certaines se prononçaient en faveur des implants au silicone de la ligne Porex, d'autres préféraient les McGhan Biocell 100, d'autres encore ne juraient que par les Replicon. Heather, quant à elle, avait un penchant pour le modèle Silastic II Teardrop, parce qu'il était garanti cinq ans.

— Il vaut peut-être mieux que j'en réfère à mon agent.

— Pourquoi ? demanda Rudy, avec humeur.

— C'est de mon corps qu'il s'agit. Et de ma carrière.

— Très bien, dit Rudy. Appelle ton agent. Qu'est-ce que j'en sais après tout ? Je ne suis que le chirurgien.

Il emporta le journal dans la salle de bains et s'assit sur la lunette des W-C. Dix minutes plus tard, Heather frappa doucement à la porte.

— C'est encore trop tôt sur la côte Ouest, dit-elle. Melody n'est pas au bureau.

— Merci du renseignement.

— Mais un type vient d'appeler pour toi.

Rudy replia le journal sur ses genoux et se soutint le menton.

— C'était qui, Heather ?

— Il n'a pas laissé son nom. Il a simplement dit qu'il était un de tes patients.

— Ça limite le champ des possibilités, c'est certain.

— Il m'a dit qu'il avait fixé un chiffre. J'ai compris qu'il voulait parler d'argent.

Ce devait être ce cinglé de Chimio !

— Que lui as-tu dit ? demanda Rudy à travers la porte.

— Que tu ne pouvais pas le prendre pour le moment. Il n'a pas eu l'air de me croire.

— Inimaginable ! Voyez-vous ça ! s'exclama Rudy.

— Il a ajouté qu'il passerait à la clinique un peu plus tard.

— Magnifique !

Il pouvait entendre sa respiration derrière la porte.

— Heather, y a-t-il quelque chose d'autre ?

— Oui. Il y avait un homme dehors. Un mandataire du tribunal.

Rudy sentit la terreur l'envahir.

— Il a carillonné une dizaine de fois à la porte, mais j'ai pas voulu lui ouvrir. Il a fini par s'en aller.

— Tu es une gentille fille ! fit Rudy.

Il bondit du siège des toilettes, tout ragaillardi. Il ouvrit à toute volée la porte de la salle de bains, emporta Heather sous la douche et tourna le robinet d'eau chaude. Puis, tombant à genoux, il se mit à embrasser ses cuisses soyeuses et parfaites.

— C'est notre dernier jour, dit-elle dans un murmure, avant l'opération.

Rudy arrêta ses baisers et leva les yeux, recevant le jet fumant de la douche en plein dans les narines. À travers les gouttelettes, il voyait la femme de ses rêves presser ses seins parfaits de ses mains parfaites.

— Dis adieu à ces petits coquins, fit-elle d'un ton espiègle.

Mon Dieu, songea Rudy, qu'est-ce que je suis en train de faire ? Atroce ironie du sort ! Tous ces richards et ces boudins qu'il avait poussés à se faire opérer alors qu'ils n'avaient aucune chance d'améliorer leur look ni de transformer leur existence ! Et le jour où il rencontrait une femme au corps et au visage sans le moindre défaut, d'une perfection et d'une beauté classiques, elle suppliait qu'on la charcute !

Un crime contre nature, songeait Rudy. Et c'est lui qui en serait l'instrument.

Il se releva et fit l'amour à Heather avec emportement, là, sous la douche. Elle cala un de ses pieds contre le robinet de la baignoire, l'autre contre le porte-savon. Mais Rudy était trop perdu dans ses propres locomotions pour apprécier l'art de l'équilibre qu'elle déployait.

Plus vite il allait, plus vite il lui était facile de se concentrer. Il vida son esprit de Chimio, Roberto, Stranahan et Maggie. Avant peu, Rudy Graveline fut en mesure de réfléchir, sans se laisser distraire, à son problème le plus urgent : celui posé par cet ange blond sous la douche et ses projets pour le lendemain.

Bientôt, une idée jaillit dans le cerveau de Rudy. Elle jaillit avec une force si éclatante qu'il la confondit avec l'orgasme.

Heather Chappell se moquait éperdument de la nature de ce jaillissement, pourvu que ce soit fini. Il n'y avait plus d'eau chaude et elle gelait la sphère parfaite de ses fesses sur le carrelage humide de la salle de bains.

25

Mick Stranahan demanda à Al García de l'attendre dans la voiture pendant qu'il allait voir Kipper Garth. Les téléphones du cabinet juridique sonnaient en chœur tandis que Mick se frayait un passage à travers le labyrinthe des bureaux modulables. Les secrétaires ne se donnèrent pas la peine de l'arrêter. Elles voyaient bien qu'il ne s'agissait pas d'un client.

Dans son saint des saints, Kipper Garth était assis dans une posture familière. Il attendait un appel important en tapant à petits coups un crayon n° 2 sur le bureau et fixait d'un air renfrogné l'interphone.

— J'ai fait exactement ce que tu voulais, dit-il à Stranahan. Vois par toi-même.

La plainte pour négligence médicale des Nordstrom, dûment agrafée, était glissée dans une mince chemise brune sur un coin du bureau de Garth. Il avait attendu toute la journée ce moment où il montrerait à son beau-frère comme il avait bien travaillé. Il tendit à Mick le dossier en lui disant :

— Tiens, tout est là.

Stranahan demeura debout pendant qu'il prenait connaissance des détails de la plainte.

— Très impressionnant ! dit-il au milieu de la seconde

page. Katie a peut-être raison. Tu as peut-être bien du talent, après tout.

Kipper Garth accepta le compliment avec un haussement d'épaules avantageux, signifiant « bagatelles que tout cela ». Stranahan résista à l'envie de lui demander le nom du brillant auxiliaire juridique, rédacteur du document ; car il était impossible qu'il fût l'œuvre de son beau-frère.

— Ça s'est vraiment passé comme ça? fit Mick. L'homme a perdu un œil à cause d'un...

— D'un nibard, confirma Kipper Garth. Celui de sa femme, heureusement. Ce qui signifie qu'on peut doubler automatiquement le montant des dommages et intérêts pour souffrance morale.

Stranahan essayait d'imaginer la réaction d'un jury devant une telle mésaventure. L'affaire n'irait pas jusque-là, mais c'était amusant d'y penser.

— Le Dr Graveline a reçu notification de la plainte ?

— Pas encore, déclara Kipper Garth. Il nous a filé entre les doigts jusqu'à présent, mais c'est bon. On a un gars qui surveille la clinique et qui l'alpaguera à l'entrée ou à la sortie. La plainte est assez sérieuse comme ça, mais ton mec va grimper aux rideaux quand il découvrira qu'une séance de dépositions est déjà prévue.

— Excellent, fit Stranahan.

— Il fera repousser la date, bien sûr.

— Aucune importance. L'idée, c'est de le conserver sous pression. C'est dans ce but que je t'ai apporté ça.

Mick tendit à Kipper Garth une feuille où était tapée lisiblement une liste de neuf noms.

— La liste des témoins, expliqua Stranahan. Je veux que tu la remettes au tribunal le plus tôt possible.

— C'est une procédure inhabituelle, fit Kipper en la parcourant rapidement.

— Qu'est-ce que t'en sais ?

— Mais, nom d'un chien, personne ne communique la liste de ses témoins au tout début d'une affaire !

— C'est ce que tu vas faire pourtant, dit Mick.

— Je pige pas.

— Pour maintenir la pression, Jocko, t'as oublié ? Expédie l'un de tes employés au tribunal joindre cette liste au dossier Nordstrom. Tu pourrais même en envoyer une copie par porteur chez Graveline, juste pour rire.

Kipper Garth remarqua que tous les noms figurant sur cette liste, sauf un, étaient ceux d'autres médecins — et plus particulièrement de chirurgiens plasticiens : des experts qui témoigneraient vraisemblablement de l'incompétence choquante de Rudy Graveline dans son traitement postopératoire des implants mammaires de Mrs. Nordstrom.

— Pas mal, fit Kipper Garth. Mais qui c'est, celle-là ?

Il tapotait d'un ongle luisant le dernier nom de la liste.

— C'est une ancienne infirmière, répondit Mick.

— Mécontente ?

— On peut le dire comme ça.

— Et elle est prête à témoigner de quoi ? fit Kipper Garth.

— De la compétence du défendeur, rétorqua Stranahan. Ou plutôt du contraire, dans ce cas.

Garth caressait l'une de ses rouflaquettes cuivrées.

— Pour les témoins, je crois que nous avons intérêt à nous en tenir à ces cracks de la chirurgie plastique.

— Ils ne feront ni chaud ni froid à Graveline. Par contre, le nom de l'infirmière retiendra son attention. Fais-moi confiance !

Feignant une autorité en la matière, l'avocat souligna que le témoignage d'une ex-employée aigrie ne pèserait pas lourd dans un prétoire.

— Mais nous n'irons pas au tribunal, lui rappela

Stranahan. De toute façon, pas pour négligence médicale. Pour meurtre, à la rigueur.

— Encore une fois, je ne te suis plus, admit Garth.

— Alors n'essaie pas de le faire, conclut Stranahan.

Le camion de George Graveline, l'élagueur, était garé du côté de Crandon Boulevard sur un terre-plein naturel à la luxuriance tropicale. Platanes, gumbos limbos, acajous — de l'ombre en pagaille pour le camion de George. Le comté l'avait engagé pour arracher ces vieux arbres et faire de la place pour des courts de tennis. Bientôt un restaurant surgirait près des courts, puis un hôtel résidentiel. Leurs directeurs se verraient octroyer l'usage d'un bien de la collectivité pour pratiquement rien, grâce à leurs petits copains, les membres de la Commission du comté. Ces derniers, en retour, toucheraient un certain pourcentage, tenu secret, sur les ventes de boissons. Quant aux électeurs, ils se verraient dotés de courts de tennis tout neufs, que ça leur plaise ou non.

Le rôle de George Graveline dans cet immense effort civique était minime, mais il se mit à la tâche avec un zèle inhabituel. Au cours des deux premières heures, lui et ses hommes nettoyèrent deux bons arpents de forêt vierge. Ensuite, George alla s'asseoir dans la cabine du camion pour se reposer, tandis que ses ouvriers jetaient, l'un après l'autre, les arbres déracinés dans la débiteuse automatique.

Tout à coup, le bruit s'éteignit. George Graveline ouvrit les yeux. Il entendit son contremaître s'adresser à une voix qui ne lui était pas familière, à l'arrière du camion. George passa la tête à la portière et aperçut un Cubain râblé en costume marron. Il avait une moustache fournie et un gros cigare éteint au coin de la bouche.

— Je peux faire quelque chose pour vous ? lui cria George.

Le Cubain tira de sa veste un insigne doré de la police. En se rapprochant du camion, il constata que la pomme d'Adam de George montait et descendait.

Al García se présenta et dit qu'il aimerait lui poser quelques questions.

— Vous avez un mandat ? fit George Graveline.

— J'en ai pas besoin, *chico*, répondit García en souriant.

— Ah non ?

García secoua la tête.

— Hé ! No-on ! Jetez-moi un œil là-dessus.

Et il montra à Graveline le portrait-robot de Blondell Wayne Tatum, plus connu sous le surnom de Chimio.

— Vous avez déjà vu cet oiseau-là ?

— Non, m'sieur, fit l'élagueur.

Mais sa réaction le trahit : il détourna bien trop vite les yeux du dessin. N'importe qui d'autre l'aurait examiné attentivement.

— C'est un ami de votre frère, dit García.

— Je ne pense pas.

— Tiens donc !

García fit glisser le cigare à l'autre coin de sa bouche.

— Eh bien, ça fait plaisir de le savoir. Parce que cet homme est un tueur et que je ne vois pas pourquoi il fréquenterait un chirurgien esthétique aussi distingué.

— Moi non plus, renchérit George Graveline.

Il alluma la radio et tournicota le bouton de droite à gauche, faisant mine de chercher sa station préférée de country-music. García sentait que le mec était à deux doigts de pisser dans son froc.

— Je suis pas le premier inspecteur de la criminelle que vous rencontrez, non ?

— Sûr. Qu'est-ce que vous voulez dire ?

— Ben, c'était il y a quatre ans. Vous ne vous en souvenez probablement pas. Ça s'est passé sous les fenêtres de la clinique de votre frère, celle qu'il possédait avant de déménager vers la plage.

George Graveline se gratta le cou d'un doigt gras et bronzé. Il plissa le front comme s'il faisait un effort pour se souvenir.

— Cet inspecteur s'appelait Timmy Gavigan. Un Irlandais rouquin, avec la peau sur les os. A peu près grand comme ça. Il s'est arrêté pour bavarder avec vous quelques minutes.

— Non, je m'en souviens pas, pour sûr, fit George se tenant sur ses gardes.

— Je vais vous dire exactement quand c'était, pour vous situer... c'était tout juste après la disparition de cette étudiante, dit García. Elle s'appelait Victoria Barletta. Vous devez certainement vous rappeler. Il devait y avoir des flics un peu partout.

— Ah ! ouais.

La mémoire semblait revenir à George ; c'est ce qu'il voulait du moins faire croire à ce flic.

— La petite Barletta était une patiente de votre frère.

— Exact, fit George Graveline, en hochant la tête. Je me souviens que Rudy était tout retourné.

— Mais pas de votre petite discussion avec l'inspecteur Gavigan ?

— J'ai parlé à tellement de monde dans ma vie !

— Si je mentionne le fait, c'est que Timmy s'est souvenu de vous.

— Ah ouais ? Et alors ?

— Vous savez, il n'a jamais éclairci cette foutue affaire. La petite Barletta, après toutes ces années. Et maintenant il est mort, Timmy je veux dire.

García se dirigea vers l'arrière du camion. Et posa négligemment le pied sur le pare-chocs, près de l'attache de la débiteuse. George Graveline ouvrit la portière de la cabine et se pencha, ne quittant pas l'inspecteur des yeux.

Les deux hommes étaient seuls. Les ouvriers de George étaient partis chercher un coin frais pour manger leur casse-croûte et fumer de l'herbe ; c'était dur de se détendre avec un flic dans les pattes.

Al García examina la débiteuse et repéra une décalcomanie sur le renflement du moteur. La décalco représentait un raton laveur de dessin animé, à l'air sympa.

— Brosse à Reluire, c'est comme ça que vous l'appelez la p'tite mère ?

— Parfaitement, fit George Graveline.

— Et ça marche comment, exactement ?

George se bougea de mauvaise grâce.

— On jette le bois dans ce trou-là et il ressort par ici, à l'arrière du camion, complètement broyé.

García poussa un petit sifflement, malgré son cigare.

— Doit y avoir une méchante lame.

— Pour être grosse, elle est grosse, oui, m'sieur.

García enleva son pied du pare-chocs et montra une fois encore le portrait de Chimio.

— Si vous apercevez ce type, je veux que vous nous préveniez immédiatement.

— J'y manquerai pas, affirma George Graveline.

L'inspecteur lui tendit l'une de ses cartes. L'élagueur y jeta un coup d'œil, décida qu'elle était authentique et la glissa dans la poche-revolver de son jeans.

— Et prévenez votre frère, fit García. Juste au cas où le type montrerait son nez.

— Comptez d'ssus, assura George Graveline.

La voiture de police banalisée du comté était garée six cents mètres plus bas sur le boulevard, devant la caserne de pompiers de Key Biscayne.

— Alors, que s'est-il passé ? demanda Mick.

— *Nada,* répondit García. Comme on l'avait prévu.

— Qu'est-ce que tu penses de la théorie de Timmy ? Sur leur façon d'avoir fait disparaître le corps ?

— Si le docteur l'a vraiment tuée, alors ouais, c'est possible. C'est une sacrée machine que ce bon vieux George a entre les mains.

— Dommage que ce bon vieux George n'ait pas perdu les pédales, fit Stranahan.

García remonta les vitres et brancha l'air conditionné pour rafraîchir l'atmosphère. Il savait ce que Mick avait derrière la tête et il lui donnait raison : ce bon vieux George devait déballer toute l'affaire au grand jour. Si Maggie était morte ou s'était évanouie dans la nature, la cassette vidéo ne suffirait pas pour inculper Rudy. Ils avaient absolument besoin que George Graveline se mette à table.

— Je sors prendre l'air, dit Stranahan. Pourquoi ne pas se retrouver ici, disons dans une heure ?

— Où comptes-tu aller, bon sang ?

Stranahan descendit de voiture.

— Me dégourdir les jambes, tu n'y vois pas d'inconvénient ? Je vais me payer un café ou un flan, quelque chose comme ça.

— Mick, ne t'embarque pas dans un truc idiot. C'est une trop belle journée pour ça.

— Ouais, pour une belle journée, c'est une belle journée !

Mick claqua la portière et traversa le boulevard au trot.

— *Mierda !* maugréa García.

Il roula jusqu'au restaurant de l'Oasis et commanda une tasse de café cubain très serré. Puis une deuxième.

George Graveline était encore seul quand Mick Stranahan le rejoignit. Il était appuyé contre l'aile de son camion, les yeux fixés sur ses bottes de bûcheron. Apercevant Mick, il se redressa.

— C'est toi qui m'as filé ce putain de flic au cul !

— Bonjour, George, dit Stranahan. Quel plaisir de te revoir !

— Va te faire foutre, t'entends ?

— Mais qu'est-ce qui nous arrive ? On est mal luné ? Qu'est-ce t'as, une crampe ?

George Graveline était de ces grands méchants mous que la colère fait loucher. Et il louchait à présent. Il serrait et desserrait les poings, méthodiquement, comme s'il pratiquait un exercice de gymnastique isométrique.

— J'ai toujours ce problème dont je t'ai parlé la dernière fois, George, fit Stranahan. Ton frère essaie encore de me faire assassiner par un de ses sbires à la con. Je suis vraiment au bout du rouleau.

— Tu l'as pas volé !

— M'est avis que vous avez eu un petit entretien fraternel, Rudy et toi, depuis ma dernière visite. Et je crois que tu sais parfaitement où je peux trouver ce tueur de mes deux.

— Va te faire mettre ! dit George Graveline en frappant du pied sur l'interrupteur de la débiteuse, dont le moteur reprit vie avec un grondement de bête féroce.

— Hé ! Pourquoi t'as fait ça ? Comment j' vais t'entendre avec tout ce boucan ?

George Graveline se précipita en avant, ses deux bras raidis par la fureur, tel le monstre de Frankenstein affublé des bajoues d'Elvis Presley. Il cherchait à agripper Mick par le cou. Stranahan l'esquiva et lui flanqua un grand coup de poing en dessous du cœur.

Comme l'élagueur ne s'effondrait pas, Mick le frappa à deux reprises dans les testicules. Cette fois-ci, George s'allongea sans se faire prier.

Stranahan posa son pied droit sur le cou de taureau de George et fit pression de tout son poids, le déplaçant de l'orteil au talon. Par réflexe, George avait rivé ses mains sur ses bourses enflées. Il était dans l'impossibilité de rendre les coups et sifflait comme un pneu de tracteur qui se dégonfle.

— J'arrive pas à m'y faire, marmonna Stranahan. Alors c'est pas possible dans cette ville d'avoir une conversation civilisée sans qu'on essaie aussitôt de vous liquider ?

C'était une question de pure forme que George Graveline, de toute façon, ne pouvait pas entendre dans le vacarme de la débiteuse. Mick se pencha sur lui.

— Où est cet enfoiré de tueur ? hurla-t-il.

George tardant à répondre, Stranahan augmenta sa pression sur sa pomme d'Adam. George avait fini de loucher et ses yeux s'élargissaient démesurément.

— Alors, où il est ? répéta Mick.

Quand George commença à remuer les lèvres, Stranahan lâcha du lest. La voix qui s'échappa du gosier de l'élagueur avait une vague tonalité électronique. Mick dut s'accroupir pour entendre :

— Y travaille à Miami Beach.

— Tu pourrais être plus précis ?

— Dans une boîte de nuit.

— Laquelle, George ? Y en a des tas dans le coin.

— Le Gay Bidet, fit George en clignant des yeux.

Maintenant, songea-t-il, son frère Rudy était fichu.

— Merci bien, George, dit Stranahan en retirant sa chaussure du cou de ce dernier. C'est un début encourageant. Et si on parlait à présent de Vicky Barletta ?

George Graveline restait étendu là, la tête dans la

poussière et les saletés, des élancements douloureux dans l'aine. Il se faisait du souci pour son frère le docteur et s'inquiétait des choses horribles qui allaient lui arriver parce que lui, George, n'avait pas su tenir sa grande gueule. Rudy lui avait fait confiance, s'en était remis à lui, et voilà que George l'avait laissé tomber. Tout découragé qu'il était, il décida que peu importaient les souffrances qu'on lui infligerait : il ne raconterait pas à Mick Stranahan ce qui était arrivé à cette étudiante. Rudy avait fait une erreur, tout le monde en fait. Par exemple lui, George, une fois, s'était emmêlé les pinceaux dans son travail et avait abattu toute une rangée de palmiers royaux de quinze mètres de haut au lieu de vieux poivriers du Brésil tout miteux. Et pourtant, on l'avait pas mis en prison ni rien ; il avait juste écopé d'une amende. Cent dollars par arbre, un truc comme ça. Pourquoi on traiterait différemment un docteur ? Tout en réfléchissant à la carrière médicale mouvementée de Rudy, George lâcha d'une main ses bourses enflées. Elle se posa par hasard sur une bûche d'acajou fraîchement coupée, que dissimulait sa jambe gauche. Le bois était lourd, l'écorce, sèche et rugueuse. George referma ses doigts autour. Ça semblait parfait.

Toujours à croupetons, Mick donna un coup de coude dans l'épaule de George.

— Deux balles si tu me dis à quoi tu penses !

Alors George le frappa en plein derrière la nuque.

Stranahan ne vit pas venir le coup et crut d'abord qu'on lui avait tiré dessus. Il entendit un homme crier et comme les sirènes d'une ambulance. La séquence de son sauvetage se déroulait dans son imagination avec une précision hallucinante. Il s'attendait à sentir les mains des infirmiers déchirer sa chemise, le stéthoscope se coller sur sa poitrine, la piqûre de l'aiguille de l'intraveineuse dans son bras. Il attendait, comme un enfant, la sensation d'être hissé sur la civière.

Mais rien de tout cela n'arriva ; et pourtant le bruit de la sirène de l'ambulance ne diminuait pas. Dans ce sommeil fracassant, Stranahan se sentit gagné par la colère. Que foutaient donc les mecs du Samu ? On venait de descendre un type dans ce coin !

Puis, avec béatitude, il sentit quelqu'un le soulever. On l'avait pris sous le bras, quelqu'un de costaud. Qu'il avait mal, bon Dieu, qu'il avait mal ! mais c'était bien — au moins, on était venu. Puis, à nouveau, il se sentit tomber ; s'il tombait, s'il mourait, il n'était sûr de rien. Et dans le fracas de son sommeil, il entendit le gémissement de la sirène devenir si aigu qu'il eut envie de se boucher les oreilles et de hurler pour qu'il cesse, mon Dieu, par pitié !

Et il cessa.

Quelqu'un avait arrêté la débiteuse.

Stranahan ouvrit les yeux dans cet étrange silence creux qui succède à un écho perçant. Ses tympans trémulaient. Il y avait dans l'air une odeur âcre de cordite. Mick se retrouva à genoux, vacillant comme un ivrogne, prêt à recevoir la communion. Sa chemise était trempée, son cœur battait la chamade. Il s'examina et vit qu'il s'était trompé : on ne lui avait pas tiré dessus. Pas d'ambulance non plus à l'horizon, rien que le camion de l'élagueur.

Al García était assis sur le pare-chocs. Sa main droite, qui tenait un revolver, pendait lourdement à côté. Il était aussi pâle que le ventre d'un carrelet.

On ne voyait trace de George Graveline nulle part.

— Ça va ? demanda Stranahan.

— Non, fit l'inspecteur.

— Où est passé l'arboricole ?

Du bout de son arme, García désigna l'arrière du

camion où la débiteuse avait recraché la purée de chair et d'os qui était tout ce qui restait de George Graveline.

Après qu'il eut essayé d'enfourner Mick Stranahan dans la gueule de la machine et qu'Al García lui eut tiré par deux fois dans le dos.

Et que, sous l'impact des balles, il eut été précipité, la tête la première, dans le gosier de la dévoreuse d'arbres.

26

Chimio sortit la Bonneville du garage et roula jusqu'à Whispering Palms pour s'entendre dire à la réception que le Dr Graveline était absent. Remarquant la topographie spectaculaire du visage de Chimio, la réceptionniste lui conseilla d'appeler en urgence le médecin à son domicile. Chimio lui dit merci, quand même.

En sortant, il contourna le bâtiment de la clinique et s'approcha du parking du personnel. La nouvelle Jaguar dernier modèle du Dr Graveline était garée dans son espace réservé. Rudy en avait fait l'acquisition tout de suite après que Stranahan eut fait sauter l'ancienne. Elle était d'un rouge profond ; pomme d'api, estima Chimio. Chez Jaguar, probablement, on devait donner à cette teinte un nom plus porteur. Les vitres de la voiture étaient d'un gris fumée, parfaitement opaque. Chimio supposa que Graveline avait dû la munir d'une sirène d'alarme, aussi fit-il attention de ne toucher ni aux portières ni au capot.

Il se dirigea nonchalamment vers l'arrière de la clinique, au bord de l'eau, et risqua un coup d'œil dans le bureau privé de Rudy, par la baie vitrée. Il aperçut ce dernier qui jacassait au téléphone. Chimio se sentit contrarié ; c'était grossier de la part de Graveline de l'envoyer paître comme ça. Grossier, mon cul ! Complètement idiot, ça oui !

En revenant sur ses pas, Chimio vit un homme de petite taille, affublé d'un costume gris mal coupé, debout près de la voiture de Rudy. Le quidam portait des chaussures marronnasses et des lunettes à monture noire. Il devait avoir cinquante ans passés. Chimio s'arrêta à sa hauteur.

— Vous cherchez Graveline ?

L'inconnu à lunettes jeta à Chimio un regard d'une méfiance extrême.

— C'est vous ?

— Foutre non. Mais ça, c'est sa voiture.

— On m'a dit qu'il n'était pas là.

— On vous a menti. C'est dur à avaler, non ?

L'homme ouvrit un portefeuille marron et montra à Chimio un insigne plutôt ringard.

— Je travaille pour le comté, fit-il. Je dois remettre certains papiers au docteur. Et ça fait deux-trois jours que j'essaie.

— Vous voyez cette porte latérale ? Vous n'avez qu'à l'attendre là. Il ne tardera pas, c'est presque cinq heures.

— Merci, fit le mandataire, qui alla se camper comme un idiot à l'endroit que Chimio lui avait désigné.

Il avait fait un rouleau de la notification du tribunal, qu'il tenait serré dans sa main comme s'il comptait en estourbir le docteur quand il sortirait.

Chimio fit glisser le taille-herbe hors de sa gaine en veau et reporta son attention sur la nouvelle Jaguar de Rudy. Il choisit de commencer par l'aile avant gauche.

Au début, les choses allèrent lentement — ces Angliches en connaissaient un bout, question peinture de carrosserie ! Tout d'abord, le Mono-Trim n'infligea à l'émail rouge foncé que de pâles éraflures. Mais, de son bras valide, Chimio arriva à caler son engin au plus près du garde-boue. La puissante tondeuse à gazon mit un quart d'heure pour atteindre la couche d'acier. Chimio s'escrima à agrandir la balafre en déplaçant sa tête vrombissante de long en large.

De son poste de guet, devant la porte de la clinique, le mandataire observait l'étrange cérémonie, complètement fasciné. Finalement, ne pouvant supporter plus longtemps ce spectacle, il héla Chimio.

Ce dernier se détourna de la Jaguar pour regarder le binoclard. D'une chiquenaude, il fit basculer l'interrupteur pour arrêter le taille-herbe, puis mit sa main droite en cornet devant son oreille.

— Qu'est-ce que vous faites avec ce truc ? fit le quidam.

— Une thérapie, répondit Chimio. Ce sont les ordres du docteur.

Comme nombre de ses confrères, le Dr Rudy Graveline était un compulsif, suprêmement organisé mais atteint sans espoir de rétention anale. Le lendemain du coup de téléphone perturbant de Robert Pepsical, le Commissionnaire, Rudy rédigea méticuleusement la liste de tous les problèmes qui mettaient en danger sa carrière. En vertu du montant de sa tentative d'extorsion, Pepsical fut promu au troisième rang, derrière Stranahan et Chimio. Rudy étudia attentivement cette liste. Comparé à la menace d'une inculpation d'assassinat, Roberto n'était qu'une merde insignifiante aux prétentions financières exorbitantes.

Rudy composa le numéro du New Jersey et attendit que Sourcils en Bataille prenne la communication.

— Bon Dieu ! je vous ai déjà dit de pas m'appeler ici. Laissez-moi le temps de trouver mieux.

Et il raccrocha. Rudy attendit. Dix minutes plus tard, l'homme le rappela.

— Laissez-moi deviner, votre problème s'est aggravé.

— Oui, fit Rudy.

— Votre artiste local, il travaillait pas seul en fin de compte.

— Si, rétorqua Rudy. Mais plus maintenant.

— C'est plutôt marrant.

Et Soucils en Bataille éclata d'un rire flatulent.

Quelque part, dans le fond, une alarme de voiture se mit à brailler.

— Vous, les mecs à pognon, vous êtes vraiment spéciaux, avec votre manie de toujours essayer de tout obtenir au rabais.

— Eh bien, j'ai encore besoin d'une faveur, dit Rudy.

— Quel genre ?

— Vous vous souvenez de cet accident de chasse, il y a quelques années ?

— Sûr. Ce docteur qui vous donnait du fil à retordre.

Si l'homme du New Jersey ne se souvenait pas de son nom, Rudy ne l'avait pas oublié. Il s'agissait de Kenneth Greer, l'un de ses anciens associés du Centre Durkos. Celui qui avait compris ce qui était arrivé à Victoria Barletta. Celui qui avait essayé de le faire chanter.

— Trois fois rien, dit Soucils en Bataille, j'aimerais bien qu'ils soient tous chasseurs. Rien de plus facile que de les liquider à l'ouverture de la chasse au daim.

L'homme du New Jersey fut pris d'une démangeaison — dans l'appareil, Rudy entendit le bruit répugnant de ses ongles grattant sa peau poilue. Il essaya de penser à autre chose.

— Quelqu'un d'autre me donne du fil à retordre, dit le docteur. Je ne sais pas si vous pouvez m'aider mais je me suis dit que ça ne coûtait rien d'essayer.

— Je vous écoute.

— Il s'agit des membres de la Commission du comté de Dade. Il faut que quelqu'un me les tue. Vous pouvez m'arranger ça ?

— Hé là ! une minute...

— Tous tant qu'ils sont, fit Rudy, comme si ça allait de soi.

— Excusez-moi, docteur, mais vous êtes complètement cinglé ! Putain, ne vous amusez plus à m'appeler !

— Écoutez, s'il vous plaît, continua Rudy. Cinq d'entre eux veulent me faire casquer à raison de vingt-cinq mille dollars par tête. L'ennui, c'est que je ne sais pas qui ils sont. Alors j'ai eu l'idée de les faire descendre tous les neuf.

— Vous m'embrouillez les méninges, grommela Sourcils en Bataille.

Patiemment, Rudy lui expliqua le fonctionnement du système des pots-de-vin, comment chaque membre de la Commission s'arrangeait pour que quatre de ses collègues ripoux donnent leur aval, en cas de vote controversé. Rudy parla à l'homme du New Jersey du projet immobilier des Tours du Vieux Cyprès et lui raconta comment les Commissionnaires essayaient de le faire cracher pour l'obtention d'un P.O.S., dont il n'avait plus besoin.

— Hé ! un marché c'est un marché, s'exclama Sourcils en Bataille, froidement. Il me semble que vous vous êtes fourré dans un sale pétrin.

À l'entendre, on aurait dit maintenant qu'il se curait les dents avec un peigne.

— Vous ne voulez pas m'aider ? fit Rudy.

— Non. Veux pas. Peux pas. Le ferai pas.

L'autre fut saisi d'une violente quinte de toux et cracha.

— Même si, sur un plan strictement personnel, je trouve que dégommer tous les membres d'une Commission est une idée plutôt séduisante, ce serait mauvais pour mes affaires.

— C'était juste une idée, dit Rudy. Navré de vous avoir dérangé.

— Vous voulez mon avis désintéressé ?

— Pourquoi pas ?

— Quel est l'homme clé dans cette affaire ? Lui au moins, vous devez connaître son nom ? fit Sourcils en Bataille.

— Oui.

— Bien. Je vous suggère que quelque chose arrive à ce salopard. Quelque chose de terriblement désagréable. Ça pourrait servir de leçon aux huit autres enfoirés, vous me suivez ?

Rudy Graveline dit que oui, il le suivait.

— Faites-moi confiance, dit l'homme du New Jersey, il y a un sacré bout de temps que j' suis de la partie. Ce genre de truc impressionne un max, surtout quand on a affaire à des maires, des conseillers et *tutti quanti*. On peut pas dire que ce sont des durs.

— Je suppose que non.

Rudy s'éclaircit la voix :

— Écoutez, c'est une très bonne idée de ne s'occuper que de l'un d'entre eux.

— C'est ce que je vous conseille, dit l'homme du New Jersey.

— Vous pouvez m'arranger ça ?

— Ah non ! merde ! Je vais pas risquer mes gars pour un con de politicard de troisième zone. Pas question. C'est beaucoup trop difficile de dénicher de nouveaux talents de nos jours — vous-même en avez fait l'expérience.

Rudy se souvint de l'article consacré à Tony l'Anguille que la mer avait rejeté, mort, sur la plage du cap Floride.

— Je n'encaisse toujours pas ce qui est arrivé à ce pauvre type, le mois dernier, dit le docteur.

— Hé ! ce sont les risques du métier.

— Oui, mais quand même, fit Rudy d'un ton morose.

— Vous devriez vous tirer de Floride, lui conseilla Sourcils en Bataille. C'est ce que j' dis à tous mes amis, c'est plus ce que c'était. Rien à foutre de leurs belles plages de merde, toubib ! Ces Cubains sont dingos, ils sont pas comme vous et moi. Sans parler des juifs et des Haïtiens, nom de Dieu !

— Les temps changent ! fit Rudy.

— J'ai lu ça, dans un article sur le stress. À part Las Vegas, la Floride est comme qui dirait le pire des endroits de merde de l'Amérique pour stresser. J'invente rien.

— On dirait que tout le monde cherche à me dépouiller, fit Rudy avec abattement.

— Et c'est pas la foutue vérité, bordel de merde ?

— Je vous jure que je suis pas violent de nature.

— Le Costa Rica, lâcha l'homme du New Jersey. À votre place, j'y songerais.

Roberto Pepsical, le Commissionnaire, arriva à l'église avec un quart d'heure d'avance et alla arpenter en éclaireur les bas-côtés. Une clocharde à cabas roupillait sur le troisième banc, et c'était tout. Pour tuer le temps, Roberto alluma une rangée entière de cierges votifs ; puis il fouilla dans sa petite monnaie et glissa une pièce de dix *cents* canadiens dans le tronc des offrandes.

Quand il aperçut le docteur, Roberto, de sa démarche

en canard, regagna prestement le fond de l'église. Rudy Graveline portait une veste sport pain brûlé, des pantalons sombres et amples et une cravate à rayures marron. Il avait l'air ô combien calme de celui qui est tombé dans la gueule du loup. Il tenait dans sa main droite une valise Samsonite noire. Sans un mot, Roberto le bouscula au passage et pénétra dans l'un des confessionnaux inoccupés. Rudy patienta trois minutes environ, vérifia si la voie était libre des deux côtés et s'y engouffra à son tour.

— Mon Dieu ! s'exclama-t-il.

— Il est quelque part ici dedans.

Le Commissionnaire gloussa à sa propre boutade. Rudy n'avait jamais mis les pieds dans un confessionnal. C'était beaucoup plus étroit et obscur qu'il ne l'avait imaginé. L'unique lumière provenait de la minuscule ampoule ambrée d'une applique murale.

Roberto avait posé son gros cul sur le coussin du prie-Dieu, tournant le dos à la grille. Rudy alla vérifier s'il n'y avait pas de prêtre à l'écoute de l'autre côté. Les prêtres pouvaient être terriblement silencieux quand ils le voulaient.

— N'oubliez pas de parler à voix basse, fit le Commissionnaire, un doigt sur la bouche.

Qu'est-ce que tu crois, songea Rudy, que je vais me mettre à gueuler un air de Gershwin ?

— Parmi tous les endroits bizarroïdes, fallait le trouver ! fit-il.

— C'est un lieu calme et très sûr, rétorqua Roberto.

— Et on fait pas plus étroit ! ajouta Rudy. Vous avez mangé des anchois pour dîner, je me trompe ?

— Ici, il n'y a pas de secret qui tienne, fit Pepsical.

Rudy se tassa avec difficulté avec sa Samsonite, aux côtés du Commissionnaire sur le prie-Dieu. La chaleur dégagée par le corps de Roberto les baignait tous deux dans une brume de tiédeur âcre. Et Rudy se demanda dans combien de temps l'oxygène viendrait à manquer. Il n'avait jamais entendu dire que quelqu'un fût mort de suffocation en se confessant. Mais ça ne prouvait rien, c'était le type même de l'incident que les catholiques étouffaient soigneusement.

— Vous êtes prêt ? lui demanda Roberto, en clignant de l'œil. Vous avez quoi dans votre poche ?

— Malheureusement, c'est une citation à comparaître. Un salopard m'a chopé quand j'ai quitté la clinique ce soir.

Rudy était tellement pressé qu'il n'avait même pas jeté les yeux sur la paperasserie du tribunal ; être poursuivi en justice était pour lui presque une habitude.

— Pas étonnant que vous soyez d'une humeur massacrante, fit Roberto.

— C'est pas à cause de ça mais de ce qu'on a fait à ma nouvelle voiture. Un vandale me l'a saccagée ! Je devrais plutôt dire qu'il me l'a décapée !

— La Jag ? C'est terrible.

— Oh ! j'ai eu une journée grandiose, fit Rudy. Absolument grandiose !

— Pour en revenir à l'argent...

— Je l'ai apporté avec moi.

Le docteur ouvrit la valise posée sur leurs genoux à tous deux et le confessionnal s'emplit du parfum pénétrant des billets neufs. Rudy Graveline fut bouleversé — ça sentait bel et bien. Roberto cueillit une liasse de billets de cent dollars.

— Je croyais vous avoir dit en billets de vingt.

— Ouais, c'est ça, et il m'aurait fallu une putain de remorque.

Roberto Pepsical fit sauter la bande et compta dix mille dollars qu'il déposa par terre, entre ses pieds. Puis il y ajouta les autres liasses de la valise pour s'assurer que le tout se montait bien à cent vingt-cinq mille dollars.

Il agita avec un large sourire un billet de cent.

— J'en vois pas souvent des comme ça. Dessus, c'est qui ? Eisenhower ?

— Non, fit Rudy d'un ton glacial.

— La banque, elle a dit quoi quand elle vous a vu sortir tous ces gros billets ?

— Rien, dit Rudy. On est à Miami, Bobby.

— Ouais, je vois.

Le Commissionnaire réempila avec exubérance les paquets de fric dans la Samsonite puis ramassa les dix mille dollars qui traînaient et les fourra en vrac dans les poches de sa veste.

— Vous avez agi intelligemment.

— Je n'en suis pas si sûr, lâcha Rudy.

— Vous savez, le projet dont je vous ai touché un mot… de donner des autorisations aux cliniques et tout ça ? Moi et les Autres, on a décidé de laisser tomber. On a pensé que les docteurs comme vous, vous étiez bien assez réglementés comme ça.

— Heureux de vous l'entendre dire, fit Rudy Graveline.

— Et si on allait boire un coup ? proposa le Commissionnaire. On pourrait s'arrêter au Versailles et écluser un pichet ou deux de sangria.

— Voui.

— Hé ! c'est moi qui régale.

— Merci, dit le docteur. Mais vous savez ce que j'aimerais faire d'abord ? Dire une prière. J'aimerais remercier Dieu d'avoir permis que ce problème du Vieux Cyprès soit finalement réglé.

— Si ça vous chante, allez-y, dit Roberto en haussant les épaules.

— Mais ça fait rien, Bobby? Je veux dire, étant donné que je ne suis pas catholique.

— Pas de problème.

Le Commissionnaire se leva en grommelant, fit volte-face et se mit à genoux sur le prie-Dieu, dont le coussin gémit sous son poids.

— Mettez-vous comme ça, dit-il.

Rudy Graveline, qui était plus mince, eut meilleur temps avec la manœuvre de retournement. La valise coincée entre eux, les deux hommes se retrouvèrent agenouillés, côte à côte, face à la grille du confessionnal.

— Allez-y de votre prière! fit Pepsical. J'attendrai que vous ayez fini. En fait, je pourrais même me fendre d'un ou d'eux « Je vous salue », tant que j'y suis.

Rudy ferma les yeux, baissa la tête et feignit de prier.

Roberto lui donna un coup de coude dans les côtes.

— C'est pas que je veux vous dicter votre conduite, dit-il à Rudy, mais ici dedans, c'est pas convenable de dire sa prière, les mains dans les poches.

— Bien sûr, fit Rudy. Excusez-moi.

Il sortit sa main droite de son pantalon et la posa sur l'épaule grassouillette de Roberto. Il faisait trop sombre pour que le Commissionnaire puisse apercevoir la seringue hypodermique.

— Je vous salue, Marie, pleine de grâces, commença Roberto, le Seigneur soit avec vous. Vous êtes bénie entre toutes... Ah!

Il essaya de se débarrasser — en vain — de l'aiguille plantée dans sa veste, à hauteur du coude. Quand on connaissait la maladresse de Rudy en fait d'injections, c'était un petit miracle qu'il ait atteint l'artère cubitale du premier coup. Roberto Pepsical étreignit le docteur désespérément, pantelant comme un ours; mais déjà, la dose mortelle de cyanure de potassium affluait vers les valvules de son cœur trop gros.

En l'espace d'une minute, il mourut d'une attaque, dont les symptômes singeaient si parfaitement ceux d'un banal infarctus que jamais ses parents ne réclameraient d'autopsie.

Rudy retira la seringue usagée, récupéra le liquide dans les poches de Roberto, ramassa la valise noire et se glissa hors du confessionnal puant le renfermé. En comparaison, l'atmosphère de l'église avait la fraîcheur des cimes et Rudy prit le temps d'inspirer profondément.

Un couple de vieux Cubains, assis au dernier rang, se retourna en entendant ses pas sur les dalles. Rudy s'inclina gravement, en espérant qu'ils ne remarqueraient pas comme ses jambes tremblaient. Il fit face à l'autel et tâcha de sourire comme un homme qui vient de purifier son âme.

La vieille Cubaine porta un doigt replié à son front et se signa. Rudy, mal à l'aise avec le rituel catholique, se demanda s'il devait lui répondre. Il ne savait pas comment on faisait un signe de croix mais, posant la valise, il s'y essaya avec courage. De son index, il se toucha le front, la poitrine, l'épaule droite, l'épaule gauche, le nombril puis le front à nouveau.

— Longue vie et prospérité, dit-il à la vieille femme avant de franchir le portail de l'église.

Rentré chez lui, Rudy Graveline monta au premier étage prendre des nouvelles d'Heather Chappell. Il s'assit au bord du lit et lui prit la main. Elle lui jeta un regard humide entre ses bandages.

Rudy lui embrassa le bout des doigts.

— Comment te sens-tu ? lui dit-il.

— Je ne sais pas comment c'est pour toi, fit Heather. Mais moi, j'ai l'impression d'avoir cent ans.

— Il fallait s'y attendre. Tu as eu une rude journée.

— Tu es sûr que tout s'est bien passé ?

— À merveille.

— Le nez aussi ?

— Un chef-d'œuvre.

— Mais je ne me souviens de rien.

La raison pour laquelle Heather ne se rappelait pas l'opération, c'est qu'il n'y avait pas eu d'opération du tout. Rudy l'avait copieusement droguée la nuit précédente et l'avait maintenue dans cet état toute la journée. Heather était demeurée inconsciente sept heures durant, assommée par des narcotiques hors pair. À son réveil, elle eut l'impression d'avoir dormi un mois. Ses hanches, ses seins, son cou et son nez avaient été expertement et douillettement bandés, mais aucun scalpel n'avait effleuré son épiderme californien. Rudy espérait convaincre Heather du complet succès de son intervention : l'absence de cicatrices témoignerait de son génie. Évidemment, il avait des semaines et des semaines de conseils postopératoires bidon devant lui.

— Je peux voir la cassette ? demanda-t-elle, du fond du lit.

— Plus tard, promit Rudy. Quand tu seras d'attaque.

Il avait commandé une série de cassettes de formation chirurgicale à une école de médecine de Californie. Maintenant, il suffisait simplement de monter, à partir de ces bandes, une séquence qui se tenait. Dans leur blouse, sous le masque, endormis sur la table d'opération, tous les patients se ressemblaient peu ou prou sous l'œil de la caméra. Et tout ce qu'on voyait du chirurgien, c'étaient ses mains gantées ; Heather ne se douterait jamais que ce n'était pas son amant qui opérait.

— C'est incroyable, Rudolph, fit-elle. Mais je n'ai mal nulle part.

— Ce sont les médicaments. Les tout premiers jours, on te fait planer assez haut.

— Altitude 2 000 ? fit Heather en gloussant.

— 2 500, renchérit Rudy. Au moins.

Il lui remit la main sous les draps et prit quelque chose sur la table de nuit.

— Regarde ce que j'ai là.

Elle plissa les yeux, sa vision brouillée par les calmants.

— Du rouge, du bleu et du blanc, dit-elle d'un ton rêveur.

— Des billets d'avion. Je t'emmène en voyage.

— Vraiment ?

— Au Costa Rica. Le climat est idéal pour ta convalescence.

— On y restera longtemps ?

— Un mois ou deux, peut-être plus, répondit Rudy. Aussi longtemps qu'il le faudra, ma chérie.

— Mais je dois participer à *Mot de passe* avec Jack Klugman.

— C'est hors de question. Tu n'es pas en état de supporter ce genre de stress. Et maintenant, il faut que tu dormes un peu.

— C'est quoi, ce bruit ? fit-elle, en levant la tête.

— La sonnette de la porte d'entrée, mon amour. Recouche-toi.

— Le Costa Rica, murmura Heather. Où est-ce que ça se trouve d'abord ?

Rudy l'embrassa sur le front en lui disant qu'il l'aimait.

— Ouais, fit-elle, je sais.

Celui qui sonnait à la porte, quel qu'il fût, appuyait sur le bouton comme sur un juke-box. Rudy dévala les escaliers et regarda par l'œil du judas.

Chimio lui fit un signe dépourvu d'aménité.

— Merde, soupira Rudy.

Puis il songea à sa Jaguar et ouvrit la porte.

— Pourquoi vous avez esquinté ma voiture ?
— Ça vous apprendra à être poli, fit Chimio.
Une autre femme couverte de pansements se tenait à ses côtés.
— C'est vous, Maggie ? demanda Rudy Graveline.
Chimio la fit entrer dans la vaste demeure en la guidant par la main. Il découvrit le salon et se mit à l'aise dans un rocking-chair ancien. Maggie Gonzalez alla s'installer sur un canapé de cuir blanc. Son regard, seul indice de son humeur pour Rudy, paraissait froid et hostile.
— J'aime pas trop tourner autour du pot, dit Chimio. Je devrais vous tuer tout simplement.
— Et ça vous donnerait quoi ? dit Rudy.
Il se rapprocha de Maggie et lui demanda :
— Qui vous a refait le visage ?
— Leaper, dit-elle.
— Leonard Leaper ? De New York ? J'ai entendu dire beaucoup de bien de lui — ça vous ennuie si je jette un œil ?
— Oui, dit-elle, en se reculant. Rogelio, dites-lui de me laisser !
— Rogelio ? fit Rudy en regardant Chimio, d'un air interrogateur et railleur à la fois.
— C'est votre faute, putain ! C'est le nom sous lequel vous avez pris les billets. Foutez-lui la paix, maintenant !
Chimio cessa de se balancer. Il toisait Rudy comme s'il était une punaise des bois qu'il s'apprêtait à écraser.
Le chirurgien alla s'asseoir près de Maggie sur le canapé de cuir blanc.
— Alors comment cicatrisent vos dermabrasions ? demanda-t-il à Chimio.
Le tueur porta, avec une certaine gêne, la main à son menton.

— Si vous vous faites tout à coup du souci pour ma gueule, c'est que vous devez avoir drôlement la trouille !

— Hé ! mais, vous avez bonne mine ! s'obstina Rudy. C'est une amélioration à mille pour cent.

— Nom de Dieu !

— Venons-en au fait, d'accord ? fit Maggie avec une certaine irritation. J'ai pas envie de traîner ici.

— Pour le fric, dit Chimio au docteur, on s'est fixés sur un million tout rond.

— Et pourquoi ?

Rudy tâchait de rester calme mais son ton était tranchant. Chimio recommença à se balancer sur le rocking-chair.

— Mais, pour le tout ! fit-il. Pour la cassette vidéo de Maggie. Pour Stranahan. Pour stopper cette émission de télé à propos de cette fille qui est morte ; ça vaut bien un million de dollars, tout ça. Et même, plus j'y réfléchis, plus je me dis que ça en vaut deux.

Rudy se croisa les bras.

— Si vous faites exactement ce que vous venez de me dire, je serai heureux de vous donner un million de dollars. Pour le moment, sauf le remboursement de vos frais, vous n'aurez rien de rien parce que vous n'avez rien fait, sinon foutre le bordel !

— Ce n'est pas vrai, fit Maggie d'un ton sec.

— On n'a pas perdu notre temps, ajouta Chimio. On a une grosse surprise pour vous.

— Merci, j'ai déjà été servi. J'ai un procès pour négligence médicale sur le dos. Et devinez qui figure sur la liste des témoins ?

Il braqua un doigt accusateur sur Maggie qui se récria :

— Première nouvelle !

— Un dénommé Nordstrom a perdu un œil dans des circonstances dingues et tout est de ma faute, paraît-il.

— Jamais entendu parler d'un Nordstrom, fit Maggie.

— Et pourtant votre nom est cité dans le dossier, comme témoin à charge. Alors, pourquoi vous donnerais-je un seul sou à tous les deux ?

— Pour une excellente raison, fit Chimio. Je crois qu'on appelle ça le prix du silence.

— Non, fit le docteur, je marche pas.

Chimio quitta le fauteuil à bascule. Il traversa le salon en deux enjambées et colla à Rudy un sérieux coup de poing dans l'estomac.

Le docteur s'affala avec un haut-le-cœur sur le tapis persan. Chimio le retourna du pied. Puis mit le taille-herbe en route.

— Oh, mon Dieu ! s'écria Rudy, en se protégeant les yeux de ses mains.

Maggie se mit prestement à l'écart, chiffonnant tous ses bandages dans cette agitation.

— J'ai une nouvelle batterie, annonça Chimio. Une Dure-à-Cuire. Regardez-moi ça !

Et il commença à taillader les beaux habits de Rudy. Après avoir réduit en charpie sa chemise et sa cravate, il se mit en devoir de tondre les poils bruns frisés de sa poitrine. Rudy glapissait de façon pitoyable tandis qu'apparaissaient de vilaines stries rosâtres sous ses mamelons.

Chimio orientait sa machine infernale vers la zone pubienne du docteur quand il repéra quelque chose à l'intérieur de la doublure en lambeaux du costume pain brûlé. Il éteignit le taille-herbe et se pencha pour mieux voir.

De sa main valide, Chimio fouilla les entrailles soyeuses de la veste de Rudy et en retira le coin sectionné d'un billet de cent dollars. Avec une excitation grandissante, il explora plus avant et en découvrit davantage : de pleines poignées, heureusement non déchiquetées.

Chimio étala l'argent sur la table basse, sous laquelle Rudy se débattait avec des gémissements d'impuissance. Ce dernier était aux premières loges pour le comptage, les yeux levés à travers le verre dépoli. Au fur et à mesure que les billets recouvraient la table, le visage de Rudy se durcissait en un masque d'incrédulité abjecte. En revenant de l'église, il avait songé à s'arrêter à la clinique et à remettre l'argent dans le coffre. Trop tard, à présent.

— Faites le compte, dit Chimio à Maggie.

Elle feuilleta les billets avec fièvre.

— Neuf mille deux cents dollars, annonça-t-elle. Le reste est haché menu.

Chimio tira le Dr Graveline de dessous la table basse.

— Pourquoi vous trimbaliez autant de liquide ? Me dites pas que le vendeur de Jag refuse les cartes de crédit.

Son regard humide de salamandre vint se poser sur la Samsonite noire que Rudy avait stupidement abandonnée au beau milieu du vestibule.

Rudy pleurnicha de désespoir en voyant Chimio ouvrir la valise d'un coup de pied et s'accroupir pour compter le reste de l'argent qui s'y trouvait.

— Tiens, tiens, fit le tueur.

— Qu'est-ce que vous allez en faire ? demanda Rudy.

— Ben, je crois qu'on va en faire don à la Recherche pour le cancer. Ou peut-être bien à l'UNICEF.

Chimio revint vers Rudy et taquina son ventre dénudé de l'extrémité encore chaude du taille-herbe.

— Non mais, qu'est-ce que vous imaginez qu'on va en foutre, putain ? On va le claquer puis on reviendra en chercher d'autre.

Après leur départ, le Dr Graveline demeura un bon

moment étalé sur le tapis persan tout froissé. Il songeait : voilà à quoi mes études à Harvard m'ont conduit ; à être rançonné, battu, déshabillé, outragé et transformé en chair à pâté. Rudy explora doucement avec ses doigts les zébrures tumescentes qui s'entrecroisaient sur sa poitrine et son abdomen. Si la douleur n'avait pas été aussi cuisante, il aurait trouvé ça presque comique.

Graveline se souvint tout à coup que Chimio et Maggie avaient oublié de lui communiquer leur grand secret : ce qu'ils avaient bien pu faire, le crime spectaculaire qu'ils avaient bien pu commettre pour mériter ce premier versement d'arrhes.

Et Rudy se rendit compte qu'il n'était pas si curieux de l'apprendre. En fait, il était même soulagé de ne rien savoir.

27

Le médecin légiste de service jeta un œil à l'arrière du camion et s'exclama :

— Miam, des lasagnes !

— Tordant ! fit Al García. Vous devriez passer au *Johnny Carson Show* et faire tout un numéro avec des macchab'.

— Al, faut bien admettre...

— Je vous ai raconté ce qui s'est passé.

— Faut bien admettre le côté humoristique de la chose.

Les coroners avaient le chic pour mettre García mal à l'aise. Ils étaient toujours ravis quand quelqu'un cassait sa pipe d'une façon originale.

— Si vous trouvez ça drôle, grand bien vous fasse ! Après tout, c'est vous qui allez faire l'autopsie.

— Faudra que je déniche d'abord un plat à gratin.

— Hilarant, fit García. Absolument hilarant.

Le médecin légiste lui dit de se dérider un peu, ajoutant que tout un chacun a besoin de briser la monotonie de ses tâches quotidiennes, quelles qu'elles soient.

— J'en ai soupé des blessures par balle, fit-il, dans le coin, ça devient du foutu travail à la chaîne. BPB à la tête. BPB dans le thorax. BPB au cou. Ça craint, Al.

— Écoutez, continuez à plaisanter tant qu'il vous plaira. Mais je compte sur vous pour que les journaux ne parlent pas de cette affaire.

— Bonne chance.

L'inspecteur savait qu'il serait difficile de ne pas ébruiter la mort de George Graveline. Sept voitures de police, une ambulance, un fourgon mortuaire — même à Miami, ça attire du monde. Le long de Crandon Boulevard, les cordons jaunes de la police tenaient les badauds à distance. Bientôt débarqueraient les camés-copes et leurs zooms si pratiques pour les gros plans.

— J'ai besoin d'un jour ou deux, dit García. Ni presse ni parents.

Le médecin légiste haussa les épaules.

— Faudra au moins ça pour l'identifier, vu ce qui reste. J'imagine qu'il faudra se rabattre sur les dents.

— Peu importe.

— Va falloir me coller à la fourrière le camion et cette merveilleuse machine à fabriquer les cure-dents, dit le médecin légiste.

García lui répondit qu'il se chargerait de les faire remorquer en ville.

Le médecin légiste colla sa tête entre les mâchoires de la débiteuse et examina les lames tachées de sang.

— Devrait y avoir des fragments de balle dans tout ce gâchis.

— Hé ! mon cher Holmes, je vous ai dit ce qui s'est passé. C'est moi qui ai tué cet enfoiré, O.K. ? Avec mon revolver et mes balles.

— Al, me gâchez pas tout mon plaisir !

Ce disant, il pêcha dans la gueule de la débiteuse, en le détachant soigneusement, un débris qu'un œil non exercé aurait pris pour une vulgaire chenille processionnaire, noire et velue.

Le médecin légiste le mit sous le nez de García pour qu'il voie mieux. L'inspecteur fronça le sourcil.

— Et alors, on gagne un prix ou quoi ? C'est une rouflaquette, bon sang de bois !

— Très bien, fit le médecin légiste.

García expédia d'une chiquenaude le mégot mâchonné de son cigare dans les buissons et partit à la recherche de l'équipe d'émondeurs de George Graveline. Trois d'entre eux étaient assis, l'air sombre, à l'arrière d'un fourgon du comté. Al García s'installa à l'avant, côté passager. Il se retourna vers eux et leur adressa la parole à travers le grillage. Leurs habits sentaient l'herbe qu'ils avaient fumée. García leur demanda s'ils avaient vu ce qui s'était passé et ils répondirent comme un seul homme que non, que c'était le moment de la pause déjeuner. On leur avait déjà posé la question pour le Bulletin interne.

— Si vous n'avez rien vu, reprit García, alors vous n'avez pas grand-chose à raconter aux journalistes, d'ac' ?

Les trois élagueurs firent non de la tête, à l'unisson.

— Y compris le nom de la victime présumée, d'ac' ?

Les émondeurs acquiescèrent.

— C'est une affaire foutrement grave, ajouta García. Je pense pas, les gars, que vous voudriez faire obstruction à une enquête criminelle, n'est-ce pas !

Ils lui promirent de ne pas souffler un mot aux médias. Al García demanda à un flic en uniforme de raccompagner ces types chez eux, pour leur éviter de rejoindre leur arrêt de bus sous le feu des caméscopes.

À ce moment-là, l'ambulance effectua une marche arrière. Elle était vide. García frappa à la vitre du conducteur.

— Où est passé le type dont vous vous occupiez ?

— La blessure à la tête par objet contondant ?

— C’est ça. Le grand blond.

— Parti, dit le conducteur de l’ambulance. Il a avalé trois Darvocet et il nous a dit *ciao*. Il a même pas voulu qu’on lui bande la tête.

García jura et écrasa sous son pied une branche de platane, fraîchement coupée.

— Si jamais vous le voyez, dites-lui bien d’aller se faire passer le crâne aux rayons X.

— Vous savez ce qu’on lui trouverait ? dit García. De la merde plein la tête !

Reynaldo Flemm dragua une ravissante personne dans un night-club de Coconut Grove, appelé Biscayne Baby. Il l’emmena dans sa chambre du Grand Bay Hotel et lui dit de patienter pendant qu’il remplissait sa baignoire à la romaine. Toujours insécurisé par les critiques portées contre son physique, Reynaldo ne voulait pas que sa partenaire le voie nu, en pleine lumière. Il se laissa descendre dans la baignoire, dissimula ses parties vitales avec des sels de bain et vérifia son apparence dans les miroirs plutôt deux fois qu’une. Il cria alors à la jeune femme de le rejoindre. Elle entra dans la salle de bains, se déshabilla et grimpa négligemment dans la vaste baignoire. Quand Reynaldo lui chatouilla les aisselles de ses doigts de pied, elle lui repoussa les jambes poliment.

— Alors, vous faites quoi dans la vie ? demanda-t-il.

— Je vous l’ai dit, je suis secrétaire juridique.

— Ah ouais !

Quand Reynaldo se pétait à demi à la vodka-orange, ses souvenirs les plus récents étaient sujets à éclipse.

— Vous m’avez sûrement reconnu, dit-il à la jeune femme.

— Je vous répète que non.
— En temps normal, j'ai les cheveux bruns. J'ai une bonne raison pour les avoir teints de cette couleur.

Il avait endossé à nouveau la défroque de Johnny Le Tigre, le strip-teaseur, le danseur olé olé, pour sa future confrontation avec le Dr Graveline. Il avait teint ses cheveux en châtain et les avait lissés en arrière avec un peigne humide. Il ressemblait à un pêcheur d'éponges méditerranéen.

— Imaginez-moi avec les cheveux noirs, dit-il à la secrétaire juridique, qui chassa une bulle de savon du bout de son nez et lui dit que non, décidément, elle ne le reconnaissait toujours pas.
— Vous avez la télé, O.K. ? Je suis Reynaldo Flemm.
— Ah ouais ?
— D'*À visage découvert.*
— Oh ! bien sûr.
— Vous avez déjà regardé l'émission ?
— Non, fit-elle. Mais je suis pas très télé.

Elle essaya d'être aimable.

— Je crois que j'ai vu vos pubs.

Flemm se sentit rétrécir dans le bain.

— C'est bien une émission de jeux ?
— Non, d'information. Je fais du journalisme d'investigation.
— Comme le type de *Soixante minutes* ?

Reynaldo baissa la tête. Se sentant coupable, la secrétaire se laissa glisser de l'autre côté de la baignoire et alla se blottir contre lui.

— Hé ! je vous crois, fit-elle.
— Merci tout plein.

Il lui faisait un peu de peine ; il paraissait si petit, avec son air d'oiseau blessé, au milieu des bulles.

— À vous voir, vous pourriez faire de la télé, c'est sûr.

— Mais putain, j'en fais de la télé. J'ai une émission à moi.

— Bon, d'accord.

— Je pourrais vous prêter une cassette — vous avez un magnétoscope ?

Elle lui fit chut et approcha ses lèvres de son oreille pour lui susurrer :

— Et si on faisait ça ici ?

Reynaldo, sans grand enthousiasme, lui passa un bras autour de la taille et commença à lui embrasser les seins. Elle avait une poitrine parfaite et adorable, mais Reynaldo n'avait pas le cœur à ça. Au bout d'un petit moment, la jeune femme lui dit :

— Vous n'en avez pas vraiment envie, hein ?

— Mon envie est partie.

— Désolée. Tournez-vous, je vais m'occuper de votre dos.

Les fesses de Reynaldo couinèrent quand il pivota dans la baignoire pour que la secrétaire puisse lui frotter le dos. Il l'examina dans la glace ; le contact de ses mains était merveilleusement apaisant. Il ferma bientôt les yeux.

— Laisse-toi aller, fit-elle en lui pétrissant les omoplates, ma grande vedette de télé à moi.

Reynaldo sentit renaître son excitation. Il se toucha, dans l'eau, juste pour être sûr. Il souriait encore quand il ouvrit les yeux et vit du nouveau dans le miroir.

Un homme s'encadrait dans la porte. Le type au harpon.

— Navré de vous interrompre, fit Mick Stranahan.

La jeune femme poussa un cri aigu et plongea sur sa serviette. Reynaldo Flemm tenta maladroitement de camoufler sa débandade derrière un reste de mousse flottante.

— Je cherchais Christina, dit Stranahan.

Il s'approcha de la baignoire à la romaine, son harpon sous le bras, comme une cravache.

— Elle n'est pas dans sa chambre d'hôtel.

— Comment m'avez-vous trouvé ?

La voix de Reynaldo était haut perchée et tendue. Décidément rien à voir avec celle d'un grand présentateur.

— Miami n'est pas la première ville au monde pour les palaces, lui répondit Mick. Les célébrités de votre acabit finissent toujours à Coconut Grove. Mais dites-moi une chose : pourquoi Christina est toujours inscrite là-bas, à Key Biscayne ?

— Qui est Christina ? demanda la secrétaire, avec nervosité.

— Je vous ai posé une question, Ray, dit Stranahan.

Il planta le harpon dans la mousse et en racla la pointe contre le fond de la baignoire. L'acier crissa de fort inquiétante façon sur les carreaux de céramique. Reynaldo Flemm se réfugia en pataugeant dans un coin et replia les genoux pour se protéger.

— Christina ne sait pas que je suis ici, fit-il. Je l'ai larguée.

Stranahan dit à la secrétaire d'aller se rhabiller et de rentrer chez elle. Il attendit qu'elle ait quitté la salle de bains avant de reprendre la parole :

— J'ai fouillé la chambre de Christina au Sonesta. Ça fait deux jours qu'on ne l'y a pas vue.

— Qu'est-ce que vous allez me faire ? dit Reynaldo.

Il ne pouvait détacher ses yeux du harpon.

— Ne me faites pas de mal ! fit-il, enserrant ses genoux dans ses bras.

— Nom de Dieu !

— Je vous en prie !

— Non mais, vous pleurez ?

Stranahan n'arrivait pas à y croire. Encore une de ces andouilles qui en faisaient trop.

— Parlons de Christina. J'ai trouvé ses carnets et son sac dans la chambre. Vous avez une idée ?

— Arrrgggh...

Le bout rose de la langue de Flemm pointait entre ses dents. Il avait un air de chien battu qu'aggravaient le tremblement de ses lèvres et ses yeux mouillés de larmes.

— Reprenez-vous, lui dit Stranahan.

Il avait la tête comme une marmite. Les Darvocet qu'il avait avalés avaient à peine atténué la douleur. Quelle journée de merde !

— Alors vous ne l'avez pas vue ? insista-t-il.

Reynaldo fit non de la tête, en la hochant violemment.

Ils entendirent claquer la porte d'entrée. La secrétaire venait de filer. Mick retira la bonde de la baignoire à la romaine de la pointe du harpon. Sans dire un mot, il regarda s'écouler l'eau savonneuse, laissant Reynaldo à découvert, recroquevillé et constellé de bain moussant.

— C'est quoi cette coupe de cheveux ? demanda Stranahan.

— C'est pour une émission, dit Flemm, en se ressaisissant.

Mick lui lança une serviette.

— Je sais ce que vous mijotez, dit-il. Vous essayez de doubler Christina dans l'histoire Barletta. J'ai lu vos notes sur la table.

Reynaldo rougit. Il avait mis trois heures pour pondre les dix questions à poser au Dr Graveline. Il les avait recopiées soigneusement dans un calepin tout neuf, comme il avait vu Christina le faire. Il avait passé le plus clair de l'après-midi à tenter de les mémoriser, avant de déclarer forfait et de se rendre au Biscayne Baby pour draguer.

— J'en ai rien à foutre de votre émission, dit Mick. Mais je ne me fous pas de Christina.

— Moi non plus.

— On dirait que quelqu'un s'est introduit dans sa chambre, à l'hôtel. Il y avait l'empreinte d'une main sur la porte.

— Ben, c'était pas la mienne, fit Reynaldo.

— Levez-vous, lui ordonna Stranahan.

Flemm se drapa dans la serviette et se dressa dans la baignoire. Mick le jaugea du regard.

— Je vous crois, finit-il par dire.

Et il retourna dans le salon pour laisser Reynaldo se sécher et se rhabiller. Quand Flemm sortit de la salle de bains, vêtu d'un débardeur ridicule et de jeans serrés, Stranahan lui demanda :

— Quand irez-vous voir le docteur ?

— Bientôt, répondit Reynaldo.

Puis il ajouta d'un air fanfaron :

— C'est pas vos oignons.

Il se sentait beaucoup plus gaillard en débardeur.

— Si vous attendez un peu, votre reportage sera meilleur, déclara Mick.

Reynaldo leva les yeux au ciel — combien de fois n'avait-il pas entendu cette phrase !

— Impossible ! fit-il, ayant récupéré son emphase factice.

— Ray, je ne vous donnerai qu'un seul et unique avertissement. Si jamais quelque chose arrive à Christina par votre faute, ou si vous faites quelque chose qui lui cause du tort, vous êtes un type fini. Et je ne fais pas allusion à votre précieuse carrière télé.

— Facile de jouer au dur avec ce crochet en main ! rétorqua Reynaldo.

Mick lui lança le harpon en disant :
— Voyons voir si ça marche avec vous aussi !
Flemm le laissa prestement tomber sur le tapis. Il avait pour règle d'éviter les pugilats avec les dingues quand les caméras ne tournaient pas. Quel intérêt, sinon ?
— J'espère que vous la retrouverez, dit-il à Mick.
— Dans votre intérêt, priez le ciel que je réussisse !

Au Gay Bidet, Freddie ne daigna même pas se lever pour se présenter.
— Je vais vous dire la même chose qu'à ce flic cubain, c'est-à-dire, rien. Ma politique c'est de jamais parler de mes employés, passés, présents ou futurs.
— Mais vous connaissez bien l'homme sur lequel je vous questionne ? insista Mick.
— P'têtre ben qu' oui, p'têtre ben qu' non.
— Il est ici ?
— Même réponse. Et maintenant, cassez-vous, putain !
— Je crois que je vais aller jeter un coup d'œil dans le coin.
— Ah oui ? fit Freddie. Pas ques'.
Il tapa sur un interrupteur noir sous son bureau. Quand la porte s'ouvrit, Mick fut submergé momentanément sous les effets de voix des Fabuleux Prépuces, qui attaquaient leur récital. L'homme qui venait d'entrer dans le bureau de Freddie était un Oriental trapu et musculeux. Il portait le tee-shirt rose du service de sécurité du Gay Bidet, tendu à craquer sur ses pectoraux.
— Wong, lui dit Freddie, ôte-moi cette crotte de chien de ma vue, veux-tu ?
Mick brandit son harpon et ses reflets sinistres

firent hésiter Wong. Freddie fusilla le videur d'un regard dédaigneux.

— Où s'est barré ton kung-fu de merde ? lui lança-t-il.

Wong se mit à bomber la poitrine.

— J'ai eu une sale journée et j'ai vraiment pas le cœur à ça, fit Stranahan. Ça te plaît d'avoir une licence IV ?

— Qu'est-ce que tu me chantes ? dit Freddie. Pourquoi ça me plairait pas ?

— Parce que t'as intérêt à en profiter tant que tu peux ce soir. Si tu réponds pas à mes questions, je vais te dire ce qui va t'arriver à toi et à la cuvette de chiottes qui te sert de boîte. Demain matin, primo, six méchants salopards de la Brigade de surveillance des alcools vont rappliquer et boucler ton rade de merde. Pourquoi ? Parce que t'as menti pour obtenir ta licence, Freddie. T'as un casier chargé en Illinois et en Géorgie et tu t'en es pas vanté ! T'as aussi servi à boire à des mineurs, et pas qu'un peu ! En plus, ton barman vient tout juste d'essayer de me refiler deux grammes de péruvienne. T'as qu'à dire, je peux continuer.

— Te fatigue pas, dit Freddie.

Il donna l'ordre à Wong de s'effacer. Une fois seul à nouveau avec Stranahan, il lui dit :

— Cette inculpation à Atlanta, elle valait rien.

— Alors, t'es pas un maquereau ! Excellent. Les mecs de la Brigade, ils vont être vachement impressionnés, Freddie. Dis-leur bien que t'es pas un maquereau, même si l'ordinateur du FBI prétend le contraire.

— Qu'est-ce que tu veux, bordel de merde ?

— Que tu me dises où je peux trouver mon grand copain si cool. Celui qui a un visage qu'on n'oublie pas.

— La vérité c'est que j'en sais rien, dit Freddie. Il s'est tiré il y a quelques jours. Il a ramassé son chèque et il s'est barré. Il a même essayé de me rendre son tee-shirt, ce sombre connard — comme si quelqu'un d'autre pouvait porter son putain de truc. Je lui ai dit de le garder en souvenir.

— Est-ce qu'il t'a dit où il allait ? demanda Stranahan.

— Non. Y avait deux nanas avec lui, t'imagines un peu !

Freddie découvrit une rangée de dents jaunes et bosselées.

— « La Créature du lac Noir » et il tire plus que moi !

— Elles avaient l'air de quoi, ces femmes ? fit Mick.

— Y en a une, je pourrais pas dire. Elle avait le visage tout esquinté, cicatrices, cocards et tout le bazar. Il a dû la dérouiller sérieux pour un truc ou un autre. La deuxième, c'était une jolie petite brune, du genre mince. Des nibards pas gigas mais qui pointent joliment.

Stranahan n'arrivait pas à décider si c'était Freddie ou la musique qui augmentait son mal de tête.

— Celle du genre mince — elle portait des blue-jeans ?

Freddie avoua qu'il ne s'en souvenait pas.

— Elles ont dit quelque chose ?

— Non. Pas un mot.

— Il avait un flingue ?

Freddie éclata de rire encore une fois.

— Il en a pas besoin, mec. Avec cette espèce de toupie collée à son bras.

Freddie expliqua à Mick de quoi il s'agissait exactement et comment le dénommé Chimio s'en servait.

— Tu rigoles !

— Je t'en fiche ! dit Freddie. Ce keum est le meilleur videur que j'aie jamais eu, putain de merde !

Stranahan tendit au propriétaire du Gay Bidet un billet de cinquante dollars et le numéro de la boutique d'articles de pêche de la marina.

— Au cas où il reviendrait. Appelle-moi avant d'appeler les flics.

Freddie empocha le fric, puis ajouta d'un air songeur :

— Un monstre comme ça avec une paire de nanas, mon pote, ça prouve que Dieu n'existe pas.

— Ça, on verra plus tard, fit Stranahan.

28

La première idée de Chimio fut de se carapater avec le fric du Dr Graveline ; plus qu'il n'en verrait jamais dans X vies d'Amish. D'oublier le contrat Stranahan et de se casser vite fait de cette ville. Mais Maggie Gonzalez lui dit : ne soyez pas si gagne-petit, rappelez-vous qu'on a harponné une vraie pompe à fric avec le chirurgien, bon Dieu ! Maggie lui assura qu'ils pouvaient se faire un million de dollars, voire deux. Rudy Graveline ne reculerait devant rien pour continuer à exercer.

Fonçant au volant de la Bonneville le long de Biscayne Boulevard, Chimio déclara :

— Avec ce que j'ai en poche en ce moment, je peux me faire rafistoler le visage et me la couler douce une année entière à la Barbade. Peut-être même me faire implanter de vrais tifs, ces greffes qu'ils vous collent sur le crâne. J'ai lu que c'est ce qu'on a fait à Elton John.

— Sûr, fit Maggie. Je connais des spécialistes de ce genre de truc.

Elle essayait de manipuler Chimio comme elle avait manipulé les autres hommes de sa vie, mais ce n'était pas chose facile. À part son désir d'un teint de pêche, elle n'avait pas encore découvert ce qui le motivait. Même si Chimio appréciait l'argent, il se montrait d'une convoitise des plus modérées. Et il ne manifestait strictement aucun intérêt pour le sexe. Maggie choisit de croire qu'il était refroidi par ses ecchymoses et ses pansements ; une fois son lifting cicatrisé, elle retrouverait ses pouvoirs de séduction. Alors le seul obstacle serait d'ordre logistique : que pouvait-on bien faire d'un taille-herbe sous les draps ?

Comme Chimio stoppait devant le Holiday Inn de la 125e Rue, Maggie lui dit :

— Si ça pouvait vous faire du bien, on pourrait s'installer dans un hôtel plus agréable.

— Ce qui me ferait vraiment du bien, dit Chimio, c'est que vous me rendiez les clés de la valise.

Il coupa le contact et tendit la main droite.

— Vous me croyez assez conne pour essayer de vous blouser ? fit Maggie.

— Oui, fit Chimio, allongeant la main vers son sac. Bien assez conne pour ça.

Christina Marks entendit la porte s'ouvrir et souhaita de toutes ses forces que ce soit la femme de chambre. Mais non.

On alluma et Chimio vint se pencher avec indifférence au-dessus du lit. Il vérifia les nœuds des liens aux poignets et aux chevilles de Christina, tandis que Maggie s'enfermait dans la salle de bains en claquant violemment la porte.

Une fois que Chimio eut retiré la serviette de sa bouche, Christina lui demanda :

— Mais qu'est-ce qu'elle a ?

— Elle pense que je n'ai pas confiance en elle. Et elle a raison.

— Si ça vous intéresse, dit Christina, elle a déjà extorqué un gros paquet à mon patron.

— Je m'en souviendrai.

Chimio s'assit au coin du lit et se mit à compter les billets qu'ils avaient trouvés dans les poches du Dr Graveline. C'était pas commode de compter avec une seule main. Christina le regardait avec curiosité. Quand il eut fini, Chimio rangea cinq mille dollars dans la valise avec le reste du magot ; et il en fourra quatre mille deux cents autres au fond de ses bottes. Puis il glissa la valise sous le lit.

— Comme c'est original ! lâcha Christina.

— La ferme !

— Vous pourriez me détacher, s'il vous plaît ? J'ai envie de pisser.

— Bordel de Dieu !

— Vous préférez peut-être que j'inonde le matelas et que j'abîme tous vos beaux billets ?

Chimio fit sortir Maggie de la salle de bains pour qu'elle l'aide à défaire les nœuds. Ils avaient attaché Christina à l'armature du lit avec une corde à linge en nylon. Une fois libérée de ses liens, elle se frotta les poignets et s'assit avec une certaine raideur.

— Allez faire votre petite commission, lui dit Chimio. Puis se tournant vers Maggie : Et ne la quittez pas des yeux.

— Je ne peux pas pisser si quelqu'un me regarde, dit Christina.

— Quoi ?

— Elle a raison, dit Maggie. Je suis pareille. J'attendrai devant la porte.

— Non, vous ferez comme j'ai dit.

— Il n'y a pas de fenêtre là-dedans, dit Christina. Comment je ferais pour m'échapper ? Par le trou des cabinets ?

Quand elle sortit de la salle de bains, Chimio

était debout près de la porte. Il la ramena jusqu'au lit, la fit s'y étendre, puis la rattacha. Fastidieuse corvée supplémentaire avec une seule main !

— Ne me bâillonnez pas cette fois, le pria Christina. Je vous promets de ne pas crier.

— Mais vous l'ouvrirez, fit Chimio. Et c'est encore pire.

Depuis le matin où il l'avait kidnappée dans son hôtel de Key Biscayne, Chimio n'avait pratiquement pas adressé la parole à Christina. Il ne l'avait pas menacée ni ne s'était livré à son encontre à aucun abus, de langage ou autre — comme s'il savait qu'il offrait, en gros plan, un spectacle suffisamment intimidant. Christina avait aperçu la crosse d'un revolver dépasser de la poche du pantalon de Chimio, mais il ne l'avait jamais exhibé ; c'était un énorme progrès sur leurs deux précédentes rencontres où il avait manqué de peu la descendre.

— Je veux simplement savoir quel est le but de l'opération, ce que vous voulez exactement, lui dit-elle.

Il fit celui qui n'avait pas entendu. Maggie tendit à Christina un gobelet de Pepsi.

— La faites pas boire autant, l'avertit Chimio. Sinon, elle va pisser toute la nuit.

Il alluma la télévision et fit la grimace : du basket professionnel ! Lakers contre Pistons. Chimio détestait le basket. Plafonnant à plus de deux mètres, il avait passé son âge adulte à expliquer à des inconnus mal élevés que non, il n'était pas basketteur professionnel. Une fois même, un myope, fan des Celtics, l'avait pris pour Kevin McHale et lui avait demandé un autographe ; Chimio l'avait mordu sauvagement à l'épaule, comme un cheval.

Il se mit à zapper puis tomba sur un vieil épisode de *Deux flics à Miami.* Il augmenta le volume sonore et rapprocha prestement sa chaise de l'écran. Il envia la barbe de trois jours de Don Johnson ; ça donnait l'air dur et viril. Chimio, pour des raisons évidentes, ne s'était pas rasé depuis l'accident d'électrolyse. Il se retourna vers Maggie.

— Est-ce qu'on peut aussi avoir des implants de poils au menton ? lui demanda-t-il.

— Oh ! j'en suis sûre, dit-elle, bien qu'en réalité, elle n'ait jamais entendu parler de ce type d'intervention.

— Il y a quelqu'un qui va bientôt se lancer à ma recherche, dit Christina, ficelée comme un saucisson sur le lit.

— C'est bien vague, dit Chimio avec un reniflement de mépris.

Ces bonnes femmes la fermaient-elles quelquefois ? Est-ce qu'elles évaluaient correctement son potentiel de violence ?

Maggie vint s'asseoir près de Christina.

— Il faut qu'on envoie un message à votre petit ami.

— À qui ? À Stranahan ? C'est pas mon petit ami.

— Malgré tout, je crois pas qu'il ait envie qu'il vous arrive quelque chose.

Christina réfléchit à sa situation — ligotée sur un lit, à se tortiller en sous-vêtements — et imagina ce que dirait Reynaldo Flemm s'il surgissait à l'improviste, après avoir défoncé la porte. Pour une fois, elle serait heureuse de voir la tête de cet abruti de fils de pute. Mais elle savait qu'il ne fallait pas compter être secourue de cette manière. Si Mick n'arrivait pas à la retrouver, Reynaldo n'avait pas la moindre chance.

— Si c'est cette cassette vidéo que vous cherchez, j'ignore où elle est…

— Mais votre petit ami le sait sûrement, lui, fit Maggie.

— Hé ! visez-moi un peu ça ! s'exclama Chimio en montrant la télévision.

Sur l'écran, l'inspecteur Sonny Crockett poursuivait en hors-bord un trafiquant de drogue à travers les pilotis de Stiltsville. C'était la première fois que Christina voyait Chimio sourire. Ce fut une expérience crève-cœur.

— Alors, comment on rentre en contact avec lui ? dit Maggie.

— Avec Mick ? J'en sais rien. Il n'y a pas de téléphone là-bas. Chaque fois que j'ai voulu le rencontrer, j'ai loué un bateau.

Une pub interrompit la série. Chimio se retourna vers les deux femmes.

— Ah non ! merde ! J'ai pas envie de revenir dans cette baraque. C'est à son tour de me rendre visite. Et il viendra dès qu'il saura que je vous tiens.

De sa voix la moins énamourée, Christina lança à Maggie :

— Je ne pense pas que Mick se fasse beaucoup de souci pour moi.

— Vaut mieux pour vous espérer le contraire, fit Chimio.

Et il enfonça fortement la serviette dans la bouche de Christina avant d'aller suivre la fin de l'épisode.

Dans la matinée du 18 février, dernier jour de sa carrière juridique, Kipper Garth déposa une requête auprès du tribunal itinérant de Dade County, dans l'affaire Nordstrom contre Graveline, Whispering Palms et consorts.

Il était demandé au juge de rendre une ordonnance en référé pour geler tous les avoirs du Dr Graveline : comptes bancaires, livrets de caisse d'épargne, portefeuilles d'actions, obligations municipales, fonds Keogh, plans de retraite individuelle et autres biens immobiliers. Était soumise à l'attention du juge, en même temps que la requête de Kipper Garth, une déclaration sur l'honneur de l'agence de voyages Beachcomber : la veille, un certain Rudy Graveline avait fait l'acquisition de deux billets d'avion en première classe à destination de San José, au Costa Rica. Kipper Garth, dans sa requête, entièrement de la main de Mick Stranahan et de l'une des auxiliaires, affirmait que l'intention du Dr Graveline était de quitter définitivement les États-Unis.

Normalement, une requête mettant en jeu les avoirs du défendeur aurait abouti à une audience en bonne et due forme et aurait probablement été repoussée. Mais la position de Kipper Garth (et, par là même, des Nordstrom) fut renforcée par un coup de téléphone que Stranahan donna au juge. Mick avait connu ce dernier à ses débuts quand il était un tout jeune procureur. Après s'être rapidement fait reconnaître, Stranahan informa le juge du vrai motif de son appel — à savoir que le Dr Graveline se trouvait être le principal suspect dans une affaire d'enlèvement vieille de quatre ans, toujours non résolue, susceptible d'aboutir à une inculpation pour meurtre. Mick assura à son ami que le docteur, plutôt que d'affronter le tribunal, préférerait emporter son magot et s'évanouir dans la nature.

Le juge signa l'ordonnance en référé peu après neuf heures du matin. Kipper Garth fut étonné de remporter un tel succès ; il n'aurait jamais imaginé qu'un point litigieux soit si sacrément facile à régler. Il fantasma qu'un jour viendrait où il pourrait complètement abandonner son racket d'expert en tout genre et serait connu et révéré dans tout Miami comme un maître du barreau. Cependant, Kipper Garth avait un faible pour ses panneaux publicitaires. Il aurait beau s'élever au plus haut niveau parmi les aigles juridiques de Brickell Avenue, il ne renoncerait pas à ses panneaux d'affichage pour autant…

À onze heures moins le quart, Rudy Graveline se présenta à sa banque de Bal Harbour et demanda à faire virer deux cent cinquante mille dollars de son compte personnel sur un nouveau compte, à Panama. Il réclama également soixante mille dollars en chèques de voyage et en argent liquide. Le jeune responsable qui s'occupait de lui s'absenta du bureau quelques instants et revint, flanqué solennellement de l'un des vice-présidents de la banque.

Rudy prit très mal la nouvelle.

Il éclata d'abord en sanglots, ce qui était tout bonnement gênant. Puis il devint comme enragé, frappé d'hystérie. Finalement, il sombra dans l'incohérence. Flageolant sur ses jambes, il éclata en jérémiades au beau milieu de la banque ; là-dessus, on appela deux énormes agents de la sécurité pour l'escorter à l'extérieur.

Quand ils le posèrent dans le parking, Rudy s'était ressaisi et avait cessé de pleurer.

Mais il repartit de plus belle quand l'un des gardes s'exclama en montrant l'aile de sa voiture :

— Putain, qu'est-ce qui est arrivé à ta Jag, mon pote ?

Était-ce l'euphorie de ce triomphe juridique ou une simple curiosité libidineuse qui poussa Kipper Garth, à l'heure du déjeuner, à passer chez les Nordstrom, au pied levé ? Ils habitaient Morningside, vieux quartier agréable aux maisons de stuc décoloré, situé à quelques blocs de la partie la moins reluisante de Biscayne Boulevard.

Marie Nordstrom fut surprise de la visite de Kipper Garth mais lui réserva un accueil chaleureux. Elle le fit entrer au salon-véranda et lui offrit une tasse de café. Elle portait un body en Lycra bleu électrique et ses cheveux cendrés, tirés en arrière, étaient coiffés en queue de cheval, comme ceux d'une petite fille. Kipper ne pouvait détacher ses yeux de ses seins, l'objet du litige. Son collant de gymnastique ne laissait rien à l'imagination ; c'étaient bien les seins les plus guillerets d'aspect que Garth ait jamais vus. Difficile de les considérer comme des armes à manier avec précaution.

— John n'est pas là, dit Mrs. Nordstrom. Il est allé à un entretien de boulot au fronton de pelote basque. Vous prenez de la crème ?

Kipper Garth prit de la crème. Mrs. Nordstrom déposa la cafetière sur un plateau en verre. Kipper Garth lui fit de la place sur le canapé mais elle alla s'installer sur une conversation, juste en face de lui, de l'autre côté de la table basse.

— Je voulais simplement vous tenir au courant de notre affaire, dit Kipper Garth.

Très terre à terre, il informa Mrs. Nordstrom de l'ordonnance en référé qui gelait les avoirs du Dr Graveline.

— Ça signifie quoi au juste ?

— Ça veut dire que son argent ne le suivra pas, où qu'il aille.

Mrs. Nordstrom ne reçut pas la nouvelle avec autant d'exubérance que l'avait espéré Kipper Garth. Apparemment, elle n'appréciait pas à sa juste valeur le tour de force qu'il avait accompli.

— Avec John, on en parlait encore hier au soir, dit-elle, l'idée d'aller au tribunal... je ne sais plus, Mr. Garth. Ça été une histoire tellement gênante pour nous deux.

— Quand les choses sont déclenchées, Mrs. Nordstrom, on ne peut pas faire machine arrière.

Kipper Garth tenta de contenir son irritation. Rudy

Graveline était sur la corde raide et les plaignants qui voulaient tout à coup retirer leurs billes !

— Peut-être que le docteur serait prêt à négocier à l'amiable, risqua Mrs. Nordstrom.

Kipper Garth reposa la tasse à café avec un bruit sec et croisa les bras.

— Pour ça, j'en suis sûr. Il serait ravi de transiger à l'amiable. Et c'est exactement ce dont nous ne voulons pas entendre parler. Pas encore.

— Mais John dit que...

— Faites-moi confiance, fit l'avocat. Il marqua une pause et baissa les yeux. Pardonnez-moi de vous le dire, Mrs. Nordstrom, mais une négociation à l'amiable dans cette affaire serait très égoïste de votre part.

Elle parut alarmée par le mot.

Kipper Garth poursuivit :

— Songez à tous les patients auxquels cet homme a nui. Ce prétendu chirurgien. Si nous ne l'arrêtons pas, personne ne le fera. Si vous concluez cette affaire à l'amiable, Mrs. Nordstrom, la boucherie continuera. Vous et votre mari serez très riches, oui, mais Graveline le boucher continuera à exercer ses talents. À sa demande, le dossier sera classé et sa réputation n'en souffrira pas. Une fois de plus. Est-ce réellement ce que vous voulez ?

Kipper Garth s'était écouté parler et fut surpris de la véhémence de ses propres paroles ; il devenait un sacré bon orateur.

Suivirent quelques instants d'embarras, puis...

— Ils cherchent un entraîneur au fronton, paraît-il, dit Mrs. Nordstrom. John jouait à la pelote basque au lycée, il était magnifique. Il est même allé un été en Espagne s'entraîner avec des Basques.

Kipper Garth n'avait jamais entendu parler d'un entraîneur de pelote basque scandinave, mais ses connaissances dans ce sport étaient limitées. Dégoulinant de sincérité, il dit à Mrs. Nordstrom qu'il espérait que son mari obtiendrait le poste.

— Le hic, fit-elle, c'est qu'il ne peut rien dire à personne de son histoire d'œil. On ne l'engagerait jamais.

— Pourquoi pas ?

— Trop dangereux, dit Mrs. Nordstrom. La balle dont ils se servent est dure comme une pierre et d'après John, elle se déplace à plus de quatre-vingts kilomètres à l'heure, entre ces murs.

Kipper Garth termina sa tasse de café.

— Je n'ai jamais assisté à un match de pelote basque.

Il espérait qu'elle saisirait l'allusion et changerait de sujet de conversation.

— Quand on joue, ça aide d'avoir ses deux yeux en bon état, expliqua Mrs. Nordstrom ; pour évaluer les distances.

— Je crois que je comprends.

— John m'a dit qu'ils ne l'accepteront pas comme entraîneur s'ils découvrent qu'il a eu un accident.

Maintenant Kipper Garth avait pigé le tableau.

— C'est pour ça que vous voulez laisser tomber les poursuites, non ?

Mrs. Nordstrom dit que oui, qu'ils s'inquiétaient de la publicité qui serait donnée à cette affaire.

— John dit que les journaux et la télé vont s'en donner à cœur joie avec une histoire pareille.

Kipper songea : John a absolument raison.

— Mais vous êtes une victime, Mrs. Nordstrom. Vous avez le droit d'obtenir une compensation pour ce terrible événement. C'est écrit dans la Constitution.

— John dit qu'on autorise les caméras de télé dans les tribunaux. C'est vrai ?

— Oui, mais ne nous laissons pas entraîner...

— S'il s'agissait de votre femme, vous aimeriez que le monde entier reluque ses nichons aux infos de six heures ? fit-elle avec indignation et vanité blessée.

— Je parlerai au juge, Mrs. Nordstrom ; s'il vous plaît, ne vous mettez pas dans tous vos états. Je sais que vous avez déjà vécu un enfer !

Mais Kipper Garth se sentait excité comme une puce à la perspective des caméras de télé dans le prétoire — ça vaudrait cent fois mieux que ses panneaux publicitaires !

Marie Nordstrom faisait des efforts désespérés pour ne pas éclater en sanglots et rester impassible.

— Tout ça, c'est de la faute de ce con de Reagan, s'exclama-t-elle. S'il n'avait pas brisé la grève des aiguilleurs du ciel, John aurait conservé son job dans la tour de contrôle.

— Laissez-moi faire, dit Kipper Garth, et vous serez tranquilles tous les deux jusqu'à la fin de vos jours. John n'aura plus besoin de travailler.

Mrs. Nordstrom fixa tristement ses deux robustes cônes, dopés aux silicones, qui bombaient sa poitrine sous le Lycra.

— On raconte que c'est facile de guérir ces contractures, mais je ne sais pas.

Kipper Garth fit le tour de la table basse et la rejoignit sur la conversation. Il passa gauchement son bras autour de ses épaules.

— Prenez-le comme vous voudrez, dit-il, mais je trouve qu'ils en jettent.

— Merci, murmura-t-elle, mais vous ne savez pas... comment pourriez-vous savoir ?

Kipper Garth tendit sa pochette de soie à Mrs. Nordstrom, qui se moucha avec le bruit de la sirène du paquebot *Norway*.

— Vous savez ce que je pense ? dit Kipper Garth. Vous devriez me laisser les toucher.

Mrs. Nordstrom se redressa, avec un reniflement sévère.

— La seule façon pour moi de commencer à comprendre, poursuivit l'avocat, la seule façon pour moi de transmettre l'ampleur de cette tragédie à un jury, c'est d'en faire l'expérience moi-même.

— Attendez un instant — vous voulez me toucher les nichons ?

— Je suis votre avocat, Mrs. Nordstrom.

Elle lui jeta un regard soupçonneux.

— S'il s'agissait d'une brûlure, je devrais voir la cicatrice ; ce serait idem dans un cas de paraplégie ou de démembrement.

— Voir, c'est une chose, Mr. Garth. Tâter, c'en est une autre.

— Avec tout le respect que je vous dois, Mrs. Nordstrom, votre mari fera un piètre témoin dans cette affaire. Il va passer pour un sale égoïste. Vous vous rappelez ce qu'il a dit l'autre jour dans mon bureau ? Il a parlé de boules de pétanque, Mrs. Nordstrom. Il a dit que vos seins étaient aussi durs que des boules de pétanque. Ce n'est pas là une façon de s'exprimer pour un mari attentionné et compatissant.

— Vous aussi seriez aigri si vous vous étiez éborgné de la sorte, rétorqua-t-elle.

— Je l'admets. Mais permettez-moi d'essayer de décrire votre état sous un jour plus aimable. Mrs. Nordstrom, je vous en prie.

— Bon, d'accord. Mais pas question que je me déshabille.

— Bien sûr que non.

Elle se laissa glisser un petit peu vers lui sur la conversation.

— Donnez-moi vos mains, dit-elle. Nous y voilà !

— Wouah ! s'exclama Kipper Garth.

— Qu'est-ce que je vous avais dit ?

— Je n'avais pas idée.

— Ça suffit maintenant, dit Mrs. Nordstrom.

— Juste une seconde encore.

Mais cette seconde se multiplia par dix et dix passèrent dans la foulée à trente. Ce qui laissa pleinement le temps à John Nordstrom de rentrer chez lui et de surprendre la scène. Sans un mot, il plaça la balle en peau de chèvre dans la chistera d'osier, puis la lança à toute volée sur l'avocat qui pelotait vicieusement les seins de sa femme. La première balle rata largement sa cible sur la gauche et alla briser une jalousie. La seconde marqua d'une fossette l'accoudoir de la conversation, avec un *chtoc* sourd. C'est alors que Kipper Garth relâcha son emprise sur les seins étonnamment robustes de Marie Nordstrom et tenta vainement de gagner la porte de service. On ne saura jamais si l'avocat prit totalement conscience de la crise éthique qu'il traversait ou s'il s'enfuit par pur réflexe animal. Le troisième et ultime lancer de balle de John Nordstrom frappa net Kipper Garth, à ras de l'occiput. Quand sa chevelure argentée heurta le plancher, il était déjà dans le coma.

— Ah ! s'écria Nordstrom.

— Je parie que tu as obtenu ce boulot, dit sa femme.

D'après Willie, le cameraman, ils avaient deux possibilités : soit entrer en force dans la place, soit s'y faufiler en catimini.

— On entre en force, répondit Reynaldo.

— Faut penser au timing, objecta Willie. Faut

qu'il soit sans faille. On n'a jamais tenté quelque chose de ce genre jusqu'ici.

Willie penchait pour l'utilisation d'une caméra cachée.

Reynaldo s'obstina :

— Faut entrer en force. Il n'y a pas de service de sécurité. C'est une clinique, putain ! Qui t'arrêtera, l'infirmière ?

Willie continua à dire qu'il n'aimait pas ce plan : il comportait trop d'inconnues.

— Et si ce mec met les voiles ou appelle la police ? Qu'est-ce qu'on fera ?

— Mais où il irait, Willie ? C'est ça la beauté de la chose. Ce fils de pute ne peut pas s'enfuir, et il le sait. Pas devant une caméra. Ils ont des règles.

— Bon sang, que j'aime pas ça, dit Willie. Faut qu'on décide d'un signal tous les deux.

— T'inquiète pas, on aura un signal.

— Et l'interview, qu'est-ce que vous en faites ? demanda Willie.

C'était pour lui un moyen détourné d'amener Christina dans la conversation.

— J'ai rédigé moi-même les questions, répliqua Reynaldo sèchement. Elles vont lui couper les couilles, tu m'en diras des nouvelles.

— O.K., je me tiendrai prêt, dit Willie.

— Sept heures pile, fit Reynaldo. Je comprends pas que tu sois aussi nerveux. Tu vas pas filmer une baston inter-gangs comme dans *Colours,* mon vieux, il s'agit que d'un docteur à la mords-moi le nœud. On va le ramasser à la petite cuillère, je te le garantis. Une confession cent pour cent pur jus, tu vas voir.

— Bon, sept heures pile. À la revoyure, dit Willie.

Après le départ de son cameraman, Reynaldo Flemm appela le Centre de remise en forme et la clinique de

Whispering Palms pour confirmer le rendez-vous de Johnny Le Tigre. À sa grande surprise, la secrétaire lui passa directement le Dr Graveline.

— Ça tient toujours pour demain matin ?

— Tout à fait, répondit le chirurgien.

Il semblait distrait et préoccupé.

— Je vous rappelle que vous ne devez plus absorber ni solide ni liquide passé minuit.

— Très bien.

— J'ai pensé que nous commencerions par la rhinoplastie avant de passer à la liposuccion.

— Parfait pour moi, dit Reynaldo Flemm.

Exactement ce qu'il avait prévu : l'opération du nez en premier.

— Mr. Le Tigre, j'ai une question à vous poser regardant les honoraires...

— Nous étions tombés d'accord sur quinze mille.

— Exact, fit Rudy Graveline. Mais je voulais simplement m'en assurer — vous aviez bien parlé de payer la somme cash ?

— Ouais, tout à fait. J'ai le liquide.

— Et vous l'apporterez avec vous demain matin ?

— Et comment !

Reynaldo ne pouvait en croire ses oreilles. Ce connard devait se ramasser dans les deux millions par an et le voilà qui salivait pour quinze mille malheureux dollars ! Ce qu'on disait des médecins était bien vrai ; c'étaient tous de sales radins.

— Autre chose à ne pas oublier ?

— Simplement de boire beaucoup, fit Rudy d'un ton mécanique. Mais plus rien après minuit.

— Je serai sage comme une image, promit Reynaldo. À demain matin.

29

Le vent tempêta toute la nuit ; il se faufilait en sifflant à travers les planches de la maison, rabattant avec fracas les volets contre les murs. Mick Stranahan monta se coucher, entièrement nu, sur le toit, le fusil de chasse contre son flanc droit. La baie, plongée dans l'obscurité, était en rumeur ; l'eau clapotait, en chuintant, entre les pilotis. Dans le ciel bas, roulaient les grumeaux gris des nuages, bouillonnant et dégringolant tels des démons de poussière céleste. Comme toujours, Mick était étendu, dos tourné à la ville, dont les lumières halogènes criminelles salissaient un horizon charmant par ailleurs. Les nuits comme celle-ci, Stranahan comparait la ville à une tumeur maligne et son halo d'un pâle orangé écœurant à une immense bulle de vapeur pestilentielle. Les buildings du centre, qui avaient paru pousser en une nuit, au cours d'une crise de priapisme municipal, réduits à leur contour grossier mais impressionnant, lui évoquaient le portant d'un décor de cinéma chiadé. La moitié des nouveaux gratte-ciel de Miami avaient été édifiés avec l'argent de la cocaïne ; leur existence était une plaisanterie à usage interne, un mirage qui satisfaisait les banques, les services fiscaux et la chambre de commerce. Tout un chacun se plaisait à dire que le centre d'affaires était un monument dressé à la gloire de la prospérité locale ; mais Stranahan y reconnaissait le tribut payé au génie anonyme des blanchisseurs d'argent sale latino-américains. Il n'avait en tout cas nulle envie de le contempler du haut de sa maison sur pilotis. Plus au sud, cependant, la vue n'était pas plus douce avec cette agglutination trépidante qui allait de Coconut Grove à Coral Gables, s'étendait jusqu'à Miami Sud et au-delà. Tourné vers l'ouest, par une soirée plus limpide, Mick aurait aperçu le nouveau point de repère de la côte : le tas d'ordures, haut comme une falaise à pic de dix étages, qu'on avait baptisé le mont Trashmore. Ayant épuisé les ressources de l'arrière-pays pour y enfouir ses déchets, le comté de Dade avait érigé ce terrassement fétide, cette décharge pigeonnante, sur le rivage de la baie de Biscayne. Mick n'arrivait pas à décider lequel, du centre d'affaires ou du monticule d'ordures, était le plus nauséabond. Les vautours, atteints de la même ambivalence, faisaient régulièrement la navette entre ces deux sites.

Mick accueillait toujours avec reconnaissance la brise purificatrice du large. Il s'étala sur la pente est du toit, face à l'océan Atlantique. Un DC-10 décolla de l'aéroport international de Miami et passa au-dessus de Stiltsville, faisant grincer l'éolienne de la maison. Mick se demanda à quoi ça ressemblerait de se réveiller en découvrant que la ville s'était évaporée pendant la nuit, sous un ciel clair et silencieux, le rivage rendu à son état de luxuriance virginale ! Il aurait aimé vivre ici au tournant du siècle, quand la nature tenait encore le haut du pavé.

Le vent frais chatouillait les poils de sa poitrine et de ses jambes. Mick avait un goût de sel sur les lèvres. Il ferma les yeux. L'une de ses ex-femmes, il ne se rappelait pas laquelle, lui avait conseillé d'aller en

Alaska et de s'y faire ermite. Tu n'es qu'un vieux grincheux, lui avait-elle dit, même les grizzlis ne pourraient pas te supporter. Mick se souvint tout à coup de celle qui avait parlé ainsi : sa seconde femme, Donna. Elle avait fini par se lasser de son côté négatif. Toutes les grandes villes engendrent le crime, avait-elle dit. Toutes les grandes villes engendrent la corruption. Prends New York, par exemple. Prends Chicago. Ce sont de sacrées grandes villes, Mick, tu dois l'admettre. Comme beaucoup de barmaids, Donna refusait obstinément de désespérer de l'humanité. Elle croyait que dans le monde les bons étaient plus nombreux que les méchants et elle se fondait sur ses pourboires pour en apporter la preuve. Après leur divorce, elle s'était inscrite à des cours du soir et avait obtenu une licence de promoteur immobilier pour la Floride. Mick avait entendu dire qu'elle s'était installée à Jacksonville et cassait la baraque sur le marché des apparts en multipropriété du front de mer. Il songea avec morosité que le divorce avait magnifiquement réussi à ses ex-femmes — même à Chloé qui avait mis le grappin sur un conseiller fiscal. Comme si d'avoir épousé Mick Stranahan leur avait fait comprendre à côté de quoi elles passaient dans ce vaste monde.

Il pensa à Christina Marks. Comment s'était-il retrouvé embarqué avec une femme aussi sérieuse ? À la différence de celles qu'il avait aimées et épousées, Christina poursuivait avidement ce qui était criminel, sordide et souillé. Et son job était de l'exposer aux regards de tous. Il n'y avait pas en elle un brin d'innocence véritable, pas trace de cet optimisme réconfortant des barmaids... et pourtant quelque chose l'attirait fortement. Peut-être le fait qu'elle pataugeait dans les mêmes marécages d'immoralité que lui. Flics ripoux, avocats marron, médecins bidon, ex-épouses rapaces, sans oublier les élagueurs à la mords-moi le nœud. Digne progéniture du cloaque urbain.

Les doigts de Stranahan se refermèrent sur le fusil et il le rapprocha de lui. Bientôt il s'endormit ; il rêva que Victoria Barletta était encore en vie, qu'il la rencontrait un soir au Rathskellar, sur le campus de l'université de Miami. Elle servait au bar, portant un sparadrap rose sur l'arête du nez. Mick lui commanda une bière et un cheeseburger, puis lui demanda si elle voulait l'épouser. Bien sûr, lui dit-elle.

Le bateau le réveilla. C'était un skiff jaune à gros moteur hors-bord, qui lui était familier. Stranahan l'aperçut à plus d'un kilomètre, courant dans les marécages avec son chargement. Il sourit — c'était le guide de pêche, son ami. Avec ce plafond de nuages, difficile d'évaluer l'heure qu'il était. Mais Mick estima qu'il n'y avait pas plus de deux heures que le soleil s'était levé. Il se laissa tomber du toit, rangea le Remington à l'intérieur de la maison et enfila une paire de jeans pour ne pas choquer les clients du guide, qui formaient un drôle de couple. L'homme, obèse, avait soixante-cinq ans et quelque, les cheveux gris et la peau richement parcheminée ; la femme avait vingt-cinq ans, la classe, les cheveux blond foncé, les lèvres peintes de rouge corail et une lourde chaîne en or autour du cou.

Le guide grimpa jusqu'à la terrasse.

— Mick, regarde-moi ça, dit-il. Foutre du rouge à lèvres, un jour comme aujourd'hui !

Dans le skiff, amarré au-dessous de lui, Stranahan entendait le couple se disputer à propos du temps. La femme voulait rentrer puisqu'il ne faisait pas assez soleil pour bronzer. Le vieil homme disait pas question, qu'il en voulait pour son argent, et qu'ils pêcheraient comme prévu, bon Dieu !

— Tu as une patience d'ange, dit Stranahan à son ami.

Le guide secoua la tête.

— J'ai surtout un emprunt qui me laisse pas respirer. Tiens, prends, c'est pour toi.

C'était une enveloppe portant le nom de Stranahan en lettres d'imprimerie.

— Une femme avec un double cocard me l'a donnée pour toi, fit le guide. Cubaine, assez jolie en plus. Elle m'a offert cent dollars.

— J'espère que tu les as pris.

— J'en ai exigé deux cents, répliqua le guide.

Mick plia l'enveloppe en deux et la fourra dans la poche-revolver de son jeans.

— Tu as des ennuis ?

— Le boulot, c'est tout.

— Mick, t'as pas de boulot.

Stranahan eut un rictus amer.

— C'est assez vrai.

Il savait ce que son ami avait en tête : ce type est célibataire, avec une petite maison confortable sur l'eau, un bon bateau pour la pêche et tous les mois, le comté lui envoie son chèque d'indemnité — comment pouvait-on foutre en l'air une situation aussi enviable ?

— J'ai entendu dire qu'un trouduc était venu foutre le bordel par ici.

— Ouais, fit Stranahan en lui montrant le contreplaqué sur la porte, qui dissimulait deux des trous causés par les balles de Chimio.

— Faudra que je me trouve un pot de peinture rouge, ajouta-t-il.

— Laisse tomber la maison. Comment va ton épaule ?

— Ça va.

— T'inquiète pas, c'est Luis qui m'a rencardé.

— Pas de problème. Tu veux du café ?

— Non, fit-il, désignant son skiff du pouce. Ce vieux beau, il fait partie du conseil d'administration d'une compagnie sidérurgique, là-haut dans le Nord. Elle, c'est sa secrétaire.

— Grand bien lui fasse !

— La dernière fois qu'ils sont sortis pêcher, continua le guide, je te jure, elle a enlevé le bas de son maillot de bain. T'entends, Mick ? Le bas, pas le haut ! Toute la journée, elle m'a fourré sa touffe sous le nez. Elle disait qu'elle essayait de la décolorer. Et moi qui ramais comme un malade après ces poissons de merde avec l'autre qu'arrêtait pas de faire des acrobaties à l'avant pour garder sa foufoune en plein soleil !

— Je ne sais pas comment t'as fait pour supporter ça, dit Stranahan.

— Alors, comme il fait pas soleil aujourd'hui, elle a piqué sa crise. De son côté, le vieux beau raconte qu'il veut battre le record mondial de la chasse à la mouche. Rien que ça ! Je me fais trop vieux pour ce genre de connerie, Mick !

Le guide tira si fort sur sa casquette qu'elle vint toucher la pointe de ses oreilles. L'air lugubre, il descendit l'escalier jusqu'au ponton.

— Bonne chance, lui cria Mick.

Vu les circonstances, c'était ridicule.

Le guide largua les amarres et sauta dans le skiff. Avant de mettre le moteur en marche, il leva les yeux vers Mick.

— Je serai dans les parages demain, même s'il fait mauvais ; et après-demain aussi, dit-il.

Stranahan hocha la tête. C'était toujours bon à savoir.

— Merci, capitaine ! cria-t-il.

Après le départ du skiff, Stranahan regagna le toit et sortit l'enveloppe de sa poche. Il l'ouvrit calmement parce qu'il connaissait son contenu et qui la lui envoyait. Il l'avait attendue. Le message était le suivant :

« On tient ta bonne amie ! Préviens pas les flics ! »

Suivait un numéro de téléphone. Mick Stranahan le mémorisa, froissa la feuille de papier en boule et la jeta du haut du toit dans les vagues laiteuses.

— J'en connais un qui regarde trop la télévision, fit-il.

L'après-midi de ce même jour, Mick Stranahan reçut un autre message inquiétant. Il lui fut transmis par Luis Córdova, le jeune officier de police maritime. Il conduisit Mick en bateau de Stiltsville à Crandon Marina, où Stranahan prit un taxi pour se rendre chez sa sœur à Pignon-sur-Mer.

Le sergent Al García arpentait nerveusement le perron de la terrasse. Par-dessus son sempiternel costume, il avait enfilé, semblait-il, un authentique trench-coat londonien. Stranahan devina que García était passablement énervé quand il le vit fumer à nouveau ces putains de Camel. Avant même que Mick ait fini de régler le taximan, García dévalait l'allée, de la fumée bleue s'échappant de ses naseaux comme de ceux d'un taureau de dessin animé.

— Alors, Luis t'a rencardé ? fit l'inspecteur.

Stranahan dit que oui. Il avait appris que Kipper Garth avait été gravement blessé au cours d'une dispute domestique.

García lui barra le chemin.

— Par un de ses clients, Mick. Imagine un peu !

— Je ne connaissais pas son client, Al !

— S'appelle Nordstrom. John Nordstrom.

García en usait avec le mégot de sa Camel comme avec ses cigares, le faisant glisser d'un coin de sa bouche à l'autre. Son manège déconcentrait extrêmement Stranahan.

— Si l'on en croit sa femme, poursuivit García, l'agresseur est rentré chez lui à l'improviste et a surpris ton beau-frère, le quasi-défunt...

— Merci, Al.

— ... a surpris, disais-je, le quasi-défunt en train de tripoter sa femme. Là-dessus, l'agresseur a tenté à trois reprises d'atteindre le quasi-défunt avec une balle de pelote basque. A la troisième tentative, ton beau-frère a été touché à la nuque, ce qui l'a plongé dans le coma.

— L'enfoiré de merde ! Comment va Kate ?

— Elle est déconcertée, fit García. Mais nous le sommes tous, non ?

— J'ai envie de la voir.

Stranahan contourna l'inspecteur et se dirigea vers la porte d'entrée. Il trouva sa sœur assise dans la véranda près de la baie ; elle contemplait le voilier de Kipper Garth, *Dommages et Intérêts,* qui se balançait tranquillement dans son bassin, derrière la maison. Mick serra sa sœur contre lui et l'embrassa sur le front.

— Ils t'ont dit ? fit-elle en reniflant.

— Oui, Kate.

— Et qu'il pelotait une cliente — on te l'a dit ?

— C'est sa version, à elle, dit Stranahan.

Kate eut un petit rire plein d'amertume.

— Et tu n'y crois pas ? Allons, Mick. Même moi, j'y crois. Kipper était un porc, il faut voir les choses en face. Tu avais raison et moi, j'avais tort.

Mick ne savait plus quoi dire.

— Il avait des qualités.

Merde, la gaffe stupide.

— Je veux dire, il a des qualités.

— Le docteur m'a avoué que ses chances de s'en tirer sont à cinquante-cinquante. Mais je m'attends au pire. Kipper n'est pas un battant.

— Il pourrait te surprendre, dit Mick sans grande conviction.

— Mick, autant que tu le saches — j'étais au courant de tout. Mon Dieu ! Tu aurais dû entendre certains de ses prétextes : charrettes, week-ends, déplacements au diable Vauvert. Je faisais semblant de le croire parce que... parce que j'aimais ce genre de vie, Mick. La maison... ce grand jardin. Je sais, ça peut paraître égoïste, mais il faisait bon vivre par ici, en sécurité. C'est un quartier fantastique.

— Je suis désolé pour toi, Katie.

— Un quartier comme celui-là, c'est dur à trouver, Mick. Tu sais, on n'a été cambriolés que deux fois en quatre ans. C'est pas si mal pour Miami.

— Pas mal du tout, acquiesça Stranahan.

— Tu vois, je devais mettre ces choses dans la balance chaque fois que je pensais à le quitter.

Kate posa sa main sur le bras de son frère.

— Tu connaissais toutes ses frasques ?

— Non, pas toutes.

— Merci de ne pas m'en avoir parlé.

Elle était sincère. Et Mick se sentait une véritable ordure. Ce qui était la stricte vérité.

— Tout est de ma faute, fit-il. C'est moi qui ai dit à Kipper de s'occuper de cette affaire. Je l'ai forcé à s'en occuper.

— Comment ça ? Et pourquoi ?

— Quoi que tu penses, c'est encore pire. Je ne peux pas entrer dans les détails, Kate, parce qu'il va y avoir du vilain et je ne veux pas que tu sois mêlée à ça. Mais il fallait que tu saches que c'est moi qui ai entraîné Kipper là-dedans.

— Mais c'est pas toi qui as joué à je-te-tiens-par-les-nénés avec ta cliente. C'est lui.

Elle tourna le dos à la baie, en croisant les bras.

— C'est si... minable.

— Oui, admit Stranahan. Minable, c'est le mot.

Quand il sortit de la maison, il trouva García qui l'attendait.

— N'ai-je pas montré une immense courtoisie, Mick, en ne faisant pas irruption là-dedans pour te jouer la grande scène du trois à la cubaine, devant ta petite sœur ?

— Tu es le foutu prince des hôtes de ces lieux, Al.

— Tu sais pourquoi je porte ce trench-coat ? Tout neuf, entre parenthèses. A fallu que j'assiste à un autre enterrement. Celui de Bobby Pepsical, le Commissionnaire du comté. Mort en plein confessionnal.

— Il a bien choisi son endroit. C'était un pourri total.

— Sûr qu'il l'était, Mick. Mais j'ai comme l'impression qu'il n'a pas fait pénitence.

— Et pourquoi ?

— Parce qu'il n'y avait pas de prêtre avec lui. Bobby se confessait dans le vide — plutôt curieux, hein ? Bref, on nous a envoyés en bande à ce putain d'enterrement, vu qui il était. C'est pour ça que j'ai sorti mon imperméable neuf. Il pleuvait.

— Et ça s'est passé comment ? demanda Stranahan. Il est pas tombé en poussière, pourri jusqu'à la moelle comme il l'était !

— Je sais, mais merde, aie un peu de respect pour les morts !

García se massa les tempes comme s'il essayait de faire partir une crampe.

— Tu vois, Mick, c'est ça qui me porte sur les nerfs. Depuis que je me suis retrouvé embarqué dans cette histoire entre toi et le docteur, il y a un tas de gens qui ont passé l'arme à gauche. Et d'une façon bizarre, pour tout arranger. À commencer par ton ex et Murdock et Salazar — encore un enterrement, tiens ! Et puis ce binz avec ce putain d'élagueur homicide ! Et après tout ça, voilà que je me retrouve sous la pluie pour voir planter en terre un politicien véreux qui a cassé sa pipe, agenouillé dans un confessionnal inoccupé ! Là-dessus mon beeper de merde se déclenche. Et le lieutenant m'annonce qu'une grosse légume d'avocat s'est fait cueillir en pleine tête par une balle de pelote basque et qu'il risque d'y passer d'une seconde à l'autre ! Nouvel homicide ! À la chistera ! Et pour couronner le tout, la grosse légume c'est ton beau-frère ! Toutes ces bizarreries virent au cauchemar !

— Pour un mauvais mois..., concéda Stranahan.

— Ah ! ça ouais ! tu l'as dit ! Alors, ces Nordstrom ?

— Je te répète que je les connaissais pas.

García alluma une autre cigarette et Stranahan fit la grimace.

— Tu sais pourquoi je fume cette camelote ? Parce que j'ai les nerfs en pelote. Ça m'arrive chaque fois que je suis ballotté de droite à gauche, et je déteste gaspiller un bon cigare dans une telle agitation.

— S'il te plaît, ça te ferait rien de ne pas me souffler la fumée dans la figure ? C'est tout ce que je te demande, dit Stranahan.

L'inspecteur retira la cigarette de sa bouche et la dissimula derrière son dos.

— Et comme ça, t'es content ? Maintenant, Mick, faut que tu m'aides à m'en sortir. L'épouse de l'agresseur, elle raconte que Kipper Garth lui a téléphoné à l'improviste en lui demandant si elle ne voulait pas attaquer en justice — devine qui — Rudy Graveline !

Parce que c'est le charlatan qui lui a implanté des machins-trucs-choses.

— Si c'est elle qui le dit, alors.

— Mais c'est pas les avocats qui racolent d'habitude.

— Écoute, Al, tu oublies qu'on est à Miami.

García tira rapidement une bouffée de sa Camel avant de la faire disparaître à nouveau.

— D'après moi, tu as obligé d'une façon ou d'une autre ton ordure de beauf, le quasi-défunt, à poursuivre Graveline, rien que pour lui casser les couilles et remuer les choses. Peut-être même pour faire jaillir Mr. Blondell Tatum, le bon géant en cavale, de l'égout qui lui sert de tanière. Je m'attends pas à ce que tu m'ouvres ton cœur, Mick, mais dis-moi rien qu'une chose : ça a marché ? Parce que si c'est le cas, t'es génial, putain ! Et je m'excuse pour toutes les saloperies que je t'ai balancées dans mon sommeil !

— Quoi a marché ?

García eut un rictus venimeux.

— Je croyais qu'on était potes.

— Al, je vais pas te laisser sans biscuits, fit Stranahan. Tu m'as sauvé la vie, nom de Dieu !

— Mince alors, quelle mémoire !

— Lequel tu veux, Al ? dit Stranahan. Le tueur de foire ou le docteur ?

— Les deux.

— Ah non ! Désolé.

— Hé ! t'oublies que je pourrais te boucler illico. Obstruction de l'enquête, subornation de témoins. C'est pas le choix qui manque.

— Et je serais dehors une heure après.

García serra les mâchoires un court instant puis se détourna ; il bouillait. Quand il refit face à Stranahan, il avait l'air plus amusé qu'irrité.

— Ton problème, Mick, c'est que t'es trop intelligent. Tu connais trop bien le foutu système. Tu sais trop bien comment m'entourlouper.

— Crois-moi, on est du même côté de la barrière.

— Je sais, *chico,* et c'est ce qui me fout la trouille.

— Alors, lequel de ces deux salopards tu veux te garder pour toi tout seul ? Le chirurgien ou l'autre clown ?

— Me bouscule pas, Mick !

30

Ce fut très tôt dans la matinée du 19 février que Reynaldo Flemm, le célèbre journaliste de télé à sensation, arriva au Centre de remise en forme et de chirurgie plastique de Whispering Palms pour l'interview la plus sensationnelle de sa brillante carrière. Il remit à une réceptionniste ensommeillée quinze mille dollars en liquide ; après avoir compté et recompté la somme, elle lui tendit deux formulaires d'accord, l'un pour la rhinoplastie, l'autre pour la lipectomie combinée d'une liposuccion. Reynaldo parcourut rapidement cette paperasse et l'agrémenta du paraphe extravagant de Johnny Le Tigre.

Puis il alla s'asseoir et attendit son heure. Au mur jaune chamois était accrochée sous plastique l'une des formules favorites de Rudy Graveline : « AMÉLIOREZ-VOUS ! AMÉLIOREZ VOTRE APPARENCE ! » Reynaldo ne goûtait guère cette maxime gravelinesque. Sa préférée était encadrée, en lettres satinées à la Norman Rockwell, au-dessus de la fontaine murale : « VANITÉ ÉGALE BEAUTÉ. » Reynaldo en avait parlé à Willie. Arrange-toi, en entrant, pour me la filmer en insert, lui avait-il recommandé. Pourquoi ça ? avait demandé Willie. Pour le clin d'œil, s'était écrié Reynaldo. Pour le clin d'œil !

Reynaldo était fier d'avoir pensé à ce plan. En temps normal, c'était Christina la spécialiste du clin d'œil ironique.

Bientôt une jeune infirmière à l'air indifférent convoqua Reynaldo dans une salle d'examen glaciale et lui enjoignit de vider sa vessie. Pénible opération qui, au bout d'un quart d'heure fastidieux, produisit à peine quelques gouttes. Reynaldo Flemm était un individu très nerveux. Au cours de sa vie professionnelle, des camionneurs l'avaient rossé, des suprématistes blancs lui avaient botté le cul, des hommes de main de la Mafia l'avaient assommé, des gangs de motards l'avaient cinglé de coups de crosse et des partisans de « Laissez-les vivre » lui avaient flanqué des coups de pied dans les couilles. Mais il n'avait jamais subi d'intervention chirurgicale. Pas même pour une verrue plantaire.

Flemm, frigorifié, retira ses vêtements et se débarrassa de ses baskets. Il enfila une blouse de papier bleu layette qui lui arrivait aux genoux. L'infirmière lui donna un ridicule bonnet en papier pour couvrir ses cheveux teints de manière ridicule et des chaussons de papier pour ses pieds nus.

Une infirmière anesthésiste, surgie de nulle part, releva brusquement par-derrière la blouse de Reynaldo et lui enfonça une aiguille dans la hanche. La seringue hypodermique contenait du Robinul, narcotique qui avait pour effet de dessécher la bouche en bloquant la sécrétion salivaire. L'infirmière s'empara ensuite du bras gauche de Reynaldo et le nettoya avec un tampon, avant de l'équiper d'un goutte-à-goutte qui fit couler dans ses veines une solution lactescente à cinq pour cent de dextrose, puis un assortiment de sédatifs puissants.

L'anesthésiste conduisit alors Reynaldo Flemm et son appareillage intraveineux dans la suite F, l'une des quatre salles d'opération ultramodernes de Whispering

Palms. Elle le pria de s'allonger sur le dos. Pendant qu'il prenait place sur l'acier glacé, Reynaldo essayait avec la dernière énergie de se remémorer les dix questions fulgurantes qu'il avait concoctées pour piéger le Dr Graveline.

Un, avez-vous tué Victoria Barletta, le 12 mars 1986 ?

Deux, pourquoi l'une de vos anciennes infirmières prétend-elle que vous l'avez fait ?

Trois, est-il vrai que vous n'avez pas cessé d'avoir des ennuis pour fautes professionnelles et négligence médicale ?

Quatre, pouvez-vous m'expliquer…

M'expliquer ?

M'expliquer ce que fout cette putain de sangle autour de mes jambes !

— S'il vous plaît, Mr. Le Tigre, calmez-vous !

Et mes bras ? Qu'est-ce que vous avez fait à mes bras ? Je peux plus bouger les bras, bordel de merde !

— Essayez donc de vous détendre. Pensez à des choses agréables.

Attends, attends, attends, attends, attends !

— Vous devez vous sentir un tout petit peu groggy.

Quelque chose ne va pas. Ça ne se passe pas comme ça d'habitude. J'ai lu une brochure de merde là-dessus. Vous êtes censée me bander les yeux, pas les bras. Pourquoi tu souris, bougre de connasse ? Faut que je parle au docteur. Où il est le docteur ? Nom de Dieu, que c'est froid. Qu'est-ce que vous fabriquez là-bas ?

— Bonjour, Mr. Le Tigre.

Docteur, Dieu merci, vous voilà ! Écoutez-moi bien : ces salopes d'infirmières nazies font une terrible erreur. J'ai pas besoin d'une anesthésie générale, une locale c'est suffisant. Retirez-moi simplement la perfusion, d'accord ? Ça ira, mais enlevez-moi ces tuyaux avant que je tombe dans les pommes.

— On a un petit peu de mal à vous comprendre, mon vieux !

Tu parles, Charles ! Ma langue est tellement sèche qu'on pourrait y gratter une allumette. S'il vous plaît, arrachez-moi ces aiguilles. Je retrouve plus mes idées avec ces aiguilles de merde ! Et dites-leur d'arrêter de me tripoter là-bas. Bon Dieu, que c'est froid ! Mais qu'est-ce qu'elles foutent ?

— Je suppose qu'on vous a averti du petit changement de programme. J'ai décidé de commencer par la lipectomie et de vous faire la rhinoplastie ensuite. Ce sera plus commode de cette façon.

Non, non, non, le nez d'abord ! Attaquez par le nez, bordel !

— Vous devriez essayer de vous détendre, mon vieux ! Là, tenez-vous tranquille. On va vous faire une autre injection.

Non non non non non non non.

— Vous n'avez rien senti, n'est-ce pas ?

Faut que je lui demande. Je vais lui demander. Maintenant. Tout de suite.

— Allez-y, poussez le Sublimaze.

Avez-vous tué… ?

— Qu'est-ce qu'il raconte ?

C'est vrai que vous avez tué… ?

— Ce type me rappelle quelqu'un.

Est-ce que vous avez tué… Victoria… Principal ?

— Victoria Principal ! Il est complètement stone le mec !

Alors c'est vrai ?

— Où est le masque ? Ouvrez le Forane. Mettez-lui le masque !

Willie, tracassé par le plan de génie de Reynaldo, n'avait pas beaucoup dormi. Il avait tenté de joindre

Christina Marks à New York, mais on lui avait répondu qu'elle était rentrée à Miami. Où était-elle passée ? Le plan de Reynaldo était le truc le plus dingue dont Willie ait jamais entendu parler. A commencer par le signal. Willie avait besoin d'un signal pour savoir quand il devrait forcer la porte de la salle d'opération avec sa caméra. Reynaldo n'avait rien trouvé de mieux qu'un hurlement. Willie serait aux écoutes dans la salle d'attente et Reynaldo pousserait un hurlement.

— Vous hurlerez quoi au juste ? avait demandé Willie.

— WILLIE ! Voilà ce que je hurlerai.

Willie pensa que Reynaldo plaisantait. Mais non.

— Et les autres patients dans la salle d'attente ? Je veux dire, je serai là avec ma caméra vidéo et mon matériel de son — qu'est-ce que je vais dire à tous ces gens ?

— Tu n'as qu'à leur dire que tu es de PBS, avait répondu Reynaldo. Tout le monde fout la paix à PBS.

La prise de vues dont rêvait Reynaldo était la suivante : on l'y verrait couché, fin prêt, vêtu de bleu, de préférence au premier stade de la rhinoplastie, et de préférence, tout barbouillé de sang. Ce qu'il y avait de bien avec une opération de ce genre, c'est qu'on pouvait réclamer une anesthésie locale. La plupart des plasticiens préfèrent effectuer une rhinoplastie sur des patients tout à fait dans les vapes ; mais on peut la subir sous anesthésie locale avec un goutte-à-goutte intraveineux, si on peut supporter une légère douleur. Reynaldo Flemm était persuadé qu'il pourrait la supporter.

Willie foncerait comme un arrière de football dans la salle d'opération, caméra en batterie, et lancerait le micro-main à Reynaldo, allongé sur le billard. Reynaldo le braquerait sous le nez de Rudy Graveline et le bombarderait de ses questions. Vlan, vlan, vlan. Les infirmières et autres filles de salle arrêteraient illico leurs occupations et prendraient leurs jambes à leur cou, laissant l'infortuné chirurgien se liquéfier sous l'œil de la caméra. Absolument seul.

Attends qu'il comprenne qui je suis, avait ricané Reynaldo. Et arrange-toi pour être en très gros plan sur lui.

Willie avait dit qu'il avait besoin d'un preneur de son, mais Reynaldo répondit non, pas question ; il fallait tout réduire à l'essentiel.

Willie avait dit d'accord, mais il faut qu'on trouve un meilleur signal. Hurler ne suffit pas, avait-il prétendu. Et si jamais quelqu'un d'autre se mettait à hurler, un autre patient ?

— Mais qui d'autre hurlerait ton nom ? avait demandé Reynaldo, d'un ton caustique. Écoute ce que je te dis.

Le plan de Reynaldo était audacieux et très inhabituel, Willie dut le reconnaître. Aucun doute qu'il créerait la sensation à l'échelon national et mettrait en émoi l'ensemble de la critique télé, sans parler des gagmen du *Johnny Carson Show*. Il y aurait un lot de spéculations cyniques chez les collègues de Ray : ils prétendraient à l'envi qu'en réalité ce coup d'éclat lui avait permis de se faire refaire le nez à l'œil — supposition qui vint même à l'esprit de Willie pendant qu'il écoutait Reynaldo lui dévoiler le plan de son embuscade de première. La possibilité de devenir la risée des médias de la côte Est à la côte Ouest ne le dissuada en rien. Reynaldo paraissait savourer d'être brocardé comme un médiocre, un clown et un égocentrique éhonté. Il prétendit qu'on le jalousait, un point c'est tout. Quel autre journaliste de télé d'Amérique aurait eu le cran de se faire charcuter pour obtenir une interview exclusive ? Mike Wallace, ce vieux jobard arrogant ? Jamais de la vie ! Bill Moyers ? Cette femmelette libérale s'évanouirait au premier bobo !

Ouais, avait dit Willie, c'est un plan d'enfer.

Brillant, s'était rengorgé Reynaldo. Brillant, tu peux le dire.

Malgré son audace d'inspiration, le succès de ce plan reposait sur plusieurs facteurs cruciaux. L'une des prémisses, et non des moindres, voulait que Reynaldo fût conscient pour mener à bien l'interview.

Bien que l'intervention chirurgicale appelée liposuccion ou absorption des graisses ait été mise au point en France, c'est aux États-Unis qu'elle a rencontré une popularité massive. C'est à l'heure actuelle l'opération de chirurgie esthétique la plus couramment pratiquée par les plasticiens de ce pays, avec plus de cent mille interventions par an et un taux de mortalité relativement bas, de l'ordre de un pour dix mille. Les risques de complications — caillots de sang, embolies graisseuses, engourdissements chroniques et ecchymoses sévères — augmentent considérablement si le chirurgien pratiquant la liposuccion n'a reçu que peu ou pas de formation du tout concernant ce procédé. Rudy Graveline tombait sans conteste dans la dernière catégorie — celle des médecins ayant adopté la liposuccion parce qu'excessivement lucrative. Aucune loi, aucun conseil de l'Ordre, ni même la moindre commission de contrôle médical, n'exigeait de Rudy qu'il ait étudié en premier lieu la liposuccion, qu'il soit devenu compétent en la matière et que sa soi-disant compétence ait été testée avant de s'y essayer. Les mêmes critères libéraux s'appliquaient aux rhinoplasties, hémorroïdectomies et même à la chirurgie du cerveau. Rudy Graveline était un médecin diplômé et, sur le plan légal, ça signifiait qu'il pouvait se livrer à toutes les foutues pratiques qu'il voulait.

Rudy se souciait comme d'une guigne d'être reconnu par l'Association américaine de chirurgie plastique, l'Académie américaine de chirurgie faciale et de reconstruction plastique ou encore la Société américaine des plasticiens et chirurgiens esthétiques. A quoi rimeraient quelques diplômes ronflants de plus sur les murs ? Ses patients s'en fichaient éperdument. Ils étaient riches, vaniteux et pressés. Dans certains cercles très fermés du sud de la Floride, le nom de Graveline était une griffe comparable à celle de Gucci ou de La Renta. Les vieilles peaux ripolinées du La Gorce et du Biltmore se désignaient mutuellement leurs mentons polis et leurs cous tendus à craquer et se demandaient non pas à voix basse mais en bramant d'une voix de stentor :

— C'est du Graveline ?

Rudy était un plasticien design. Se faire extraire sa graisse par lui était un honneur, un must, une marque (littéralement parlant) de votre statut social. Il n'y avait que les péquenots, petits Blancs ou pire encore, pour remettre en question le tour de main de Rudy ou se plaindre du résultat.

Ironie du sort, la plupart des chirurgiens qui travaillaient pour Rudy à Whispering Palms étaient parfaitement qualifiés pour pratiquer lipectomies et liposuccions ; ils avaient suivi une formation adéquate — théorie, observation, entraînement. Rudy avait beau admirer leur sérieux, il trouvait qu'ils en faisaient trop — après tout, quelle difficulté réelle cette opération pouvait-elle présenter ? La graisse, quand elle abondait, était facile à localiser. Suffisait de l'absorber, de refermer, et au suivant ! Tu parles d'une affaire !

Pour parer à toute éventualité, Rudy lut deux articles de revues consacrés à la liposuccion et commanda pour vingt-six dollars quatre-vingt-quinze une cassette vidéo éducative auprès d'une firme de fournitures médicales de Chicago. Les articles se révélèrent compacts et plutôt ennuyeux, mais la cassette lui ouvrit des horizons. Rudy en retira la conviction que le premier imbécile venu pouvait absorber les graisses sans problème.

Le patient type d'une lipectomie n'était pas l'obèse grotesque souffrant d'hypertension, mais — comme Johnny Le Tigre — une personne en bonne santé, au poids et à la stature relativement normaux. L'objet de leurs plaintes était, médicalement parlant, d'origine mondaine : hanches en pare-chocs d'autos tamponneuses, fesses en goutte d'huile, cuisses en gélatine ou encore les rétro « poignées d'amour » à la taille. Correctement pratiquée, la liposuccion ôtait les poches localisées d'excès de graisse et améliorait, en l'aplanissant, le contour naturel du corps. Dans le cas contraire, l'opération laissait le patient bosselé et bancal partir à la recherche d'un avocat.

Le matin de la mission incognito de Reynaldo Flemm, ce n'était pas une prémonition sinistre qui avait fait changer d'idée Rudy concernant la rhinoplastie. C'était, comme d'habitude, une question d'argent. Comme une lipectomie n'allait pas sans anesthésie générale, elle réclamait plus de main-d'œuvre (et donc était plus coûteuse) qu'une simple rhinoplastie. Rudy estima que plus vite il en aurait fini avec la grosse intervention, plus vite il pourrait faire l'économie de l'anesthésiste et de son masque à gaz. Il pourrait effectuer la rhino plus tard avec une sédation par intraveineuse, bien meilleur marché.

Que Rudy Graveline pût encore se soucier de ses frais généraux, au moment où sa carrière partait en capilotade, rendait hommage à la fois à sa puissance de concentration et à sa dévotion invétérée au profit.

Il saisit à pleine main un bourrelet ventral de Reynaldo Flemm et exerça une légère pression. Un vrai filon. Les vaches grasses.

Rudy choisit un scalpel n° 15 et pratiqua une incision d'une vingtaine de millimètres dans le nombril de Reynaldo. Par cette ouverture appropriée, il introduisit la canule, long instrument tubulaire d'une structure semblable au nez d'un fourmilier ; puis il enfonça le groin épointé de la canule dans la chair tendre de l'abdomen de Reynaldo et par un mouvement de va-et-vient, chercha à perforer les tissus. De son pied droit, le chirurgien appuya sur une pédale au sol qui activait la machine pratiquant la liposuccion. Elle aspirait les particules de graisse par de petits trous ménagés à l'extrémité de la canule et les expédiait, le long d'un tuyau de plastique transparent, dans une bouteille en verre.

Au bout de quelques instants, les premiers grumeaux jaunâtres apparurent.

La roue de secours de Johnny Le Tigre !

Bientôt, il serait un homme nouveau.

Dans la salle d'attente, Willie se mit à parler avec certains autres patients. Se trouvaient là un capitaine de bateau-charter doté sur le front d'une tumeur maligne de la taille d'un crapaud, une danseuse de la Compagnie de ballets de Miami qui venait — pour la deuxième fois en deux ans — se faire pratiquer une liposuccion des fesses, et un Nicaraguayen aux cheveux argentés — que Willie avait souvent vu à la télé : c'était l'un des chefs de la Contra — à qui on allait remonter les paupières pour dix-huit mille dollars. Il prétendit que la CIA payait l'ardoise.

Mais Willie avait un faible pour une strip-teaseuse rousse du Solid Gold Club de Lauderdale. Bien sûr, elle était venue pour une nouvelle paire de nichons, mais aussi pour se faire enlever un tatouage sur la cuisse gauche. Quand elle apprit que Willie était de PBS, elle demanda à figurer dans son reportage et releva sa mini en velours pour lui montrer le fameux tatouage. Il consistait en un serpent vert réticulé se mordant la queue. Willie déclara, en guise de compliment, qu'il n'avait jamais vu son pareil. Il n'eut de cesse d'obtenir le numéro de la fille, prétextant qu'il pourrait ainsi la prévenir du passage de l'émission fantôme.

Une heure s'écoula sans le moindre petit cri de Reynaldo Flemm et Willie commença à avoir les jetons. Reynaldo avait dit : donne-toi jusqu'à neuf heures avant de perdre la boule. Neuf heures venaient de sonner. Les couloirs de Whispering Palms étaient suffisamment silencieux pour que Willie soit certain qu'il aurait entendu hurler. Il demanda à la danseuse, qui était déjà venue dans les parages, si la salle d'attente était très éloignée de la salle d'opération.

— Laquelle ? répondit-elle. Il y en a quatre.

— Quatre ? Merde ! fit Willie.

C'était une horrible découverte. Reynaldo avait laissé entendre qu'il n'existait qu'une seule salle d'opération qu'il trouverait sans peine. Plus inquiet que jamais, Willie décida d'entrer en action. Il mit la Bétacam à l'épaule, vérifia le micro, les câbles et la batterie-ceinture, alluma la lampe torche (ce qui provoqua des protestations chez les autres patients, qui se protégèrent les yeux de la main) et partit à la recherche de Reynaldo Flemm, en rôdant à travers les couloirs.

Quand le téléphone mural se mit à gazouiller, le Dr Graveline quitta un instant des yeux les entrailles de Johnny Le Tigre.

— Je ne suis là pour personne, dit-il.

L'une des infirmières décrocha et resta silencieuse un petit moment avant de se retourner vers le docteur.

— C'est Ginny, à la réception. Elle dit qu'un homme avec un caméscope court partout dans la clinique.

La bouche de Rudy se crispa sous le masque chirurgical.

— Dites-lui d'appeler la police... Non ! Attendez...

Oh, bon Dieu ! Garde ton calme. Reste extrêmement calme.

— Il vient de faire irruption chez le Dr Kloppner dans la suite D.

Rudy poussa un grognement excédé.

— Qu'est-ce qu'il veut ? Il l'a dit ?

— Il vous cherche. Alors je dois dire à Ginny d'appeler la police ou quoi ?

L'anesthésiste l'interrompit :

— Ne faisons rien tant que nous n'avons pas terminé ici. Achevons ce patient et sortons-le du billard.

— Elle a raison, dit Rudy. Absolument raison. Nous avons presque fini.

— Prenez votre temps, fit l'anesthésiste avec une pointe d'inquiétude.

Dans des conditions optimales, Rudy Graveline lui flanquait une trouille bleue. S'il était stressé, qui sait jusqu'où il deviendrait dangereux !

— Que nous reste-t-il ? demanda-t-il.

— Encore une poche. Deux cents centimètres cubes, peut-être.

— Alors, allons-y, O.K. ?

Le téléphone mural recommença à gazouiller.

— Rien à foutre ! s'exclama Rudy. Laissez sonner.

Il empoigna la canule comme un couteau à découper, s'attaquant avec frénésie au dernier carré de graisse tenace, tapissant l'estomac de Reynaldo. La machine ronronnait de contentement tout en remplissant le bocal en verre de grosses particules de lard indésirable.

— Encore une minute et ce sera fini, annonça Rudy.

C'est alors que les portes s'ouvrirent à deux battants et qu'une terrifiante lumière blanche baigna la salle d'opération. Ce faisceau était plus brillant et dégageait une chaleur plus intense que les scialytiques. Il provenait d'un projecteur fixé au sommet d'une caméra, posée comme une deuxième tête sur l'épaule d'un type. Un type qui n'avait rien à foutre dans la salle d'opération de Rudy Graveline.

— Ray ! s'écria l'homme à la caméra.

— Sortez d'ici à l'instant ! fit Rudy.

— Vous êtes le Dr Graveline ?

La main de Rudy continuait à s'activer dans le ventre de Reynaldo.

— Oui, je suis le Dr Graveline. Mais personne ici ne s'appelle Ray. Alors sortez avant que je téléphone à la police !

Mais l'homme à la caméra avança lentement, rôtissant toute l'équipe de sa lumière violente, brûlante. L'anesthésiste et les deux autres infirmières, Rudy lui-même tressaillirent, aveuglés par la torche. L'homme à la tête-caméra s'approcha de la table d'opération et fit un zoom sur le visage du patient endormi, dissimulé en partie par un masque à oxygène en plastique.

— Ouais, c'est bien lui ! fit une voix derrière la caméra.

— Qui donc ? fit Rudy, dans un râle. C'est lui, Ray ?

— Reynaldo Flemm !

— Je vous avais bien dit qu'il me rappelait quelqu'un ! s'écria l'une des infirmières.

— Qui ? Reynaldo qui ? demanda à nouveau Rudy.

— Le type de la télé.

— Cette comédie a assez duré, déclara Rudy, repoussant la panique qui le gagnait. Vous feriez mieux... de foutre le camp de ma salle d'opération !

Willie passa outre.

— Ray, réveillez-vous ! C'est moi !

— Il peut pas se réveiller, connard ! On l'a gazé jusqu'aux oreilles. Maintenant éteignez-moi ce spot et tirez-vous.

L'ampleur de l'urgence journalistique frappa immédiatement Willie. Reynaldo était inconscient. Christina avait disparu. La caméra tournait. Les batteries se vidaient.

Willie songea : À moi de jouer !

Le micro-main, celui que préférait Reynaldo, celui que Willie était censé lui lancer au moment de l'embuscade, était fourré sous l'aisselle gauche de Willie. Grognant, se tortillant, déplaçant le poids de la Bétacam sur son épaule, Willie réussit à récupérer le micro de sa main droite. Et, en une étrange imitation de Reynaldo, Willie le mit sous le nez du docteur.

Dans la fente du masque chirurgical, les yeux écarquillés de Rudy Graveline se remplirent de crainte. Il fixa bouche bée le microphone comme si c'était le canon d'un Mauser. Une voix s'éleva derrière la carcasse métallique de la caméra :

— Avez-vous tué Victoria Barletta ?

Une balle n'aurait pas causé autant de dégâts chez Rudy que ces simples mots.

Sa colonne vertébrale se raidit.

Ses pupilles s'étrécirent comme des têtes d'épingles.

Une crampe agrippa tous ses muscles, l'un après l'autre, à partir des orteils. Sa main droite, qui tenait la canule, qui était profondément enfouie dans les plis livides du bedon fraîchement vidé de Reynaldo Flemm

— sa main droite se tordit sous l'effet d'une paralysie spasmodique, devint une griffe inerte.

La panique enflant sa voix, l'anesthésiste s'écria :

— Ça y est, c'est terminé !

— Presque, dit Rudy d'une voix rauque.

— Non, ça suffit !

Mais le Dr Graveline était déterminé à achever l'opération. S'arrêter aurait équivalu à reconnaître... quelque chose. Garder son sang-froid — voilà ce qu'on vous enseignait à Harvard. Par-dessus tout, un médecin devait garder son sang-froid. Au moment critique, les patients comme le personnel attendent d'un chirurgien qu'il reste maître de lui-même. Même si l'homme étendu sur la table d'opération se révélait être... Reynaldo Flemm, le trop fameux journaliste de télé à sensation ! Ça expliquait son charabia au moment où il tombait dans les vapes — cet enfoiré ne parlait pas de Victoria Principal, l'actrice de *Dallas,* mais de Victoria Barletta, la fille à la rhinoplastie funeste.

Ses crampes musculaires le faisaient tellement souffrir que ses yeux se remplirent de larmes visqueuses. Il se força à poursuivre. Il abaissa l'épaule droite, lui faisant épouser le rythme de la liposuccion, le va-et-vient de bûcheron, de plus en plus fort.

Une fois encore, la voix sans visage derrière la caméra insista :

— Avez-vous tué cette fille ?

L'œil noir de la bête le scruta d'encore plus près, tournant dans le sens des aiguilles d'une montre dans son orbite — Willie suivait les instructions de Reynaldo et zoomait à mort sur le visage de Rudy. Le chirurgien appuya à fond sur la pédale de la machine, comme s'il écrasait un mille-pattes. Le moteur ronfla. Le tuyau se tordit. Le bocal se remplit.

Il était temps d'arrêter.

Temps d'arrêter !

Mais le Dr Graveline n'arrêta pas.

Il continuait à tisonner et à aspirer... le long museau affamé du fourmilier mécanique creusait sa galerie dans l'abdomen de Reynaldo, de plus en plus bas... à travers muscles et ligaments... plongeant comme un tuba d'homme-grenouille au-delà des intestins, allant mordiller le côlon transverse... plus bas, plus bas, plus bas, le fourmilier magique traçait son sillon.

Jusqu'à ce qu'il gobe l'aorte.

Et le tuyau en plastique qui sortait du nombril de Reynaldo vira au rouge vif.

Le bocal, à l'autre extrémité, vira au rouge.

Même le bras du docteur vira au rouge.

Willie assista à tout à travers le viseur de la caméra. Toute la pièce, virant au rouge.

31

Le premier truc que Chimio acheta avec l'argent de Rudy fut un téléphone portable pour la Bonneville. À peine l'avait-il sorti de sa boîte, que Maggie Gonzalez lui lança :

— Ce jouet stupide vaut plus cher que la voiture.

— J'ai besoin d'une ligne personnelle. Vous verrez bientôt pourquoi, dit Chimio.

Ils rentraient en voiture à l'Holiday Inn, après avoir passé la matinée dans le cabinet du Dr George Ginger, le chirurgien esthétique. Maggie l'avait connu à ses débuts, quand il était l'un des subordonnés les plus compétents de Rudy au Centre Durkos. Elle faisait confiance à son habileté et à sa discrétion. Il pouvait être d'une lenteur à rendre fou et avait mauvaise haleine mais, techniquement parlant, c'était un excellent plasticien.

En prélude à sa visite chez le Dr Ginger, Chimio avait lancé un avertissement à Maggie :

— Si jamais il me bousille le visage, je le tuerai sur place. Et vous après.

Le deuxième truc que Chimio avait acheté avec l'argent de Rudy, c'était des balles neuves — et de bonne qualité ! — pour son colt 38 rouillé.

— Vous voyez trop les choses en noir, lui avait dit Maggie.

Chimio se rembrunit.

— C'est que j'ai eu la guigne avec les docteurs.

— Je sais, je sais.

— En plus j'aime pas le nom de ce type. George Ginger, c'est un nom de pédé, je trouve.

Puis il avait vérifié les alvéoles du barillet du colt avant de le glisser dans son pantalon.

— Vous êtes désespérant, lui avait dit Maggie. Je ne vois pas pourquoi je me donne autant de peine.

— Parce que autrement je vous descends.

Par bonheur, la dermabrasion se passa en douceur. Le Dr Ginger n'avait jamais vu un cas de brûlure semblable mais s'abstint sagement de poser des questions. À un moment, profitant de l'inattention de Chimio, le chirurgien jeta un coup d'œil furtif à l'encombrante prothèse fixée au bras gauche de son patient. Jardinier émérite, le Dr Ginger reconnut instantanément le taille-herbe Mono-Trim mais résista à la tentation de s'informer plus avant.

Le ponçage prit environ deux heures. Chimio supporta l'épreuve stoïquement, avec à peine un petit cri par-ci par-là. Quand ce fut fini, il n'avait plus l'air d'un individu à qui on a collé des grains de pop-corn sur toute la figure ; il ressemblait plutôt à quelqu'un qu'on a traîné sur huit kilomètres derrière un camion poubelle.

Son front, ses joues, son nez, son menton luisaient d'une brillance rose cru suintante. Les ravages grumeleux de l'aiguille à électrolyse zigzagante avaient été définitivement éliminés, à charge pour Chimio de faire peau neuve. Même s'il devait abandonner l'idée de jouir jamais d'un teint de lys et de roses, du moins pourrait-il traverser un aéroport, un supermarché ou un jardin public sans que les petits enfants se réfugient dans les jupons de leur mère. Chimio reconnut qu'à lui seul, ce fait représenterait, sur un plan strictement social, une amélioration considérable.

Avant de quitter le cabinet, Maggie avait demandé au Dr Ginger de lui retirer ses points de suture et de vérifier l'évolution de son lifting new-yorkais. Il lui assura — avec une haleine toxique — que la cicatrisation allait bon train et lui tendit un miroir à maquillage pour qu'elle en juge par elle-même. Maggie fut enchantée du spectacle : sous les yeux, les ecchymoses enflammées, couleur pourpre, n'étaient plus que de vagues ombres mauves ; quant aux cicatrices, elles s'étaient réduites à des lignes d'un rose tendre. Son nouveau nez retroussé, en particulier, la plongeait dans le ravissement.

Le Dr Ginger examina sur toutes les coutures le petit promontoire, encore enflé, et hocha la tête d'un air de connaisseur.

— À l'Isadora Duncan !

— Exactement, fit Maggie en souriant.

Gobant un Tylénol à la codéine, Chimio demanda :

— C'est qui Isadora Duncan, bordel de merde ?

Dans la Bonneville, en rentrant au motel, Chimio remarqua :

— Trois mille dollars, c'est un sacré paquet pour ce qu'il a fait !

— Il vous a rendu votre apparence humaine, rien que ça ! Et trois mille, c'est donné, si vous voulez mon avis. Par-dessus le marché, il nous a même consenti un rabais professionnel de quinze pour cent parce que je suis infirmière.

Tout en conduisant, Chimio ne cessait de se pencher vers le milieu du siège pour contrôler son image dans le rétroviseur. C'était difficile de juger du résultat de la dermabrasion, car son visage était couvert d'une pommade à l'aspect de colle forte.

— Je sais plus, fit-il. C'est toujours pas mal boutonneux.

Maggie songea : boutonneux ? Ça suinte de partout, bon sang !

— Vous avez entendu ce que le docteur a dit. Faut attendre une quinzaine pour que ça cicatrise.

Sur ce, elle se pencha à son tour et réquisitionna le rétroviseur pour examiner ses propres traits rénovés.

Un bip-bip piaula sur le tableau de bord ; le téléphone de la voiture. De son bras simiesque, Chimio ouvrit la boîte à gants et décrocha à la seconde sonnerie.

Avec une nonchalance étudiée, il coinça l'écouteur entre son oreille et son épaule gauche. Maggie trouvait d'un ridicule achevé de se balader au volant d'un tel tas de ferraille, tout en parlant dans un téléphone dernier cri. Gênée, elle se tassa encore davantage sur son siège.

— Allô ! fit Chimio.

— Salut, Bille de Clown ! J'ai reçu ton message.

C'était Mick Stranahan.

— Ah ouais ?

— Ouais.

— Et puis ?

— Tu m'as dit d'appeler, c'est ce que je suis en train de faire.

Chimio était déconcerté par le ton insultant de Stranahan. Ce type aurait dû avoir la trouille. Être désespéré, suppliant. Poli au moins.

— Je tiens ta bonne amie, dit Chimio.

— Je sais, je sais, j'ai lu ton petit mot.

— Et tu attends de connaître mes exigences.

— Non, figure-toi, répliqua Stranahan, j'attends que tu me chantes le grand air de *Madame Butterfly*... Bien sûr, j'attends de connaître tes exigences.

— Merde alors, t'es d'une humeur à chier.

— Je t'entends à peine, se plaignit Stranahan. Me dis

pas que tu t'es payé un de ces téléphones Mattel pour yuppie à la con.

— C'est un Panasonic, précisa sèchement Chimio.

Maggie lui jeta un regard impatient, comme pour dire : finissons-en !

Comme il freinait à un feu rouge, le récepteur glissa de l'oreille de Chimio. Il lâcha le volant de sa main valide pour le ramasser.

— Nom de Dieu !

Le téléphone était gluant de la pommade qui lui enduisait les joues. La voix de Stranahan crachota au bout de la ligne.

— Qu'est-ce qui t'arrive, maintenant ?

— Mais rien, merde ! fit Chimio, en calant soigneusement le récepteur contre son épaule. Bon, voilà le marché. Si tu veux revoir ta bonne amie vivante, retrouve-moi à la marina, ce soir à minuit.

— Va te faire foutre !

— Hein ?

— Ça veut dire non, Bille de Clown ! Pas à la marina. Je sais ce que tu veux et tu peux l'avoir. Moi en échange d'elle, c'est bien ça ?

— C'est ça.

Chimio jugea que ça ne servait à rien de raconter des craques à ce mec.

— Marché conclu, dit Stranahan. Mais je me déplace pas. C'est toi qui viens.

— Où tu es en ce moment ?

— Dans une cabine sur Bayshore Drive, mais je vais pas y rester longtemps.

— Alors on se retrouve où ? fit Chimio avec impatience.

— Chez moi.

— Dans cette baraque ? Pas ques' !

— J'ai bien peur que si.

Le combiné se remit à glisser. Chimio tenta désespérément de le retenir et la Bonneville fit une embardée. Maggie se pencha et redressa le volant.

Chimio agrippa le téléphone et grogna :

— T'as entendu ce que j'ai dit ? Pas question que je retourne sur ce pilotis de merde !

— Mais si ! Je te rappellerai pour te donner un supplément d'informations.

— Donne-le-moi tout de suite !

— Je peux pas, fit Stranahan.

— Je te jure que je vais la buter !

— T'es pas idiot à ce point ?

Une bouffée de colère empourpra le visage de Chimio et aggrava ses démangeaisons.

— On reparlera de ça plus tard. À quelle heure tu vas me rappeler ? fit-il.

— Ah non ! Pas moi, dit Mick Stranahan. Je veux pas être celui qui rappelle.

— Alors qui ? demanda Chimio.

Mais la communication était coupée.

Willie alla montrer la cassette du tournage à l'un de ses amis de WTVJ, station affiliée de NBC à Miami. L'ami en question fut suffisamment impressionné par le sang qui tachait la chemise de Willie pour le laisser utiliser l'un des bancs de montage.

— Il faut que tu voies ça, fit Willie.

Il enfonça la bande dans le lecteur et se carra sur son siège, en se rongeant les ongles. Il se sentait orphelin. Plus de Christina ni de Reynaldo. Il savait qu'il devrait appeler New York, mais qu'aurait-il dit et à qui ?

Son ami, producteur d'infos locales, montra l'écran du moniteur.

— Où est-ce ? demanda-t-il.

— C'est une clinique à Bal Harbour. Ça, c'est la salle d'attente.

— T'as filmé ça à l'épaule ?

— Oui. En solo, tout le long.

— Mais où est Flemm ? Ça lui ressemble pas.

— Non, c'est quelqu'un d'autre.

Sur l'écran vidéo, on voyait une salle d'opération où un docteur grand et chauve était penché sur une patiente grassouillette. Puis le même docteur gesticulait avec colère en direction de la caméra et glapissait à une infirmière de prévenir la direction.

— Je sais pas de quoi il retournait, fit Willie. Je m'étais trompé de salle.

— À présent, tu avances à nouveau dans le couloir. Des gens hurlent et se cachent le visage.

— Ouais, on y est presque, dit Willie en se penchant en avant. Bingo ! Voilà Ray sur le billard !

— Bon Dieu, qu'est-ce qu'ils fabriquent ?

— J'en sais rien.

— On dirait une césarienne.

— Ouais, fit Willie. Et on était censé lui rectifier le nez.

— Tu charries !

Le son de la bande audio devint plus fort.

Ouais, c'est bien lui !

Qui donc ? C'est lui, Ray ?

Reynaldo Flemm !

Je vous avais bien dit qu'il me rappelait quelqu'un !

Qui ? Reynaldo qui ?

Le type de la télé.

Cette comédie a assez duré...

Quand un gros plan de Reynaldo, bouche ouverte et muselé, remplit l'écran, l'ami de Willie appuya sur « pause ».

— Cet enculé n'a jamais été mieux, fit-il.

— Tu le connais ?

— Je l'ai connu à Philadelphie. Quand il s'appelait encore Ray Fleming.

— Tu rigoles, fit Willie.

— Non, mec. Raymond Fleming, c'est son véritable nom. Puis il s'est entiché de ce pseudo bi-ethnique... Reynaldo Flemm — moitié-latino, moitié-bloc de l'Est. Il a raconté à tous ceux de la profession que sa mère était une réfugiée cubaine et que son père avait fait partie de la résistance yougoslave. Merde, je devrais pas me marrer, car c'est à partir de là que sa carrière a vraiment commencé à décoller.

— Ce qu'il m'a raconté à moi, fit Willie, c'est que son vieux était dans la clandestinité, en Roumanie.

— Son vieux vendait des piscines à Larchmont. Je le sais de source sûre. Voyons la suite.

Willie appuya sur « avance rapide », et fit défiler la bande au-delà de sa confrontation avec Graveline, à propos de la mort de Victoria Barletta ; il ne voulait pas que son ami le producteur entende ce nom-là, au cas où le coup pourrait être encore sauvé. Willie rétablit la vitesse de défilement normale, juste au moment du zoom sur le regard paniqué du docteur.

— Boris Karloff ! s'exclama le producteur.

— Regarde !

Il y eut un élargissement du champ qui montra Rudy Graveline s'escrimer fiévreusement sur l'estomac de Reynaldo. Puis tout se recouvrit d'une buée sanglante et l'une des infirmières se mit à hurler au docteur d'arrêter.

— Bon sang ! fit l'ami de Willie, comme pris d'une légère nausée. Qu'est-ce qui se passe ?

Tout à coup, le docteur pivota et affronta directement la caméra. Il brandissait dans sa main droite sanguinolente un inquiétant instrument relié à un long tuyau de plastique. Cet appareil émettait un bruit très net de succion, le slurp-slurp des babines d'un animal qui lapait sa soupe.

À ton tour, mon gros père !

L'ami de Willie montra le moniteur.

— C'est toi qu'il a appelé mon gros père ?

— Regarde !

Sur l'écran, le chirurgien se précipita en avant, ce tuyau pointu et glougloutant dressé. Il y eut un cri, suivi d'un coup sourd. Puis l'image commença à sautiller et fut envahie par la neige.

Willie pressa sur la touche « stop ».

— J'ai bougé mon cul, expliqua-t-il à son ami. Il s'est jeté sur moi avec cette espèce... d'aspirateur. Alors je me suis taillé.

— C'est pas moi qui te blâmerais, mec. Mais Ray ?

Willie éjecta la cassette du banc de montage.

— C'est ce qui m'a flanqué la frousse. Je suis monté dans la camionnette et j'ai mis les voiles, vu ? Je me suis arrêté à la cabine la plus proche et j'ai téléphoné à cette clinique. Whispering Palms, elle s'appelle.

— Ouais, j'en ai entendu parler.

— Donc, je leur passe un coup de fil. Sans dire qui je suis. Je réclame Reynaldo Flemm, en prétendant que je suis son frère. Je dois passer le prendre après l'opération. Et je demande si je peux venir le chercher. On me met en ligne avec une infirmière, qui veut comprendre de quoi il s'agit. Elle veut savoir pourquoi Reynaldo a utilisé un faux nom quand il s'est inscrit. Johnny Tigre ou quelque chose d'aussi merdique. Je lui réponds que j'en ai pas la moindre... que peut-être il était gêné, qu'il ne voulait pas qu'on dise qu'il s'était fait refaire le nez dans la rubrique potins des journaux. Alors elle me dit, eh bien, il n'est plus ici. Elle me raconte que le docteur, ce fameux Rudy Graveline, il a conduit Ray en voiture à l'hôpital du Mont-Sinaï. Elle ajoute qu'il ne lui est pas permis de m'en dire plus par téléphone. Alors je me suis magné le cul jusqu'au service des urgences du Mont-Sinaï et devine quoi ? Pas de Reynaldo à l'horizon ! En fait, rien que des attaques d'apoplexie ou des crises cardiaques. Pas de Reynaldo Flemm !

— C'est foutrement bizarre. Même pour Miami ! conclut l'ami de Willie.

— Le meilleur reste à faire ; faut que j'appelle New York pour leur apprendre la nouvelle.

— Ben, mon pauvre vieux !

— Peut-être que je vais d'abord leur expédier la cassette, dit Willie.

— Ce serait aussi bien, tomba d'accord le producteur. Mais Ray ? Tu penses qu'il s'en est bien tiré ?

— Non, dit Willie. Pour parler franchement, je serais foutrement étonné qu'il s'en soit bien tiré.

Les infirmières avaient voulu appeler police secours, mais Rudy Graveline avait dit non, le temps presse. Je vais l'emmener moi-même. Il avait couru au parking, non sans faire un détour par la réception pour empocher les quinze mille dollars de Reynaldo, était monté dans la Jag et l'avait stoppée devant l'entrée du personnel.

De retour dans la salle d'opération, l'anesthésiste lui avait dit :

— L'électrocardiogramme devient plat.

— Alors, dépêchons, nom de Dieu !

On avait placé Reynaldo sur un chariot et on l'avait fait rouler jusqu'à la voiture de Rudy, où on l'avait empaqueté sur le siège passager. L'une des infirmières avait même tenté de boucler la ceinture de sécurité.

— Oh ! laissez tomber ! avait dit Rudy.

— Mais c'est la loi.

— Retournez travailler, avait ordonné Graveline.

La Jaguar avait quitté la clinique sur les chapeaux de roue.

Naturellement, Rudy n'avait pas l'intention de se rendre à l'hôpital du Mont-Sinaï. À quoi bon ? Il jeta un œil sur l'homme installé sur le siège passager. Il ne se souvenait toujours pas l'avoir vu à la télévision. Il est vrai que Reynaldo Flemm n'était pas au mieux de sa forme télégénique. Il avait les yeux mi-clos, la bouche entrouverte et sa peau avait pris la couleur du veau aux hormones.

Il se vidait aussi de son sang dont il barbouillait les beaux sièges en cuir et les panneaux en ronce de noyer des portières de la Jag de Rudy.

— Splendide ! marmonna Rudy. Quoi encore ?

Tandis que le chirurgien filait vers le sud sur Alton Road, il sortit son téléphone portable et appela la compagnie arboricole de son frère.

— Passez-moi George Graveline, s'il vous plaît. C'est urgent.

— Euh ! Il n'est pas là.

— Je suis son frère. Où travaille-t-il aujourd'hui ?

Il y eut un déclic sur la ligne et Rudy pensa qu'on l'avait coupé. Puis une femme d'un service de renseignements lui demanda de laisser son numéro. Rudy brailla mais elle demeura inébranlable. Il finit par lui donner son numéro et raccrocha.

Il songeait : il faut que je trouve George et sa débiteuse. C'est trop risqué de se balader à Miami Beach dans une voiture de quarante-sept mille dollars, avec le corps d'une vedette télé ficelé sur le siège avant. *Et perdant son sang sur le siège avant.*

Le téléphone de bord lâcha ses bips-bips et Rudy s'en empara avec un optimisme démesuré.

— George !

— Non, docteur Graveline.

— Qui êtes-vous ?

— Sergent García, police criminelle. Vous ne vous en souvenez probablement pas mais nous nous sommes rencontrés la nuit où un mystérieux nain haïtien avait fait sauter votre voiture.

Le cœur de Rudy cognait à grands coups. Devait-il raccrocher ? Est-ce que les flics étaient déjà au courant pour Flemm ? Mais comment — les infirmières ? Ou peut-être l'autre connard avec son caméscope !

— J'ai de mauvaises nouvelles à vous donner de votre frère George, continua García.

Le mental de Rudy s'emballait. Il n'enregistrait pas les paroles de l'inspecteur.

— Quoi ? Vous pouvez répéter ce que vous venez de dire ?

— J'ai de mauvaises nouvelles de George. Il est mort.

Le pied de Rudy lâcha l'accélérateur. Il roulait en roue libre à présent, tentant de réfléchir. Quel chemin prendre ? Où aller ?

— Il a essayé d'assassiner quelqu'un et j'ai dû l'abattre. Nos services ont mon rapport, aussi je vous suggère de les appeler.

Pas de réaction. Rien.

— Docteur ? Vous êtes encore là ?

— Noui.

Pas de questions. Rien.

— Je n'avais pas le choix, vu les circonstances.

— Je comprends, fit Rudy d'une voix morne.

Il songeait : c'est terrible ce qui est arrivé à George, oui. Mais moi, qu'est-ce que je vais faire de ce mort que je véhicule dans ma Jaguar ?

García sentait que quelque chose de bizarre se passait à l'autre bout du fil.

— Écoutez, je sais que le moment est mal choisi, fit-il, mais il faut que nous parlions d'un crime dans lequel vous et votre frère êtes peut-être impliqués. J'aimerais venir à la clinique le plus tôt possible.

— Disons demain, fit Rudy.

— Cela concerne Victoria Barletta.

— Je désire vraiment vous aider autant que je peux. Venez me voir demain.

Le chirurgien avait une voix de zombie. D'un zombie qui aurait pris des calmants de cheval. S'il existait un royaume au-delà de la pure panique, Rudy Graveline venait d'y pénétrer.

— Docteur, ça ne peut vraiment pas attendre...

— Au nom du ciel, sergent, donnez-moi un peu de temps. Je viens d'apprendre la mort de mon frère, il faut que je prenne mes dispositions.

— Pour parler net, fit García, en ce qui concerne George, il ne reste plus grand-chose à votre disposition.

— Appelez-moi demain, le coupa Rudy.

Puis il balança le téléphone par la portière.

Quand le téléphone de la Bonneville sonna à nouveau, Chimio jeta un regard de triomphe à Maggie Gonzalez.

— Je vous l'avais bien dit que ce serait pratique.

— Arrêtez de vous tirer sur la peau.

— Ça me démange comme mille diables.

— Faut le supporter ! le réprimanda-t-elle. Vous voulez que ça s'infecte ? C'est ça ?

À l'autre bout du fil, c'était Rudy Graveline. Il avait un ton plus que suicidaire.

— Hé ! toubib, vous êtes dans votre tire ? Parce que moi, je suis dans la mienne ! fit Chimio.

Il se sentait le maître de l'univers.

— Non, je suis chez moi, dit Rudy. Nous avons un maxi-problème.

— Qu'est-ce que vous me chantez là ? J'ai pas de problème, moi ! Y me reste cent vingt mille dollars, j'ai un beau visage tout neuf et un téléphone de voiture tout neuf ! Ma vie s'arrange de jour en jour !

— Vous m'en voyez vraiment ravi pour vous, dit Rudy.

— Ça n'en a pas l'air à vous entendre, putain !

— Il a enlevé Heather, dit le docteur d'une voix étranglée.

— Qui c'est Heather ? fit Chimio.

— Ma… j'arrive pas à y croire… quand je suis rentré à la maison, elle n'était plus là. Il l'a embarquée.

Maggie demanda qui était à l'autre bout de la ligne et Chimio lui chuchota le nom du docteur.

— Bon, d'accord, dit-il à Rudy. Vous feriez mieux de tout me raconter.

Soudain Rudy se souvint des avertissements de Sourcils en Bataille concernant ce type de téléphone. Et comment les conversations privées risquaient parfois d'être captées sur d'autres fréquences. Dans son état de détérioration émotionnelle avancé, Rudy visualisa — avec une précision hallucinante — une quelconque bobonne de Coral Gables, curieuse comme une fouine, recevant cinq sur cinq sa litanie criminelle sur son grille-pain.

— Venez chez moi, donna-t-il comme directive à Chimio.

— Je peux pas. J'attends un appel.

— Ne l'attendez plus. C'est celui-là.

— Quoi ? Vous voulez dire que c'est le coup de fil qu'il…

— Oui, dit Rudy. Rappliquez ici dare-dare. On va aller faire un tour en bateau.

— Nom de Dieu !

32

Maggie et Chimio abandonnèrent Christina, ligotée, dans le coffre de la Bonneville qu'ils avaient garée dans l'allée dallée de Rudy Graveline. Malgré cette position inconfortable, Christina n'eut pas peur d'étouffer ; la tôle percée d'innombrables trous de rouille laissait passer un peu d'air frais.

Une heure durant, Maggie et Chimio restèrent assis sur le canapé de cuir blanc du salon à écouter Rudy leur faire le triste récit du moment où il avait découvert, en rentrant chez lui, que sa dulcinée, sa Vénus, sa poupée d'amour, son lapin en sucre, son petit rayon de soleil californien avait disparu de la chambre à coucher.

Ils tournèrent et retournèrent dans tous les sens le billet laissé par le kidnappeur :

« Ohé ! Vous Êtes Tous Invités À Une Party ! »

Cette invitation s'ornait du dessin d'un pélican, coiffé d'une casquette de marin ; à l'intérieur, on avait tracé à la main un plan de Stiltsville. Chimio et Rudy, l'air sinistre, tombèrent d'accord sur la nécessité de régler définitivement le problème Stranahan.

Chimio interrogea Rudy sur les taches de sang frais dans le vestibule et ce dernier lui répondit que ce n'était pas celui d'Heather mais de quelqu'un d'autre. En soupirant et s'arrêtant souvent pour reprendre sa respiration, il leur narra la terrible mésaventure de Reynaldo Flemm à la clinique. Maggie Gonzalez écouta ce macabre exposé, tout éberluée que son modeste chantage ait déclenché de tels événements.

— Mais alors où est-il ? demanda-t-elle.

— Là-bas dedans, répliqua Rudy. Dans le Sub-Zéro.

— De quoi vous parlez ? fit Chimio.

Rudy les conduisit à la cuisine et leur désigna un réfrigérateur de la taille d'une armoire.

— Le Sub-Zéro, annonça-t-il.

Maggie remarqua que les clayettes en aluminium étaient empilées sur le comptoir de la cuisine, avec une demi-douzaine de plats cuisinés allégés et trois pots de crème au chocolat.

— Pour un gros frigo, c'est un gros frigo ! fit Chimio.

Il ouvrit la porte et découvrit Reynaldo Flemm, raide et givré comme un Esquimau glacé.

— Pas moyen de l'y faire entrer autrement, expliqua Rudy. Regardez, j'ai même dû arracher le bac à glace.

— Il a une autre tête qu'à la télé, ça c'est sûr, commenta Chimio.

Chimio maintint la porte ouverte avec son genou. L'air froid calmait les démangeaisons de son visage.

Maggie se taisait. Ça ne faisait pas partie de son plan. Elle essayait de trouver le moyen de s'esquiver de la maison de Rudy et de s'enfuir à toutes jambes. Puis de retourner au motel, de s'emparer de la Samsonite noire dans la chambre et de disparaître dans la nature pendant cinq bonnes années, au bas mot.

Chimio referma la porte du réfrigérateur. Il désigna d'autres taches brunâtres sur le carrelage immaculé.

— Si vous avez une serpillière, elle pourra vous nettoyer tout ça, dit-il à Rudy.

— Hé ! minute ! fit Maggie. Vous me prenez pour une bonniche ?

— Si vous m'obéissez pas au doigt et à l'œil, je vous mets la tête en chou-fleur.

Et Chimio brandit le taille-herbe, d'un air menaçant.

Maggie se rappela comment il avait sauvagement traité Rudy Graveline avec cet instrument et s'employa à le calmer.

— D'accord, mais éloignez-moi ce machin stupide !

Pendant que Maggie épongeait du rouge, Rudy broyait du noir. Il paraissait brisé, apathique, inconsolable. Il avait besoin de réfléchir ; il avait besoin du rythme apaisant d'une copulation athlétique, du gouffre de pureté cristalline où seul le coup de reins d'Heather pouvait le précipiter.

Dire que la journée avait débuté de façon si prometteuse !

Debout avant l'aube, il avait bouclé leurs bagages. Puis il avait glissé les billets d'avion dans le sac d'Heather, pendant qu'elle dormait. Il allait se rendre à la clinique en voiture, pratiquer l'opération sur ce strip-teaseur à la noix, ramasser les quinze mille dollars et revenir chercher Heather. Et en route pour l'aéroport ! Quinze mille dollars, c'était un bon début — ça représentait un mois ou deux au Costa Rica dans un bel appartement et ça permettrait à l'avocat panaméen de Rudy de liquider en temps utile ses placements off-shore. Ensuite, Heather et Rudy pourraient souffler à nouveau. Ils se trouveraient un terrain dans les montagnes. Un ranch à flanc de colline. Avec une écurie ; elle adorait faire du cheval. Rudy se voyait déjà ouvrir une nouvelle clinique ; il avait même emballé son diplôme d'Harvard plastifié dans sa valise, le calant avec amour entre ses chaussettes de soie et ses sous-vêtements griffés. San José grouillait d'expatriés richissimes et d'aspirants à la jet-set internationale. Un plasticien américain y serait accueilli avec enthousiasme.

Et maintenant, ce désastre. Heather — la belle nubile au corps si harmonieux — avait été kidnappée sur son lit de souffrance.

— Il nous faut un bateau pour ce soir, grogna Rudy.

— Ouais, et un gros ! Si je dois retourner à cette sacrée baraque, je veux garder les pieds au sec. Essayez de nous dénicher un Scarab 38.

— Vous êtes cinglé ?

— Le même que dans *Deux flics à Miami.*

— Vous êtes vraiment cinglé. Et qui le conduira ? dit Rudy en fixant d'un air sarcastique l'outil de jardinage peu maniable qui prolongeait le bras gauche de Chimio. Vous peut-être ?

— Ouais, moi. Contentez-vous de passer un coup de bigophone et de voir ce que vous pouvez faire. Faut qu'on se bouge d'ici avant que les flics rappliquent.

Rudy parut pétrifié à cette idée.

— Mais merde ! fit Chimio. Vous avez un cadavre au frigo. Tu parles d'un problème.

Maggie rinçait le balai-éponge dans l'évier.

— J'ai mon idée là-dessus. Peut-être que ça va pas vous plaire mais ça vaut le coup d'essayer.

— Dites toujours, fit Rudy, haussant les épaules avec lassitude.

— J'ai travaillé chez un chirurgien qui connaissait un type... un type prêt à acheter certaines choses.

— Vous n'allez pas me suggérer...

— À vous de voir, dit Maggie. Je veux dire, docteur Graveline, vous avez une certaine position à défendre par ici.

— Ouais, fit Chimio. Dépêchez-vous. Vos crèmes au chocolat sont en train de fondre.

Le type en question s'appelait Kimbler. Et son officine se trouvait du côté de l'hôpital de Miami ; c'était une boutique dont la devanture donnait sur la 12e Rue, à un jet de pierre du Jackson Hospital et de l'Institut médico-légal. L'écriteau sur la porte disait : « EXPORTATIONS BIO-MÉDICALES INTERNATIONALES, INC. » La vitrine était en verre bleu foncé et munie d'un rideau métallique de sécurité à claire-voie.

Kimbler attendait quand Rudy, Chimio, Maggie et Christina arrivèrent. Chimio avait glissé le colt 38 dans la poche de son pantalon, le tenant pointé en permanence sur Christina. Il avait bien pensé la laisser dans le coffre de la Pontiac, mais il n'y avait plus assez de place.

Kimbler était un homme au cheveu rare, tout en bras et jambes, avec des lunettes à monture d'écaille et un nez en bec de busard. Sa boutique était éclairée comme un entrepôt, avec des cartons à œufs collés au plafond. Les murs étaient couverts de rangées d'étagères de métal où étaient alignés des bocaux d'apothicaire, qui servaient à la conservation d'assortiments d'oreilles, de globes oculaires, de pieds, de mains, de doigts, d'orteils, d'organes divers de petite ou grande dimension. Au choix.

Chimio jeta un regard à la ronde et s'exclama entre ses dents :

— Putain, je rêve !

Kimbler dévisageait avec un étonnement identique Chimio qui, il faut bien l'avouer, valait le coup d'œil avec son visage récuré de frais et luisant de pommade, son bras gauche raccourci enveloppé dans un sac de golf, son crâne en carré de radis et sa belle veste de safari à la *Daktari*. Kimbler évaluait Chimio du regard comme un futur spécimen de prix.

— Drôle de hobby que vous avez là, fit Chimio, en prenant sur une étagère un bocal rempli de vésicules biliaires. Mais ça vaut mieux que de collectionner les Crados.

— Je vous assure que j'ai tous les permis nécessaires, répondit Kimbler.

Maggie expliqua qu'il vendait, en toute légalité, ces parties de corps humain à des écoles de médecine de l'étranger.

— Tous ces articles proviennent de sources autorisées, ajouta Kimbler. Hôpitaux ou laboratoires d'analyses.

Articles. Cette terminologie souleva le cœur de Christina. Ou bien sa nausée venait-elle simplement de l'odeur de mort douceâtre qui baignait l'endroit.

— Ça peut paraître quelque peu macabre, mais mes services sont très recherchés. Tous ces articles, ces organes détachés ou autres, seraient perdus, jetés aux ordures ou aux chiottes. Incinérés. Les écoles de médecine d'outre-mer ont grand besoin de produits propres à étayer leur enseignement clinique. Et leurs étudiants se montrent extrêmement reconnaissants. Vous devriez lire certaines de leurs lettres.

— Non, merci, fit Chimio. Un braquemart, ça va chercher dans les combien par les temps qui courent ?

— Pardon ?

Maggie coupa court à la plaisanterie.

— Mr. Kimbler, soyez sûr que nous apprécions que vous nous receviez dans un si bref délai. Mais nous avons un problème très inhabituel.

Kimbler lui jeta un œil par-dessus la monture de

ses lunettes, de façon fort théâtrale. Un léger sourire se fit jour sur ses lèvres.

— Je m'y attendais.

— Eh bien, voilà. Nous avons en notre possession un article... au grand complet, dit Maggie.

— Je vois.

— C'est une situation misérabiliste. Très triste. Ni famille ni les moyens de l'enterrer décemment. Nous ne sommes même pas certains de son identité.

Christina se contenait à grand-peine. Elle avait entrevu le corps quand ils l'avaient installé en diagonale dans le coffre de la Bonneville, celui d'un homme jeune ; elle ne pouvait en dire plus.

— Pouvez-vous me parler des circonstances du décès ? dit Kimbler à Maggie.

— Un drame de l'indigence, comme je viens de vous le dire. Crise d'appendicite aiguë.

Elle montra Rudy du doigt.

— Demandez-lui : c'est le médecin qui l'a opéré.

Rudy Graveline était stupéfait. Mais il se hâta d'appuyer la version bidon de Maggie.

— J'étais en train... il avait une mauvaise condition cardiaque. Il souffrait d'une sévère arythmie. Il aurait dû me prévenir avant l'opération. Mais il ne l'a pas fait.

— Vous êtes chirurgien ? fit Kimbler avec une moue dubitative.

— Oui.

Rudy n'en avait pas la tenue. Chaussé de Docksides, il portait des pantalons de coton beige et un pull-over de marin ras du cou. Paré pour une promenade en bateau.

— Attendez. Regardez.

Il sortit de son portefeuille la carte que lui avait

délivrée la Société médicale de Dade County et la tendit à Kimbler, qu'elle parut contenter.

— Je comprends que cette situation vous paraisse extraordinaire, dit Maggie.

— Pour ça, oui ! Eh bien, si nous allions voir.

Chimio pinça doucement le coude de Christina en lui chuchotant :

— Nous, on reste ici.

Il confia à Maggie les clés de la Bonneville. En compagnie de Rudy, elle emmena le dénommé Kimbler jusqu'à la voiture, garée à deux blocs de là, dans un lotissement.

Quand Maggie ouvrit le coffre, Rudy se détourna. Kimbler chaussa ses lunettes et allongea le cou pour mieux examiner le cadavre, un peu comme s'il étudiait les coups de pinceau sur une toile de maître.

— Hummmm, fit-il. Hummmmm !

Rudy se campa de manière à masquer l'intérieur du coffre, au cas où des passants manifesteraient une certaine curiosité. Son souci ne reposait sur rien, car personne ne se retournait sur le trio ; une bonne moitié des habitants de Miami tirent leur bizness du coffre de leur voiture.

Kimbler parut impressionné par ce qu'il vit.

— J'ai rarement affaire à des cadavres intacts, remarqua-t-il. En tout cas, pas de cette qualité.

— Nous avons essayé de retrouver l'un de ses parents, dit Rudy. Mais pour une raison connue de lui seul, ce patient nous avait donné un faux nom.

Kimbler émit un gloussement.

— Il avait probablement d'excellentes raisons pour ça. C'est sans doute un criminel quelconque.

— Nous nous sommes heurtés à une impasse, partout où nous avons appelé, dit Rudy, enjolivant maladroitement le bobard.

Maggie vint à sa rescousse.

— Nous étions décidés à le remettre entre les mains du comté. Mais ça nous a paru un tel gâchis !

— Oh oui ! Nous sommes tellement à court de cadavres de bonne qualité. J'entends par là de race blanche et bien nourris. La plupart des établissements avec lesquels je traite... je pense à l'un d'entre eux à Saint-Domingue, où une classe de soixante étudiants n'avait que deux cadavres à se mettre sous la dent. Dites-moi un peu comment ces gosses vont apprendre les bases de l'anatomie !

Rudy allait répliquer quelque chose mais se contint à temps. La transaction était illégale en diable, aucun doute là-dessus. Mais avait-il le choix ? C'était la première fois dans sa vie professionnelle, marquée par une rétention anale hyper-compulsive, qu'il perdait le contrôle des événements. Il s'était incliné devant les bas instincts, nés de la rue, de Chimio et Maggie Gonzalez.

Kimbler poursuivait son laïus.

— Et en plus deux cadavres minables morts de dysenterie ! Ils pesaient chacun pas plus de quarante-cinq kilos. Pour soixante étudiants ! Et ce n'est pas inhabituel dans ces pays pauvres. Dans une école de médecine de la Guadeloupe, ils n'ont rien trouvé de mieux que de travailler sur des squelettes de singes. Pour leur donner un coup de main, je leur ai expédié par bateau deux cœurs et une demi-douzaine de poumons. Mais ce n'est pas la même chose que d'avoir des corps humains entiers.

Âpre au gain — et au marchandage — comme elle l'était, Maggie en avait assez entendu. Elle referma lentement, mais pas à clé, le coffre rouillé de la Bonneville ; Reynaldo Flemm avait commencé à dégeler.

— Donc, vous êtes intéressé ? fit-elle.

— Oui, fit Kimbler. Que diriez-vous de huit cents ?

— Allez jusqu'à neuf cents, objecta Maggie.

Kimbler fronça le sourcil, assez irrité.

— Huit cent cinquante, et c'est exagéré.

— Huit cent soixante-quinze. En liquide.

Kimbler fronçait encore le sourcil, mais il hochait la tête en signe d'assentiment.

— D'accord. Huit cent soixante-quinze, c'est dit.

— Vous allez nous payer ? lâcha Rudy Graveline, en pleine confusion.

— Bien sûr, répliqua Kimbler, regardant Rudy comme pris d'un doute. Juste pour qu'il n'y ait pas de suites, vous êtes bien docteur en médecine ? Je veux dire, vous avez l'autorisation d'exercer dans cet État ? Vous avez pas besoin de me signer quoi que ce soit, mais c'est toujours bon à savoir.

— Oui, soupira Rudy. Oui, je suis docteur. Et je suis en règle.

Comme si cela avait la moindre importance. Si tout se déroulait comme prévu, demain à la même heure il aurait quitté le pays. Heather et lui, réunis, dans les montagnes du Costa Rica !

Le dénommé Kimbler frappa gaiement sur le coffre de la Bonneville.

— Alors, c'est parfait. Pourquoi ne pas conduire la voiture derrière ma boutique ? Il faut mettre cet article au frais le plus vite possible.

Mick Stranahan apporta une tasse de chocolat chaud à Heather Chappell. Elle s'emmitoufla douillettement dans la couverture posée sur ses épaules.

— Merci. J'ai tellement froid, dit-elle.

Il lui demanda comment elle se sentait.

— Moulue, répondit-elle. Surtout après cette expédition.

— Désolé, dit Stranahan. Je sais, l'océan est sacrément houleux. Il y a un front qui se déplace, alors ce soir, on s'est récolté un gros vent d'ouest.

Heather sirotait avec hésitation le chocolat. Son kidnappeur — quel qu'il fût — la regardait d'un air impassible, juché sur un tabouret de bar en osier. Il portait un blue-jean, des tennis de marin, une chemise de coton jaune pâle et un coupe-vent en popeline. Aux yeux d'Heather, l'homme paraissait costaud mais pas particulièrement méchant.

Il y avait, au milieu du salon, une table de jeu recouverte d'une toile cirée. Et posée sur la table, une boîte à outils rouge. Celle-là même que le kidnappeur transportait, quand il était entré par effraction dans la maison du Dr Graveline.

Heather montra d'un signe de tête la boîte à outils.

— Qu'est-ce qu'il y a là-dedans ?

— Quelques trucs que j'ai empruntés à Rudy.

Le mobilier avait l'air de sortir de l'Armée du Salut, mais la pièce dégageait un confort spartiate, en particulier à cause des bruits d'eau étouffés.

— J'aime bien votre maison, dit Heather.

— Le voisinage n'est plus ce qu'il était.

— C'est quel genre de poisson sur le mur ?

— Un espadon bleu. Sa lame s'est cassée. Faut que je la fasse réparer.

— C'est vous qui l'avez pêché ? demanda Heather.

— Non, répondit Mick en souriant. Je suis pas Hemingway.

— J'ai fait une lecture pour *Îles à la dérive,* avec George C. Scott. Vous l'avez vu ?

Stranahan répondit que non.

— De toute façon, j'ai pas eu le rôle, dit Heather.

George C. Scott faisait Hemingway et il y avait beaucoup de scènes de pêche.

L'espadon privé de son arme les regardait du haut de son mur.

— Autrefois, c'était le paradis par ici, dit Stranahan.

Heather approuva du chef ; elle se le figurait volontiers.

— Qu'allez-vous faire de moi ?

— Pas grand-chose.

— Je me souviens de vous, dit-elle. Je vous ai vu à la clinique. Cette nuit-là, dans le parking. C'est vous qui m'avez fait monter dans un taxi. C'est cette nuit-là que la voiture de Rudy a pris feu.

— Je m'appelle Mick.

Comme elle était une actrice célèbre, Heather n'avait pas l'habitude de se présenter. Mais là, en l'occurrence, elle s'y sentit obligée.

— Si je vous ai demandé tout à l'heure comment vous vous sentiez, c'est pour ça, dit Stranahan en lui montrant trois flacons de pilules. Je les ai trouvés sur votre table de nuit. Le Dr Graveline vous faisait bien planer.

— Des calmants, sans doute. Je viens d'être opérée, vous savez.

— Qui vous parle de calmants ? dit Stranahan. Du Seconal 100. Dose industrielle. Ça vous assommerait un éléphant.

— Quoi… pourquoi ferait-il ça ?

Stranahan descendit du tabouret et s'avança vers Heather Chappell. Il tenait à la main droite une paire de petits ciseaux. Il s'agenouilla devant elle en lui disant de ne pas bouger.

— Oh, mon Dieu ! fit-elle.

— Tenez-vous tranquille !

Il dégrafa délicatement les pansements qui recouvraient son visage. Heather s'attendait à ce que les incisions la picotent dans l'air marin. Mais elle ne sentit rien à part une très légère démangeaison.

— Je veux vous montrer quelque chose, dit Stranahan.

Il disparut dans la salle de bains et revint avec une glace à main. Heather s'étudia plusieurs minutes dans le miroir.

— Il n'y a aucune trace, dit-elle d'un ton déconcerté.

— Non, m'dame ! Ni cicatrices, ni ecchymoses, ni tuméfaction.

— Rudolph m'a dit... écoutez, il m'a parlé de microchirurgie. De lasers, je crois bien. Il m'a dit que les cicatrices seraient si fines...

— Foutaises !

Stranahan lui tendit les ciseaux. Elle s'en empara de la main droite comme un pistolet.

— Je vais passer dans l'autre pièce un petit moment, lui dit-il. Appelez-moi quand vous aurez fini et je vous expliquerai de mon mieux.

Dix minutes plus tard, Heather frappait comme une sourde à la porte de sa chambre. Elle avait retiré le reste des bandages et des pansements bidon. Elle était là, complètement nue, zébrée de gomme adhésive, pleurant à petit bruit. Stranahan l'empaqueta dans la couverture et la fit asseoir sur le lit.

— Il devait me refaire les seins, dit-elle. Et les hanches. Et le nez. Et les paupières... tout, quoi.

— Eh bien, il vous a menti, dit Stranahan.

— Je vous en prie, je veux rentrer à Los Angeles.

— Demain, peut-être.

— Mais qu'est-ce qui se passe ? fit Heather, en pleurnichant. Je peux utiliser votre téléphone ? Faut que j'appelle mon agent. S'il vous plaît ?

— Désolé, dit Mick. J'ai pas le téléphone, ni de

liaison radio ni de fax. Le temps a tourné au vinaigre. Alors nous sommes coincés ici pour la nuit.

— Mais je dois participer à *Mot de passe* avec Jack Klugman. Mon Dieu, quel jour est-on ?

— Je peux vous demander quelque chose ? Vous êtes une fille superbe — et ça vous donne des avantages, O.K. —, mais comment pouvez-vous être aussi conne ?

Heather s'arrêta de pleurer sur-le-champ et ravala ses sanglots. Aucun homme ne lui avait jamais encore parlé comme ça. Mais si, voyons. Patrick Duffy, une fois. Elle jouait une jeune fille du monde dans *Dallas* et elle avait oublié une foutue réplique. Une seule sur dix-sept ! Mais au moins, un peu plus tard, Patrick Duffy s'était excusé d'être monté sur ses grands chevaux.

— Faire confiance à un charlatan comme Graveline, c'est pathétique, merde ! Et pourquoi ? Pour quelques centimètres de moins autour des hanches. Ou l'implant d'une fossette en polyuréthanne dans le menton et de sachets de plastique dans les seins. Réfléchissez deux minutes : dans une centaine d'années, votre cercueil se fendra en deux et il n'y aura plus rien à l'intérieur, sauf deux petits sacs de silicone liquide. Tout sera tombé en poussière, excepté vos nibards ! Ils sont bioniques. Éternels !

— Mais tout le monde fait pareil, dit Heather d'une toute petite voix.

Stranahan arracha la couverture et pour la première fois, Heather eut vraiment peur. Il lui demanda de se lever.

— Regardez-vous !

Elle baissa les yeux timidement.

— Y a rien qui cloche chez vous, fit Mick. Dites-moi ce qui cloche.

Le vent secoua les persiennes et des bouffées d'air froid s'insinuèrent dans la pièce. Heather frissonna, se rassit et couvrit ses seins de ses mains. Stranahan croisa les bras comme s'il attendait une explication.

— Vous êtes un homme. Je ne m'attends pas à ce que vous compreniez.

Elle se demandait s'il allait essayer de la toucher d'une façon ou d'une autre.

— La vanité, je comprends ça, fit-il. Les hommes sont experts en la matière.

Il ramassa la couverture sur le plancher et la drapa sur son buste avec indifférence.

— Je crois qu'il y a des vêtements chauds dans l'un des tiroirs.

Il trouva un training gris avec un capuchon et une paire de chaussettes d'homme en laine. Heather les enfila à la hâte.

— Dites-moi juste une chose, fit-elle, encore tremblante. Pourquoi Rudy m'a-t-il menti ? Je n'en reviens toujours pas — pourquoi ne m'a-t-il pas opérée ?

— Je pense qu'il était terrorisé. Au cas où vous ne l'auriez pas remarqué, il est fou de vous. Il n'a probablement pas supporté l'idée que l'intervention puisse mal se passer. Ça lui est arrivé, à ce qu'on sait.

— Mais je l'ai payé, protesta Heather. Je lui ai signé un chèque à son nom à ce salaud !

— Arrêtez, vous me fendez le cœur !

Heather lui jeta un regard furieux.

— Écoutez, dit Stranahan. J'ai trouvé le relevé de sa carte Visa. Restaurants chics par-ci, ensembles de grands couturiers par-là, sans oublier un diamant de temps à autre — vous vous en êtes pas mal tirée. Vous a-t-il annoncé qu'il vous emmenait en vacances sous les tropiques ?

— Je me souviens qu'il a parlé du Costa Rica. Fallait le trouver !

— Ouais, eh bien, ne vous en faites pas. Le voyage est annulé. Rudy a eu un léger contretemps.

— Alors racontez-moi ce qui se passe, insista Heather.

— Dites-vous que vous avez été sacrément veinarde.

— Pourquoi ? De quoi parlez-vous ?

— Rudy a tué une jeune femme dans votre genre. Non, je retire ça. Elle n'était pas tout à fait comme vous — elle était innocente. Et il l'a tuée en lui refaisant le nez.

Heather Chappell se recroquevilla sur elle-même. Inconsciemment, elle porta une main à son visage.

— Voilà le fin mot de l'histoire, dit Stranahan. Si vous ne me croyez pas, interrogez-le vous-même. Il va venir ici.

— Ici ?

— Parfaitement. Pour vous sauver et me tuer.

— Rudy ? Mais non.

— Vous ne le connaissez pas aussi bien que moi, Heather.

Stranahan passa de pièce en pièce, en éteignant toutes les lumières. Heather le suivit, sans dire un mot. Elle ne voulait pas rester seule. Portant une lampe tempête, Stranahan la fit sortir de la maison sur pilotis et l'aida à grimper sur le toit. L'éolienne sifflait et grinçait au-dessus de leurs têtes.

— Mon Dieu, ce vent est vraiment odieux ! dit Heather.

— Ça, c'est sûr.

— C'est quoi cette arme ?

— Un fusil de chasse, Heather.

— J'arrive pas à croire que Rudy va venir jusqu'ici par une nuit pareille.

— Et pourtant.

— Pourquoi ce fusil ?

— Pour la frime, dit Stranahan. Surtout pour la frime.

33

Al García se sentait légèrement coupable d'avoir menti à Mick Stranahan jusqu'à ce que le bateau de patrouille de Luis Córdova tombe en rade. En ce moment, penché à la poupe, Luis tisonnait le bloc-moteur ; García se tenait près de lui, l'éclairant d'un gros projecteur étanche et jurant, fouetté par les embruns.

García songeait : je déteste les bateaux. Quand une voiture vous lâche, on peut toujours l'abandonner derrière soi. Dans un putain de bateau, on est coincé.

Ils dérivaient, à environ un kilomètre du Seaquarium. Il faisait noir comme dans un four et la mer était déchaînée. Un vent glacial de noroît transperçait le ciré de García et lui faisait regretter de ne pas avoir attendu jusqu'à l'aube, comme il l'avait promis à Mick.

Luis Córdova découvrit assez vite l'origine de la panne.

— C'est l'hélice, fit-il.

— Qu'est-ce qu'elle a ?

— On l'a perdue, dit Luis Córdova.

— On a heurté quelque chose ?

— Non, elle s'est détachée tout bêtement. Quelqu'un a fait joujou avec la fixation.

García rumina l'information un instant.

— Est-ce qu'il sait où tu gares le bateau ?

— Bien sûr, dit Luis Córdova.

— Merde !

— Je ferais mieux de brancher la radio pour voir si on peut obtenir du secours.

Al García rangea le projecteur, s'assit devant le tableau de bord et alluma une cigarette.

— Le salopard ! Il ne nous a pas fait confiance.

— Il nous faut changer l'hélice ou trouver un autre bateau, dit simplement Luis Córdova. L'un dans l'autre, ça va nous prendre une paire d'heures.

— Fais ce que tu peux.

Vers le sud, García entendit un autre bateau sur la baie ; Luis Córdova l'entendit, lui aussi — la coque frappait lourdement les vagues. Le bourdonnement du moteur décrut au fur et à mesure qu'il s'éloignait. Ils savaient exactement où il allait.

— Nom de Dieu ! fit García.

— Vous pensez vraiment que c'est lui qui a fait ça ?

— J'ai pas le moindre doute. Ce salaud ne nous a pas fait confiance.

— Je ne vois pas pourquoi, dit Luis Córdova en se tournant vers la radio.

Empruntant la Causeway pour gagner la marina, Chimio n'arrêtait pas de penser à la maison sur pilotis et au monstrueux poisson qui lui avait bouffé la main. Il avait beau faire des efforts, il n'arrivait pas à dissimuler son appréhension à l'idée d'y retourner.

Quand il vit le bateau que Rudy Graveline avait loué, Chimio faillit annuler l'expédition.

— Un vrai tas de merde, fut son seul commentaire.

C'était un gros patapouf de hors-bord de six

mètres cinquante de long, doté d'un vieux moteur de soixante chevaux. Du genre que les hôtels de seconde zone louent aux touristes pour qu'ils les malmènent.

— Faut le voir pour le croire, dit Chimio.

— Vu l'heure, j'ai déjà eu de la chance de trouver quelque chose, protesta Rudy.

— On n'a qu'à faire avec ce qu'on a, décida Maggie Gonzalez.

Elle monta à bord la première, suivie par Rudy, puis par Christina Marks.

Chimio restait planté sur l'embarcadère, scrutant à travers la baie le halo ambré de la ville.

— Ça souffle sacrément ! On dirait un de ces typhons de merde.

Il n'avait vraiment aucune envie d'y aller.

— Alors ? Pressons ! lui dit Rudy.

Il se faisait un sang d'encre pour Heather : plus précisément, il se demandait, fou d'inquiétude, ce qu'il devrait faire pour la récupérer. Il pressentait que Chimio se foutait éperdument de ce qui pourrait arriver, pourvu que Mick Stranahan y laisse la peau.

Comme Chimio détachait les amarres, Christina lança :

— C'est une très mauvaise idée !

— La ferme ! lui intima Chimio.

— Je le pense vraiment. Vous devriez vous enfuir tous les trois tant qu'il est temps.

— Je t'ai dit de la fermer !

Maggie s'en mêla :

— Elle a peut-être raison. Ce type, c'est pas exactement ce qu'on appelle une personne équilibrée.

Chimio grimpa lourdement dans le bateau et mit en route le moteur.

— Quoi ? Vous voulez passer le reste de vos jours

en taule ? Vous croyez qu'il va se contenter de tout oublier et nous laisser disparaître tranquillement à l'horizon ?

Rudy Graveline frissonna.

— Tout ce que je veux, c'est Heather.

— Ne vous inquiétez pas ! Mick ne lui fera pas de mal ! le réconforta Christina.

— Pour ce qu'on en a à foutre ! dit Chimio, appuyant à fond sur la manette de sa main valide.

Durant le trajet jusqu'à Stiltsville, Chimio eut l'impression d'avoir le visage en feu. Le bateau de location voguait comme un baquet et la moindre vague, franchissant le plat-bord, venait éclabousser d'écume la chair à vif de ses joues. Le sel les attaquait comme un acide fort. Chimio fut bientôt à court d'imprécations. Rudy Graveline et les deux femmes n'étaient d'aucun secours ; ils étaient tous ruisselants, nauséeux et maussades.

Comme il négociait un large virage de navigateur du dimanche pour pénétrer dans le chenal de Biscayne, Chimio ralentit et désigna un point devant lui avec le taille-herbe.

— C'est quoi ça, bordel ? Regardez ! fit-il.

Au milieu des marécages, la maison sur pilotis de Stranahan était illuminée comme une casse de voitures. Des lampes tempête, accrochées aux pilotis, se balançaient mystérieusement dans le vent. Les volets rouges étaient grands ouverts et, par intermittence, on entendait aussi de la musique, que chaque rafale emportait puis ramenait.

— Les Beatles, dit Christina riant toute seule.

Il écoutait *All You Need Is Love !*

— Alors quoi ? Il essaie de faire le malin ? ricana Chimio, d'un ton méprisant.

— Non. C'est pas son œuvre, dit Christina.

Maggie Gonzalez balaya une mèche de cheveux mouillés sur son visage.

— Il est cinglé, y a pas de doute.

— Et nous, on l'est pas peut-être ? la coupa Rudy.

Il s'empara des jumelles et tenta d'apercevoir Heather Chappell. Il ne décela aucun signe de vie dans la maison. Il y avait, compta-t-il, une douzaine de lampes tempête allumées.

Revoir cet endroit rappela de terribles heures à Chimio. Il ne voyait que trop clairement le trou de la balustrade par lequel il était tombé à l'eau, le jour de sa malencontreuse attaque en scooter. Il se demandait si cet abominable poisson séjournait toujours sous la maison et faisait, en son for intérieur, des conjectures sur ses besoins nutritifs nocturnes.

— Comment on va s'y prendre ? dit Maggie.

Rudy la regarda durement.

— Nous ne ferons rien du tout tant qu'Heather ne sera pas saine et sauve dans ce bateau.

Chimio agrippa Christina par le bras et la tira vers le tableau de bord.

— Restez là, près de moi. Tout près, au cas où il viendrait des idées à votre branleur de jules.

Et il enfonça le canon du colt 38 sous son sein droit, tout en maintenant le cap avec le manche du taille-herbe.

Tandis que le bateau progressait avec difficulté par les hauts-fonds vers le pilotis de Mick Stranahan, Christina accepta la probabilité de ne pas survivre à ce qui allait suivre.

— Officiellement, fit-elle, ce n'est pas mon jules.

Maggie lui donna un coup de coude et lui chuchota :

— Entre nous, il aurait pu vous arriver pire.

Chimio stoppa le bateau à une dizaine de mètres du ponton. La stéréo s'était tue. On n'entendait que le bourdonnement monotone de l'éolienne et le crissement des lampes tempête, telle la craie sur le tableau noir, secouées par la bourrasque. Cette luminosité aqueuse roussissait le ciel, comme une torche incandescente surgie du plus obscur des nulle part. Christina songeait avec étonnement : où a-t-il déniché toutes ces foutues lampes ?

Chimio toisa Rudy Graveline.

— Eh bien ? C'est vous qui avez reçu son invitation.

Rudy hocha la tête, l'air sinistre. Les jambes en coton, il se fraya un passage jusqu'à l'avant du bateau ; la traversée, rude et humide, avait mis à mal sa tenue impeccable. Le docteur joignit les mains en porte-voix et appela Stranahan.

Rien. Pas de réponse.

Rudy lança, par-dessus son épaule, un regard à Chimio, qui se contenta de hausser les siennes. Son colt était toujours braqué sur Christina.

Puis Rudy appela Heather et à sa grande surprise, reçut une réponse.

— Je suis là-haut !

Sa voix provenait du toit, où il faisait plus sombre.

— Descends ! fit Rudy, au comble de l'agitation.

— Non. J'ai pas envie !

— Ça va ?

— Très bien, dit Heather. Mais c'est pas grâce à toi !

Chimio fixa Rudy d'un air revêche.

— Alors quoi ?

— Ne me regardez pas comme ça ! fit le docteur.

Chimio cria à Heather :

— Nous sommes venus vous sauver. Où est le problème, putain ?

Heather apparut tout à coup sur le toit. Elle s'appuyait au socle de l'éolienne pour garder son équilibre. Elle portait un training gris avec une capuche.

— Demandez-le-lui ! fit-elle, en se débarrassant du capuchon.

Rudy vit qu'elle n'avait plus ses bandages.

— Merde, fit-il.

— Écoutons ça pour voir, marmonna Chimio.

— Je devais l'opérer, mais je ne l'ai pas fait. Elle a cru... enfin, je lui ai dit que je l'avais opérée.

— Vous aviez raison. Nous sommes tous cinglés, dit Maggie.

— Je t'ai payé, mon salaud ! hurla Heather.

— S'il te plaît, je peux tout t'expliquer, plaida Rudy.

Chimio était écœuré.

— C'est le bouquet ! Elle se fout complètement qu'on la sauve ou pas ! Elle vous en veut à mort.

Heather disparut du toit. Quelques instants plus tard, toujours seule, elle surgit sur le ponton. Rudy Graveline lui lança les amarres qu'elle attacha à un anneau. Le chirurgien descendit du bateau et tenta de la prendre dans ses bras. Heather fit un pas en arrière.

— Ne me touche pas !

— Où est Stranahan ? demanda Chimio.

— Quelque part par là, dit Heather.

— Il nous entend ?

— Bien sûr.

Chimio balaya du regard la maison, la terrasse, le toit. Chaque fois que ses yeux se posaient sur l'eau, il repensait à ce poisson terrifiant qui lui avait si prestement réglé son affaire. Ses doigts, crispés sur la crosse du colt, étaient bleus aux articulations.

— C'est par ici que ça se passe, fit une voix.

Chimio pivota comme une toupie. La voix avait

retenti entre les pilotis, sous la maison, là où chuintait la marée.

— Lâche ton feu ! dit Mick Stranahan.

— Sinon ? grogna Chimio.

— Sinon, je t'éclate ta belle gueule toute neuve.

Chimio aperçut un éclair orangé et, aussitôt, la lampe la plus proche de sa tête vola en éclats. Maggie poussa un hurlement déchirant et Christina se défit de l'emprise de Chimio. Rudy se jeta à plat ventre sur le ponton et se couvrit la tête de ses deux mains.

Chimio resta seul debout avec son méchant revolver. Ses oreilles grondaient. Des éclats de verre brûlant étaient fichés dans son crâne. Il songea : encore ce satané fusil de chasse !

Stranahan laissa mourir l'écho du coup de feu avant de reprendre la parole.

— Ce sont des chevrotines, Mr. Tatum. Au cas où tu aimerais le savoir.

Le visage de Chimio le faisait souffrir le martyre. Il médita sur les ravages qu'une décharge à bout portant causerait à son teint, puis balança le colt 38 dans la baie. Peut-être qu'un marché pouvait être conclu ; malgré la folie du téléphone portable, il lui restait encore assez d'argent pour aller voir ailleurs s'il y était.

Mick ordonna à Chimio de sortir du bateau.

— Vas-y doucement.

— Sans blague !

— Souviens-toi de ce qui t'est arrivé l'autre fois avec le barracuda.

— Alors c'était donc ça !

Chimio se rappela avoir vu des photos de barracuda dans des magazines de pêche. Et il se rappelait nettement leurs rangées de dents incroyables.

— Nom de Dieu ! fit-il.

Stranahan ne précisa pas qu'il y avait belle lurette que

le barracuda avait gagné des eaux plus profondes pour y attendre la fin de l'hiver. Il avait dû probablement émigrer du côté de Fowey Rocks.

Chimio adopta délibérément la démarche d'un crabe, avançant l'un après l'autre ses membres démesurés. Entre le tangage du bateau et le poids de sa prothèse qui le déséquilibrait, il trouvait difficile de se hisser sur le plat-bord glissant. Maggie Gonzalez vint lui prêter main-forte et l'aida à mettre pied sur le ponton. Chimio la regarda avec surprise.

— Merci bien, fit-il.

La voix de Stranahan s'éleva à nouveau :

— Bon. Heather, montez dans le bateau.

— Un instant, fit Rudy.

— Vous en faites donc pas, ça ira pour elle.

— Heather, non !

Rudy se revit cette nuit-là avec elle dans la cheminée et cet autre matin, sous la douche. Il pensait au Costa Rica.

— Bas les pattes ! lui dit Heather, grimpant à bord du bateau.

À présent, Christina avait deviné le plan suivi par Stranahan.

— Mick, je veux rester, fit-elle.

— Ah ! Tu as changé d'avis !

— Qu'est-ce...

— Tu veux m'épouser malgré tout ?

Ces mots déchirèrent la nuit comme le cri malfaisant d'une mouette. Puis un éclat de rire partit entre les pilotis.

— Tout est un sujet de reportage à tes yeux, dit Mick. Moi y compris !

— Ce n'est pas vrai ! s'écria Christina.

Mais son accès de sincérité parut n'émouvoir personne en particulier.

— T'en fais donc pas, reprit Mick. Je t'aime quand même !

Rudy se remit prudemment sur ses pieds et se rapprocha de Chimio. A la lueur vacillante des lampes, le teint de ce dernier paraissait plus cireux que jamais. Il avait l'air hypnotisé à fixer de ses yeux globuleux de poisson-lune la houle ténébreuse.

— Dois-je larguer les amarres maintenant ? s'enquit Heather.

— Pas encore, lui répondit Stranahan à haute voix. Fouillez les poches de Maggie, vous voulez bien ?

Maggie Gonzalez portait un caban de marin. Quand Heather fit mine de vouloir la fouiller, elle la repoussa.

Il y eut un cliquetis métallique sous la maison : c'était Stranahan qui émergeait du skiff en aluminium où il s'était tenu embusqué. En deux temps trois mouvements il escalada le réservoir et, se propulsant d'une seule main, atterrit sur le ponton. Ses visiteurs eurent tout le loisir d'admirer le Remington.

— Soyez gentille, Maggie ! Laissez-nous voir ce que vous trimbalez sur vous, fit-il.

Christina plongea sa main dans l'une des poches du caban et Heather dans l'autre.

— Des clés ! annonça Christina, en les montrant à Mick.

La première était une minuscule clé de valise, couleur argent, l'autre, celle d'une chambre de l'Holiday Inn.

Chimio cligna des yeux, l'air renfrogné, et tâta les poches de son pantalon.

— Nom de Dieu ! fit-il. Cette garce m'a fait les poches.

C'était pas croyable : Maggie lui avait piqué les clés en lui donnant un coup de main pour descendre de bateau ! Elle prévoyait de rentrer discrètement au motel et de faire main basse sur le reste du fric.

— Je sais ce que tu ressens, dit Mick à Chimio.

Il se pencha dans le bateau, cueillit les clés dans la main de Christina et les planqua dans la poche avant de son jean.

— Et maintenant, quoi? gémit Rudy, comme si quelqu'un pouvait lui décrire la suite des réjouissances.

Chimio porta sa main droite sous son aisselle gauche et actionna l'interrupteur de la batterie. Le taille-herbe ronflota, eut un raté et reprit vie.

— Impressionnant, ma foi ! admit Stranahan.

Il mit en joue la tête de Chimio avec le Remington en lui disant de ne pas bouger.

Chimio n'en eut cure. Il franchit le ponton en deux enjambées de girafe et avec un grognement vengeur, plongea dans le tas — le bateau donna dangereusement de la bande et alla heurter les pilotis. Mick et Rudy regardaient ce méli-mélo à distance. Un cri de femme, perçant comme un miaulement, s'éleva au-dessus du tintamarre.

— Mais faites quelque chose ! s'écria le docteur.

— Bon, d'accord, dit Stranahan.

Plus tard, Mick rassembla toutes les lampes tempête et les rapporta à l'intérieur. Rudy était couché sur le lit, en caleçon ; les bras écartés, il était attaché par des menottes aux montants du lit. Chimio gisait, inconscient, sur le plancher, replié en fœtus dans un coin. Les volets une fois fermés, les lampes éclairaient la chambre comme un plateau de télévision.

— Elles sont parties ? fit Rudy.

— Tout ira bien. La marée descend.

— Je ne suis pas sûr qu'Heather sache nager.

— Le bateau ne coulera pas. Elles s'en tireront.

Rudy remarqua que du sang perlait sur le front de Mick, là où le taille-herbe l'avait écorché.

— Vous voulez que j'y jette un coup d'œil ?

— Non, répondit Stranahan d'un ton aigre. Non, sans façon.

Il sortit de la chambre puis revint, portant la boîte à outils rouge.

— Regardez un peu ce que j'ai là ! dit-il à Rudy.

Rudy allongea le cou pour voir. Mick ouvrit la boîte à outils et commença à en vider le contenu.

— Vous reconnaissez un de ces trucs-là ?

— Oui, bien sûr... mais qu'est-ce que vous faites ?

— Avant qu'on s'y mette, je dois vous dire quelque chose. Les flics ont la cassette vidéo de Maggie entre les mains, ils sont donc au courant de ce que vous avez fait à Vicky Barletta. Savoir si ça leur suffit pour vous inculper, c'est une autre affaire. Je veux dire que Maggie n'est pas un témoin de premier choix. En fait, elle serait prête à modifier son récit pour trois francs six sous.

Rudy Graveline ravala sa crise de panique. Il cherchait à comprendre ce que voulait Stranahan et le moyen de le satisfaire. Rudy pouvait simplement s'imaginer qu'au tréfonds de lui-même, Mick ne devait pas différer des autres : Maggie, Bobby Pepsical ou encore Chimio. Stranahan avait sûrement une faille, un intérêt quelconque dans la vie. Et l'argent y entrait sûrement pour une bonne part.

Mick quitta une nouvelle fois la pièce et revint avec la table de jeu pliante. Il la plaça au milieu de la chambre, couverte de sa toile cirée.

— Qu'est-ce que c'est que ça ? dit le docteur. Qu'est-ce que vous me voulez ?

— Que vous me montriez ce qui est arrivé.

— Je ne comprends pas.

— À Vicky Barletta. Montrez-moi où ça a foiré.

Et il commença à disposer sur la table divers objets qu'il tira de la boîte à outils.

— Vous êtes malade, dit Rudy Graveline.

Le diagnostic lui paraissait clair.

— Eh bien, si vous ne m'aidez pas, dit Mick, il va falloir que j'improvise.

Il déchira un paquet de gants stériles et en enfila une paire. Gaiement, il fit jouer ses doigts couverts de latex sous le nez de Rudy.

Le chirurgien le dévisagea, l'air hagard.

— Ne vous en faites pas. J'ai un petit peu étudié la question. Regardez, j'ai du Marcaine, du coton en pagaille, des agrafes et tout un lot de scalpels neufs.

Dans la boîte à outils, le choix de Mick se porta sur une paire de petits ciseaux de poupée avec lesquels il se mit à tailler les poils du nez de Rudy.

— Oh non ! fit Rudy en se débattant et en secouant les montants du lit.

— Restez tranquille !

Puis Stranahan nettoya à fond le visage du chirurgien avec un savon *ad hoc*.

Les yeux de Rudy se remplirent de larmes.

— Que penseriez-vous d'une petite anesthésie ? chevrota-t-il.

— Ah ouais ! fit Stranahan. J'ai failli oublier.

Chimio se réveilla et roula sur lui-même, avec un bruit creux. C'était le taille-herbe qui rebondissait sur les lames du plancher. Il se rassit lentement, fouillant sous sa chemise. La bandoulière qui maintenait la batterie avait disparu. Le taille-herbe était mort.

— Ah ! fit Mick Stranahan. Voici la ravissante infirmière Tatum qui revient parmi nous.

Une bosse brûlait la nuque de Chimio, là où Mick l'avait assommé avec la crosse du Remington. Il se remit debout, en chancelant. La première chose qu'il aperçut fut le Dr Graveline attaché par des menottes, étendu à moitié nu sur le lit. Il avait les yeux bandés et une vieille serviette de bain effrangée passée autour du cou. Un engin menaçant, comme une paire de tenailles, était posé en équilibre très près du visage du docteur : un spéculum conçu pour élargir les narines.

Stranahan se tenait devant une petite table encombrée de tuyaux, de gaze et de rangées d'instruments pointus en acier inoxydable. À l'un des coins de la table, un gros manuel à couverture grise était ouvert en son milieu.

— Qu'est-ce que c'est que ce bordel ? fit Chimio d'une voix brumeuse et asthmatique.

Mick lui tendit un gant stérile.

— J'ai besoin de ton aide, fit-il.

— Ah non ! pas lui ! objecta Rudy, depuis le lit.

— Voilà où nous en sommes, expliqua Stranahan à Chimio. Je lui ai insensibilisé le nez et bandé les yeux pour les protéger du sang. J'ai plein de petites éponges — mais, excuse-moi, tu as l'air troublé.

— Ouais, on peut dire ça comme ça.

Les quelques rares cheveux du crâne scalpé de Chimio se dressèrent. Son estomac lui remonta jusqu'aux lèvres. Il voulait se tirer vite fait — mais où était fourré ce fusil de chasse de merde ?

— Enfile-moi ce gant ! lui ordonna Stranahan.

— Pour quoi faire ?

— Le docteur ne veut pas me raconter ce qui est arrivé à Victoria Barletta — elle est morte au cours d'une opération exactement semblable. Je sais bien que ça fait quatre ans et que le Dr Graveline a vu défiler des centaines de patients depuis lors. Mais j'ai pensé que nous pourrions lui rafraîchir les idées en lui faisant revivre l'affaire Barletta — ici même.

Rudy tenta une fois encore de se délivrer des menottes.

— Pour l'amour du ciel, dites-lui ce qu'il a envie de savoir, fit Chimio.

— Mais il n'y a rien à dire, répliqua Rudy.

Il était à peu près certain à présent que Stranahan bluffait. Mick avait déjà sauté plusieurs étapes fondamentales d'une rhinoplastie. Il n'avait pas tenté, par exemple, de limer le dorsum osseux ; ni même essayé de pratiquer des incisions à l'intérieur des narines. Ceci avait conduit Rudy à penser que Stranahan n'envisageait pas sérieusement de pratiquer une rhinoplastie à domicile mais qu'il voulait simplement le terroriser pour lui extorquer une confession à bon marché.

Aux yeux de Chimio, par contre, cette salle d'opération de fortune était le goulag des horreurs. À peine eut-il aperçu Rudy, yeux bandés, étiré sur le lit comme une poularde, qu'il fut convaincu que Stranahan était monstrueusement dérangé.

Stranahan promenait son index sur une page du manuel de chirurgie.

— Apparemment, nous avons atteint le point critique de l'opération — la fracture de l'os nasal de part et d'autre du septum. C'est très très délicat.

Il tendit à Chimio un petit maillet d'acier.

— Te fais pas de bile, je me suis documenté.

Chimio soupesa le maillet.

— Ce n'est pas drôle du tout, fit-il.

— Qui t'a dit que ça l'était ? C'est de la mort d'une jeune femme dont il est question.

— C'était probablement un accident, fit Chimio. Il désigna Rudy avec un geste de dérision : Ce type est un manche, il a déconné probablement.

— Tu n'étais pas là. Tu n'en sais rien.

Chimio se retourna vers Rudy.

— Mais raconte-lui, enfoiré !

Rudy fit non de la tête.

— Je suis un excellent chirurgien, s'obstina-t-il.

Stranahan fourragea dans la boîte à outils pour y découvrir l'instrument approprié.

— C'est quoi ça ? Un burin ? demanda Chimio.

— Tout juste, dit Mick. En réalité, ça s'appelle un ostéotome. C'est un Storz n° 4. Mais à la base, ouais, c'est rien d'autre qu'un burin. Regarde.

Il se pencha sur le lit et pinça l'arête du nez de Rudy Graveline. De sa main libre, il enfila avec précaution ledit ostéotome dans la narine droite du chirurgien, l'alignant le long du septum.

— À présent, Mr. Tatum, je vais tenir ceci bien droit pendant que vous donnerez un léger coup...

— Neuggh, protesta Rudy.

La pression et le contact du burin réveillèrent en lui la peur que Stranahan effectue ce qu'il avait annoncé.

— Vous avez dit quelque chose ? lui demanda Mick.

— Vous aviez raison, fit Rudy. Au sujet de la fille Barletta.

— Vous l'avez tuée ?

— Je ne voulais pas, je le jure devant Dieu !

Pris en tenaille entre les doigts de Stranahan qui lui pinçaient le nez et l'ostéotome enfoncé jusqu'à la garde dans sa narine, Rudy Graveline s'exprimait comme s'il souffrait d'un rhume carabiné.

— Ce qui s'est passé, fit-il, c'est que j'ai lâché son nez. Ça été une terrible malchance. Je l'ai lâché juste à l'instant où l'infirmière a frappé le burin avec le maillet, alors...

— Alors il est remonté jusqu'en haut.

— Oui. La radio était branchée. Il y avait un match entre les Lakers et les Sonics. J'étais déconcentré. Mais je ne l'ai pas fait exprès.

— Et ensuite, vous vous êtes servi de votre frère pour faire disparaître le corps, ajouta Stranahan.

— Euh. Euh.

Rudy ne pouvait pas très bien acquiescer avec l'ostéotome n° 4 planté de la sorte.

— Et mon assistant ? fit Mick en jetant un regard sur Chimio. Vous l'avez embauché pour me tuer, c'est bien ça ?

La pomme d'Adam de Graveline sautillait de bas en haut comme un crapaud ébouillanté. Privé de la vue, il imaginait la scène d'après ce qu'il pouvait entendre : le cliquetis des instruments, la respiration des deux hommes, le vent et les vagues qui semblaient secouer la maison.

— Écoutez, je sais que c'est vrai, dit Stranahan. Je veux simplement connaître les termes de votre accord.

Rudy sentit le burin venir buter contre la plaque osseuse entre ses orbites. Il répugnait, à juste titre, à révéler toute la vérité à Mick Stranahan — à savoir que le prix fixé pour sa tête était celui d'un traitement dermatologique au rabais.

— C'était une sorte de marché, fit-il.

— Mais encore ?

— Dites-le-lui, vous, dit Rudy à Chimio, étourdiment. Parlez-lui de l'arrangement qu'on a passé à propos de la dermabrasion. Dites-lui…

La réaction de Chimio fut dictée partie par peur d'être incriminé, partie par embarras. Il poussa un feulement et balança le maillet de toute sa force. Le coup, impeccable, frappa au bon endroit l'extrémité de l'ostéotome.

Mais beaucoup trop fort. Si fort qu'il arracha le petit burin de la main de Stranahan.

Si fort que l'instrument disparut entièrement, comme aspiré, dans le nez de Graveline.

Si fort que la pointe du burin défonça la fragile cloison de l'os ethmoïde et pénétra dans le cerveau de Rudy.

L'infortuné chirurgien fut parcouru d'un frisson, rua du pied gauche et retomba tout flasque.

— Merde ! fit Mick, garant vivement sa main pour éviter le sang.

Il n'avait pas prévu ça. Stranahan avait pensé qu'il serait obligé, à un moment ou à un autre, de tuer Chimio, à cause du goût invétéré du personnage pour la violence. Il avait imaginé que Chimio chercherait à s'emparer du fusil de chasse ou peut-être d'un couteau de cuisine, quelque chose d'idiot posé en évidence ; alors tout aurait été dit. Mais Mick avait promis à García de lui remettre le docteur bien vivant et bon à traduire en justice.

Il détourna les yeux du cadavre et lança un regard furibard à Chimio.

— T'es content, maintenant ?

Chimio se dirigeait déjà vers la porte, jouant du maillet et du taille-herbe réduit à l'impuissance comme de deux matraques. Il avertit Stranahan de ne pas le suivre. Mick entendit le tueur, et ses deux mètres et quelque, faire vibrer d'un pas lourd la maison plongée dans l'obscurité, résonner les planches de la terrasse, craquer les marches qui descendaient vers l'eau.

Quand Mick l'entendit revenir, il récupéra le Remington sous le lit et l'attendit de pied ferme.

Chimio se baissa pour franchir la porte de la chambre. Il était hors d'haleine.

— Bordel, qu'est-ce que t'as fabriqué avec ton bateau ?

— Je l'ai troué en tirant dans le fond, fit Stranahan.

— Alors comment on se casse de ce putain d'endroit ?

— A la nage.

Chimio fit la moue. Il fixa d'un air maussade le volumineux dispositif ficelé à son moignon. Certes, il pouvait le détacher ; mais jusqu'où irait-il, barbotant d'un seul bras, en pleine nuit, dans ces eaux traîtresses ? Sans parler de son visage — la douleur serait atroce. Et pourtant, il n'y avait pas d'autre issue. Rester serait de la folie pure.

Stranahan abaissa son fusil.

— Tiens, fit-il, je crois que ça t'appartient !

Il sortit un truc de sa veste. Le bracelet or et argent scintilla dans l'éclat des lampes. Chimio sentit ses jambes se dérober quand il comprit de quoi il s'agissait.

La montre de plongée suisse. Celle que lui avait barbotée le barracuda.

— Elle tictaque toujours, dit Mick Stranahan.

34

À l'aube, le front froid arriva sous un banc de brouillard violet et le vent vira brusquement au nord. Du côté de l'Atlantique, les vagues se gonflèrent, crêtées d'écume, et boutèrent le bateau encore plus loin du cap Floride. La marée décroissait toujours lentement.

Les trois femmes étaient lasses de crier et de faire de grands signes de détresse, mais elles s'y employèrent encore une fois quand elles aperçurent une vedette rouge au museau effilé contourner la pointe de l'île. Le conducteur remarqua leur gesticulation et ralentit prudemment afin de s'approcher de l'autre embarcation. Une jeune femme en pull de coton citron se tenait assise près de lui.

Elle se leva et leur cria :

— Qu'est-ce qu'il se passe ?

— Nous avons des ennuis de moteur, répondit Christina Marks. Il faut qu'on nous remorque jusqu'à la marina.

Le conducteur, un jeune mâle latin musclé, rapprocha la vedette et proposa de monter à bord pour jeter un œil sur le moteur.

— Pas la peine, dit Christina. Le tuyau d'arrivée d'essence est coupé.

— Comment c'est arrivé ?

Le jeune homme était prêt à donner sa langue au chat.

C'était un spectacle étrange par cette froide matinée que ces trois femmes seules sur une mer démontée. Celle qui avait pris la parole, mince et brune, semblait en rogne. La blonde en survêtement chancelait, souffrant peut-être du mal de mer. La troisième, une Cubaine, était attirante mais arborait au sommet du crâne un début de tonsure irrité.

— Ça va ? lui demanda le jeune homme.

La Cubaine hocha la tête avec brusquerie.

— Et si vous nous déposiez quelque part ? fit-elle.

Le jeune homme se retourna vers sa compagne et lui dit tranquillement :

— Qu'en penses-tu, Tina ? Y a quelque chose qui m'a l'air d'avoir salement merdé dans cette histoire.

— Faut les aider, répondit Tina. J' veux dire, on peut pas les laisser comme ça.

— Y a d'autres bateaux.

— Pouvons-nous au moins nous servir de votre radio ? demanda Christina. Il s'est passé quelque chose par là-bas.

Et elle désigna les maisons sur pilotis dans le lointain.

— Qu'est-ce qu'il y a eu ? fit Tina, alarmée.

Maggie Gonzalez ne perdit pas de vue qu'elle risquait la prison.

— Rien n'est arrivé, dit-elle sèchement. L'écoutez pas, elle est complètement soûle.

Et Heather Chappell ne perdit pas de vue qu'elle risquait sa carrière.

— On devait retrouver des types pour une soirée, ajouta-t-elle. Le bateau est tombé en panne, c'est tout.

Christina fixa à tour de rôle Maggie et Heather. Elle eut envie de pleurer, puis d'éclater de rire. Elle était aussi désemparée et amusée qu'on pouvait l'être. Bonjour la solidarité féminine !

— Je sais comment ça se passe dans ce genre de soirée, déclara Tina.

— S'il vous plaît, j'ai pas si chaud que ça, dit Heather. Il y a des heures que nous dérivons.

Son visage parut familier à Tina, mais elle n'était pas sûre.

— Vous n'auriez pas un soda qui traîne ? fit la Cubaine tonsurée.

— Sûr, dit Tina. Envoie-leur une corde, Richie !

Le sergent García se pencha au-dessus de la balustrade et restitua les muffins de son petit déjeuner.

— Et moi qui croyais que vous étiez un as de la pêche, l'asticota Luis Córdova. Qui m'a raconté que vous aviez remporté un tournoi ?

— Rien à voir, dit García, s'essuyant la moustache avec la manche de son ciré. Ça se passait sur un putain de lac.

Le trajet jusqu'à Stiltsville avait été sacrément houleux. C'était l'excuse avancée par García — la traversée l'avait rendu malade, pas ce qu'ils avaient découvert dans la maison.

Luis Córdova lui tapota le bras.

— Peu importe. Vous allez vous sentir mieux maintenant.

L'inspecteur acquiesça en silence. Il bouillait encore intérieurement en songeant aux trois heures qu'il leur avait fallu pour changer l'hélice du bateau de patrouille. Trois heures cruciales, comme ils devaient le découvrir.

— Où est le Grand Frisé ? demanda García.

— Dedans. Il boude.

Le dénommé Chimio était debout, le bras droit suspendu au-dessus de sa tête. Luis Córdova l'avait attaché par des menottes aux tuyaux de canalisation du plafond de la cuisine. Précaution supplémentaire, on avait retiré le taille-herbe du bras gauche de Chimio. La tondeuse et ses faisceaux de fils rouges et noirs étaient posés sur le bar.

Luis Córdova désigna le filament lové autour du rotor.

— Regardez un peu. J'ai trouvé des cheveux, dit-il à García. De longs cheveux, par-dessus le marché ; bruns, je dirais. Et probablement, ceux d'une femme.

García se tourna vers le tueur.

— Hé ! Grand Frisé, t'es coiffeur ?

— Va te faire foutre ! fit Chimio en clignant des yeux d'un air indifférent.

— Il a que cette phrase à la bouche, dit Luis Córdova. C'est l'une de ses préférées. Pendant que je lui énumérais ses droits, il a pas arrêté de la répéter.

Al García se dirigea vers Chimio.

— Tu te rends compte qu'il y a le cadavre d'un médecin dans cette chambre ? lui balança-t-il.

— Va te faire foutre !

— Vous voyez, dit Luis, il sait rien dire d'autre.

— Eh bien, il sait au moins quelque chose.

García farfouilla dans sa poche et en tira un mouchoir tout chiffonné. Il le mit sous son nez avant de retourner dans la chambre contempler le spectacle. Il revint quelques minutes plus tard.

— C'est très déplaisant, fit-il.

— Plutôt, acquiesça Luis Córdova.

— Mr. Tatum, puisque vous ne daignez pas parler, vous feriez aussi bien d'écouter !

García s'installa sur l'un des tabourets du bar en osier et se cala un cigare dans la bouche. Sans l'allumer.

— Voilà, d'après moi, ce qui s'est passé : le docteur et toi, vous avez eu un sérieux désaccord sur le plan bizness. Tu as attiré ce foutu salopard par ici et tu as essayé de lui soutirer du fric en le torturant. Mais, d'une façon ou d'une autre, tu as cafouillé et tu l'as tué.

Chimio devint rouge comme une pivoine.

— Crotte de bique ! fit-il.

Luis Córdova parut ravi.

— Mais c'est qu'il fait des progrès, dit-il à García. Courage, tout n'est pas perdu !

Chimio serra son poing unique. Et la menotte racla la canalisation rouillée.

— Vous savez parfaitement qui a fait le coup, putain !

— Qui ? dit García en tournant vers le ciel la paume de ses mains. Qui est ce mystérieux qui ?

— Va te faire foutre !

— Ce que j'arrive pas à piger, fit l'inspecteur, c'est pourquoi tu t'es pas barré. Après tout ce bordel, pourquoi t'es resté dans la maison ? Putain, *chico,* suffisait de sauter.

Chimio baissa la tête. Ses joues le brûlaient et le picotaient ; signe de guérison, espéra-t-il.

— Peut-être qu'il sait pas nager, suggéra Luis Córdova.

— Peut-être qu'il a la trouille, renchérit García.

Chimio ne moufta pas. Il ferma les yeux et se concentra sur les bruits apaisants de la liberté : le vent, les mouettes, les vagues et le tic-tac de sa montre-bracelet waterproof.

Al García attendit d'être à l'extérieur pour allumer son cigare. Il se mit dos au vent et abrita l'allumette de sa main.

— J'ai appelé l'hélico, dit Luis Córdova. Et j'ai réclamé un médecin légiste.

— Ça nous donne quoi ? Une demi-heure à tout casser ?

— À peu près, dit le jeune homme. Nous avons le temps d'aller jeter un œil sur les autres pilotis. Le Grand Frisé ne s'envolera pas.

García tenta d'émettre un rond de fumée mais le vent l'emporta aussitôt. Le front froid avait poussé sa corne et le ciel se dégageait au-dessus de la baie de Biscayne. Le premier soleil perça la brume de ses rayons obliques dorés, qui se fichèrent dans l'eau comme dans du quartz, illuminant les marécages.

— Je comprends pourquoi tu aimes ce coin, dit García.

Luis Córdova sourit.

— Il y a des jours, on dirait une peinture.

— Où crois-tu qu'il est allé ?

— Mick ? Il est peut-être mort. Un type de ce gabarit a pu se le farcir et jeter son corps à la baille.

García mordillait d'un air sceptique le bout de son cigare.

— Possible. Mais il pourrait s'être enfui. N'oublie pas, il avait ce fusil à pompe.

— Son skiff a coulé, objecta Luis Córdova. Quelqu'un a tiré une décharge et troué le fond.

— Curieux, dit Al García. Mais j'en suis réduit aux suppositions. Je dirais qu'il était probablement pas dans les parages quand tout ça est arrivé. Je dirais qu'il avait quitté la maison.

— Peut-être.

— Tout ce qui s'est passé par ici regardait Tatum et le docteur. C'était peut-être une histoire d'argent, c'était peut-être en rapport avec son opération. Merde, t'as remarqué le bras de ce type ?

— Oui, et son visage aussi, dit Luis Córdova. Ce que vous dites, ça se tient. Rien qu'à le voir, c'est pas le genre à porter plainte.

— Mais faire ça au marteau, c'est duraille.

García gonfla les joues comme s'il s'apprêtait à siffler.

— D'un autre côté, ajouta-t-il, la victime n'est pas exactement un enfant de chœur... peu s'en faut. Ça tient debout.

C'était l'essentiel.

Un petit bateau surgit, un hors-bord jaune, lancé à toute allure à travers les marécages. Il se dirigeait droit fil vers Soldier Key, au sud. García fixa le bateau intensément et fit le tour de la terrasse pour ne pas le perdre de vue.

— Pas de panique, je le connais, dit Luis Córdova ; c'est un guide de pêche.

— J' me demande bien pourquoi il va par là-bas tout seul.

— Peut-être que ses clients se sont pas montrés. Ça arrive quand ça souffle fort. Ces ploucs canent sur l'embarcadère. Et puis le temps vire au beau.

Le skiff jaune obliqua à angle droit juste au sud de Stiltsville et quitta les marécages pour stopper dans un chenal à l'eau profonde et bleue. Le guide sortit une canne à pêche et lança la ligne après l'avoir appâtée. Puis il s'assit et attendit.

— Vous voyez ? dit Luis Córdova. Il pêche le sébaste.

García plissait les yeux, face au soleil.

— Luis, tu vois pas quelque chose d'autre par là-bas ?

— De quel côté ?

L'inspecteur tendit le bras.

— A cinq cents mètres, je dirais. Y a quelque chose dans l'eau entre l'île et nous.

Luis Córdova se protégea d'une main de la clarté aveuglante. Et de l'autre chaussa ses lunettes de soleil.

— Ouais, je vois ça maintenant, fit-il. Ça nage en surface ; on dirait une tortue géante.

— Ah ouais ?

— Une de ces tortues-luths carnivores. Ou alors, c'est un marsouin. Vous voulez que j'aille chercher les jumelles ?

— Non, ça va.

García se détourna et appuya son dos contre la balustrade de bois. Il arborait un large sourire et le barreau de chaise sautillait sous sa moustache.

— J'avais jamais vu de marsouin, sauf au Seaquarium.

— Ben, il y en a encore quelques spécimens en liberté par ici, dit Luis Córdova. Si c'en était un.

— C'en était un, dit Al García. J'en suis sûr.

Il fit tomber la cendre de son cigare et regarda la brise de mer la faire tourbillonner avant de l'éparpiller.

— Bon, dit-il, allons voir si le Grand Frisé a appris quelques mots nouveaux.

Épilogue

BLONDELL WAYNE TATUM, connu aussi sous le nom de Chimio, s'avoua coupable devant le tribunal itinérant de Dade County des meurtres du Dr Rudy Graveline et de Chloé Simpkins Stranahan. Extradé par la suite en Pennsylvanie, il y confessa l'assassinat non résolu du Dr Gunther MacLeish, dermatologue en pré-retraite et pionnier de l'utilisation de l'électrolyse dans la suppression des poils faciaux superflus. En raison de son handicap physique et du témoignage plus que favorable de doyens de la secte Amish, Tatum écopa d'une condamnation relativement clémente de trois cent dix-sept années de prison, toutes peines confondues. Il a présentement la charge du jardin potager et des serres du pénitencier de Raiford, en Floride.

MAGGIE ORESTES GONZALEZ répondit, sans témoignage à charge, du chef d'accusation d'obstruction pour avoir menti lors de l'enquête qui suivit la mort de Victoria Barletta. Condamnée à six mois de prison avec sursis, elle fut néanmoins tenue d'accomplir cent heures de travaux d'intérêt général comme infirmière volontaire à la prison militaire de Dade County. Au cours d'une mutinerie, liée au ravitaillement, elle fut prise en otage et tuée.

HEATHER CHAPPELL continua à faire des apparitions dans de nombreuses émissions de télévision, comme *Matlock, La Loi de Los Angeles* et *Murder, She Wrote.* Cinq mois à peine après la mort du Dr Graveline, Heather fit un séjour dans une clinique très sélect de West Hollywood où elle subit une augmentation de volume des seins, une blépharoplastie, une rhinoplastie, une rhytidectomie complète, un implant du menton et des liposuccions des cuisses, de l'abdomen et du fessier. Très peu de temps après, sa carrière cinématographique redémarra quand on lui offrit — et qu'elle accepta — le rôle de Triana, prostituée de Klingon, dans *Star Trek VII : La Trahison de Spock.*

KIPPER GARTH ne se remit jamais complètement de sa blessure de pelote basque et quitta le domaine juridique. Son cabinet de dommages corporels, fort lucratif, fut racheté par une très importante firme de Miami Beach qui demanda — et obtint — l'autorisation de continuer à utiliser le nom et l'apparence physique de Kipper Garth dans ses campagnes de promotion publicitaire.

Le grand jury de Dade County refusa d'inculper JOHN NORDSTROM pour voies de fait à l'encontre de son avocat. Nordstrom et sa femme maintinrent leur plainte pour négligence médicale et faute professionnelle contre le Centre de remise en forme et la clinique de Whispering Palms ; ils transigèrent finalement à l'amiable pour une somme de trois cent quinze mille dollars, dont quarante pour cent allèrent directement dans la poche de leur nouvel avocat.

Le Dr George Ginger remédia aux contractures capsulaires de MARIE NORDSTROM, au cours d'une simple opération, en consultation externe, d'une durée de quatre-vingt-dix minutes. Elle fut pleinement couronnée de succès.

Le siège qu'occupait à la Commission du comté ROBERTO PEPSICAL, échut à son frère cadet, Charlie. Le projet des Tours du Vieux Cyprès, autorisé par le nouveau P.O.S., fut réactivé par la suite par un groupe de riches investisseurs sud-américains. Ignorant les protestations des protecteurs de l'environnement et des propriétaires locaux, les promoteurs bétonnèrent le parc et le terrain de jeux pour y dresser une tour luxueuse de trente-trois étages d'appartements en multi-propriété. Le toit était couronné par un night-club chic, appelé Chez Freddie. Deux mois après son inauguration, l'immeuble fut entièrement saisi par l'administration de la Lutte anti-drogue, au cours d'une enquête sur le blanchiment d'argent sale, dont le nom de code était Opération Piranha.

La très populaire émission de télévision, *À visage découvert,* fut supprimée après la disparition et la mort présumée de son présentateur-vedette, REYNALDO FLEMM. Les producteurs de ce programme annoncèrent bientôt qu'une bourse de vingt-cinq mille dollars, portant le nom de Reynaldo, serait allouée à l'École de journalisme de l'université de Columbia, dont il avait été, ironie du sort, exclu à deux reprises.

J.W. KIMBLER, l'exportateur, reçut une lettre personnelle du vice-chancelier de l'École de médecine des îles Sous-le-Vent, à la Guadeloupe. Le texte disait ceci :

« Je vous remercie de votre dernière cargaison, qui est devenue le clou du second trimestre. Au nom des professeurs et des étudiants et futurs chirurgiens, veuillez accepter ma plus profonde gratitude pour ce produit de qualité supérieure. »

Suite à son reportage vidéo si frappant de l'opération de chirurgie plastique de Reynaldo Flemm, on offrit au cameraman WILLIE VELASQUEZ — qui l'accepta — son propre programme d'information documentaire sur le réseau de télévision Fox. *Témoin oculaire incognito !* ouvrit la tranche horaire de vingt heures le jeudi et, sur quatre marchés porteurs, pulvérisa sans conteste les records d'audience du *Cosby Show,* selon les deux instituts de sondage Nielsens et Arbitrons.

CHRISTINA MARKS déclina l'offre de devenir productrice de la nouvelle émission de Willie. Elle abandonna la télévision et entra au *Miami Herald* comme assistante-rédactrice de la rubrique financière. Ce qui entraîna une diminution de son salaire annuel d'environ cent trente-cinq mille dollars. Peu après son installation à Miami, elle acheta un Boston Whaler d'occasion et une carte marine du sud de la baie de Biscayne.

Les parents de Victoria Barletta, éberlués, reçurent par colis postal une Samsonite noire contenant environ cent dix-huit mille quatre cents dollars en liquide. Un mot joint à cette somme déclarait qu'il s'agissait d'un don provenant de la succession du Dr Rudy Graveline. La lettre portait la signature d'un enquêteur à la retraite du nom de MICK STRANAHAN, mais aucune adresse de l'expéditeur.

Le Livre de Poche / Thrillers

Extrait du catalogue

Adler *Warren*
La Guerre des Rose

Attinelli *Lucio*
Ouverture sicilienne

Bar-Zohar *Michel*
Enigma

Benchley *Peter*
Les Dents de la mer

Breton *Thierry*
Vatican III

Breton *Thierry* et **Beneich** *Denis*
Softwar " La Guerre douce "

Carré *John le*
Comme un collégien
La Petite Fille au tambour

Clancy *Tom*
Octobre rouge
Tempête rouge
Jeux de guerre
Le Cardinal du Kremlin
Danger immédiat

Coatmeur *Jean-François*
La Nuit rouge
Yesterday
Narcose
La Danse des masques

Cook *Robin*
Vertiges
Fièvre
Manipulations
Virus
Danger mortel
Syncopes
Sphinx

Cooney *Caroline B.*
Une femme traquée

Coonts *Stephen*
Le Vol de l'Intruder
Dernier Vol

Crichton *Michael*
Sphère

Crumley *James*
La Danse de l'ours

Cruz Smith *Martin*
Gorky Park
L'Étoile Polaire

Curtis *Jacques*
Le Parlement des corbeaux

Cussler *Clive*
L'Incroyable Secret
Panique à la Maison Blanche
Cyclope
Trésor
Dragon

Daley *Robert*
L'Année du Dragon
La Nuit tombe sur Manhattan
L'Homme au revolver
Le Prince de New York

Dickinson *William*
Mrs. Clark et les enfants du diable
De l'autre côté de la nuit
(Mrs. Clark à Las Vegas)

Dunne *Dominick*
Une femme encombrante

Erdmann *Paul*
La Panique de 89

Fast *Howard*
La Confession de Joe Cullen

Follett *Ken*
L'Arme à l'œil
Triangle
Le Code Rebecca
Les Lions du Panshir

Forbes *Colin*
Le Léopard

Forsyth *Frederick*
Le Quatrième Protocole
Le Négociateur

Giovanni *José* et **Schmitt** *Jean*
Les Loups entre eux

Goldman *William*
Marathon Man

Graham *Caroline*
Meurtres à Badger's Drift

Granger *Bill*
Un nommé Novembre

Hayes *Joseph*
La Nuit de la vengeance
La Maison des otages

Heywood *Joseph*
L'Aigle de Sibérie

Higgins *Jack*
Solo
Exocet
Confessionnal

L'Irlandais
La Nuit des loups
Saison en enfer
Opération Cornouailles

Higgins Clark *Mary*
La Nuit du renard
La Clinique du docteur H
Un cri dans la nuit
La Maison du guet
Le Démon du passé
Ne pleure pas ma belle
Dors ma jolie
Le Fantôme de Lady Margaret

Highsmith *Patricia*
L'Homme qui racontait des histoires

Hunter *Stephen*
Target

Kakonis *Tom*
Chicane au Michigan

Katz *William*
Fête fatale

Kerlan *Richard*
Sukhoï
Vol sur Moscou

King *Stephen*
Dead Zone

Kœnig *Laird*
La Petite Fille au bout du chemin

Koontz *Dean R.*
La Nuit des cafards

Lenteric *Bernard*
La Gagne
La Guerre des cerveaux
Substance B
Voyante

Le Roux *Gérard* - **Buchard** *Robert*
Fumée verte
Fumée rouge

Ludlum *Robert*
La Mémoire dans la peau
Le Cercle bleu des Matarèse, *t. 1 et 2*
Osterman week-end
L'Héritage Scarlatti
Le Pacte Holcroft
La Mosaïque Parsifal, *t. 1 et 2*
La Progression Aquitaine
La Mort dans la peau
La Vengeance dans la peau
Une invitation pour Matlock
Sur la route de Gandolfo
L'Agenda Icare
L'Echange Rhinemann

MacDonald *Patricia J.*
Un étranger dans la maison
Sans retour

Melnik *Constantin*
Des services « très » secrets

Morrell *David*
La Fraternité de la Rose
Le Jeu des ombres
Les Conjurés de la pierre
La Cinquième Profession

Nathan *Robert Stuart*
Le Tigre blanc

Oriol *Laurence*
Le Domaine du Prince

Puzo *Mario*
Le Quatrième K

Randall *Bob*
Le Fan

Raynal *Patrick*
Arrêt d'urgence

Ryck *Francis*
Le Nuage et la Foudre
Autobiographie d'un tueur professionnel

Salinger *Pierre* et **Gross** *Leonard*
Le Scoop

Sanders *Lawrence*
Péchés mortels
Les Jeux de Timothy
Chevaliers d'orgueil

Simmel *Johannès Mario*
Le Protocole de l'ombre
On n'a pas toujours du caviar
Et voici les clowns...

Spillane *Mickey*
L'Homme qui tue

Topol *Edward*
La Substitution

Topol *Edward* et **Neznansky** *Fridrich*
Une place vraiment rouge

Uhnak *Dorothy*
La Mort est un jeu d'enfants

Vachss *Andrew*
La Sorcière de Brooklyn

Wallace *Irving*
Une femme de trop

Wiltse *David*
Le Baiser du serpent

Dans Le Livre de Poche policier

Extraits du catalogue

Histoires de faisans à l'hallali
Histoires pleines de dommages et d'intérêt

Irish *William*
Rendez-vous mortel

James *P.D.*
La Proie pour l'ombre
L'Ile des morts
Meurtre dans un fauteuil
La Meurtrière
Un certain goût pour la mort
Sans les mains
Une folie meurtrière
Meurtres en blouse blanche
Mort d'un expert
A visage couvert
Par action et par omission
Les Enquêtes d'Adam Dalgliesh, *t. 1 et 2* (*La Pochothèque*)
Romans (*La Pochothèque*)

Jaouen *Hervé*
Histoires d'ombres

Keating *H.R.F.*
Un cadavre dans la salle de billard
L'Inspecteur Ghote en Californie

Leblanc *Maurice*
Arsène Lupin, gentleman cambrioleur
Arsène Lupin contre Herlock Sholmès
La Comtesse de Cagliostro
L'Aiguille creuse
Les Confidences d'Arsène Lupin
Le Bouchon de cristal
813
Les 8 Coups de l'horloge
La Demoiselle aux yeux verts
La Barre-y-va
Le Triangle d'Or
L'Ile aux 30 cercueils
Les Dents du Tigre
La Demeure mystérieuse
L'Éclat d'obus
L'Agence Barnett et Cie
La Femme aux deux sourires
Les Trois Yeux
Le Formidable événement
Dorothée, danseuse de corde
Victor de la Brigade mondaine
La Cagliostro se venge

Leonard *Elmore*
D'un coup d'un seul

Leroux *Gaston*
Le fantôme de l'Opéra
Le Mystère de la chambre jaune
Le Parfum de la dame en noir
Le Fauteuil hanté

Monteilhet *Hubert*
La Part des anges
Mourir à Francfort
Le Retour des cendres
Les Mantes religieuses
Meurtre à loisir
De quelques crimes parfaits
Les Pavés du diable

Raynal *Patrick*
Fenêtre sur femmes

Rendell *Ruth*
Le Jeune Homme et la mort
Un enfant pour un autre
L'Homme à la tortue
L'Arbre à fièvre
Les Désarrois du professeur Sanders

Steeman *Stanislas-André*
L'assassin habite au 21

Thomson *June*
Claire... et ses ombres
La Mariette est de sortie

Topin *Tito*
Un gros besoin d'amour

Traver *Robert*
Autopsie d'un meurtre

Vickers *Roy*
Service des affaires classées 1 - Un si beau crime
Service des affaires classées 2 - L'ennemi intime
Service des affaires classées 3 - Le Cercle fermé
Service des affaires classées 4 - Le Mort au bras levé

Wambaugh *Joseph*
Soleils noirs
Le Crépuscule des flics

Dieuleveult Philippe de
J'ai du ciel bleu dans mon passeport

Dieuleveult Diane de
Philippe

Djura
Le Voile du silence

Douglas Kirk
Le Fils du chiffonnier

Girardot Annie
Vivre d'aimer

Grassin Sophie, **Médioni** Gilles
Patrick Bruel

Gronowicz Antoni
Garbo

Hallyday Desta
Johnny, ses tendres années

Hanin Roger
L'Ours en lambeaux

Higelin Jacques
Lettres d'amour d'un soldat de vingt ans

Higham Charles
La Scandaleuse Duchesse de Windsor

Hulot Nicolas
Etats d'âme

Léotard Philippe
Portrait de l'artiste au nez rouge

Lesaffre Roland
Mataf

Lever Maurice
Isadora *(vie d'Isadora Duncan)*

Mathieu Mireille
Oui, je crois

Mouloudji Marcel
Le Petit Invité

Nègre Mireille
Une vie entre ciel et terre

Ockrent Christine
et **Marenches** Alexandre de
Dans le secret des princes

Perret Pierre
Laissez chanter le petit

Poivre d'Arvor Patrick
Les enfants de l'aube
Deux amants
La traversée du miroir
Les femmes de ma vie

Sabatier Patrick
Mon tour de vérité

Salgues Yves
Gainsbourg ou la provocation permanente

Signoret Simone
Adieu Volodia

Simon Yves
L'Amour dans l'âme
Transit-Express
Océans
Le Voyageur magnifique
Jours ordinaires et autres jours
La Dérive des sentiments

Spada James
Grace *(vie de Grace Kelly)*

Trénet Charles
Le Jardin extraordinaire

Verneuil Henri
Mayrig

Vlady Marina
Vladimir ou le vol arrêté
Récits pour Militza
Le Collectionneur de Venise

Dans Le Livre de Poche

Extraits du catalogue

Documents, témoignages

Edward Behr
Hiro-Hito, l'empereur ambigu
Erwan Bergot
La Marche à la mort
Sud lointain 1 : Le Courrier de Saïgon
Sud lointain 2 : La Rivière des Parfums
Sud lointain 3 : Le Maître de Bao Tan
Roger Borniche
Le Coréen
Alphonse Boudard
Les Grands Criminels
Iossif Brodski (*dossier sur*)
Le Procès d'un poète
Fabrizio Calvi
La Vie quotidienne de la Mafia de 1950 à nos jours
John le Carré
Une paix insoutenable
Varlam Chalamov
Récits de Kolyma 1 : La Nuit
Récits de Kolyma 2 : Quai de l'enfer
André Frossard
Le Crime contre l'humanité
Philippe Husser
Un instituteur alsacien
Dominique Lapierre
Plus grands que l'amour
D. Lapierre, L. Collins
Paris brûle-t-il ?
... Où tu porteras mon deuil
Ô Jérusalem
Cette nuit la liberté
B.-H. Lévy (*collectif sous la direction de*)
Archives d'un procès : Klaus Barbie
R. Michael Marrus, Robert O. Paxton
Vichy et les Juifs
Pierre Ottavioli
Echec au crime – 30 ans Quai des Orfèvres
Gilles Perrault
L'Orchestre rouge
Cornelius Ryan
Le Jour le plus long
Dominique Veillon
La Collaboration
Günter Wallraff
Tête de Turc
Thierry Wolton
Le K.G.B. en France
Alexandre Zinoviev
Katastroïka

Composition réalisée par BUSSIÈRE 18200 Saint-Amand-Montrond

IMPRIMÉ EN FRANCE PAR BRODARD ET TAUPIN
Usine de La Flèche (Sarthe).
LIBRAIRIE GÉNÉRALE FRANÇAISE - 6, rue Pierre-Sarrazin - 75006 Paris.
ISBN : 2 - 253 - 06437 - 8 30/7609/8